厚德博學
經濟匡時

新时代财政学教材系列

政府预算教程

邓淑莲　编著

上海财经大学出版社

图书在版编目(CIP)数据

政府预算教程 / 邓淑莲编著. —上海：上海财经大学出版社，2022.9
(匡时·新时代财政学教材系列)
ISBN 978-7-5642-4029-5/F·4029

Ⅰ. ①政… Ⅱ. ①邓… Ⅲ. ①国家预算-预算管理-高等学校-教材
Ⅳ. ①F810.3

中国版本图书馆 CIP 数据核字(2022)第 153670 号

责任编辑：刘 兵
封面设计：张克瑶
版式设计：朱静怡

政府预算教程

著 作 者：邓淑莲 编著
出版发行：上海财经大学出版社有限公司
地 址：上海市中山北一路 369 号(邮编 200083)
网 址：http://www.sufep.com
经 销：全国新华书店
印刷装订：上海华业装璜印刷厂
开 本：787mm×1092mm 1/16
印 张：24.25(插页:2)
字 数：474 千字
版 次：2022 年 9 月第 1 版
印 次：2022 年 9 月第 1 次印刷
印 数：0 001—3 000
定 价：65.00 元

新时代财政学教材系列

总　序

改革开放以来，中国财政进行了广泛而深刻的变革，为我国经济的快速增长做出了巨大贡献。进入新时代，财政被赋予更加重要的使命。党的十八届三中全会指出"财政是国家治理的基础和重要支柱。"因此，从理论上总结中国财政改革与发展的实践，将其写进教材，编写出版新时代背景下的财政学系列教材，具有鲜明的理论与实践意义。

上海财经大学高度重视新时代财政学教材系列的编写工作，成立由上海财经大学原党委书记丛树海教授担任主任的编审委员会，成员包括蒋洪教授、胡怡建教授、马国贤教授、刘小川教授、朱为群教授、刘小兵教授、付文林教授、邓淑莲教授和范子英教授。在编审委员会的指导与审核下，广泛听取财政部和学术界的意见与建议，充分研讨教材的理论框架、写作思路和内容安排，组建各教材编写团队，形成成熟可靠的工作方案。

"新时代财政学教材系列"的总体编写风格是：将实践总结与理论升华相贯穿，注重提炼和升华中国财政实践的理论内涵和理论思想。写作中，以公共财政为主线，服从财政本质属性与实践运行规律；深刻把握中国财政发展的历史进程，梳理总结中国财政改革与实践的经验；广泛借鉴国际范围内的经验教训，注重历史和当前、宏观与微观、中国与世界多种视角的联系与整合。

鉴于所涉面广，"新时代财政学教材系列"准备采取分批编写的办法，成熟一本推出一本，计划用两到三年时间推出十本左右相关教材，完整涵盖财政的各个领域，从而完成对中国财政改革实践的理论总结与展望的任务。

上海财经大学公共经济与管理学院
"新时代财政学教材系列"编审委员会
2020 年 7 月

前　言

现代预算制度是现代国家制度的重要组成部分。现代预算制度的核心是规范和约束政府的财政权力。财政预算发展的历史表明，公共预算正是在规范和约束国王或政府的征税权和支出权的过程中产生和发展的，并臻于完善。在公共预算发展的过程中，控制职能是最早出现的职能，是公共预算的基础职能，管理和计划职能只有建立在良好的预算控制基础上才能发挥作用，西方国家的预算实践也证实了这一观点。预算控制的实质含义是对政府财政权的规范、约束与控制。随着财政权受到了良好的约束和规范，公共资金使用的效率和效果问题便凸显出来，公共预算的管理职能和计划职能得以发展，从而使得现代政府预算具有了控制、管理和计划三种职能，公共资金运行的安全、有效率和有效果也成为现代政府预算追求的目标。

我国自20世纪90年代末就开启了以建立现代财政预算制度为目标的一系列改革，包括国库集中收付、政府采购、部门预算、政府信息公开等制度和财政信息化系统的建立以及政府收支分类制度和各种收入制度的改革等。这些都为现代财政预算制度的建立打下了坚实的基础。党的十八大以来，财政预算在国家治理中的支柱性地位得以确认，全面依法治国已成为我国发展的基本方略。“坚持预算法定，强化预算约束和绩效目标导引，加强对权力运行的制约和监督”已成为财政预算管理工作中的基本原则。

基于上述观点和背景，本书以现代财政预算制度为核心，归纳整理了中外政府预算理论界长期发展所取得的成果，总结了我国70年来政府预算改革的历史发展经验，结合作者多年讲授“政府预算管理”课程的大纲和内容，形成整体框架，并以简明的方式进行阐述，力求使读者了解现代政府预算的理论和实践以及我国为建立现代财政预算制度而做出的努力和取得的成就。

本书按照公共预算的基本原理和预算过程的思路编写，共分为15章。第1—5章介绍了公共预算的基本原理，包括政府预算的含义、特点、目标、原则、分类、权力配置、管理体制、与国家治理的关系以及学科属性等内容，以多视角、跨学科的方式总结和归纳公共预算的基本理论。在介绍了基本原理的基础上，第6—13章则进入对政府预算过程的介绍。由于政府的预算过程按时间顺序分为编制、审批、执行和审计评估四个阶段，而每一阶段的预算管理重点都不同，因而本书按照政府预算过程的四个阶段分章编写。在每一阶段的编写中，我们都按照基本原理——中国实践的模式写作。通过理论介绍，使大家了解政府预算发展的规律和趋势；通过对中国实践的描述和总结，展示我国政府预算向现代预算制度不断推进的种种努力和改革创新、取得的成就和存在的问题以及改进建议。由于政府的资本性支出数额巨大、特点突出，需要区别于经常性支出的预算管理制度和方法，且有不少国家单独编制资本预算，而这些经验对我国的资本支出管理具有借鉴意义，因而本书单设第 14 章对资本预算进行介绍。财政预算管理和改革的最终目的是保证公共资金安全、有效地运行，保证以较少的投入取得较多的产出和收益，而管理和改革成功的首要条件是财政预算的公开透明。只有建立透明的财政预算，让公共资金在阳光下运行，各种监督机制才能有效发挥作用，各种管理和改革才可能成功。由此，第 15 章专门介绍了预算公开透明的含义、原则和标准以及我国近年来的预算公开实践。

本书大纲由邓淑莲教授设计并编写。大纲在确定的过程中，亦受益于蒋洪教授、丛树海教授、刘小兵教授的悉心指导和建议。参与本书编写的作者及写作分工如下：邓淑莲教授负责第 1 章、第 2 章、第 3 章、第 7 章、第 15 章；孙硕博士负责第 4 章、第 5 章、第 9 章、第 12 章；王聪博士负责第 6 章、第 8 章；庞保庆副教授、武嘉盟博士负责第 10 章；李鑫博士负责第 11 章；吴一平教授负责第 13 章；刘潋滟博士负责第 14 章。全书由邓淑莲教授总纂、修改、完善和最终定稿。

本书的写作参阅和吸收了国内外专家学者的有关研究成果，在此表示真诚的谢意。

限于水平，不足之处在所难免，望各位专家学者以及使用本书的教师和学生提出宝贵意见和建议。

编者

2021 年 8 月 7 日

目　录

第1章　政府预算导论

人本身是人类活动和发展的根本目的。但人成为人类社会发展的目的既非自始而然，也非一蹴而就，而是随着人类社会的进步、人类文明的提升逐渐被认识和付诸实践的。人类的发展已经历了古代、近代和现代社会，现代社会需要现代国家治理和现代社会制度，现代国家治理和现代社会制度的核心是限制公权力以保障个人的权利，维护公共利益。从人类社会发展的历史看，限制公权力最有效的工具是现代政府预算。由于现代政府预算是必须经由立法部门审批的政府收支计划，是政府的生命线，因而控制了预算也就控制了政府，管住了预算也就管住了公权力。只有对政府预算及整个预算过程（包括预算编制、审批、执行和评估审计等）进行有效管理、监督和控制，公权力才能得以规范，公共资金的安全、有效运行才能得以保障，公共利益才能得以实现。

1.1　政府预算的概念

政府预算是政府在未来一定时期内的收支计划。“预算”一词是由英语词汇“Budget”翻译而来的。它的原意是指英国的财政大臣在向议会提请审批拟定的财政法案时，身上所携带的装有财政收支计划的皮包，之后则演变成为该皮包所装之文件，即政府提交立法机构审批的财政收支计划。政府预算制度就是由此而形成的一整套法律制度和体系。

政府预算的内涵及其作用随着社会的发展而不断演变。早在奴隶社会时期就产生了政府预算的萌芽。在古罗马和中国古代（夏）都有关于财政收支的粗略估计或者对国家收支的记账，但那时的政府预算与现代预算制度下的政府预算不可同日而语。现代预算制度下的政府预算是随着资本主义生产方式的产生而产生的，是市场和资本发展的产物。

早期的政府预算只是财政数据的估算、记录、汇集，至多是政府进行管理的工具，而不具备控制、约束和监督政府的职能。政府预算具有控制、约束和监督政府的职能是在近代随着英国光荣革命胜利后而率先在英国逐步形成的。

现代政府预算是指由行政首脑准备和提交，经立法机关审批和授权的政府在未来一定时期(通常为一年)的财政收支计划，是公众委托政府按照公共意愿使用公共资金并为公众提供公共产品的成本。现代政府预算体现的是一种委托代理关系，在这种关系中，公众是委托人、出资人，是公共资金使用结果的承受者；政府是代理人，受公众委托使用公共资金，提供公共产品，政府承担的是一种受托责任。公开透明与财政问责是受托责任的内涵。

现代政府预算的本质特征是必须经由立法机关审批。立法机关审批预算是政府预算及政府活动合法性的前提。在立法机关批准政府的财政收支计划之前，政府不得收一分钱，也不得花一分钱。因而，政府预算必须包含全面而且详细的政府计划活动的各种信息，这有助于负责审批的立法机关作出同意或不同意的决定。

1.2 现代政府预算的产生

> 在任何一个社会制度下，每个公民都会享有一定程度的私人财产权利，而每个人的所有财产权利又是受限制的……这使得每个人总会将个人享有的私人财产权利的一部分置于公共领域，所有置于公共领域的这部分产权需要委托给一个人执行，并获取他们相应的利益，于是这个人就获得了广大民众委托的公共权力，这个人就是政府。
>
> ——美国著名制度经济学家 Y. 巴泽尔

现代文明中的政府预算是公共预算，作为公共预算的政府预算并非与国家和政府同时产生，即国家和政府的产生并不意味着公共预算的产生。奴隶社会、封建社会都有预算，但它们不是公共预算。公共预算的产生需要具备以下两个条件：一是经济上，财政收入主要由来自政府的自有资产转变为主要来自民众的税收；二是政治上，民众具有财政决策权，公权力(主要是政府权力)受到有效规范和控制。

公共预算是随着现代国家的产生而产生的，这一过程充满了统治者和被统治者之间腥风血雨的权与利的争斗。现代财政和预算产生的历史并非一帆风顺，而是惊心动魄。

1.2.1 现代西方预算的产生

公共预算首先产生于英国，其中经历了大宪章、议会产生、议会加强、议会至上的过程。

1.《大宪章》

英国国家的历史是从盎格鲁-撒克逊时代开始的。在公共预算产生之前，英国在诺曼征服后建立了区别于欧洲大陆的封建制度，这为英国财政税收及预算法律制度的发展奠定了国家制度基础。在中世纪时期，英国国王的收入主要由两部分构成：一是国王依靠全国最大封建领主身份征收的封建特权收入，包括王室领地收入、王室法院司法收入、封建协助金和事件金收入、王室森林收入等，这是国王的主要收入。二是国王依靠其全王国总首领的身份，在遇到诸如战争等紧急情况而前述收入不足以应付时，向全国臣民征收的财政收入，包括丹麦金、犁头税、免服兵役税、动产税等。国王这一时期的主要收入来自王室自有资产，税收收入只是作为国王的一种补充收入而存在。

12 世纪初，英格兰经历了严重的通货膨胀，王室财政陷于极度困难的境地之中。当时的英王——约翰一世仍然不断扩军备战，进行无休止的财政榨取，国王与贵族之间的矛盾不断激化，最终导致贵族领主反抗。1214 年，国王与贵族开战，国王战败。1215 年 6 月 19 日，在泰晤士河的兰尼米德草地，约翰一世被迫与 25 名贵族代表签署了《大宪章》，对贵族每年向国王缴纳多少贡赋、继承遗产时应缴纳多少遗产税等作出了规定。《大宪章》虽然是一个典型的封建法和习惯法文献，表面上看也只是一份申明国王权限范围并且体现封建贵族意志和自由的宣言书，但它却成为英国宪法转型的一个起点，在人类历史上具有极其深刻的意义。

一是制定了国王征税必经被征者同意的条款，对国王课税权加以限制，确立了“法律至上，王在法下”的原则，从此之后，国王的权力将受到来自制度的约束，而且这种约束将不再限于一般的臣属劝谏或文化习俗的制约。除了通过合法程序，国王不再享有对自由臣民的征税权力，不再拥有武断专横之权。这一原则成为英国宪法政治的基础。

二是向国王宣告国民有被协商权，意味着人民拥有国事咨询权，并明确规定国王必须召开有若干贵族组成的会议，为议会制度的形成奠定了基础。

三是规定国王征税必须得到“别人”的一致同意，从而为“非赞同毋纳税(兵役免除税和协助金)”和“无代表权不纳税”等原则奠定了基础。

2. 议会形成

到 13 世纪，王室财政收入的绝大部分来源于新开征的动产税和关税等税种。税收作为“共同需要和共同利益”及“共同同意”原则在此时产生，税收已不再被视为王室私事，而成为国家公共事务，英国税制完成了由封建性向国家性的转变。

虽然有了《大宪章》，但王室的财政需求仍然难以抑制，国王与贵族、平民之间围绕征税问题的矛盾不断激化。如何使赋税征收规范化、制度化，由谁代表纳税人对课税问题进行讨论、表决的问题就此提上议事日程，议会应运而生。在与国王的斗争中产生的议会，代表着王国的“共同利益”和“共同同意”，因而从其产生之日起，就展开了与国王的课税权斗争。其所具有的最重要的职能就是限制国王征税和主持财政税收的立法，并最终在1295年(模范议会)取得胜利，议会课税权得以建立。

3. 议会加强

1297年，爱德华一世因对外战争、国库空虚而急需增税，遭到议会强烈反对，被迫签署《大宪章》补充条例《无承诺不课税法》，承诺“未经国民同意”不得以“紧急需要”为名征税，每年国王还要向国民宣读一次《大宪章》，从而再次确认了大宪章的法律效力。对此，丘吉尔曾作如下评价：“爱德华的让步开创了一个先例，而且在国王受议会约束的道路上迈了一大步。”

专栏1.1 英法百年战争和玫瑰战争

英法百年战争

1337—1453年，英法之间展开一场战争。起因是争夺富饶的佛兰德尔和英国在欧洲大陆的领土。战争延续了近百年，大致可分为四个阶段：1337—1360年，英方合并了佛兰德尔，在克雷西、普瓦捷大败法军，法国爆发了市民起义和扎克农民起义；1369—1395年，法国的溃败引起人民的强烈不满，迫使政府进行了财政和军事改革，逐步收复了大部分领土，其间英国爆发了中世纪最大规模的农民起义；1415—1420年，法国封建主内讧，国内大乱，英王亨利五世趁机在阿金库尔大败法军，控制了包括巴黎在内的整个法国北部，并包围了奥尔良；1422—1453，法国人民掀起游击战，爱国女英雄贞德率部队解除了英军对奥尔良的围困，并进军巴黎，为战争带来了转机。经过20年的战争，双方于1453年订立和约，百年战争结束。英国在欧洲大陆的领地除加来港外，全部丧失；法国完成了领地的统一，中央集权制得到加强。

玫瑰战争

玫瑰战争又称蔷薇战争。1455—1485年，英国大贵族展开争夺王位的封建混战。因参战的约克家族的族徽为白玫瑰，兰开斯特家族的族徽是红玫瑰，故名玫瑰战争。1455年约克家族利用国内对兰开斯特家族在英法百年战争中失败的不满，发动夺取王位的战争。1461年约克家族进占伦敦，废黜亨利六世，夺取王位。在约克王朝统治期间，其家族内部又发生了一系列斗争。1485年，兰开斯特家族的远亲亨利·都铎(1457—1509)大败理查三世，建立都铎王朝，并与爱德华四世之女(约克家族)的伊丽莎白公主结婚，使两派冲突得以解决。这场长达30年的内战，使大贵族几乎被残杀殆尽，这客观上有利于都铎王朝加强专制统治。

“英法百年战争”(1337—1453)和“玫瑰战争”(1455—1485)为议会权力的增强创造了客观条件。战争带来的额外开支使英国君主不得不在政治上和经济上更加依赖议会的支持。急剧膨胀的军费需求,迫使君主们频繁地要求议会给予其财政授权。13世纪中叶,随着商品经济的发展和社会阶级结构的变化,城市市民的经济地位不断上升,这使他们所缴纳的财产税在国家财政收入中所占的比重越来越大。当国王把他们作为征税的重要对象时,也不得不遵循“未经国民同意不得征税”的原则。于是,平民代表——乡村骑士和城市平民先后进入了议会。1343 年,骑士和市民议员第一次单独召开会议,两院制自此诞生,英国议会发展成为社会各等级均在其中占有席位的代议机构。下院的形成使纳税人与君主的税收关系进一步发生变化,意味着议会是由纳税人选出的代表,而不再是由国王指定的人选所组成的机构。这一时期,议会对税收的控制范围逐步扩大,下院获得了财政授权的动议权。

英法百年战争刚刚结束,两大贵族集团——约克家族和兰开斯特家族便展开了历时三十年的“玫瑰战争”。许多在战争中反对国王的大贵族被剥夺爵位,失去上院议员的资格,由于上院议员人数大大减少,下议院的政治地位逐渐加强。

由于赋税主要是由普通国民承担的,而下院(即平民院)更有资格代表全体国民,因而在征税权上拥有更多的发言权。14 世纪 90 年代以后,议会通过的税案已不再有“经上下两院批准”的提法,而是改为“征得上院同意,由下院批准”。下院制税制度为几个世纪后其控制政府财政部门和实行责任内阁制奠定了基础。与此同时,议会还逐步获得了对政府财政的监督权。大约在 14 世纪中叶,议会已经有权规定税收收入的使用范围,有权任命财政监察员监督税款的征收和使用过程,有权组织专门委员会审查政府财政和王室财产情况。

4. 议会至上

都铎王朝时期(1485—1603),除了亨利七世善于开源节流,维持了王室财政的独立性外,其他君主都入不敷出。为解决财政困境,国王总会或多或少地依赖于议会的支持,并需要做出妥协以回报议会的拨款举动。因此,这一时期逐步形成“王在议会”的宪法原则,并出现了“议会至上”的萌芽。议会尤其是下院的政治地位得到提高,议会下院进一步加强了对政府预算权的控制。

17 世纪以后,英国税收的宪法精神进一步成熟。这一时期,国王詹姆士一世、查理一世实行专制统治,在税收问题上与议会发生激烈冲突。1640 年 2 月,为了通过税收筹集与苏格兰军队作战的费用,查理一世又一次召集议会,其间与议会之间爆发了激烈的争吵,最终引发了内战。1642 年,以克伦威尔为首的议会军最终打败王党军。1649 年,查理一世因为践踏“未经同意不得征税”的原则而成为“人民公敌”,被送上了断头台。同年,议会宣布成立共和国。但克伦威尔随后废除共和国,建立护国政府,实施军事独裁统治。

斯图亚特王朝复辟后，詹姆斯二世的专制主义统治最终导致了议会发动“光荣革命”。1688年，英国经不流血的“光荣革命”后确立了资产阶级议会制，奠定了君主立宪制的政治和法律基础，实现了从封建主义向资本主义的过渡，成为最早进入资本主义时代的国家。1689年2月，议会召开全体会议，发布《权利法案》，作为新国王登基的条件。《权利法案》第4条规定：“凡未经议会允许，借口国王特权，或供国王使用而任意征税，超出议会准许的时间或方式皆为非法。”《权利法案》的意义在于明确规定了议会是英国最高的立法机关以及议会权力高于王权的原则，并再次否定国王的征税权，规定必须定期召开议会会议。议会的最高权力以成文法的形式固定下来，从国家法律上正式确立了近代意义上的宪法民主制度，议会承担起推行公共财政制度的历史责任。所以马克思说，“我决不想否认这一点：使查理一世上了断头台的英国革命，就是从拒绝纳税开始的。”

5. 公共预算形成

光荣革命之后，英国逐步建立起君主立宪制，议会对政府财政的控制范围进一步扩大，逐步囊括对国王个人支出的监管，将王室年俸中的私人支出与国家支出分离，将大部分的王室世袭收入转为由议会征收和拨付。

1789年议会通过了《联合王国统一基金法》，建立了“统一基金”（政府在英格兰银行的公共账户名称）。由此，政府的所有收入均纳入统一基金，所有的支出均由统一基金支付，把全部财政收支统一在一个文件中，从此有了正式的预算文件。至19世纪初，英国确立了按年度编制和批准预算的制度，即财政大臣每年提出全部财政收支的一览表，由议会审核批准。1848年，议会通过的博林提案要求所有的政府部门都必须不折不扣地向议会呈送年度的全部收支预算。1854年通过的《公共收入统一基金支用法》实现了对所有收入和支出的控制。1861年，议会重新组建了具有超党派性质的“公共账户委员会”，加强了议会对财政的控制。1866年，议会通过了《国库与审计部法》，建立总审计长制度，设立国库审计部和职业审计员，对议会负责，监督政府按指定用途使用经费，实现了议会对预算权的完全控制，奠定了英国现代预算制度的主体框架。

从英国公共预算形成的过程看，公共预算是在纳税人（公众）限制政府的攫取之手（征税权）的过程中逐渐萌芽和形成的，过程曲折血腥，充满争斗。法国和美国的公共预算形成过程也莫不如此。能够对政府的财政权进行有效的规范和约束是公共预算建成的标志。

1.2.2　中国现代政府预算的产生

一般认为，我国现代政府预算产生于清朝末年。其产生的时代背景是近代中国在鸦片战争后，国门渐开，西学东渐，社会开始现代化转型。

较早传入中国的西方财政预算著作，是姚东木辑的《日本会计录》，随后，中国学者开始关注并了解预算。1895 年的甲午战争是中国近代民族思想觉悟的起点。战败的中国，割地赔款，丧权辱国，国人警醒。清朝学者郑观应战后发表《盛世危言》，呼吁引进西洋制度，变法维新，其中的“度支”篇介绍的是西方国家的预算制度。随后，郑观应还具体介绍了俄国在农奴制改革后新实行的预算制度。据学者考证，郑观应是中国学界最早使用现代意义上“预算”概念的第一人。

1899 年，戊戌变法失败后，梁启超撰写《各国宪法异同论》，此书介绍了包括收税法和会计法（即预算法）在内的国家法律体系与种类。

进入 20 世纪，清朝统治岌岌可危。在内忧外患日益加剧的情况下，国家内政外交都陷于混乱，财政入不敷出，清政府不得不依靠大量举借外债维持统治和发展经济。1906 年，清廷推行预备立宪，试图制定中国历史上第一部宪法。与此同时，清政府决定在朝廷和各省清理财政并试办预算，设立了总管财政事务的中央机构——度支部。1910 年，清政府在清查各省财政收支的基础上，决定仿效西方国家试办全国财政预算。1911 年，清政府建立的立法机构——资政院审议和通过了宣统三年的总预算案，这被视为中国历史上第一个具有现代意义的国家预算。这虽然是一个由分散割据的各省上报而来的拼凑数据形成的政府预算，但是由立法机构——资政院根据规范的预算程序审议裁定，且规定其修改只能通过资政院进行，在清政府内部，亦设有集中的预算管理机构——度支部，全国财政收支又都统一纳入预算管理，因而这次预算具有现代国家预算的特征。但由于辛亥革命爆发，中国历史上第一个具有现代意义的政府预算并没有得到执行，因而它只有预算，没有决算。

1.3　政府预算与国家治理

预算与国家治理之间关系密切。汉语“治理”一词来自英文“Governance”，这是一个与现代国家管理紧密联系在一起的概念，并与传统的国家管理（英文中用“Government”，通常译为“统治”或“国家管理”；或“Administration”，通常译为“行政”或“行政管理”；或“Regulation”，通常译为“管制”或“规制”）相对应。

从 20 世纪 80 年代开始，全球范围内重塑政府，重新配置公共权力，转变政府管理方式的改革运动逐渐推开。许多国家试图通过向社会组织、私营部门等开放权力的方式来提高国家管理的弹性与韧性。这股潮流被学术界总结为由“统治”(Government)向“治理”(Governance)的转变。

所谓“统治”,即是一个统治者单方掌权、独自为政、独享成果的治理模式。在此模式下,统治者为单一的治理主体,“民”为治理客体,以治民为治国之本、治国之要。管理方式的主要特征是专断、恣意、多变和神秘化。“民可使由之,不可使知之”,其推崇国君治国“独视、独听、独断”的理念。管理目标是确立有利于统治者利益的,以等级划分为特征的社会秩序。

治理是现代国家管理模式,是国家、社会与市场多元力量对相关事务进行共治的状态。核心是将民众融入国家政治过程,让民众知政、参政、议政。在国家治理下,一国成员能够公正、公平地参与国家社会政治生活。

因此,现代国家治理的主体不是单一的,而是多元的。其治理目标是以人为本,追求人的可持续发展、自由、幸福。无论是经济、政治、社会、文化,还是生态环境的治理,最终目标均应是国民的福祉。其治理方式程序化、规范化,公权力运作以公开、透明、公正参与、协商、诚信为原则。

从全世界范围看,国家治理模式是随着国家统治模式弊端的日渐凸显而被人们认识后采纳的。国家统治模式起初基本上是建立在暴力征服基础上的国家权力单方面整治社会的状态。在夺取政权之后,该模式则采用政府单方面施加给社会以法律和行政管理意志的方式运行。随着政府失效与市场失灵问题的渐次显现,人们终于发现,单靠市场,或是单靠政府,都不能解决人类社会可持续发展的问题。人类社会的健康发展需要政府部门与私人部门的通力合作,需要国家与社会的治理互动。治理主体偏废哪一方,都不利于或不可能实现一个国家良政善治的目标。因此,将民众吸纳到国家的政治过程,成为国家治理的主体,是单主体国家统治模式无以为继的实证经验,是历史发展的必然选择。

专栏 1.2　世界银行的现代国家治理基本框架

根据世界银行制定的评估体系,现代国家治理的基本框架由三个评估体系,即世界治理指标、国家政策与制度评估指标以及治理与反腐败诊断调查指标加以刻画。

一是“世界治理指标”体系。主要包括六个主题。(1)言论和问责(VA):一个国家的公民能够在多大程度上有参与选择他们的政府、表达意见的自由,结社自由,以及传媒的自由。(2)政治稳定和杜绝暴力/恐怖主义(IV):政府被违宪或暴力手段,包括恐怖主义破坏的可能性。(3)政府效能(GE):公共服务的质量,提供社会服务的能力及其独立于政治压力的程度,政策制定的质量。(4)监管质量(RQ):政府是否有能力提供健全的政策和法规,促进私有部门的发展。(5)法治(RL):代理者在多大程度上对于社会规则有信心并遵守包括合同的执行和财产权利,警察和法院,以及犯罪和暴力行为的可能性。(6)控制腐败(CC):公共权力在多大程度上被行使为谋取私利,包括各种大小形式的腐败行为,以及精英和私有利益占有国家利益。

二是"国家政策与制度评估"指标体系。这一体系包括四大类十六个大指标及其细分指标:在经济管理上的宏观经济管理、财政政策、债务政策;在结构政策上的贸易、金融部门、商业监管环境;在社会包容和平等政策上的公共资源使用的平等、人力资源建设、社会保障和劳动力、环境和可持续发展的政策与体制;在公共部门管理和体制上的财产权及基于规则的治理、预算和财政管理的质量、收入动员的效率、公共行政管理的质量、公共部门的透明度问责制,以及腐败。这些指标,与上述的"世界治理指标"有高度的吻合,只是在具体政策取向上更加细化。

三是"治理与反腐败诊断调查"指标体系。主要包括三个民意调查主题。(1)公职人员调查。这项调查的目的是了解机构具体的腐败行为(包括贿赂、裙带关系、政治干预、挪用公款等),自由裁量权/随意性,绩效和治理情况。调查的结果引发了在治理和消除贫困,治理和公共部门的成果,治理和政治、价值、文化差异的关系上的对话。(2)企业调查。这项调查的目的是研究商业环境,重点是公共部门的治理和腐败行为对私有部门发展的影响。这项调查还研究公司作为公共服务使用者、管理规定的服从者、各种执照和许可的申领者,他们的作用和角色。另外,这项调查对司法体系和制度也给予了特别的关注。(3)家庭调查。这个调查是研究普通公民对于公共和私有部门中的腐败行为的体验和认识。公众也同样是从作为公共服务的使用者、管理规定的服从者、各种执照和许可的申领者的角度接受调查。调查的重心是社会服务,例如医疗保健和教育。

在上述三个评估指标体系中,我们可以发现,多主体参与的民主治理机制以及对公权力的约束机制是现代国家治理体系中最基本的显示指标,是现代国家的治理基础。没有这两种机制,其他都是无本之木、无源之水,现代国家治理体系根本无法构建。国家治理能力现代化即指国家治理的民主化和法治化。

国家治理民主化是指公众有公共事务决策的参与权、知情权、监督权,为广大民众通过参与、协商、合作等方式充分表达自己的需求提供足够的条件。

国家治理法治化是指宪法和法律成为国家治理的最高权威。其核心是规范和约束公权力。政府必须成为遵法、守法、用法的模范,坚持法律面前人人平等,不允许任何组织和个人有超越宪法和法律的权力。国家治理现代化是公平正义不断得以彰显的过程。国家治理现代化的目的在于促进社会的公平正义，增进公众福祉，实现公共利益的最大化，而未能促进公平正义、增进公众福祉、实现公共利益最大化的国家治理根本不可能达到“现代化”的标准。

财政是庶政之母，是政府存在的基础。预算是政府的生命线，是以政府为主体的公共治理的基础，是政府其他职能发挥作用的前提条件。了解了财政预算，也就了解了政府。管住了财政，也就管住了政府。因此，政府治理的核心是治理财政。在国家治理的制度安排中，只有财税体制能够渗透至国家治理领域的各方面，与国家治理如影随形。正因如此，无论是国家政体的设计，还是国家治理体系的建立，都是以财税体制为基础和重要支柱的。

财政是以众人之财，理众人之事。在人民主权观念下，财政权来源于人民的委托与授权，社会公众作为纳税人是财政权的真正享有者。政府作为公众的代理人，筹集公共资金的规模、方式以及如何使用公共资金和用来做什么，都必须事先通过公众同意。由于委托代理关系中信息不对称问题的存在，由理性人构成的政府具有违背委托人公众的意愿筹集和使用公共资金的倾向，因而公共资金安全和有效率的使用以及公共利益的实现并不能通过代理人政府的自律而得以保证，只能通过公众对政府行为的控制、监督和约束而实现。

国际经验表明，规范政府行为的核心是规范政府的财政行为，而规范政府财政行为最好的工具是公共预算。政府预算是政府未来的收支计划，但却不是可有可无的工作计划安排。由于预算体现的是公众与政府之间的委托代理关系，在这种委托代理关系中，政府除了为委托人谋利益外，没有自己的私利。与所有委托代理关系一样，政府预算中的委托代理关系也存在信息不对称导致的代理人的机会主义问题。政府具有信息优势，可能违背委托人的意愿和利益要求，为自己谋取私利，即出现诸如贪污腐败、挪用公款、中饱私囊等道德风险问题。为克服公共资金使用过程中政府作为代理人的道德风险问题，委托人(公众)需要而且必须能够约束、监督并纠正政府的行为，即公共资金的使用过程必须引入民主决策制度才能保证公共资金的安全、有效运行，才能保证公共利益不受损害。

由于委托代理关系中道德风险呈现的根本原因在于信息不对称，因此公众约束、监督和纠正政府行为的前提是要克服信息不对称，与政府具有一样的信息。

现代政府预算正具有这样的功能。它全面、详细、规范、确实、透明、及时地将政府在未来一定时间的政策目标、活动以及完成这些活动所需要的成本按照部门、功能和经济标准向公众及其代表分类展示，以文字和图表的方式反映公共资金由谁使用、用来做什么以及怎么做的信息，而这些信息正是公众及其代表监督、约束和控制政府按照公众意愿和公共利益使用公共资金所必需的信息。因此，现代政府预算是民主政治的前提。没有预算提供的信息，公众及其代表参政、议政是不可能的，更不可能约束和控制政府，使之始终如一地按照唯一的公共利益目标行事。

正如美国早期的预算改革者指出，预算问题绝不仅仅是个无关紧要的数字汇总问题，而是关系到民主制度是否名副其实的大问题。没有预算的政府是“看不见的政府”，而“看不见的政府”必然是“不负责任的政府”。“不负责任的政府”不可能是民主的政府。预算改革的目的就是要把“看不见的政府”变为“看得见的政府”，这样民众才有可能对它进行监督、约束和控制。在这个意义上，预算是一种对政府和政府官员“非暴力的制度控制方法”。

预算是管理财政的重要工具。“财权在民”，唯有通过预算法治方能实现。在代议制社会中，立法机关本身拥有最强的民意基础，同时法律规定最为正式、严格。所以，公众对财政权的控制方式通常就体现为法律的规定。

(1)所有财政活动都必须置于法律框架之下进行。预算法治首先要求所有财政活动都必须受到由立法机构通过的法律约束、控制和监督，财政活动不能游离于法律控制之外。立法机构必须制定财政法或预算法，对财政权力在立法和行政部门之间的配置、财政收支活动的范围和内容、预算编制、审批、执行和审计的整个过程和结果、财政监督以及财政追责和惩处等作出明确而详细的法律规定，使所有与财政有关的活动都有法可依，依法进行。

(2)政府预算必须经由立法机构审批。立法机构审批预算是公共预算的本质特征。与私人预算由个人或少数人同意不同，公共预算，主要是政府预算，因其使用公共资金，为公众服务，所以体现资金使用决策的预算必须经由公众或立法机构同意始为合法，方可执行。预算一经立法机关通过，即成为法律。政府部门必须严格执行。非经立法部门同意的预算，任何人不能执行，否则将视为违法行为而受到法律的制裁。

(3)预算调整必须经由立法机构批准。预算在执行过程中，不可避免地要根据实际情况的变化而进行调整。但政府作为执行机构本身是不能随意调整预算的，预算的调整权归于立法机构。

(4)违反预算将受到法律惩罚。由于预算一经立法部门审批，即为法律，因此违反预算的政府部门也必须受到法律的制裁。

1.4　政府预算的目的

人类之所以预算，缘由资源稀缺与需求无限之间的矛盾。预算之目的在于将稀缺资源按需求的优先顺序配置于不同的项目上，以按需求的轻重缓急顺序更好地满足人们的需求。现代政府预算的目的即是按照公共需求的优先顺序配置稀缺的公共资源，有效地满足公众需求，以有限的资源实现公共服务提供的最优化和公共利益最大化。由此引出政府预算的基本问题，即如何控制和监督政府按照公众意愿，有效率和有效果地配置和使用公共资源，实现政府预算的目的。而政府预算的基本问题可以分解为预算目标、预算控制以及绩效管理这样三个子问题。

1.4.1 预算目标

预算目标是预算目的的具体体现，是根据预算目的进行的由笼统到具体的多层次目标规划的结果，体现的是预算资金支出的效果。预算目标确定的是预算资金分配和使用的预期标的，是引领预算的纲目。预算目标是预算的核心，是预算资金配置和使用以及预算过程设计的归依。没有预算目标，就没有预算及预算过程。所有预算及预算过程的设计和运作都应围绕预算目标进行。

预算目标的确立要从两个维度入手。一是时间维度。虽然预算是政府的年度收支计划，但预算目标的确定一般是从一个更长的时期予以考虑。国际上对预算目标确定的时间年限为3—5年，也即中期财政框架的时间。这样做的好处主要在于避免因年度预算而导致预算目标短期化，预算目标的完成周期与实际情况脱节，以及由此造成的资源浪费。二是目标内容维度。围绕预算目的确立的预算目标并非由单一的目标构成，而是一个逻辑上紧密联系的目标系统。预算目标是从中期战略目标开始，层层细化，经由分解目标、具体目标、年度目标、具体项目、项目活动，最后到预算项目的过程。至此，预算目标的确立过程才宣告结束。只有将预算战略目标细化分解到预算项目阶段，预算资金的配置过程才能开始，这样编制的预算才是科学的。

预算目标偏离预算目的以及预算资金的配置和使用偏离预算目标是现实中存在的重要问题。如何保证预算目标体现预算目的，预算资金的配置和使用与预算目标相匹配是政府预算研究的重要问题。

1.4.2 预算控制

所谓控制是指立法机构和民众通过法律和预算对政府财政行为进行控制，以保证政府严格执行由立法机构通过的预算，实现预算的目的。人类的生存和发展离不开两类物品：一类是私人产品，另一类是公共产品。私人产品可以通过市场来提供，而公共产品只能通过公共组织，主要是政府来提供。政府是人类社会生存和发展所必需的一种公权力组织。它的正当性和必然性源于民众的授权。公共权力是由进入共同体的每个个体转让其自身的部分自然权利而形成的。通过个体间的契约建立一个公共权力来保护每个个体的权利不受他人的侵犯。

政府本身不直接创造财富,但它执行职能需要消耗财富。公权力组织内的每个人都要向政府让渡自己的一部分财产,以保证公共产品的提供和公共利益的实现。公权力在给私人带来利益的同时,也对私人利益构成威胁。强大的权力必须受到有效的约束和控制才能安全有效地为民众服务。既然政府必须存在,也必然存在政府作为代理人的种种违反公众意愿行事的机会主义风险,因此,如何规范政府行为、建立责任政府是现代国家治理中的核心问题。

财政预算的理论和实践都表明,规范政府行为最好的工具是公共预算。为有效控制政府的财政行为,预算的控制职能通常通过分项列支预算模式(line-item budget)进行。分项列支预算模式是将预算资金按照资金的使用方式逐项列出,在预算执行过程中,各项的支出内容和总额以及项之间的资金流动没有立法机构的批准不得进行,以此保证预算执行严格按立法通过的预算进行。这是一种严格的预算外部控制模式,随着人类社会的发展、公共管理方式的改进,这种传统的严厉的预算控制模式也越来越受到诟病,面临着改革。

1.4.3　绩效管理

预算目的的实现不仅需要预算执行主体之外的立法机构和公众对政府的有效控制,而且需要政府内部对预算过程进行有效管理。预算效率涉及的是预算投入与产出的关系,即政府是否能够通过制度建设、组织安排、管理手段与方法的运用和管理流程的设计等要素达到以最小的预算投入实现最大的预算产出目标。

预算管理效率问题是在 20 世纪 40 年代才受到关注。在此之前,人们关注的是如何保证预算资金的安全,即预算的控制职能。但预算的控制职能逐渐显露出扼杀管理者积极性和创新性,从而造成预算资金效率损失的弊端后,人们的注意力就转移到寻找能够消除控制弊端,激发管理者提高效率的预算模式上来。自此,预算的效率管理受到重视,绩效预算模式应运而生,并在实践中不断发展、完善,由单纯重视投入产出效率到全面关注效率和目标的实现效果。由此,现代公共预算已成为通过目标引导、内外部控制和绩效管理以保障公共资金安全、有效运行,实现公共目标的有力工具。

1.5　政府预算的特点

与私人预算相比,作为公共预算的政府预算具有以下鲜明的特点。

1.5.1 公共性

公共性是政府预算区别于私人预算最重要的特征。政府预算的公共性体现在如下三个方面：

(1)预算收入的公共性。现代政府的预算收入主要来自民众缴纳的税收，而非政府的自产收入，而来自社会公众的税收收入的公共性决定了预算收入的公共性。

(2)预算支出的公共性。现代预算支出是代理人政府按照委托人公众的意愿，使用公共收入，为公众提供公共产品和服务。在这一委托代理关系中，除了委托人的利益，政府不应该谋取任何集团的或个人的私利，因而预算支出具有公共性。

(3)预算过程的公共性。所谓预算过程的公共性是指从预算的编制、审批到预算的执行和评估审计的每一阶段，公众都要参与其中，因而整个预算过程是公开透明的。预算过程的公共性源自预算收入和预算支出的公共性。由于政府收入来自公众，支出则是为了公众利益，因而筹集多少收入、以什么方式筹集收入，以及公共产品提供的规模和结构的预算决策，都应由公众参与决定，以体现预算的合法性。而公众参与预算执行和评估审计过程则是预算决策得以有效贯彻执行的保证。

1.5.2 法律性

在现代预算制度中，立法部门审批政府预算是公共预算的本质特征。政府预算一经立法部门审批通过，政府部门就必须严格执行。预算执行过程中因情况变化而导致的预算变动，需要调整、修正或补充预算，政府部门都必须提请立法部门审批。未经立法部门批准，政府不能擅自改变资金的用途、具体责任者以及资金的使用方式，不能将资金在不同的部门、不同的用途、不同的项目、不同的预算科目之间调进、调出，任何政府支出都应在政府预算中事先决定。一旦有违反者，将受到法律的制裁。

1.5.3 参与主体多元化

与私人预算相比，政府预算过程的参与者众多，且参与者的预算偏好和权力职责各不相同，因此，政府预算过程更为复杂，达成预算困难重重。

政府预算的参与者包括立法机构、预算管理机构、政府部门、公众个人等，可以把他们归为以下四类。

一是预算资源的生产者或提供者。政府预算资源的生产者或提供者主要是纳税人。通过直接税和间接税，公众将自己收入的一部分以各种具体的税收形式让渡出来，由政府集中使用，为公众提供公共产品。一般而言，公众在预算过程中的偏好是尽可能少缴税，且尽可能多地享受高质量的公共产品。他们容易将缴税过程与公共产品的消费过程割裂开来。“税收是公共产品的成本”这一理念将随着社会的发展而逐渐为人们所认识。不仅如此，作为纳税人的公众，在提供税收和消费公共产品时，常有搭便车的心理。因此，法律规则的强制执行是解决这一问题的有力保障。一般而言，纳税人个人在预算过程中的作用有限，这也是搭便车现象存在的原因。但是纳税人整体如果行动，就会影响政府的预算过程，例如对增加某项税收或增加某个项目的反对意见如果普遍存在，就可能阻止政府的这些预算行为。同时，公众个人具有参与监督预算过程的权利。

二是预算资源的申请者和使用者。政府预算过程的另一类参与者是预算资源的申请者和使用者，即政府部门。政府部门是使用预算资源为公众提供公共产品的具体责任者。一般而言，在预算过程中，政府部门的偏好是获取更多的预算资金，因为部门负责人的提升和福利待遇直接与部门绩效关联，而部门绩效在相当程度上与可获得的预算资源成正比。获得预算资源较多的部门，往往也是重要或重大项目的承担者，部门地位更重要。

三是预算资源的配置者或分配者。预算资源的配置者或分配者是政府内部的预算管理机构，例如美国的预算与管理办公室(简称OMB)、中国的财政部。它们是政府的核心部门，职责有二：一方面，在政府内部，它们贯彻政府的计划和政策，管理和监督各政府部门按照政府计划和政策目标申请和使用预算资金，保证政府计划的完成和政策目标的实现。另一方面，当预算提交立法机构审批期间，针对来自立法机构的质疑，预算管理部门则全力捍卫政府预算。

四是预算资源的保护者。这类参与者主要是纳税人代表，即立法机构。立法机构在预算过程中的职责和权力是审批预算并监督预算执行，是代表公众进行预算决策的机构，是公众钱袋的守护者。其偏好是获得选区公众的认可，从而可以连任。

1.5.4　资金使用者与资金提供者分离

由于政府预算的资金提供者是委托人——公众，使用者是代理人——政府，因而与私人预算中资金的使用者与提供者合一的情形不同，政府预算中的资金使用者和提供者是高度分离的。这种分离将导致严重的委托代理问题，即由于信息不对称而引发的代理人损害委托人利益的机会主义。由此，如何防止和解决政府的机会主义是现代政府预算的重要问题。在诸多的机会主义行为中，道德风险是特别需要提防的行为。预算过程中政府的道德风险是指政府官员违背委托人利益，通过预算资金的分配和使用，为某一集团或个人谋取私人利益的行为，如挪用、贪污公款，以权谋私，等等。防止和解决预算中的政府道德风险问题，一般不能使用“退出机制”，而主要使用“发言机制”。“退出机制”和“发言机制”是阿尔伯特·O. 赫希曼(Albert O. Hirschman)提出的两种针对代理人的激励制度。所谓“退出机制”，是指当代理人采取有损委托人利益的行为时，委托人通过中止与代理人之间关系的做法来进行制约；“发言机制”是指当代理人采取有损委托人利益的行为时，二者继续维持相互间的关系，但委托人通过向代理人表达不满、提出批评以达到制约代理人的目的。之所以在对政府的激励中选择“发言机制”而不是“退出机制”，原因在于“退出机制”对于私人领域的委托——代理关系问题的解决是十分有效的。但是对于公共决策而言，“退出机制”就存在很大的制约。作为委托人的一国国民，即使不满意代理人——政府的所作所为，也不能离开这个国家或地区，或者退出的成本比较高，因而国民对政府进行控制所能采取的治理机制主要是“发言机制”。而“发言机制”发挥作用的前提是政府财政预算信息的公开。公众只有了解和掌握政府活动的真实情况：政府做了什么，将要做什么，为什么这样做，用了多少钱，取得了何种效果等，才能判断政府行为的好坏，对于政府的行为施加有效的影响，从而激励和约束政府。

1.6　政府预算的学科属性

政府预算是一门跨学科的学问，涉及经济学、政治学和管理学的内容。唯有基于这三门学科视角的透视，才能对现代政府预算有完整的把握。

1.6.1　经济学视角

经济学意义上的政府预算，即是运用经济学的成本收益方法来分析和理解政府预算和预算过程，在这种视角下的政府预算目标被设定为全社会的共同利益最大化。

经济学视角下的政府预算主要关注以下问题：

1. 预算支出总量的确定

预算支出总量问题，是政府预算规模的问题或政府规模的问题，也是整个社会的财政负担问题，涉及社会总资源如何在公共部门与私人部门之间配置的问题。在社会资源总量一定的情况下，政府占用的资源多，则意味着非政府部门，主要是私人部门占用的资源少，反之亦然。那么，二者之间的分割比例多少是合适的？经济学给出了一个效率标准。根据萨缪尔森模型：

$$MRT = MRS_A + MRS_B$$

即公共品与私人品的边际转换率（MRT）等于各个消费者（如 A 和 B）对公共品和私人品的边际替代率之和。根据经济学原理，只有符合这个条件，整个社会资源的配置才是有效率的，预算支出的总量规模才符合效率标准。

现实中如何确定预算支出总量？

第一，根据长期的历史经验来判断。通过对经济长期运行历史的观察，研究公、私结构状况及其发展演变，分析不同的公、私结构下经济运行的状态，从而对合理的公、私结构做出判断。

第二，根据短期的宏观经济现状进行判断。经济学理论和实践都表明，经济运行带有周期性，为保持经济平滑运行，政府应逆周期操作。一般而言，在经济萧条时期，政府支出增加，预算支出总量增大；而通货膨胀时期，政府支出则减少，预算支出总量也减小。据此，在现实中，只要判断出经济处于周期的哪个阶段，就可以大致确定预算支出总量的变化趋势。

2. 预算支出结构的确定

预算支出结构是指预算资金在各种公共需求，或政府履行的各项职能之间的配置（比如教育、医疗、生活保障、环境保护、宏观调控等）状态。预算支出结构属于消费者选择问题，即在政府将要提供的不同产品和服务中，哪一种产品或服务对消费者而言，边际效用更大一些。它强调消费者的偏好，注重产品的组合效率。

3. 预算资金在经济要素之间的配置

经济要素主要是指劳动力、资本、土地等。预算支出同样涉及这些经济要素。预算支出按照经济要素可划分为人员开支（工资、福利）、设备等，如何在各个要素之间配置预算资源属于投入要素的选择问题。对某项公共产品的提供而言，可以选择投入更多人力，也可以选择投入更多的设备。选择的依据是各种经济要素的生产效率，哪一种要素投入的边际产出高，预算资金就偏向投入哪种要素，最终使资金在不同要素之间的边际转换率相等。

综上所述，对于预算支出总量问题的研究，可以考察各个国家和地区的基本公、私结构现状，研究其中是否存有共同的规律；对预算资金在各经济要素之间配置问题的研究，可以考虑如何使资金在不同要素之间的边际转换率相等；对预算支出结构问题的研究，应关注民众的需求及各种需求的迫切性程度，搜集公众偏好，确定预算支出的优先顺序。

1.6.2　政治学视角

预算的政治学视角即把预算过程看成是利益冲突的过程，讨论的主题是各行为主体在预算决策过程中的权力问题。各行为主体的权力规定决定了他们各自有多大能力与别的利益群体抗争，并决定谁能最终胜出。

从经济学视角看，各利益群体追求的目标是一致的，即可以用一个统一的标准来考虑社会利益最大化问题。从政治学的视角看，利益最大化的标准不一致：每个人都有自己的利益，每个人都有自己的利益最大化标准。谁能胜出，需要看谁的力量更大，由此引出利益冲突和利益协调的问题。

因此，从政治学的视角上看，预算过程是利益争夺、矛盾冲突和各方妥协最终达成协议的过程。每个人及每个利益群体都会以某种方式表达自己的利益诉求，并争取自身利益最大化。好的决策程序能够让所有的个人、利益集团有平等的机会表达观点、发挥作用，并最终通过相互妥协达成一致性意见。

政治学视角的政府预算关注的问题包括：

(1)权力分配。预算权力的配置是政府预算的重要问题，它规定了谁对预算及预算过程有多大程度的控制能力。预算过程会在三个方面影响权力的分配：一是影响权力在政府和立法机构之间的分配；二是影响权力在政府与公众之间的分配；三是影响行政部门内部的权力分配。

(2)"大政府"或者"小政府"的选择。所谓"大政府"，即提供较多的公共品和公共服务以及征收较多税收的政府，与"大政府"相适应的是"大预算"；"小政府"是指提供较少的公共品和公共服务以及征收较少税收的政府，与此相适应的是"小预算"。

(3)政策和开支决策，即钱用在哪些项目上、用多少的问题，政策的受益和受损者的确认。公共政策以及与之匹配的预算在使某些人受益的同时，往往会使另一些人利益受损，全面分析和确认受益者和受损者是政府预算不可或缺的研究课题，是预算决策的重要依据。这些分析包括政策在不同层级、不同收入、不同地区、不同行业、不同民族、不同性别、不同年龄等方面的影响。

1.6.3 管理学视角

政治学视角讨论的是预算决策是如何做出的。而预算决策做出之后如何落实、执行，使决策能够被实施，则是管理学的视角。

管理学视角的政府预算关注的问题包括：(1)预算科目的构造；(2)预测方法；(3)预算会计制度的选择；(4)支付方式(分散支付还是集中支付)；(5)采购方式(分散采购还是集中采购)；(6)预算编制的要求(预算编到单位、部门)。

1.6.4 三个视角的区别

政府预算的复杂之处在于其跨学科性。经济学视角讨论的是应该制定什么样的预算才符合社会利益最大化，决策的做出基于成本效益的分析，是一种理性预算决策模式。政治学视角讨论的是预算决策是如何被做出的，决策过程体现了各利益群体的相互博弈、争斗与妥协。现代财政制度要求预算决策过程体现各利益群体具有平等的预算决策权力。管理学视角讨论的是预算决策做出之后如何贯彻、落实，使决策能够被实施，是决策如何实施的问题，也是预算决策的执行问题。

经济学视角和政治学视角关注的是制定政策、做出决策；管理学视角考虑的是执行决策。例如，预算资源在政府各项职能之间（如国防、医疗、教育等）的配置，涉及偏好和决策程序，是预算决策问题；将既定的预算金额如何用于教育、医疗等政府职能，即预算资源在不同经济要素之间的组合，涉及生产效率，也是决策问题。这既涉及成本—效益对比，又涉及利益分配，可以归结为政治学视角和经济学视角。但管理中也需要做决策，即决策执行过程中的决策。如果已经决定了具体的预算金额如何安排，而决策不可能包含执行过程中的所有细节，那么这些细节就需要在管理过程中被决定。比如用于义务教育的预算资金一旦决定之后，还涉及校长和教师的聘任以及招生标准的确定等问题，这些问题仍然是决策问题，但是细微环节的决策亦是管理过程的决策，需要通过管理来实现。

管理学视角与经济学视角的区别在于，经济学视角考虑的是预算决策的大格局、大方向，管理学视角考虑的是预算执行中的细节。管理学视角与政治学视角既有区别，也有联系。采取什么样的方式进行管理会牵动不同利益群体的利益。例如，采取怎样的预算会计制度是一个纯技术问题。不同的会计制度，其差别是提供的信息不同。在预算中，提供信息的会计体系不同，强调的信息也就不同，这会影响到不同群体对预算信息的了解，影响到预算决策的做出。各种利益群体对此会有不同偏好。某些信息对于某些群体来说很重要，这些群体就会倾向于采取某种会计体系；相反，另外的群体则会倾向于采取另一种会计体系。再如，购买方式的选择。究竟是分散购买好，还是集中购买好，这是技术问题，属于管理学视角。然而，这本身也是一个权力的重新构造问题，涉及不同群体的利益。从这个角度看，它又是一个政治学的问题。

思考题

1. 政府预算的目的是什么？
2. 公共预算的内涵是什么？
3. 公共预算是如何产生的？
4. 政府预算有哪些特征？
5. 如何理解政府预算的三个视角？

第 2 章　政府预算的原则

预算原则是预算实践的指导思想,是预算制度设计的依据,是预算及预算过程必须遵循的规则。无论是预算决策还是预算执行,无论是预算的外部控制还是预算的内部管理,都要遵循统一的预算原则。现代政府预算制度是在现代预算原则的基础上构建的。这些预算原则主要产生于 18 世纪末和 19 世纪初。

在 19 世纪现代政府预算制度产生之前,由于政府权力缺乏有效制约以及经济、科技水平落后,各国虽有财政,但并无有效、可靠的财政管理。政府预算陷于内奥米・凯敦(Naomi Caiden)所说的"连续性、碎片化、私有化、权宜性"的"前预算模式"泥潭中,从而导致腐败盛行,民不聊生,由此催生了 19 世纪以现代预算制度构建为目标的公共预算改革。现代政府预算原则也随之逐渐形成,并形成所谓的"经典预算原则"。基于经典预算原则,并根据现代财政制度的要求,本章对现代政府预算原则进行了归纳、总结,并一一进行分析说明。

2.1　全面完整与具体细化原则

全面完整性是政府预算的重要原则。该原则要求政府全年的全部预算收支项目都必须纳入预算,受预算机制约束,不允许存在预算外的其他财政收支和财政活动。全面性原则强调政府预算应当完整地反映政府全部的财政收支活动。通过这些信息,立法部门和公众能够了解政府的一切活动,并在不同的活动之间进行权衡比较,分析利弊得失,评价政府绩效。国际货币基金组织(IMF)特别强调政府提供财政信息的完全性,认为政府应向公众提供关于过去、现在和未来政府财政活动的一切信息。

全面性原则包括两方面含义:一是政府预算对政府财政活动的覆盖范围要完整;二是政府预算的内容要完整。

1. 政府活动范围的完整性

一般而言,政府的财政活动可以分为一般管理活动、信托性活动和经营性活动。相应地,政府的财政资金也可以划分为一般政府资金、信托资金和经营性资金。

一般政府资金是指政府日常运转所需要的资金。政府信托资金是指政府受托管理的福利基金,包括所有的社会保障资金。社会保障资金一般由政府和社会共同筹集,由政府受托管理,或者由政府出面委托其他机构管理,但政府负有最后的支付责任。在一些国家,很多福利项目是由社会保障资金提供的。如果社会保障资金信息不为公众知晓,公众则不能了解政府执行财政政策的全貌。政府的经营性资金包括各种形式的国有资本,故也被称为公共企业资金。

全面性原则要求财政信息的披露应覆盖这三块资金。国际货币基金组织指出,政府向公众公开的预算文件、决算账户和其他财政报告中应包含政府预算内和预算外的全部活动,并公布政府合并的财政状况以及所有预算外资金的明细报表。如果忽略对其中任何一块资金信息的披露,信息的使用者就无从了解政府公共资金运作的全貌。不仅如此,对透明度有制度要求的资金还会通过对没有透明要求的资金的转移而逃避监督。

2. 政府活动内容的完整性

政府预算内容的完整性表现在:

(1)所有收支信息都必须纳入。预算是政府的收支计划。收支信息是政府预算中最主要的内容,是一国公共选择在财政方面的反映。整个政府活动就是围绕着收支两个方面展开的。通过收入和支出的信息反馈,公众可以了解到政府的基本财政运行情况。

收入信息的披露不仅包括各种税收收入,而且要包括政府其他来源的收入,如各种收费、出售资产收入、捐助收入等非税收入。不仅要列明收入总数和各项收入数,而且要对各种收入情况进行详细说明。例如,税收收入总数、税收构成、各种税收收入与去年相比的变化情况及原因分析、这种变化对预算的影响等。

支出信息的披露包括以下内容。首先,预算应按照部门、功能、经济性对全部政府支出进行分类,其目的是使公众通过预算能够了解政府在某个项目上花了多少钱、政府的每一部门花了多少钱、这些钱是如何被花出去的。其次,明确和公布各项支出、各部门支出的目标,为实现目标而配置的资源,并且列出的支出要详细到项目水平上。最后,政府的各项支出都要包括在预算及与预算直接相关的文件中,不应有预算文件之外的政府支出。

(2)全部资产负债信息。为使公众能够了解政府筹集资金和偿还债务的能力,评估政府履行现有的全部承诺所需要的未来收入,披露有关负债和资产的充分信息至关重要。私人公司通过资产负债表反映其一个经营年度内的收入水平与资产负债构成状况,其目的是向股东提供更多的信息,让股东能够评价公司的资产管理状况(工作与效率)和偿付能力(满足现在与未来支付的能力)。公众作为政府的委托人,也应该得到政府资产负债的所有信息,以判断政府对公共资金的使用是否符合公共利益。这也是公众与政府这种委托代理关系的要求。

政府应该披露以下资产负债信息：预算年度内发行的债务额及累积债务额、债务结构、利率及其结构等；政府的外债种类、数额、期限、利率；政府的金融资产信息，包括现金、可出售债券、对企业的投资和贷款、对其他组织的贷款等；政府的非金融资产信息，包括资产种类、资产名称、借贷会计方法下的资产价值和折旧表等内容。国际货币基金组织认为，政府应发布关于其债务和金融资产规模和构成的全面信息，这是财政透明度的基本要求。其目的在于使信息使用者能够评估政府筹集资金并偿还债务的能力，并有能力预测政府履行现有义务所需要的未来收入。这些信息还为评估财政的可持续性提供了依据。政府负债和金融资产的充分信息至关重要。最佳做法是将政府资产负债表作为预算文件的一部分予以公开。

(3)绩效信息。传统的财政管理强调的是预算的控制职能，即控制政府按照立法部门的要求执行预算，控制公共资金的取得和使用是否符合立法规定。因此，预算只要提供和披露与资金投入有关的详细信息也就可以了。但仅仅对公共资金的投入进行控制是不够的。公共资金的使用目的是如何以较少的投入满足公共需求，如何最大限度地促进公共利益。为此，预算还必须反映和披露政府使用公共资源的效果，即绩效信息。对绩效信息的反映和披露是公共预算的管理职能和计划职能的要求。

绩效信息提供了提高公共资金使用效率和效果的诱导机制和动力机制。对绩效信息的关注反映了公众对项目有效性的要求，从而能够提升公共责任、改善决策、提高管理效率。通过对部门的绩效考评，以此判断项目计划执行的效果，评价部门领导人政绩。如果一项支出计划执行情况达到了预算目标，则表明预算计划的制定是准确的，预算执行单位的工作是有效的。如果执行结果与预算目标相差甚远，就要分析是预算制定部门的责任还是预算执行单位的责任，抑或由不可控因素引起。抛开不可控因素，如果预算执行结果远远超过了预算目标，则表明预算编制水平过低，同时对部门领导人的专业能力应提出质疑；如果预算执行结果落后于预算目标，就要分析是预算编制的问题还是预算执行的问题，并对相关责任进行追究。

(4)风险信息。政府承担的风险是指政府决策层次的风险，与政府职能及其政策目标紧密联系在一起，如政府发行公债的风险、给企业融资提供担保的风险以及金融机构不良资产在一定条件下转移到政府头上的风险等，诸如此类的风险都是与政府作为公共主体的职能及其具体政策目标有关。由于所有这些风险都可能导致未来财政资源的流出，因而政府应披露与这些风险有关的政府贷款担保、政府保险项目等或有债务信息。

(5)税收支出信息。政府在活动中，为实现一定的政策目标，会背离基准税制规定，给予纳税人税收优惠待遇，包括提高起征点、税收扣除、税额减免、退税、优惠税率、盈亏互抵、税收抵免、税收饶让、税收递延和加速折旧等形式。虽然从表面看，政府的税收优惠政策属于财政收入的范畴，但由于这些特殊条款使得政府收入减少，最终使政府财政支出规模受到限制，对政府活动产生影响，因此在本质上有与财政支出相同的功能。政府对税收支出信息的披露应包括税收优惠的政策目标、受益者和受益程度等。

国际货币基金组织认为，描述政府或有负债、税收支出以及准财政活动的性质和财政重要性的声明是预算文件的一部分。

政府预算应覆盖政府活动的全部范围和内容。但即使是这样，如果政府预算过于笼统，没有具体到每个项目的每项支出上，则立法部门和公众仍然不能获得公共资金筹集和使用的有效信息，从而无法判断和监督公共收入的来源是否合理，使用是否有效率和效果。因为只提供公共资金收支的笼统信息，所以政府在各类收支范围内还是可以自由安排收入和支出的。有鉴于此，具体细化原则是预算编制和公开的关键原则。

具体细化原则的意义就在于，随着财政收支不断细化，政府的自由裁量权被不断地缩小。当支出被细化到技术边界的时候，信息披露则达到了最优值。

具体细化原则的要求对财政透明度是如此重要，以至于信息披露的范围、内容等因素的要求最后都要落实到具体细化原则上来。因为范围、内容只是提出了信息披露的框架，具体细化才涉及信息的内容。在一定条件下（如信息的有用性、可靠性得到保障），披露的信息越具体，信息量越大，透明程度也就越高。

2.2 确实可靠与公开透明原则

可靠性原则要求政府预算必须依据可靠的资料、信息进行预测和编制。运用科学的方法，正确地估计各项预算收支数字，不得假定或编造。

由于政府预算使用的是公众的资金，为公众提供公共产品，作为掌握信息的代理人——政府有义务向委托人——公众全面、详细、及时地公开有关公共资金筹集和使用的所有信息（公开将损害公众利益的涉密信息除外），包括政府全部财政收支和资产负债信息，以及与此有关的各种统计信息，如政府各种资产的数量、政府部门人员的结构和数量等。了解这些信息是公众的权利，而公开这些信息是政府的义务。为防止政府作为代理人而做出违反公众意愿或损害公众利益的事情，公众在无法以退出机制制约政府的情况下，只能选择发言机制监督和约束政府。而发言机制的运用前提是知情，即掌握政府活动的信息。政府预算公开透明是保证公共资金安全、有效运营的前提条件。

2.3 规范约束与易懂原则

政府预算的规范性是指使用公共资金的各政府部门应按统一、公开的标准和方法预测、记录和公布所产生的财政信息，以保证财政信息的统一、真实、可靠，并具有可比性。财政信息的规范性原则包括三方面内容：一是应由专业人员根据统一、公开的方法进行各种经济预测和收支估计，使预测的数据尽可能贴近实际情况；二是根据统一公开的会计准则记录和公布预算执行情况；三是要有公开独立的审计机构对政府提供的财政信息按照公开统一的标准进行审核，以保证数据的真实可靠。国际货币基金组织指出，政府报告的财政数据的真实可靠对财政透明度而言至关重要。为此，首先，必须保证各种预算数据能够真实地反映最近的收入和支出趋势、潜在的宏观经济发展情况以及明确界定的政策承诺。其次，要在年度预算和决算账户中说明所使用的会计基础（收付实现制或权责发生制）以及用于编制和表述预算数据的标准。在预算报告和财务报告中，政府应明确告知所采用的会计准则以及会计政策。此外，还应明确和公开政府的哪些部门负责制定会计标准和政策，哪些部门负责监督和核实标准的执行情况。会计方法和标准上的任何最新修改、修改的原因及其对财政总量的影响也都必须及时向公众公开。最佳做法是以制度规定政府会计核算和财务报告的标准制定过程的公开性和独立性。再次，要保证财政数据的内部一致性和外部协调性，这是财政透明度对数据质量的基本要求。内部一致性是指政府所有财政信息报告（包括预算文件、年内预算报告、决算账户、财务报告和《政府财政统计》）中的数字必须协调一致，不能矛盾冲突。财政透明度的一项基本要求是，决算账户应与预算拨款完全协调，并且二者都应与《政府财政统计》协调；债务与金融资产存量的变化应与预算平衡状况相协调。外部协调是指财政数据与非财政数据（主要是指货币数据，也包括国际收支和国民账户数据）之间的协调一致。各政府分类账户应与银行账户完全协调。最后，要由独立于行政机关的国家审计机构或类似的组织对政府提供的财政信息进行审计，以向立法机构和公众提供真实的政府财政信息报告。

政府财政信息的易懂性是财政透明度的重要度量标准。所谓易懂性是指政府公布的财政信息能够让立法机构和公众明了公共资金的来龙去脉，清楚资金由谁在使用、用在了什么地方、提供了哪些公共产品、使用的效果如何，由此判断政府的规模是否适当，公共支出结构是否合理，公共资金的使用是否违背公共利益，是否遵循了经济、效益和效果的使用原则。为此，财政信息的公开不仅应有法律保障，遵循完整性、具体性原则，而且要以易懂的形式公开。具体而言，财政信息公开的易懂性包括以下内容：

(1)政府支出是否按部门、功能和经济三方面进行分类。

(2)财政数字信息的公布是否有相应的文字说明。财政数字信息确实可以表明政府的收支情况以及政府的活动范围和规模等，但数字不能说明其中的理由。而理由是人们判断数字是否适当的重要依据。理由的说明包括预算制定的基础，即：预算指南；每项预算的立法依据；政策重点及政策变化；对经济形势的预测及修正；主要财政风险；每项预算的目的和衡量指标；预算数字变动的原因等。凡是财政透明度高的政府预算和财务报告，均有良好的文字说明信息。

(3)每年的预算报告要公布 3—5 年的预算信息，如 2022 年预算文件要公布 2020 年政府支出实际数、2021 年预算数和修正数，以及 2022 年预算数。这样做的目的是让信息使用者了解和掌握政府近年预算支出的变动趋势，以判断报告中年度的预算数是否适当。

(4)对专业术语进行解释。政府财政信息获得上的便利性是指公众可以方便地获得有关政府收支方面的任何信息。便利性是财政透明度又一个重要的度量指标。不具备这一点，即使一个政府的财政信息全部公开，内容也很具体，形式也易懂，这个政府的财政透明度也是不高的。便利性包括两方面内容：

一是政府的财政信息是否集中在一个或几个公开的文件中，如集中在政府的预算报告和财政报告中，而不是分散在多个文件中。

二是这些文件是否能以低成本、方便的方式获得。首先成本最低、最为方便的方式是网上获得。如果政府所有的财政信息都能从一个网址上获得，那么这个政府财政信息的易获得性最高。其次是集中的书面文件。如果一个政府的财政信息分散在多个互联网网址上、多份书面文件中，这个政府的财政透明度就很低，因为公众要获得它的信息需要花费大量时间成本或经济成本，这个成本有时高到足以让人放弃获得信息努力的程度。

2.4　量力而行与讲求绩效原则

量力而行是指不超越能力而行事。体现在政府预算上，即不超越一个社会的经济能力和政府的财力状况安排财政支出。具体来说，量力而行原则包括两层含义：一是财政收入适度增长，与经济发展相协调，不以牺牲社会资本积累和消费的适度增长为代价；二是保持财政收支协调，控制财政赤字和政府债务规模，防范财政风险。

讲求绩效原则是公共预算发展的必然要求。公共预算产生之初，其主要目的是通过控制预算投入来约束、规范和监督政府的财政行为，使之符合公共利益要求。随着预算控制职能的实现，公共资金使用的效率和效果问题凸显。资源的稀缺性以及公共资金使用效率较低、效果较差等因素使得讲求绩效逐渐成为人们关注的焦点，并被提升为公共预算的重要原则。讲求绩效原则一方面要求公共资金的使用需讲求效率，即一笔资金的使用要在政府与私人之间进行比较。只有当政府使用这笔资金的效率(扣除成本和征税成本后)高于私人使用的效率，政府使用公共资金才是经济的、有效率的。另一方面，公共资金的使用要符合公共利益，体现公共目的，产生良好的效果，任何背离公共目标而使用公共资金的行为都是没有绩效的。

2.5　年度性与及时性原则

年度性是现代预算的基本原则之一。所谓年度性是指政府的多年度计划或政策目标分解成年度目标，并按年度目标进行预算，配置资金，提请立法机关审批。经过立法机关审批的预算政府才能执行。预算每年编制、审批、执行、审计和评估，形成一个完整的预算过程。虽然也有些政府实行多年度预算，但世界大多数政府都实行年度预算。那么，为什么现代预算是年度预算，而非多年度预算或月度预算、季度预算？政府预算的年度性源于人类对自身行为的确定性要求、计划性安排以及人类自身预算能力的有限性。人们总是希望自己的未来具有确定性，能够对自己的行为进行计划，以便在成本效益分析的基础上做出选择。但未来总有不确定性，对未来准确地做出预测是人类能力所不及的。时间越长，人类预测的准确性就越差；时间越短，人类预测的准确度则越高。但如果时间太短，比如一个月或一个季度或半年做一次预算，这样的资金配置模式就与大多数政策目标难以匹配。不仅如此，由于编制预算与审批预算的过程复杂，都需要足够的时间安排，导致时间太短不足以完成预算过程，且耗费太多的精力和成本。而一年的时间不算太长，也不算太短，既能一定程度满足人类的计划性要求，又能将预算能力限制在人类可及的时间跨度内。

年度性原则要求政府预算每年编制和审批，加强了对政府预算的立法约束。

政府财政信息公布的及时性有两层含义：一是指政府财政信息提供要在时间上满足信息使用者的需求；二是政府要及时公布财政活动每个阶段产生的信息。

1. 政府财政信息的提供要在时间上满足信息使用者的需求

政府财政信息的使用者包括立法者、政府官员和公众。立法者作为公共资金筹集和使用的决策者，需要政府的财政信息以判断政府的资金需求是否合理，及时代表选民做出决策。政府官员作为公共财政和公共事务的管理者，需要及时掌握财政信息以满足管理效率要求。公众作为信息需求者，及时掌握政府的财政信息一方面有利于自己做出经济决策，另一方面有利于对政府使用公共资金的活动进行监督。而这些信息使用者对财政信息的需求都有时间要求。例如，立法者在批准政府预算之前，至少需要 3—6 个月的时间了解和掌握政府的财政信息，并对信息进行调查、证实，确保预算决策建立在真实可靠的信息之上。如果政府财政信息公开不能满足立法者对信息需求的及时性要求，立法者就没有足够的时间了解和掌握政府财政的真实情况，即使政府提供了全部具体的信息，立法者也无法做出合理的决策。

2. 政府要及时公布财政活动每个阶段产生的信息

公共资金的活动不会完全发生在同一个时间点上，事实上，公共资金活动是分阶段、分时期进行的。公共资金活动的每一阶段都会产生信息。财政透明度要求每一阶段、每一时期产生的信息都要及时公开。具体来说，首先，在预算编制之前至少一个月，应该公布预算前报告，向公众说明政府预算得以编制的宏观经济假设和各种参数。其次，要及时公布立法通过的预算，使公众了解政府在未来财政年度内的各种活动和资金需求情况，了解政府的政策重点和资金安排的优先顺序。再次，要及时公布政府预算执行信息，包括预算执行的月报、季报、半年报告和年终报告。最后，在财政年度结束后要及时公布由独立审计机构对政府预算执行过程的审计报告，使信息使用者了解预算与实际执行情况的差别和存在的问题。

国际货币基金组织将财政信息提供的及时性作为政府的一项基本义务，主张要以法律形式加以确定。“在决定是否、何时、按何种详细程度、向谁公布财政信息的过程中，运用斟酌的决定权可能损害政府的信誉，(政府)长期不一贯遵守全面、及时披露(信息)这一政策，可能导致真实财政状况的高度不确定性。”国际货币基金组织强调财政信息公布日期的预告，认为所有财政信息报告的发布日期都应提前一年预告。各国政府还应该公开负责在规定的时间内提供最新信息的机构和个人的名字和地址，让公众直接监督财政信息公布及时性原则的执行。政府对所有信息使用者公布信息的时间应该是一致的，在信息提供的及时性方面不能有任何歧视。

上述预算原则也被称为传统的政府预算原则。传统预算原则以控制政府财政行为为导向，在规范、约束和监督公权力的过程中发挥着重要作用。虽然在 20 世纪后半期，各国的预算实践有偏离传统预算原则的倾向，如出现了预算的连续性、非完整性、私有性等问题，预算模式也出现了以管理效率和计划目标为导向的绩效预算、项目预算以及新绩效预算等，但传统预算原则仍未过时，仍然在各现代国家中发挥作用，因为规范公权力是人类社会的永恒主题和任务。

思考题

1. 现代政府预算原则产生的背景是什么?
2. 现代政府预算的原则都包括哪些?
3. 现代政府预算原则在20世纪70年代以来都遇到了哪些挑战?

第3章　政府预算权力配置

预算权配置是政府预算活动的前提。政府预算权是贯穿政府预算全过程，控制预算目标实现的力量，是决定财政资金配置目标和运行过程及其结果的一组权力，主要包括预算的编制权、审批权、执行权、执行监督权和审计评估权。现代国家治理视阈下的政府预算权力配置，摒弃了单一治理主体的权力结构模式，转而采用多主体共同协商、分权治理的复合权力结构模式，其目的在于规范和控制财政公权力，使其按照公共利益的需求运行。

3.1　政府预算权配置理论

3.1.1　财政权、预算权与公共权力

权力是构成人类活动不可或缺的要素，是维持人类社会运作的必要手段。根据权力行使的目的，可以将权力划分为公权和私权。公权是以维护公共利益为目的而由公共机关掌握的强制性力量；私权则以维护私人利益为目的而由个人或私人组织行使的权力或权利。私权涵盖了一切不为法律明文禁止的个人行为，主要来自个人的生命权、自由权和财产权，并由此自然延伸，这些权利也是人类得以生存和发展的必要条件。

公权力来自私权的让渡，但一经形成，能获得超过所有私权的强制性力量，非如此，则不能发挥公权力的作用，私权的让渡也就失去意义。由于权力天生具有强制性和不平等性，极易对私权形成侵害，因而规范和限制公权力成为人类社会不断为之奋斗的目标，并成为现代国家治理的核心。英国思想史学家阿克顿勋爵曾说过："权力容易使人腐败，绝对的权力导致绝对的腐败。"因此，对权力的规范和限制是人类生存和发展的必然要求。判断一个国家是否是现代国家的核心标准即是该国家的公权力是否处于有效的规范和控制之中。

财政是政府存在的基础，是政府的生命线。国家的治理目标和方案通过政府的财

政活动伸展并作用于社会、经济各系统,为其提供稳定的公共秩序。因此,财政权构成所有公共权力实质性支撑的一项核心权力。规范和控制公权力的核心是规范和限制政府的财政权。预算作为管理财政的工具,是型构整个国家治理体系的基础。现代政府预算权是财政权的具体体现,预算权的配置关乎财政资金分配和使用的规模与结构,关乎政府与公众的利益分割,关乎财政资金使用的效率和效果。预算权的配置是财政权能否被有效规范和控制的决定性因素。

3.1.2 预算权配置的原则

与其他公权力的配置原则类似,政府预算权的配置应遵循的主要原则:一是分权制衡;二是执行效率。

1. 分权制衡原则

权力的强制性和不平等性特征,使其极易受人性的影响而被滥用,成为谋取私利、损害他人利益或公共利益的强力工具。法国 18 世纪思想家孟德斯鸠在其《论法的精神》一书中指出:"当立法权和行政权集中在同一个人或同一个机关之手,自由便不复存在了;因为人们将要害怕这个国王或议会制定暴虐的法律,并暴虐地执行这些法律。如果司法权不同立法权和行政权分立,自由也就不存在了。如果司法权同立法权合而为一,则将对公民的生命和自由施行专断的权力,因为法官就是立法者。如果司法权同行政权合而为一,法官便将握有压迫者的力量。如果同一个人或是由重要人物、贵族或平民组成的同一个机关行使这三种权力,即制定法律权、执行公共决议权和裁判私人犯罪或争讼权,则一切便都完了。"

人类社会的发展经验表明,保证权力的正常运行的唯一途径是分权制衡,即权力不能掌握在一个人或一个组织手中,而是要分散掌握在不同的人或组织手中。分权一般指决策权、执行权和仲裁权三权分立,具体体现为立法权、执法权和司法权的分立。就政府预算而言,分权主要是指预算的编制权、审批权、执行权、监督权和审计评估权的分立。预算的审批权也被称为预算的决策权,应由一国最高权力机关即立法机构代表公众掌握,以体现政府预算的公共性和合法性。预算的编制权和执行权则由行政部门掌握,以发挥行政部门作为公众代理人拥有更多信息、更强执行力的优势。监督权和审计评估权应掌握在独立于行政部门之外的个人和组织手中,以保证对行政部门预算执行过程和结果的纠错和审计评估的公正性。通过分权,使不同的预算权力分散掌握在不同的机构手中,从而实现权力的相互制衡,防止权力滥用和腐败。

2. 执行效率原则

分权制衡原则是从不同权力的角度对各种权力进行制约,以权制权。权力的相互制衡对防止权力滥用和决策风险都是非常必要的,但对预算执行权而言,效率而非分权制衡是预算执行权运行的重要原则。一旦立法部门做出决策,政府部门即要高效执行。因为在预算执行阶段,行动目标已经确定,各方的讨论、博弈、妥协、争斗及利益分配过程已经结束,预算协议已经达成,预算已成为法律。而将法律高效率地付诸实践,即执行预算,已成为本阶段的行动主题。政府应通过加强内部管理提高预算的执行效率。为此,政府内部应建立统一的预算管理机构,也可称之为核心预算管理机构,统筹管理预算执行事宜。

3.2　预算权力配置的国际实践

纵观世界发达国家的预算权配置现状,上述权力配置原则均得到遵守。立法机构掌握预算决策权,行政部门掌握预算执行权,而行政部门内部预算执行权集中统一,从而一方面防止权力滥用,另一方面保证公共资金运行的安全和有效。

3.2.1　美国联邦政府预算权力的配置

美国实行严格的"三权分立"制度,立法权、行政权、司法权分别属于国会、总统、最高法院及联邦下级法院。这种权力分立制衡机制也影响着预算权力的安排。

(1)国会。美国国会拥有联邦财政的决策权。美国宪法第一条第七款规定,只有众议院具有收入征收决策权;第八款规定,一切征税权归于国会;第九款规定,未经国会批准,任何款项不得从国库中提取。使用公共资金的部门和单位必须定期对资金使用情况作出说明,并向公众公开资金使用情况。

联邦政府预算必须经由国会审批方能执行,预算执行过程中的变动也必须报经国会批准,形成调整预算。国会对政府预算具有审查权、修正权、批准权和否决权。

(2)政府。政府及其部门拥有预算编制权、执行权和内部控制管理权。预算编制和内部控制管理权主要掌握在总统和对总统直接负责的管理与预算办公室(Office of Management and Budget,简称 OMB)手中。OMB 根据总统的施政纲领和计划编制预算指南,指导、协调各政府部门按总统意图编制预算,并汇总编制政府预算草案,报总统审阅同意,提交国会审批。在预算执行过程中,OMB 承担着预算管理的职责,通过改进组织及管理体系,实行以事前监督管理为主导的行政监管。而财政部主要负责拟订和建议有关国家的经济、金融、财政的政策,管理国库,提出预算建议,供 OMB 决策参考。

各政府部门则根据 OMB 的预算指南编制部门预算,通过"两上两下"程序,完成预算编制,并执行由国会审批通过的预算。

(3)审计部门。独立于行政部门的审计总署(General Accountability Office,简称GAO)对联邦政府预算进行审计和监督,负责调查所有与收入、支出和公共资金的使用有关的事务,并向美国国会报告。

(4)公众个人。具有参与和监督预算的权利。民意的支持或反对对预算决策和预算执行都会产生重要影响。

(5)媒体。媒体在预算过程中发挥着重要的监督作用。一方面揭露预算过程中存在的问题;另一方面反映民众的诉求,督促预算制度和过程的不断完善。

(6)法院。法院一般不参与预算过程。但一旦预算过程中出现纠纷,上诉到法院,法院的最终判决各方则必须遵守和执行,从而对预算产生影响。

3.2.2 英国中央政府预算权配置

英国的预算权在议会、内阁、审计署三个部门之间进行配置,并相互制衡。

(1)议会。英国议会具有预算审批权和监督权。

①预算审批权。英国议会分为上下两院,即上议院和下议院。政府预算草案首先提交到下议院审批。下议院预算委员会召开全体会议对支出预算进行审批后,筹款委员会召开全体会议对收入预算进行审批。下议院审批通过后的政府预算将提交上议院和国王进行审核,然后由下议院以议案的形式提出。需追加开支或临时拨款的,内阁可在3月、7月和12月按照与提交的支出预算草案相同的方式向议会提交议案。

②预算监督权。英国议会对预算执行具有监督权,且监督非常严格。下议院公共账目委员会、国库与审计局、公共支出委员会三个机构代表议会对预算执行进行监督和控制。

成立于1861年的公共账目委员会共有15名委员,委员会主席按惯例由经过选举产生的一名反对党成员担任。公共账目委员会的基本职责是审查总审计长提交的财务报告和总审计长报告。委员会有权对任何人进行调查,有权追究会计主管人员的个人责任,享有准司法权。

成立于1866年的国库与审计局由总审计长负责。总审计长既非政治官员,也非文官,其地位近似于法官,报酬从每年国家固定的公共开支——统一基金中支出,人选由国王指定,除非因犯有不法行为由上下两院共同向国王提出要求之外,不得被撤换。总审计长的职责和权限包括:核对国库拨款与“拨款法案”“统一基金法案”规定的拨款项目的一致性;负责审核政府各部门账目,就财政部提交的各种基金支出的年度拨款说明向议会报告。国库与审计局还负责审查内阁各部门拨款账目,有权建议改革管理程序,以此保障资金被合理有效地使用,防止浪费和不适当的开支。

成立于1971年的公共支出委员会负责审查所有送交下院的有关公共支出的文

件，并有权向首相提问，有权对公共政策所有方面的问题进行检查。

(2)内阁。内阁是最高行政机关，对政府预算高度负责。作为最高行政机构，内阁负责制定政府预算的指导方针和目标并对预算草案进行审查。内阁审查的重点在于支出的效益和有效性，审查各部门任务的完成情况，检查政府部门管理者的活动和履职情况。内阁也对预算支出是否超过限额、社会保障资金的运用、地区政策和就业措施的有效性进行全面审查。

(3)财政部。财政部是英国中央政府的预算管理部门，是核心预算机构。其职责包括编制预算草案，指导和监督预算执行，协调和管理对预算的内部控制。此外，英国中央政府的其他经济事务和经济政策，包括货币政策和金融管理政策也由财政部负责。

(4)审计署。审计署的总审计长由首相提名，在征得议会下议院公共账户委员会主席的同意后，由英国女王任命，直接对下议院负责。审计署的职责是对政府部门和依靠财政拨款的准政府部门的会计账目进行审计，包括财务审计和绩效审计。审计署通过公共账户委员会与议会联系，并定期在下议院公共账户委员会的听证会上报告其审计结果。

3.2.3　法国中央政府预算权配置

法国预算过程的参与主体主要有议会、内阁、总统、财政部、政府各部门、会计法院、财政总监、财政监察员和审计法院等。

(1)议会。法国议会根据宪法和组织法的规定对政府的预算草案、预算修正案草案、其他预算草案和经济计划大纲草案具有审批权。

法国议会由国民议会和参议院组成。国民议会的权力、地位和作用要大大优于参议院。当两院意见不一致时，根据政府的要求，由国民会议作出最终决议。两个议院下各有 6 个常设委员会和若干根据需要设立的专门委员会。其中，在国民议会中，与财政和预算有关的委员会是财政计划委员会；在参议院中，则为财政、预算监督和国民经济统计委员会。

政府年度预算草案首先提交国民议会审批。国民议会收到草案后立即转交给财政计划委员会审议。财政计划委员会审议通过后，连同委员会报告，提交国民议会大会讨论。议员们可以提出修正案，但根据宪法规定，议员不得提出增加国家支出、增设支出项目以及降低国家收入的预算提案或修正案。年度预算草案在国民议会通过后，转交参议院审议，其程序与国民议会大体相同。如果两院都表决通过，预算草案就成为正式法案，由政府执行。

国家预算在执行中，如果经济形势发生了变化，需要变动议会审批的预算，则政府可以提出预算修正草案，由财政部部长以总理的名义代表政府报议会审批，经议会讨论通过后，政府方可执行，并以预算修正案的方式向社会公布。

法国议会的预算监督权由法国宪法和议会两院的议事规则予以规定。议会对预算执行的监督主要依靠审计院来进行。审计院的主要职责是协助议会和政府监督预算法案的执行，检查政府各部门、国有企业和公共机构的会计账目；对涉及财政预算资金相关部门的会计人员进行质询，作出处理决定等；审查国家决算，并向议会提交有关预算执行情况的审查报告，由议会审批。议会审议通过的决算由总统签署，以决算法案的形式公布。

(2)内阁。内阁主要负责预算草案的编制，并将编制好的预算草案提交国会审批。预算草案通过审批后，内阁负责预算法案的执行，并接受外部和内部的监督。预算年度结束后，要向审计法院提交决算报告。

(3)财政部。财政部有权对其他部门的财务活动进行监控。

(4)总统。总统拥有对各部门的监督权，有权要求部长变更或撤销其作出的不合法、不适当的决定和命令，监督预算编制，并对预算草案有最终决定权。

(5)会计法院、财政总监和财政监察员。三者对中央预算和地方预算进行事前和事后监督。会计法院是独立的国家机构，其权力由议会授予，不受任何部门控制。会计法院主要监察公共资金的使用情况，包括中央各部门预算执行情况，地方政府预算执行情况，财产所有权属于国家或地方的公共机构、社会保险单位和国有企业的公共资金使用情况等。

财政总监的职权范围广泛，对一切公共会计单位，无论是国家的，还是地方的税务局、海关、国有企业、公共机构和接受国家补助金或贷款的私营企业，以及所有执行国家预算的部门和单位，都有权进行监督。

财政监察员由财政部任命，主要审核各项支出是否合法，预算有无资金支付。

(6)审计法院。审计法院独立于议会与政府，属司法机构。审计院的权力是议会授予的，审计院作为独立机构，不受任何政府部门控制。审计院院长终身任职，一经任命，不得随意解雇或调动。其主要职责包括：审查国家决算，向议会送交审计报告以及预算执行的评价和建议，审查公共会计的账目、单据，确定其法律责任；检查公共开支决策人；监督国有企业遵守财政预算法律的情况。

3.2.4　德国联邦政府预算权配置

德国是一个实行权力分立制衡的国家。根据德国联邦宪法，即《基本法》，联邦议会拥有立法权，联邦政府、联邦总理和联邦总统拥有行政权，联邦宪法法院拥有司法权。

德国联邦预算的参与者主要有联邦议会、联邦政府、联邦审计署等。德国在预算权力配置上实行编制、审批、监督权力的分离,并相互制衡。

(1)联邦议会。联邦议会由联邦议院和联邦参议院组成。联邦议院是由选民直接选举产生的“人民代表机构”,是最高立法机构,负责审议通过法律、选举联邦总理和监督政府工作。联邦议院由议长、副议长、元老委员会和各种常设委员会组成。与预算直接相关的常设委员会有预算委员会(41名成员)和财政委员会(39名成员),它们主要负责审议有关财政的法案和预算草案,并代表议院对政府的财政及预算执行进行监督。

联邦参议院是联邦州的代表机构,参与联邦的立法与行政管理。联邦参议院设立了16个专业委员会担任主要工作。

①预算审批权。预算审批权是德国联邦议院的一项重要权力。联邦议院可以在宪法赋予的立法权范围内不受限制地改变、修正甚至否定预算草案;可以决定超过政府建议的预算支出拨款,也可以限制支出甚至完全停止预算支出,但法定性预算支出除外。联邦参议院对预算草案进行讨论并可提出修正预算的建议。联邦参议院对预算草案的讨论意见首先交给联邦政府,联邦政府将这些意见连同自己对这些意见的建议提交联邦议院。

②预算监督权。联邦议会具有对联邦预算的监督权。根据法律规定,联邦政府要向联邦议院报告预算执行情况,联邦财政部对于预算执行中的重大事项和每个月的支出情况、每个季度的债务情况等都要向预算委员会通报或报告。预算委员会可以通过对政府提出质询的方式加以监督。联邦议院就预算执行情况可以要求联邦政府作出说明,联邦政府有义务提交有关情况的说明报告。对联邦政府作出的将会对未来预算产生影响的一些大型和长期的规划,预算委员会往往要求尽早报告,而联邦政府为使这些规划将来在议会能够顺利通过,也会及时通报。联邦政府的决算报告也要提交联邦议院审议。决算报告先提交联邦审计院审核。联邦审计院在审核之后将意见提交联邦议院、联邦参议院和联邦政府。同时,联邦政府的决算报告和请求批准报告的申请也一并提交,由联邦议院中预算委员会下属的审计委员会具体审议。

(2)联邦政府。联邦政府主要负责预算编制和预算执行。预算编制前,联邦财政部要对已编制的五年财政计划中涉及当年的项目进行重新评价,并提出合理要求。各部门预算修改后,联邦财政部要提交给联邦审计署。经联邦审计署审核后的预算草案再提交内阁讨论。

(3)联邦审计署。联邦审计署根据法律规定独立行使审计职权,向联邦议会和联邦政府报告审计结果。联邦审计署对预算的审计贯穿于预算活动的全过程。在预算编制阶段,联邦审计署参与预算草案审核,并在议会预算委员会的讨论会上报告审查结果。在预算执行阶段,联邦审计署通过抽查、重点审查等方法审计预算执行情况,及时发现和处理预算执行中的问题。在决算阶段，联邦审计署对年末报送的预算报告按科目进行逐项审计。在审计过程中如发现重大事项，可随时向议会和政府提出专项的特别审计报告。每年秋季，联邦审计署要向联邦议院、参议院和联邦政府提交年度审计报告，全面反映综合性的、重要的审计结果和审计意见。

3.2.5　日本中央政府预算权配置

日本政府预算的主要参与者包括日本议会、日本政府和会计检察院。

(1)日本议会。日本议会拥有预算审批权和预算监督权。日本国会实行两院制，由众议院和参议院组成。两院均设有财政委员会、预算委员会和决算委员会等常设委员会。这些常设委员会对内阁提交的预算、决算草案或与财政收支有关的议案进行预备审查，然后提交议院全体会议审议。依据宪法规定，国家的年度预算、补充预算和决算，都须经过国会的审议和通过。国会有权审查批准国家的收入、支出预算及决算，有权按照法定程序对预算案提出增加或减少的修正案，有权批准国家征税、发行国债和其他借款等。经议会审批通过的政府预算，即为法律，政府方可执行。日本议会对整个预算过程都具有监督权力。议会的监督职能主要是通过国会常设委员会中的预算审查委员会、决算审查委员会、财政委员会等执行。

(2)日本政府。日本政府具有预算编制权和执行权。政府各部门有编制各自预算，并执行议会通过预算的权力。财务省预算局是核心预算部门，负责预算的管理工作，对各部门提交的预算请求有审查权力，对预算执行过程有管理、监督和控制的权力。内阁对财务省提交的预算案进行审议，审议通过后提交议会审批。经议会审批通过的预算，政府部门方可执行。

(3)会计检察院。日本的预算审计是由会计检察院来执行的。会计检察院是独立于行政、议会和司法的机构，对国家预算执行、政府有关机关和独立行政法人等会计行为、国家补助金支出等财政援助活动从合规性、准确性、效率性等方面进行独立审计。

3.3　我国政府预算权配置

3.3.1　我国政府预算权配置现状

我国现代财政预算改革是从 20 世纪 90 年代末开始的。1999 年之前，我国财政预算模式基本延续计划经济体制下的制度安排，预算权的配置以行政部门为主。公共资金收支决策权、执行权、监督权等都掌握在行政部门手中。其他部门，包括人大的预算配置权力极其有限。

自1999年开始，中国开启了现代财政预算制度改革的进程。通过部门预算改革、国库集中收付制度改革、政府收支分类改革和政府采购制度改革等，现代财政预算制度的基础得以建立，预算权力重构过程开启。经过40年的改革开放历程，我国目前已基本建立起立法机构与行政部门分立、政府内部集中统一的预算权力框架，为防止预算权力滥用和提高预算执行效率提供了有利的条件。

1. 全国人民代表大会与政府预算权力配置

全国人民代表大会(简称人大)与政府间的预算权划分是预算权力配置中最重要的方面。改革开放之前，虽然1954年的《宪法》明确规定人大是行使国家立法权的唯一机关，有权修改宪法、制定法律。但实际上全国人大的立法权在这一时期履行得并不充分。

改革开放后至1999年，预算管理体制进行了几次调整，但预算权力配置上的行政主导模式并未有根本性的变化。1994年制定的《预算法》虽然对人大的预算权力有了规定，但这些规定都过于笼统，使其实际上无法操作实行。如对人大预算审批权，《预算法》规定预算草案由政府编制、人大审批，这似乎赋予了人大的预算审批权，但审批权具体包括哪些权力没有明确界定。从国际语境上看，预算审批权意味着预算决定权，或财政决策权，包括预算草案的修改、批准、否决等权力。但我国《预算法》中对人大审批权的规定在实际应用中并不包括预算修正权。在《预算法》实施期间，从未有人大对政府预算进行过实质性修改，也从未出现过人大行使预算否决权的情况。由于当时政府预算编制粗糙，执行中预算调整频繁，因而人大的预算调整权也流于形式。

1999年开始的现代财政预算改革为预算权力结构重塑提供了契机。随着部门预算改革、国库集中收付制度改革、政府收支分类改革以及政府采购制度等一系列改革的推开，特别是2008年实施的《政府信息公开条例》和2014年新修订的《预算法》，人大的预算权力得以逐步加强，政府的预算权力逐渐得到规范，现代财政预算制度下的预算权力配置框架也正逐步形成。

(1)审批权。我国各级人民代表大会对政府预算的审批权包括初审权和审查批准权。关于初审权，《预算法》第二十二条对各级人大的预算初审权作了明确规定。全国人民代表大会财政经济委员会，省、自治区、直辖市人民代表大会有关专门委员会，设区的市、自治州人民代表大会有关专门委员会，县、自治县、不设区的市、市辖区人民代表大会常务委员会对本级政府预算草案初步方案及上一年预算执行情况等进行初步审查，提出初步审查意见。

《预算法》第四十三条规定了各级人大的预算审查批准权：中央预算由全国人民代表大会审查和批准；地方各级预算由本级人民代表大会审查和批准。第四十四条规定了各级人大预算初步审查的时间，第四十五条规定了人大预算审查的形式，第四十八条规定了全国人民代表大会和地方各级人民代表大会对预算草案及其报告、预算执行情况报告的审查重点，第四十九条列举了预算执行审查结果报告应包括的重点内容。

（2）监督权。《预算法》规定各级人民代表大会及其常务委员会具有预算监督的权力。《预算法》第九章第八十一条规定："全国人民代表大会及其常务委员会对中央和地方预算、决算进行监督。县级以上地方各级人民代表大会及其常务委员会对本级和下级预算、决算进行监督。乡、民族乡、镇人民代表大会对本级预算、决算进行监督。"

人大常委会监督权的行使范围和重点在《中华人民共和国各级人民代表大会常务委员会监督法》中进行了详细规定，人大常委会监督权的行使范围主要包括审查和批准决算，听取和审议国民经济和社会发展计划、预算的执行情况报告，听取和审议审计工作报告。第十八条列示了常务委员会对预算草案和预算执行情况报告审查监督的重点内容，具体包括："①预算收支平衡情况；②重点支出的安排和资金到位情况；③预算超收收入的安排和使用情况；④部门预算制度建立和执行情况；⑤向下级财政转移支付情况；⑥本级人民代表大会关于批准预算的决议的执行情况。"与此同时，全国人民代表大会常务委员会还应当重点审查国债余额情况；县级以上地方各级人民代表大会常务委员会还应当重点审查上级财政补助资金的安排和使用情况。

（3）调整权。根据我国《预算法》，预算调整权归属人大。《预算法》第十三条规定："经人民代表大会批准的预算，非经法定程序，不得调整。各级政府、各部门、各单位的支出必须以经批准的预算为依据，未列入预算的不得支出。"

《预算法》第七章对人大的预算调整权进行了详细规定，其中第六十七条对经全国人民代表大会批准的中央预算和经地方各级人民代表大会批准的地方各级预算中应进行预算调整的情况列示如下："①需要增加或者减少预算总支出的；②需要调入预算稳定调节基金的；③需要调减预算安排的重点支出数额的；④需要增加举借债务数额的。"第六十八条至第七十三条对各级人大预算调整的执行方式、调整程序以及预算调整的范围等进行了规定。

2. 政府的预算权力

（1）编制权。根据《预算法》，政府预算的编制权归属行政部门。《预算法》第二十三条至第二十六条规定，各级财政部门负责编制各级政府的预算、决算草案和预算调整方案，各政府部门负责编制本部门预算、决算草案，各单位负责编制本单位预算、决算草案。《预算法》第四章对政府预算编制的时间、要求、编制原则、注意事项等进行了详细规定。

（2）执行权。根据《预算法》，预算执行权归属政府部门。《预算法》第六章第五十三条规定："各级预算由本级政府组织执行，具体工作由本级政府财政部门负责。各部门、各单位是本部门、本单位的预算执行主体，负责本部门、本单位的预算执行，并对执行结果负责。"《预算法》第五十三条至第六十六条详细规定了预算执行的主体、预算内容、预算范围、注意事项等。

3.3.2　我国预算权力配置中存在的问题

1. 人大预算审批权落实不充分

我国《预算法》赋予了人大预算审批权，但这一审批权因预算修正权、预算审议时间、预算审议对象和预算辅助支持系统等方面的不足而受到影响。

预算修正权是现代议会的核心预算权力，影响着议会预算权力的大小，不可或缺。但我国《预算法》对此并没有作出明确规定。这就使得人大在审批预算时，要么整体否决，要么整体通过预算草案。而在实践中预算草案每年都能够在全国人大全体会议上通过。人大预算修正权的缺失，最终影响人大预算审批权的落实。

从审议预算草案的时间上看，各级人大每年人代会召开时间较短，全国人代会一般为 10—15 天，省、自治区、直辖市人代会一般为 5—7 天，县级人代会时间更短。而人代会期间人大代表们审议的内容又很多，有政府工作报告、国民经济和社会发展计划报告、政府预算报告、人民代表大会常务委员会工作报告、检察院和法院工作报告、人事任免、各专门委员会工作报告等。因此，留给代表们审议预算的时间很少，一般最多一天。用如此短的时间审议如此重要又如此专业、复杂的预算，显然力不从心，难以对预算草案作深入、细致的审议，难以充分履行预算的审批权。当然，在人大正式审议预算草案前，存在初审程序，这在一定程度上缓解了正式审议中因时间过短带来的审批权行使不足的问题。

从人大审议的对象看，提交给人大审议的政府预算草案，虽然详细程度逐渐提高，但包含的信息量与立法部门代表公众充分行使预算审批权所要求的信息量相比，还有很大差距。预算草案提供的预算信息不够全面，也没有提供每个项目和每个政府性基金的预算信息。预算草案中提供的信息不足，不利于人大充分行使其预算审批权。

此外，一揽子审批政府预算的安排以及较为薄弱的预算审批支持系统都导致人大预算审批权受到限制。

2. 行政内部预算权碎片化

行政部门内部预算管理碎片化会严重损害公共资金的统一性和完整性。公共资金因其公共性质，其管理在制度上需要特别的安排。根据国际惯例，资金运行决策、执行和评估过程应分属不同的机构管理，形成权力的相互制衡。公共资金的决策由立法机关负责，决策的执行则由行政机关负责，而决策执行的结果审计则由独立于行政机关的审计机关负责。虽然预算过程的权力分属不同的机关以便形成对公共资金运行的权力制衡,保证公共资金的安全,但归属行政机关的执行权力在行政机关内部必须形成统一、权威的权力,归属于一个部门,如财政部或独立的预算管理部,以保证高效的执行力。如果执行权也被肢解,分属于不同的、平级的行政部门,则预算执行过程中同时会有多个权力中心发号施令,统一的预算决策就会在执行过程中支离破碎,预算目标难以实现。同时,分散割据的预算权力会导致权力之间相互掣肘,影响预算执行效率。

世界上发达国家的预算管理模式,基本上都遵循决策权、执行权和审计评估权力分离制衡,而执行权则集中统一,形成慢决策、快执行的预算管理特点。这对保证公共资金安全有效运转至关重要。我国近年的预算管理改革也正向这一方向推进。但是现实中仍然存在预算管理权分散割据、预算资金管理碎片化的情况,具体表现在:(1)预算分配权分散在多个部门。在我国,除财政部之外,还有发改委(基建支出费)、科技部(科技三项费用)、国防科工委等几个部门握有预算资金的分配权。当政府将一个大概的收支计划提交人大并获得通过后,按"切块"得到分配权的主管部门和财政内部的各个职能部门,就会根据人大通过的预算进行新一轮的资金分配。(2)公共资金的管理分割严重。国有企业将大量属于公共财富的利润留置企业,而且国有企业分散管理,有属于国资委管理的企业,有属于宣传部管理的企业,还有属于财政部管理的金融企业,等等。分散化的管理使得国有资本经营预算小于所有国有资本预算,而属于公共收入的铸币收益则由中央银行自行支配。另有一些以公共资源出让和公权力(或者公共权力特别许可)产生的收入,也都分散在不同的政府部门管理使用,没有纳入统一的预算。这种预算资金分配、使用和管理上的分散割据局面破坏了预算的统一性和完整性,降低了财政透明度,影响了公共资金的运行效率和效果。

3. 公众的预算参与权有限

预算参与权是现代国家公众的一项重要权利。预算参与权是指公众参与预算编制、审批、执行和审计评估的整个预算过程的权利。现代财政预算的公共性决定了公众预算参与权的合法性和必要性。公众通过参与预算过程,表达公众意愿,规范和监督政府部门的财政行为,促使公共资金按照公共利益需求筹集和使用。我国经过多年的财政预算改革,公众参与预算的程度不断提高,参与式预算模式也在多地涌现,展现了良好的效果。但总体而言,我国公众的预算参与度较低。这不仅是因为公众的预算参与权没有明确、详细的法律规定,还由于目前公众可掌握的财政预算信息的有限性,以及财政预算制度的复杂性限制了公众的参与程度。

在我国向现代国家转型、实行国家治理现代化的过程中,优化预算权力配置是一个不可逾越的问题。落实人大的预审批权,提高财政预算透明度和公众参与预算程度,在行政部门内部建立核心预算机构是我国预算权力配置中亟待解决的问题。

思考题

1. 政府预算权配置应遵循哪些原则？
2. 从国际政府预算权配置中可以总结哪些经验？
3. 我国政府预算权是如何配置的？人大和政府分别具有什么样的预算权力？
4. 我国政府预算权配置还存在什么问题？

第 4 章　政府预算分类

政府预算是政府未来一定时期的收支计划。政府预算只有依托对收支的合理分类,才能将相关的收支信息有效地组织起来,将预算收支计划与执行实绩直观清晰地反映出来,使政府内外的利益相关者清楚地了解到是谁、以何种方式、汲取了多少收入、贮存在何处,这些资金又由谁、以何种方式、用于何种目的。预算分类体系以多种分类方式对政府收支进行划分,每种分类都按照特定标准将预算收支划分为若干单元,从而提供了关于预算资金"来龙去脉"的各类信息。这些信息包括:公共资金收支的核算主体;收入的汲取主体和形式;支出的主体、目的和形式等。因此,政府预算分类体系直接决定了预算信息的组织和呈现形式,从而构成预算得以展现的载体。预算过程的所有阶段和环节都必须依托预算分类体系才能存在和运行。在预算编制环节,政府管理者需要借助具体的预算分类方式编制预算草案;在预算审批环节,公众代表需要依托合理的预算分类对预算草案进行审批;在预算执行环节,核心预算部门需要依托预算分类对政府各职能部门的支出行为进行合规性控制,并获取部门运作的绩效信息,以对其资金使用绩效予以评判;在预算执行结束后,政府及其部门需要借助预算分类编制决算报告和政府财务报告,审计部门需要依托预算分类检查和监督政府预算的执行情况。科学合理的预算分类是实现良好预算管理、规范政府财政行为和实现公共利益不可或缺的重要条件。

4.1　政府预算分类概述

4.1.1　政府预算分类体系的构建原则

预算分类体系是政府预算制度的关键要素。自 2000 年开始,国际货币基金组织、世界银行、经济合作与发展组织等国际组织就主持开展了预算分类原则的研究和讨论,至今已形成现代政府预算的分类原则。

全面性原则,即每一种预算分类方式都要涵盖政府的全部收支活动。

一致性原则，即应该对所有的政府预算收支活动使用相同的分类方式。例如，在借助支出经济分类对预算支出条目、事项进行划分时，不宜针对政府的经常性支出和资本性支出各自设计一套独立的经济分类科目。

同质性原则，即每种分类方式的划分标准都应是清晰的，且需要根据该标准对所有收入或支出进行划分。

独立性原则，即每种分类都有独立于其他分类方式的显著特征，如支出的功能分类反映的是支出履行的一般性政府职能，而支出的部门分类则反映使用预算资金并承担支出问责的具体政府机构。

体现政府预算的规划、管理和控制功能，服务于政府管理者的决策需求以及满足公众和立法机构监督和规范政府财政行为的要求，从而保证公共资金安全、有效地运行是政府预算分类原则形成的基础和目的。

4.1.2　政府预算分类体系的基础性框架

现代政府预算分类体系具体包括预算基金分类、预算收入分类和预算支出分类三个组成部分，其规范性框架如图 4.1 所示。基金分类是整个预算分类体系的基础性分类方式。基金是预算的载体，每一基金收支计划就是一本预算，反映政府为提供公共产品和服务而编制的资金分配计划以及这些资金的获取方案。基金分类实际上是根据公共资金的用途、专用性程度、所有权归属等标准对预算活动进行分类。

对于每一基金中的收入和支出，为了清楚地反映其来源和用途，还需要借助多种收支分类方式做进一步分类。政府预算中存在两种类型的收支分类方式：一种是用于收支分析和国际比较的收支分类，这种分类必须以稳定的类目表为载体，如国际货币基金组织在《政府财政统计手册》(GFSM)中设计的支出功能分类(COFOG)类目表、收入经济分类类目表和支出经济分类类目表；另一种是用于预算决策和管理过程的收支分类。这种分类主要依托特定的分类标准存在，如支出的部门分类、项目分类等。

具体来说，预算收入的分类方式包括收入的部门分类和收入的经济分类。收入的部门分类反映的是收入是由哪个部门征收的，其性质是税收，还是特定的非税收入；收入的经济分类，即根据收入的获取依据对预算收入进行划分，如将政府收入划分为税收、收费、债务收入等形式。

预算支出的分类方式包括支出的部门分类、功能分类、项目分类和经济分类。支出的部门分类，即按照使用预算资金的部门对支出进行划分；支出的功能分类，即根据预算支出履行的政府职能对其进行划分，如将预算支出分为国防、科教文卫、环保、经济事务支出等；支出的项目分类是根据预算支出提供的公共产品、服务及实现的目标而进行的分类；支出的经济分类是根据资金的使用方式对支出进行的分类，包括工资和薪酬支出、服务和商品购买支出、固定资产购置支出、转移支付支出等。

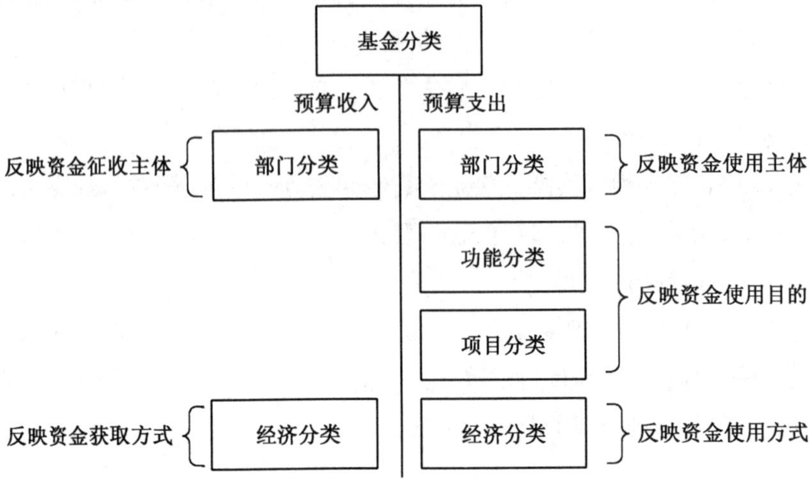

图 4.1 规范的现代政府预算分类体系的大体框架

4.2 基金分类

政府的收支信息是最受政府内外部利益相关者关注的内容之一,无论是政府内部的决策者、管理者,还是公众及其代表,都需要了解政府提供的各类服务和产品的计划,以及为实现这些计划而制订的筹资方案。只有在掌握这些信息后,他们才能有效地对公共资金使用过程进行规划、管理、控制和监督。由于现代政府使用公共资金提供的服务和产品类型多样,既包括国防、立法和司法、公共安全这样的纯公共产品,又包括教育、道路等并不完全具备非竞争性和非排他性的准公共产品,还包括强制养老保险等非公共产品,因此对于各种服务和产品的提供,政府在筹集和分配资金方面应采取差异化的管理方式和信息披露机制。基金分类就是为适应政府这种收支管理的多元化需求而产生的。

4.2.1 基金分类及其必要性

进入 20 世纪后,政府的职能日益多元化,使用公共资金提供的服务和产品类型日趋多样,既包括向社会公众提供治安维护、国防等纯公共物品,又负责提供交通基础设施、教育、医疗等并不完全具备非竞争性和非排他性的准公共产品,甚至广泛参与到各类非公共物品的生产和提供过程中,以实现特定政策目标或筹集运营所必需的资金。

在这一过程中，税收被广泛用于为政府各类履职活动提供资金，而使用者付费、专项债务收入等各种来源的资金则被政府指定用于履行其特定职能。因此，为了保证资金分配和使用不受政治、经济、社会等外部因素的影响，做到“专款专用”，同时对政府不同类型的履职活动，包括一般性履职活动、大型基础设施建设活动、生产经营活动、信托计划运营等的资金获得与使用情况进行准确记录并核算，政府在筹集和分配资金方面应采取差异化的管理方式和信息披露机制，以保障其公共受托责任的履行，并向预算过程中的利益相关者有效披露其特定公共受托责任的履行情况。

公共资金的差异化管理和信息披露需求在实践中是通过对公共资金实行基金管理而实现的。通过设置多种基金，将不同性质、不同用途的资金归入不同的基金，采用不同的管理规则和方式，实现不同的运行目的。

在预算领域，基金(fund)一词泛指“用于贮存具有指定用途资金的资金池”。每一基金都是独立的核算主体，可以吸纳并贮存各种形式的收入，并将其用于各类支出活动。资金结余部分可调入其他基金或留待下年使用。

政府预算的基金分类，就是将政府通过各种途径获取的收入归入不同的基金中，以基金为单位编制年度收支预算，披露政府各类资金的收支计划和执行情况，以及结余或赤字信息。将政府预算划分为若干基金预算，有利于区分管理不同性质、不同用途的公共资金，提高资金的运行效率，更好地履行公共受托责任。

政府预算的基金分类的必要性主要体现在能够直观地反映一级政府不同受托责任的履行情况。我们知道，企业的目标是赚取利润，企业所有的资金都围绕这个目标，采用相同的规则运作，因而企业资金不需要采用基金方式进行管理。与企业不同，政府的目标不是赚取利润，而是履行受托责任，即政府使用公共资金，为公众提供公共产品和服务，接受公众的监督和问责。履行受托责任要求政府对每一笔公共资金的来龙去脉都要向公众报告清楚，接受公众的监督和问责。而公共资金规模庞大、种类繁多，且不同的资金承担不同的受托责任。

对于纯公共产品的提供而言，因这类物品具有非竞争性和非排他性，提供者无法根据特定使用者的消费数量收取费用，故通过征税为其筹集资金是合理的。政府通过征收各种直接税和间接税，统一筹集提供各类纯公共产品所需的资金，并将这些资金注入一般基金(general fund)中，而后根据社会需求对资金进行分配。一般基金中的资金主要来源于税收，但也包括政府的一些直接服务收费、资产处置收入等。资金广泛用于政府的基本运营活动、公共秩序的维护、基本公共服务的提供等方面，支出范围并不受限。

政府一般基金提供的公共产品中，还有一类属于准公共产品。由于这类物品本身具有竞争性或排他性，因而政府在提供方式上的选择较为多样。例如，教育、交通基础设施等服务和产品，具有较强的正外部性，对于国家和地区的发展极为重要，无论是否能够通过取得特定收入弥补成本，政府都要提供这类服务和产品。因此，在一般基金中安排相关支出，以税收作为这些项目的基本资金来源是必要的。当然，为了促进这类事业的发展，也可以根据“受益者负担”的原则，另外设置若干特别基金，通过对直接和间接受益者的收费、兴办政府专营事业获取的利润，或发行以受益者收费为偿债来源的专项债券为这类项目筹集发展资金，专门用于成本补偿和发展相关事业。

预算领域一直有众多学者强调政府应遵守“预算单一性原则”，通过设置单式预算保障预算资金的分配效率，提升预算的规划功能。但是，20 世纪下半叶以来，世界各国政府为了保障特定公共事业能够获取充足的发展资金，或者避免一般性的预算规则对于某些特定支出活动运营效率的负面影响，普遍设立了为数众多的“特别基金”，并针对特别基金的收支编制特别基金预算。基金的财源包括由政府征收的使用费、举债以及政府某些特别税收入等。这些资金的用途被事先限定，当年收支结余可以留存，用于以后年度该领域的支出。

对于强制社会保险这样的非公共产品，由于其运营资金来源于被保险对象的缴费和政府补贴，资金所有权不完全归属于政府，且必须用于保障被保险对象的特定权利，因而具有信托性质以及“专款专用”的特征。政府作为资金的管理者，同样有必要单独建立账目或设立“信托基金”预算，用于管理该类计划的资金汲取和分配过程。

对于政府直接从事的公益类生产经营活动，如有偿供水、排污、供电等，由于政府从事这类活动的目的是多样的，既包括提供服务和产品，同时又希望通过此类活动获得利润，因此这类活动与上述非营利性活动具有本质上的差异。而且从保障政府正常开展生产经营活动的角度出发，也不应采取与税收等强制性收入一致的资金分配方式管理这类活动和由此产生的收支。应给予从事生产经营活动的政府部门一定的资金分配自由裁量权，允许其按照市场需求和企业自身的经营状况，对获取的各种经营收入进行分配。为了向资金所有者准确披露这类活动的成本和收益情况，应该将这类活动的收支同前述的几种政府非营利性活动区分开来，设置“经营性基金”或“企业基金”来单独核算此类活动的收支。

对于政府设置的一些内部服务机构，如印刷部、车辆和设备维修机构、食堂等，如果这些机构向政府内部的用户提供服务时需要向接受服务的部门或机构收取一定的服务费，那么从准确核算政府收支规模的角度而言，由于相关付费已在接受服务的政府部门的预算中列为支出，因此这类政府内部交易的收入和支出应在计算政府财政收支时予以扣除，否则会夸大政府的收支规模。为此，可以设置“内部服务基金”以反映此类内部服务基金的运营收支。

为清楚地报告上述公共资金的收支情况，更好地履行受托责任，公共资金必须按基金方式进行管理。与此相应,政府预算要按基金进行分类。

4.2.2　政府基金分类

根据国内外预算基金分类理论和实践,预算基金的分类依据大致有以下三种:

一是收支活动类型或支出的性质,如针对政府、公有非营利机构及公共公司的运营活动分别设置基金核算其收支;或者按照资金是否用于履行行政职能,收支活动是否具有营利性,对资金进行划分,分别设置政府基金、信托基金和经营基金或企业基金进行相关收支核算。

二是资金专用性程度,如按照政府收入是否具有"专款专用"的特征,对政府能够自行分配使用的资金,分别设置一般基金和若干特别基金进行管理、核算。

三是资金的来源途径,即以政府资金是政府以信托形式获得,还是凭借强制性权力或公共产权取得为依据设置基金。实行单式预算的国家,如英国、加拿大等英联邦国家,收支预算一般围绕单独的综合基金(consolidated fund)编制,但是会在综合基金之外设立若干较小规模的特别基金,专门用于发展特定的公共事业。综合基金会定期向这些特别基金注资,对其运营予以支持。实行复式预算的国家,则会设置一定数目的特别基金预算,将一些投资收益、使用者收费、特别税、债务收入等注入各种特别基金中,并将资金主要用于偿债、增进特定群体福祉、发展特定事业等专门用途。

根据上述依据,国际上形成了一般性的政府预算基金分类模式(见图 4.2),即政府基金、信托基金和经营基金。政府基金又分为一般基金和特别基金。一般基金中的绝大部分收入需要统筹分配,用于维持政府的基本运营活动以及向辖区公众提供必需的公共服务。特别基金反映政府获取的具有专款专用性质的收入及与此相对应的支出。政府基金的收支活动不以营利为目的。

信托基金反映的是政府为提升公众福祉,作为受托人获取、管理和分配的公共资金,这类资金的所有权并不属于政府,而属于缴费者或信托人。

经营基金或企业基金反映的是政府直接从事生产经营活动,通过向用户收取使用费弥补此类活动成本的资金活动。政府的经营活动一般不以营利为目的。

如果政府设置的某些内部服务机构,如印刷部、车辆和设备修理部、医务室等,主要通过向政府内部用户收取服务费来弥补其运营成本,则可以将这部分资金归于经营基金,也可以针对这些内部服务部门的收支活动,设置独立的"内部服务基金"核算相关收支。

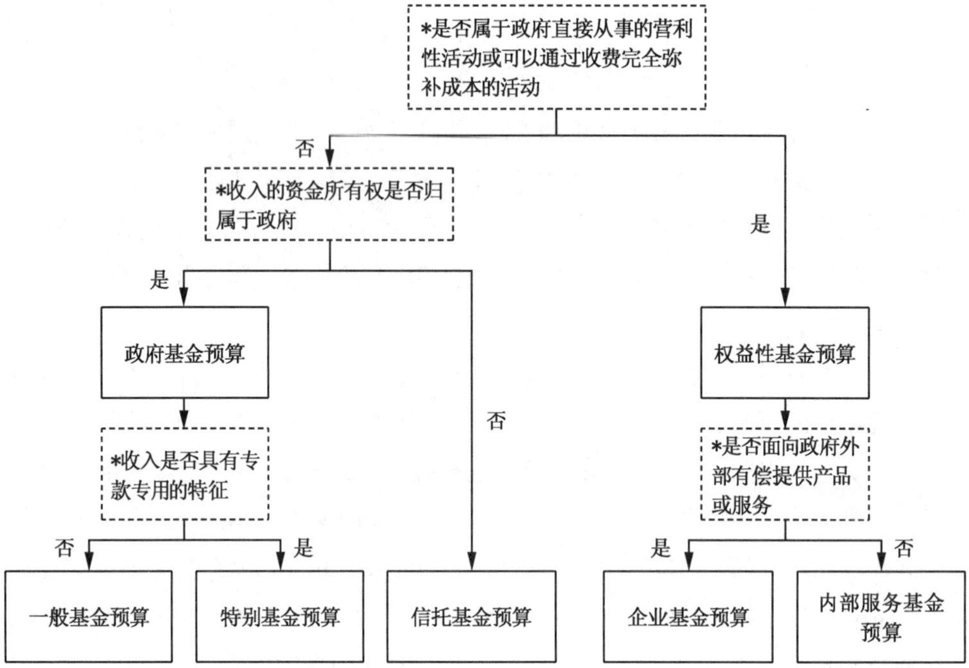

注："＊"为基金分类的具体分类标准。

图 4.2　政府预算基金分类的规范性类目框架

专栏 4.1　　美国州和地方政府的预算基金分类

在美国州和地方政府的预算实践中，公共部门的收支活动均需要通过基金进行核算。美国政府会计准则委员会(GASB)制定的"一般会计准则"(GAAP)设计了一套相对清晰的预算基金分类框架，用以反映州和地方政府的预算基金分类框架。在 GAAP 中，公共部门基金分为政府基金、经营基金和信托基金三种。

1. 政府基金

政府基金主要用于核算反映政府及其部门的运营收支活动，这些活动不以追求经济利益为目的，且用于这些活动的资金所有权完全属于政府。政府基金下又设有以下基金：

一般基金，即用于核算反映为履行一般性政府职能、不具有专款专用性质的公共资金去向。基金中的预算资源主要来自政府的税收。

特别收入基金，即用于核算、反映以特定收入形式为资金来源且支出具有专款专用性质的特定收支活动。例如，地方的道路基金，以来往车辆过路费收入作为资金来源,并且将这些资金专门用于道路养护维修活动。特别收入基金中的收入被限制或承诺用于特定目的的支出,不能用于偿债或资本项目投资。

债务服务基金,即用于解释、筹集、限制、分配涉及政府一般性长期债务本金和利息支付的相关支出。

资本项目基金,即用于说明分配给用于购置、建设辖区内主要资本设施支出的财务资源。由个人、私人组织或其他政府的信托基金资助的资本性支出除外。

永久性基金,该基金以基金中的资金增值收益而非本金用于增进辖区或其公民福祉的活动支出。例如,政府可以设置股权投资型永久性基金,基金中的本金用于入股辖区内高新技术企业,并利用企业提供的股权分红资金,扶持辖区内基础研究机构的运营和发展。

2. 经营基金

经营基金是指用于核算和反映政府正在进行的市场化活动。在这些活动中,政府像市场经营者一样,精打细算,讲求效率,进行成本核算,不以营利为目的。提供的服务的成本通过对用户收取使用费的方式来弥补。

美国的经营基金有两种类型:

一是企业基金,即用于核算向外部用户收取商品或服务费用的任何活动。如果符合以下任一条件,则必须全面核算、报告活动的收入和支出信息:(1)活动以债务融资,而债务举借以活动产生的净收入作为抵押;(2)法律或法规要求活动提供服务的成本,应通过收费而非税收等强制性收入收回;(3)活动对提供服务或产品的定价,基于完全收回成本的考虑。

二是内部服务基金即用于核算、反映政府内部一个部门或机构向其他部门或机构以及其他层级的政府提供商品或服务的收入和成本。

3. 信托基金

信托基金是用于核算政府作为私人组织或其他政府部门的代理,以受托人身份持有的、服务于特定目的的资金。美国的信托基金有以下三种类型:

一是养老金型信托基金,即用于核算、报告政府的固定福利养老金计划、定额供款养老金计划和其他员工福利计划之中政府为受益人或缴费者托管的资金。

二是投资型信托基金,即用于核算、报告所有权不归属于地方政府,但由地方政府管理的投资性用途和收益的资金。

三是私人用途型信托基金,即用于核算、报告养老金和投资信托以外的信托基金的资源和收支信息的基金。这类基金服务于个人、私人组织或其他地方政府的利益,其中的资源无法用于支持政府自身的计划和项目。

4.3 收入分类

收入预算的作用主要是对未来财政年度的收入进行预测，使政府掌握可用资源的相关信息，以合理规划支出。对各种收入形式，立法机关一般会以法律法规的形式对其征收对象、征收方式、征收标准等作出规定。政府收入汲取权力的获得，无须通过立法机构的年度审批授权。但这并不意味着对预算收入无须构建分类体系，仅靠对各种来源的收入条目罗列穷举即可。科学规范的收入分类体系在提高预算收入管理效率的同时，有助于预算收入信息的公开，从而有利于对政府的收入行为进行有效监督。

为完整反映政府收入的汲取形式、征收主体和贮存载体等信息，根据公共预算的理论和实践，预算收入的分类包括部门分类、基金分类和经济分类。

4.3.1 收入的部门分类

预算收入的部门分类是根据获取收入的政府机构而对预算收入进行的分类，如增值税的征收主体是各级税务部门，交通违章罚款的征收主体是各级公安部门等。收入由哪一部门征收并不代表这些资金即可由哪一部门支配。作为收入征收实施主体的部门，未必能够享有这些收入的支配权。其汲取的收入，需要上缴至一级政府国库，而后通过统一的预算分配过程取得满足自身运营所需要的资金。预算收入按征收实施主体划分，旨在健全公共资金汲取过程中的受托责任机制，清晰地反映“谁，以何种形式，汲取了多少收入”，以促进预算控制功能的发挥。这对于凭借强制性权力制定征收标准的行政性收费，以及享有较大征收自由裁量权的罚没收入而言，尤其重要。缺乏收入的部门分类会影响预算收入信息的完整性，使公众难以有效监督各部门的收入汲取行为。这种信息不对称，可能会导致部门产生机会主义倾向，如行政处罚上的过度执法，从而背离以罚没矫正不当行为的初衷。引入征收实施主体分类，则可以偕同经济性质分类，对受托责任主体的行为形成约束。预算实践较为成熟的国家如美国、日本、南非，中央预算均按部门序列，列示各部门作为征收主体汲取的收入信息，进而汇总形成政府预算收入。

4.3.2 收入的经济分类

政府预算收入的经济分类，简单来说就是按政府为获取收入提供的“对价”及收入获取行为对于政府拥有资产额度的影响，对收入进行划分归集。具体来说，预算收入获取行为的经济性质，包括收入获取活动的强制性、固定性、有偿性，以及能否增加政府净资产或现金额度。对于政府有偿获得的收入，还可以按照政府为获得有偿收入的支付对价类型进行进一步分类，如针对政府以提供商品、服务、资产所有权、资产使用权等方式获取收入，分别设置分类类目。对各种预算收入按照经济性质进行划分，有助于反映政府预算收入的结构，揭示各种收入的本质特征，从而保障预算规划和控制功能的发挥。

预算收入经济分类的“类目表”，由政府根据其财政管理的实际情况设置。目前在世界范围内并无完全统一的类目框架，但各国政府的预算收入基本上都按照经济性质大致划分为税收收入、其他经常性收入、债务收入、转移性收入、资本性收入和投资回收收入六个主要类别。税收收入与政府收取的规费、获取的利润等其他经常性收入一起，能够增加一级政府拥有的净资产数额，统属于政府经常性收入的范畴。政府的资本性收入对应的是政府出售非金融资产获得的收入。投资回收收入对应的是政府出售金融资产获得的收入，包括出售股权和债权获得的收入。债务收入是指政府通过举债获得的收入。转移性收入则反映各级政府间、同级政府不同基金间资金调剂形成的收入。

一些国家在预算实践中，会将资本性收入和投资回收收入、其他经常性收入中部分或全部收入条目归集为“非税收入”，包括政府获取的使用费、规费、罚没收入，以及从事经营活动获取的收入等。如果将政府税收之外的经常性收入按照经济性质进行进一步划分，则可以将政府预算收入分为表 4.1 中的主要类别。其中特别课征收入、使用费和规费收入、政府经营收入、补助赠与收入、罚没收入、社会保险缴款收入统属于“其他经常性收入”的范畴。特别课征收入反映的是政府针对或有、间接受益征收的费用，如兴建公园可以改善辖区特定区域的环境，使得区域房价升高，因此政府可以向该区域内的不动产所有者收费，用于补偿兴建公园的成本。使用费和规费收入主要反映政府提供直接服务的费用，如工本费、手续费、证照费等。政府经营收入主要反映政府直接或间接从事生产经营活动获得的利润，但是不包括政府出售各类资产获得的收入。补助赠与收入主要反映政府从其他机构、个人获得的无偿补助。罚没收入主要反映政府凭借强制性权力对辖区内的组织和个人违反法律、法规的行为处以罚款所获得的收入。社会保险缴款收入是指政府设置的社会保险计划针对参保人收取的保险费。

表 4.1　一个政府预算收入经济分类类目框架及其与我国现行政府预算收入分类科目的关系

收入形式	强制性	无偿性	固定性	营利性	增加本级政府净资产	对应中国政府收入分类科目
税收收入						税收收入
特别课征收入						“非税收入-政府性基金收入”的大部分“项”级科目

续表

收入形式	强制性	无偿性	固定性	营利性	增加本级政府净资产	对应中国政府收入分类科目
使用费和规费收入						非税收入-行政事业性收费收入
政府经营收入	或有					非税收入-国有资本经营收入 非税收入-国有资源(资产)有偿使用收入 非税收入-政府性基金收入-国有土地使用权收入 “社会保险基金收入”中的各种委托投资收益和利息收入
罚没收入						非税收入-罚没收入
补助赠与收入						非税收入-捐赠收入
社会保险缴款收入						“社会保险基金收入”中的各种保费收入
资本性收入						非税收入-国有资源(资产)有偿使用收入-行政事业单位资产处置收入
投资回收收入						非税收入-国有资本经营收入-产权转让收入
转移性收入	或有		或有			转移性收入 “社会保险基金收入”中的各种财政补贴收入
债务收入						债务收入

4.4 支出分类

现代政府的职责高度多元化，既包括为辖区提供各种公共服务和产品，又包括实现经济发展、社会平等和科技进步等政策目标。在这一过程中，民众既是政府的“股东”，委托并资助政府实现这些目标，同时又是政府公共产品和服务等各种“产出”的消费者。在此种委托代理关系下，委托人和代理人之间联系的复杂性、委托人需求的多样性，决定了公众不能像私营企业部门的股东那样，将经营权让渡给代理人，只关注企业的利润或分红，依靠固定会计科目编制的财务报表考察代理人的业绩，而是要通过预算过程，选择合意的公共产品和服务的提供方案，全面、细致地掌握政府相关受托责任履行情况的信息，规范、监督和控制政府的财政行为，以保障公共利益。为此，需要综合使用多种支出分类方式，包括基金分类、部门分类、功能分类、项目分类和经济分类，清晰地反映“谁，通过何种形式的支出，提供了哪些公共产品，履行了何种政府职能，实现了哪些公共目标”。

4.4.1　支出的功能分类

支出的功能分类是最基本的预算支出分类。它根据政府的职能对预算支出进行分类，表明一级政府使用公共资金为公众提供的公共产品和服务的种类和数量。支出的功能分类独立于政府的组织结构和预算基金而设置，一般以多个层级分类科目的形式存在，形成功能分类的“类”“款”“项”这一层层细化的科目体系。功能分类的类级科目一般按政府的宏观职能设置，如国防支出、科技支出、教育支出、环保支出、社会保障支出等。款级科目则是对每一类级科目的细化，如将“教育支出”类级科目细分为教育管理事务、普通教育、职业教育、成人教育、广播电视教育、留学教育、特殊教育、进修及培训等款级科目。项目科目则是对每一款级科目的细化，如“普通教育”款级科目进一步细分为学前教育、小学教育、初中教育、高中教育、高等教育等若干项级科目。

由于支出的功能分类能够剥离支出自身的管理主体、基金归属等特征，因此透过功能分类可以直观、清晰地了解一级政府的履职内容和履职的资金投入信息。通过对这些信息的历史纵向比较和政府间的横向比较，能够获得对政府的公共政策演变和不同政府施政重点的直观性了解。

4.4.2　支出的部门分类

支出的部门分类即按照使用预算资金的政府部门、机构对预算支出进行划分，反映的是支出的问责主体归属。这种分类方式最早诞生于 1860 年左右的法国。当时的法国将政府支出预算按照政府内的部门序列列示，并在预算审批时限定对各部门的拨款，其目的是为了增强预算编制的合理性，在政府内部建立受托责任机制，对实际资金使用者的行为进行合规控制。部门分类对于立法机构的预算审批极为重要。借助该分类方式，立法机构的专门委员会可以就资金安排的合理性向申请预算的具体政府部门进行质询，同时也能够以拨款法案的形式对这些部门的预算资源额度、使用时限作出实质性约束。实践中，有些政府的部门分类有多个层级，即部门下有层次附属机构和单位。在预算体系成熟的国家实践中，政府的一般基金预算均使用部门分类。但也有例外，像英国，其中央政府预算中也包含对下级政府的纵向转移支付和债务还本付息等非部门支出。这部分支出则不采用部门分类进行划分。至于特别基金以及其他基金，由于规模相对较小、用途单一，一般不使用部门分类对支出进行划分，而是预先规定该基金由哪一个或哪几个部门负责管理，以此保障基金运营能够充分履行受托责任。

4.4.3　支出的项目分类

在20世纪的预算发展史中，出现过两种"项目预算"(program budgeting)的概念。第一种由主导第一代绩效预算的胡佛委员会在1950年提出，又称为"以活动为基础的项目"(activity-based program)。每个活动就是部门内部的一个"责任中心"，活动获得拨款，并向政府外部和内部提供各种产品和服务。但是，活动的设计则是基于部门的日常管理习惯，而由此产生的产出、效率性绩效指标未必能直接提升政府的公共服务水平或履职效能。因此，这种"项目预算"形式随着第一代绩效预算的落幕即被舍弃，取而代之的是1965年开始的PPBS改革引入的第二种"项目预算"，主要强调按照政府支出向社会公众提供的"产出"或拟实现的职能政策目标来设计绩效指标，以提升预算分配决策的效率，保障资金的使用效果，又被称为"以结果为基础的项目"(result-based program)。"以活动为基础的项目"是根据支出直接提供的商品或服务进行分类，而不论产品或服务是"中间品"还是"最终产品"。而"以结果为基础的项目"只根据支出向社会公众提供的最终商品或服务进行分类。之后的预算改革，如新西兰的应计制产出预算、英国的公共服务协议和以美国《政府绩效与结果法案》(GPRA)为代表的新绩效预算，基本使用了第二种"项目预算"中的标准对支出进行分类。以下叙述中的项目，均是指"以结果为基础的项目"。

项目是指包含与一组职能或政策目标相关联的支出活动。从产出导向预算的角度对"项目"的严格定义为："一系列支出活动的集合。它们协同向政府外部提供若干完整的公共服务、产品、规制、转移支付等'产出'，旨在实现共同的目标。"项目需要囊括每种"产出"的直接及间接成本，而由于行政部门直属办公室的管理支出，以及部门的辅助性活动如财务管理、信息技术、人力资源管理等支出并不直接向政府外部提供"产出"，因此被合并为"行政管理项目"。

项目分类是以"项目"为单位对政府预算支出进行划分归集，该分类方式并不关注支出的资金来源和经济性质。预算的项目分类旨在服务于政策规划、预算分配决策、绩效监控和预算执行控制，保证预算资金能够按照政策优先级分配至社会公众最需要的领域，强化预算中的公共受托责任，提升预算透明度，让社会公众充分了解政府使用公共资金为其提供了何种具体公共服务，或是如何改善了社会经济状况。项目分类与功能分类的概念相近，但与功能分类不同，项目分类不以固定科目的形式存在，使用项目分类时必须考虑政府的行政和政策环境。在预算实践较为成熟的经济合作与发展组织(OECD)成员国中，项目一般包括产出型项目和行政管理项目两大类，即使对产出型项目进一步细分的国家，该类别之下也仅包含经常性项目、资本性项目和对特别基金注资项目三个类别。一些OECD国家，如荷兰、瑞典、英国、加拿大，虽然为每个部门设有“行政管理项目”，但这类项目主要涵盖部门直属办公室的支出以及财务管理、信息技术、采购等辅助性活动，而非直接囊括各类部门的人员薪酬和日常开支，且该项目支出仅占部门总支出的 10%以下。

每个项目可以分为三个级别：(1)项目；(2)子项目；(3)活动。其中项目按照政府或部门的职能、政策目标制定，一个项目中可包括一个或多个子项目。子项目按照为实现这些目标需要向社会公众提供的“产出”定义，单一子项目至少能够提供一种完整的公共服务、产品、规制或转移支付。活动则依照项目执行部门的管理需要设计，一项活动可以是提供公共服务或产品的过程的某一环节，负责提供某种“中间性产品”，也可以是服务于“产出”的辅助性工作，如后勤服务、信息技术服务等。

如果政府已经开展了绩效预算实践，则会在项目一级建立成果性指标，而在子项目或活动一级建立产出、经济性、效率性指标，围绕项目收集数据进行量化评估，这些绩效评价数据也会影响未来年度部门和相关项目获得的预算资源水平。图 4.3 即为一个绩效预算模式下的典型项目框架，显示了政府的一个项目如何将预算资金投入转化为影响辖区社会经济状况的行动的全过程。

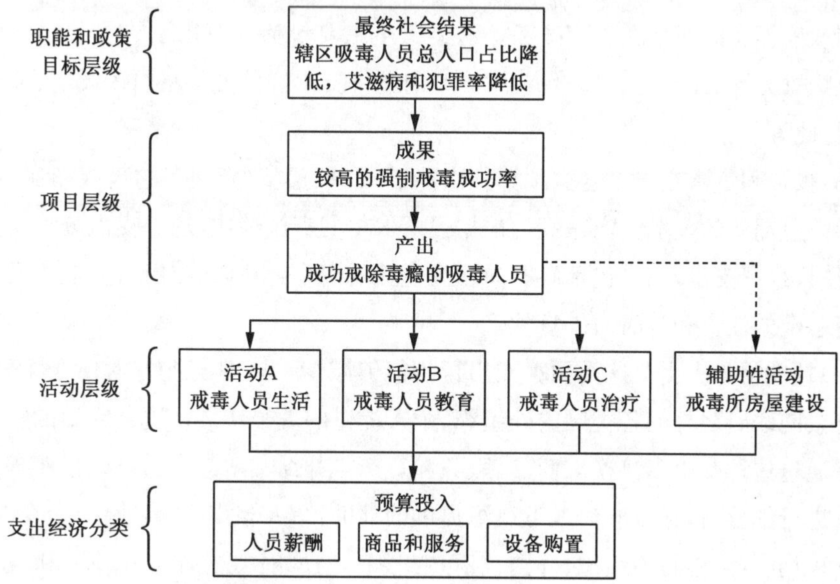

图 4.3　结果导向绩效预算模式下的项目架构示意(以“强制戒毒”项目为例)

4.4.4　支出的经济分类

支出的经济分类是按照政府预算支出所使用的资源类型对支出进行归集而形成的分类，如工资薪酬、投资和利息支付、商品和服务购买等。支出的经济分类表明的是政府部门如何花费公共资金提供公共产品和服务。它与表明支出问责主体的部门分类和表明支出提供结果的功能分类一起构成公共资金问责的支出分类体系。通过支出的经济分类,政府预算的相关利益主体可以了解公共产品和服务提供的成本大小以及成本结构。因此它是公众及其代表为政府预算提供公共资金数量的重要依据,也是政府进行预算管理,特别是预算绩效管理的重要信息来源。根据政府预算的实践,一级政府的预算支出按经济性质可以分为以下主要类别。

(1)经常性支出。这类预算支出行为能够减少一国政府拥有的现金净额,同时不会引起政府拥有的非金融资产和金融资产(现金除外)的支出增加。政府发生该类支出,主要是为开展各类运营活动而自己支付购买非耐用商品和劳务以及其他政府应负担的经常性费用。根据支出的有偿性程度、购买的商品和劳务的形式,政府的经常性支出又可以细分为工资薪酬支出、商品和服务购买支出、债务发行费用和利息支出、其他政府负担的经常性费用。其他政府负担的经常性费用主要包括社会保险基金的受益者保险金支付、各级政府缴纳的国内外组织会费和政府的赔偿支出等。其有偿性低于政府直接购买商品和劳务的支出。

(2)资本性支出。这类预算支出行为能够减少一国政府拥有的现金净额,同时能够增加政府拥有的非金融资产净额。这类支出主要包括政府用于购置和修缮固定资产以及购置无形资产的支出。目前我国政府预算支出经济分类科目中的“机关资本性支出”与此等同。

(3)投资和贷款支出。这类预算支出能够减少一国政府拥有的现金净额,同时能够增加政府拥有的金融资产净额。根据投资取得的资产性质,这类支出分为股权投资支出、债权投资支出,主要包括政府向国有企业的资本金注入、政府对企业化运作的政府投资基金的注资和政府对外贷款。

(4)补助赠与支出。这类预算支出行为能够减少一国政府拥有的现金净额,属于政府直接向政府之外的各类国内外组织、个人提供的现金转移。这种支出的特点是政府无法通过这种支出直接换取商品、服务和资产。补助和赠与支出可以按照现金转移的对象进行细分,包括政府对以下组织提供的补助:个人和家庭、事业单位、企业、民间非营利机构、群众性自治组织、外国政府和组织。对同时接受资本性补助和经常性补助的对象,还应将补助和赠与支出划分为经常性补助赠与支出和资本性补助赠与支出,经常性补助用于帮助受补助者购置非耐用品和各类服务,资本性补助则用于帮助受补助者购置各类金融资产和非金融资产。

(5)债务还本支出。这类预算支出行为并不会引起一国政府拥有的现金净额减少,因此不属于政府财政支出的范畴。对于债务还本支出,可以进一步按照资金归还对象分为国内债务还本支出与国外债务还本支出。

(6)转移性支出。这类预算支出行为并不会减少一国政府拥有的现金净额,只是各级政府间、同级政府不同预算(基金)间的现金转移支出。在进行政府财政支出国际比较时,一国政府的财政支出不包括转移性支出。按照相关支出能否减少一级政府拥有的现金净额和现金总额,这类支出又可分为政府间转移支出、债务转贷支出和资金调出三类支出。

(7)预备费及预留支出。该类别下的支出主要包括政府编列的预备费、预留的部门机动经费和上级政府转移支付配套资金。这类预算支出在资金使用时,需要向立法机构申请进行预算调整,经立法机构审批通过,由核心预算机构将相关预算拨款调剂至部门预算支出项目和各类非部门预算支出项目后方可使用。

国际货币基金组织在《2014 年政府财政统计手册》(GFSM 2014)中制定的支出经济分类是具有权威性的经济分类类目表。该分类用于进行国家间的支出结构比较。但 GFSM 仅为政府财政统计报告和财务报告提供分类指南,只对引起政府净资产减少的交易(政府费用)进行分类,而不是对政府的所有预算支出活动进行全面分类。因此,严格来说,国际货币基金组织的经济分类无法同时服务于政策制定、预算管理和会计核算目的,并不能直接充当预算支出分类。

4.5　我国政府预算分类体系

与国际实践一样,我国的政府预算分类体系也包括基金分类、收入分类和支出分类三部分。除此之外,为了与我国的财政预算管理体制相适应,我国还存在按政府层级对预算进行分类的方式。

4.5.1　基金分类

1994 年的《预算法》和 1995 年的《预算法实施条例》明确规定我国各级政府预算要按照复式预算进行编制。复式预算的内容包括政府公共预算、国有资产经营预算、社会保障预算和其他预算。随后我国的预算管理实践围绕这一法律规定不断向前推进。在 1997 年之前,我国政府预算只有一本一般公共预算。到 1997 年,有 13 项政府性基金被纳入预算管理,形成独立的政府性基金预算,政府预算由原来的一本变成了两本。10 年后的 2007 年,政府开始单独编制国有资本经营预算,形成第三本预算。到 2014 年,社会保险基金预算开始编制,至此形成了“四本预算”的政府预算基金分类体系。

2014 年新修订的《预算法》第五条规定:“预算包括一般公共预算、政府性基金预算、国有资本经营预算、社会保险基金预算。一般公共预算、政府性基金预算、国有资本经营预算、社会保险基金预算应当保持完整、独立。政府性基金预算、国有资本经营预算、社会保险基金预算应当与一般公共预算相衔接。”在由四本预算构成的基金分类中，每本预算都包括收入预算和支出预算两部分，采用收付实现制核算，反映“钱从哪里来，用到哪里去”。

1. 一般公共预算

根据《预算法》，一般公共预算是指以税收为主体的财政收入，安排用于保障和改善民生、推动经济社会发展、维护国家安全、维持国家机构正常运转等方面的收支预算。一般公共预算的特点是用一般性的、没有指定用途的财政收入，主要是税收，来履行政府的职能，向公众提供公共产品，如教育、国防、卫生等服务。

一般公共预算的收入主要包括税收收入和非税收入。税收收入又包括国内增值税、国内消费税、企业所得税、个人所得税、关税、资源税、城市维护建设税、印花税、船舶吨税、车辆购置税等税收收入。非税收入包括专项收入、行政事业性收费收入、罚没收入、国有资本经营收入、国有资源(矿产)有偿使用收入等。

一般公共预算支出主要包括本级政府履行职能，为社会提供公共安全、教育、科学技术、环保、卫生、社会保障和就业以及支持经济和社会发展的各项活动等年度公共产品和服务所需要的成本。在我国一般公共预算基金中，虽然主要的税收收入是根据支出需求统筹安排使用，没有指定具体用途，但也包含一些具备专款专用性质的子基金，主要体现为“非税收入”中的“专项收入”。这些专项收入必须用于指定用途，如“教育费附加”这一专项收入就必须用于发展地方教育事业。由于各级政府的职能有差别，各级政府在一般公共预算支出上也会存在些许差别。

中央一般公共预算包括中央各直属部门的预算和中央对地方的税收返还、转移支付预算。中央一般公共预算收入包括中央本级收入和地方向中央的上解收入。中央一般公共预算支出包括中央本级支出、中央对地方的税收返还和转移支付。

地方各级一般公共预算包括本级各直属部门的预算和税收返还、转移支付预算。

地方各级一般公共预算收入包括地方本级收入、上级政府对本级政府的税收返还和转移支付、下级政府的上解收入。地方各级一般公共预算支出包括地方本级支出、对上级政府的上解支出、对下级政府的税收返还和转移支付。

2. 政府性基金预算

根据《预算法》，政府性基金预算是指依照法律、行政法规的规定在一定期限内向特定对象征收、收取或者以其他方式筹集的资金，专项用于特定公共事业发展的收支预算。与一般公共预算不同，政府性基金设立的原则是“特定目的原则”，特点是专款专用，即向特定对象征收财政收入，用于特定公共基础设施建设和公共事业发展，加强经济社会发展的薄弱环节和促进战略性新兴产业发展。

《预算法》规定，政府性基金预算应当根据基金项目收入情况和实际支出需要，按基金项目编制，其管理原则是“以收定支、专款专用、结余结转使用”。基金支出根据基金收入情况安排，自求平衡，不编制赤字预算。各项基金按规定用途安排，不调剂使用。当年基金预算收入不足的，可使用以前年度结余资金安排支出；当年基金预算收入超出预算支出的，结余资金结转下年继续安排使用。

政府性基金的设立主体是各级政府及其所属部门。政府性基金的设立程序是行政审批程序，审批机关为财政部和国务院。财政部主要负责申请的审查和批准，并将审核意见书面报送国务院。

因各级政府的职能不同，设置的政府性基金的种类和数目也不同。以中央政府为例，2020 年中央政府性基金预算共有 20 项基金，分别是中央农网还贷资金收入、铁路建设基金收入、民航发展基金收入、港口建设费收入、旅游发展基金收入、国家电影事业发展专项资金收入、中央水库移民扶持基金收入、中央特别国债经营基金财务收入、彩票公益金收入、国家重大水利工程建设基金收入、核电站乏燃料处理处置基金收入、可再生能源电价附加收入、船舶油污损害赔偿基金收入、废弃电器电子产品处理基金收入、彩票发行和销售机构业务费收入、国有土地使用权出让金收入、国有土地收益基金收入、农业土地开发资金收入、城市基础设施配套费收入、污水处理费收入。

政府性基金项目不得随意变更和撤销，而是必须遵照法定的程序执行。专款专用以实现特定的公共目的是政府性基金的特点，也是这部分资金区别于一般公共资金而独立编制预算的依据。因此政府性基金一般都具有时效性，一旦设定的某项特定公共目标已实现，该项基金的使命便已完成，基金也应随之中止。

专栏 4.2　　我国政府性基金的形成与发展

我国现在的政府性基金是从预算外资金发展而来的，是在规范预算外资金、建立现代财政制度的背景下形成的。

自 1978 年到 1990 年，由于相应的财政法律制度尚待规范，以乱收费、乱罚款和乱摊派为表象的政府性基金泛滥，非税收入膨胀，政府性基金于当时发展到巅峰，因此引发了一系列社会问题。1990 年，中央发布《关于坚决制止乱收费、乱罚款和各种摊派的决定》，开始对三乱进行治理，并对部分非税收入实行“收支两条线”管理，这标志着国家对非税收入进行综合治理的开始。政府性基金管理改革由此拉开序幕。

随着“收支两条线”制度的实施和工作的深化，非税收入的范围、管理模式进一步明确，一批不合理、不合法的非税收入得以清理，政府性基金管理伴随着“收支两条线”改革的推进而逐渐规范化。

1991年，收费审批权集中到中央和省两级，由财政部和物价部门审批管理。1997年国务院再次强调政府性基金由财政部统一审批，中央一级的项目需要上报国务院审批。据不完全统计，截至1998年，全国政府性基金收入有500项，其中40多项为国务院或者财政部批准，其他均为地方、部门自行设立。基金收入总规模为2 392亿元，相当于预算收入的24.2%，其中，属于中央的政府性基金收入为1 177亿元，属于地方的基金收入为1 215亿元。

1998年以后，我国设立了政府性基金预算。2001年，国务院办公厅发布《关于深化收支两条线改革进一步加强财政管理的意见》(国办发〔2001〕93号)，将预算外收入全部纳入专户管理。在2002年中央本级试点改革中，已有5部委将100多项收费、罚没收入和26项政府性基金纳入预算管理，并从2002年6月1日起取消了227项政府性基金，当年财政部对全国政府性基金进行了全面清理整顿，大部分基金项目都已经被清理取消，只公布保留了33项政府性基金，中央收费和基金项目明显减少。

在2003年发布的《关于加强中央部门和单位行政事业性收费等收入“收支两条线”管理的通知》中进一步明确了非税收入的范围，提出了非税收入必须上缴国库或者财政专户的要求。

在2004年财政部印发的《财政监察专员办事处实施中央财政非税收入监督管理暂行办法》中确定了财政专员负责对中央非税收入实施就地监督管理的制度。同年起，财政部每年编制发布《全国政府性基金项目目录》。截至2005年底，政府性基金全部纳入预算管理。2010年财政部发布《政府性基金管理暂行办法》(财综〔2010〕80号)，综合规定了政府性基金的审批、预算、征收、监督等基本事项。2011年财政部发布《财政部关于加快推进财政部门依法理财的意见》(财法〔2011〕14号)，指出应该进一步健全财政法律制度体系，进一步提高财政法律制度建设质量，进一步增强财政法律制度执行效力，进一步提高财政法律制度执行的监督效能，推进依法行政、依法理财。2012年财政部会同相关部委先后印发了《废弃电器电子产品处理基金征收使用管理办法》《船舶油污损害赔偿基金征收使用管理办法》《民航发展基金征收使用管理暂行办法》，进一步规范了三项基金的运行管理。并于同年发布了《财政部门监督办法》，明确财政监督应该贯穿于财政管理的全过程，与事前、事中、事后监督相结合。

2014年5月21日，财政部发布了《财政部关于进一步加强财政支出预算执行管理的通知》(财预〔2014〕85号)，提出要加强基金预算管理、加快资金支付制度、做好支出预算执行分析评价。2014年8月31日，全国人大常委会通过了新修订的《预算法》，首次以法律形式将政府性基金纳入预算范围。

表4.2　　历年全国政府性基金项目数据

年　份	2003	2004	2006	2007	2008	2009	2010	2012	2014	2015	2016	2017	2018	2019	2020	2021
基金项数	31	33	34	34	34	43	32	30	25	25	24	21	21	21	21	20

注：2005年、2011年和2013年的信息缺失。

3. 国有资本经营预算

根据2014年修订的《预算法》，国有资本经营预算是对国有资本收益作出支出安排的收支预算，是国资管理机构依据政府授权，以经营性国有资产所有者的身份依法取得国有资本经营收入，安排国有资本经营支出的专门预算制度，是对政府在一个财政年度内的国有资本经营性收支活动的计划，是财政预算的重要组成部分。国有资本经营预算按照收支平衡的原则编制，不列赤字，并安排资金调入一般公共预算。

在我国，国有资本在国民经济中发挥着举足轻重的作用。这些国有资本既具有经营性，能使其与一般公共资金、政府性基金和社会保险基金相区分，通过企业式的经营管理，实现国有资本保值、增值的目标；同时又具有公共性，能使其收支需要通过公共预算进行管理，遵守公共预算规则，实现公共利益。

我国国有资本经营预算的收入包括利润收入、股利股息收入、产权转让收入、清算收入和其他国有资本经营预算收入。对于国有企业上缴利润，财政部先后四次对不同类型的国有企业利润上缴比例作出规定和调整。2007年财政部规定，自2007年起，中央企业利润收取分三类：资源垄断类企业，收取10%；一般竞争类企业，收取5%；政策类企业，不收取。2011年，财政部对2007年的规定进行第一次调整，规定自2011年起，上缴利润的国有企业分为四类：资源垄断类企业，收取15%；一般竞争类企业，收取10%；军工企业、转制科研院所、中国邮政集团公司和2011年新纳入国资预算的企业，收取5%；政策类企业，不收取。2013年进行第二次调整，规定自2003年起，上缴利润的国有企业分五类：烟草企业，收取20%；其他资源垄断类企业，收取15%；一般竞争类企业，收取10%；军工企业、转制科研院所、中国邮政集团公司、2011年和2012年新纳入国资预算的企业，收取5%；政策类企业，不收取。2014年进行第三次调整，上缴利润的国有企业种类不变，仍然划分成五类，除政策类企业不收取外，其他各类企业的收取比例在2013年的基础之上增加5%。

国有资本经营预算的支出主要包括：资本性支出、国有企业政策性补贴、解决历史遗留问题及改革成本支出、转移社保基金支出、转移一般公共预算支出和其他支出。

专栏4.3 我国国有资本经营预算的形成与发展

20世纪90年代，为搞活国有企业，改变国有企业效率低下的问题，国有企业实行“缴税留利”改革，即把税后利润留在企业内部，为企业进一步发展提供了大量流动性。企业留利可以用来扩大投资，也可以用来改善职工福利。这一改革有利于调动企业的积极性，从而促进了国有企业的发展，国有企业迎来了发展的黄金期。随着国有企业的发展，国有资本盈利能力不断提高。企业在做大做强的同时，也产生了过度投资、在职消费、资金使用效率低等一系列损害所有者利益的问题。虽然国有资本真正的所有者是公众，但民众并没有以所有者的真实身份参与到国资国企的管理中，也没有作为所有者参与税后利润的分配。国有资本经营管理和利润分配中的所有者“虚位”导致实际管理者作为民众代理人，利用信息不对称和监管不到位来谋取自身的利益。国有资本经营预算制度的建立，使得国家代表民众成为国有资本的所有者，参与企业经营管理和税后利润分配，改变了国有资本所有者的“虚位”状态，对于减少信息不对称和防止“委托代理”中代理人的机会主义具有积极意义。

我国国有资本经营预算制度的建立过程始于20世纪90年代初。1993年党的十四届三中全会通过《中共中央关于建立社会主义市场经济体制若干问题的决定》，明确提出建立国有资产经营预算制度。2003年国务院成立了国有资产监督管理委员会，代表国家履行出资人和监管者职责，标志着国有资产管理所有者、国有资本出资者和监管者、国有控股和参股企业三级分层的管理体制和财务体制初步建立。2007年国务院颁布《关于试行国有资本经营预算的意见》(国发〔2007〕26号)，初步确定了国资预算指导思想和原则、预算的收入和支出范围、预算的编制和审批、职责分工和组织实施，标志着我国正式开始建立国有资本经营预算制度。中央企业除了缴税之外，开始向国家分红。2008年我国颁布了《中华人民共和国企业国有资产法》，将建立健全国有资本经营预算制度的基本框架纳入其中。2010年财政部发布《关于完善中央国有资本经营预算有关事项的通知》，提出进一步扩大中央国有资本经营预算的实施范围，将广东省农垦集团公司、中国出版集团公司等企业纳入中央国有资本经营预算实施范围。同时，部分地方政府开始正式编制省级国有资本经营预算。2011年财政部颁布《中央国有资本经营预算编报办法》

（财企〔2011〕318 号），在对国资预算相关工作进一步规范的基础上，明确了中央企业的国有资本经营预算表、中央预算单位的国有资本经营预算表和中央国有资本经营预算表，以及国资预算年度相关工作的具体时间安排。党的十八届三中全会提出完善国有资本经营预算制度，提高国有资本收益上缴公共财政比例，到 2020 年将该比例提高到 30%，将支出更多投向保障和民生方面。2015 年实施的新修订《预算法》明确了国有资本经营预算制度的法律定位。据此，2016 年财政部印发了《中央国有资本经营预算管理暂行办法》，规定了预算收支范围、预算编制和批复、预算执行和决算、预算绩效管理与监督检查等内容，强调国有资本经营预算支出方向，并对预算编制的事前、事中、事后的合规化作出了相应说明。2019 年，国资委发布了《中央企业国有资本经营预算支出执行监督管理暂行办法》，专门对国有资本经营预算支出进行分类管理，旨在提高国有资本预算资金的使用效率和效果。

4. 社会保险基金预算

根据《预算法》，我国的社会保险基金预算是对社会保险缴款、一般公共预算安排和其他方式筹集的资金，专项用于社会保险的收支预算，是反映养老、医疗、工伤、生育、失业等社会保险基金收支的年度计划，也是对社会保险基金运行的全过程进行监督和管理的工具。

社会保险基金是一个社会三大类公共资金中的一类。与政府基金和经营性基金（国有企业基金）不同，社会保险基金是一种信托性基金，为人类提供防止和抵御老龄和各种不确定因素对工作和生活的不利影响而设置的社会保障资金。社会保险基金预算具有公共性、强制性和专项性等特点。

现代社会保障制度产生于欧洲工业化革命完成之后，是在经历了社会成员互助互济、世俗和宗教的慈善活动和政府济贫的漫长发展过程中逐渐形成的。19 世纪的工业化革命在带动经济飞速发展的同时，也出现了失业、贫困带来的一系列社会问题。两次世界大战给人类带来的灾难更迫使人们寻求良好的生活保障措施。最先建立现代社会保障制度的是欧洲一些国家。1834 年英国颁布《新济贫法》，该法首次以立法形式确认公民享有社会救济权。随后，1883 年德国制定实施了《疾病社会保险法》，之后又陆续颁布了《工伤保险法》《老年和伤残保险法》等单项社会保险法规。1893 年，丹麦建立了免费养老制度。这些制度拉开了建立健全社会保障制度的序幕。20 世纪初，澳大利亚、法国、挪威、加拿大等国家也开始制定和实施社会保障制度。1935 年美国通过历史上第一部综合性的《社会保障法》。以 1942 年英国的“贝弗里奇报告”为标志，社会保障模式开始向福利国家转变。欧洲、北美洲、大洋洲等发达国家和地区逐步建立了养老、医疗、工伤、失业等较为完整的社会保障体系。

在各国社会保障体系完善的同时，为了确保社会保障资金能够顺利筹集和足额发放，社会保险基金预算作为该项资金的管理工具相应建立。

我国在新中国成立初期按照“工人”和“干部”的身份，实施了两套社会保障体系。改革开放后，随着计划经济向市场经济转型，我国社会保障体系也随之变革，并不断完善。

1993 年党的十四大在《关于建立社会主义市场经济体制若干问题的决定》中提出要建立社会保障预算。1994 年，国务院颁布了《预算法实施条例》，将政府预算分为政府公共预算、社会保障预算、国有资产经营预算和其他预算。1996 年，国务院通过了《关于加强预算外资金管理的决定》，规定社会保障资金在社会保障预算制度建立前，要先按照预算外资金管理制度进行管理。2010 年国务院颁布《关于试行社会保险基金预算的意见》，决定先期试行社会保险基金预算，社会保险基金预算由此建立。2014 年 8 月新修订的《预算法》将社会保险基金预算正式纳入政府预算体系。至此，我国社会保险基金预算经历了从无到有，并日臻完善，现已初步形成以养老、医疗、失业、工伤和生育五大保险为主体的社会保险基金预算管理模式。

我国社会保险基金预算收支范围包括机关事业单位养老保险、企业职工基本养老保险、新型农村养老保险、城镇居民养老保险、城镇职工基本医疗保险、城镇居民医疗保险、新型农村合作医疗保险、工伤保险、失业保险、生育保险。

社会保险基金预算收入主要来自个人和单位缴纳的养老金、医保等社保缴费，收入不足以安排支出的，将由本级一般公共预算安排资金调入。现阶段，一级政府社会保险基金预算收入包括：(1)单位缴纳的社会保险费收入；(2)职工个人缴纳的社会保险费收入；(3)基金利息收入；(4)财政补贴收入；(5)转移收入；(6)上级补助收入；(7)下级上解收入；(8)其他收入。上述基金收入项目按规定分别缴入基本养老保险基金、基本医疗保险基金和失业保险基金等。

社会保险费收入是指缴费单位和缴费个人按缴费基数的一定比例分别缴纳的基本养老保险费、失业保险费、基本医疗保险费等。利息收入是指用社会保险基金购买国家债券或存入银行所取得的利息收入。财政补贴收入是指同级财政给予基金的补贴。转移收入是指保险对象跨统筹地区流动而划入的基金收入。上级补助收入是指下级经办机构接受上级经办机构拨付的补助收入。下级上解收入是指上级经办机构接受下级经办机构上解的基金收入。其他收入是指滞纳金及其他经财政部门核准的收入。

一级政府的社会保险基金预算的支出包括养老金发放、医保、工伤保险赔付等社保支出。具体的支出事项包括：社会保险待遇支出、转移支出、补助下级支出、上解上级支出、其他支出。

社会保险待遇支出是指按规定支付给社会保险对象的基本养老保险待遇支出、失业保险待遇支出和基本医疗保险待遇支出等。转移支出是指社会保险对象跨统筹地区流动而转出的基金支出。补助下级支出是指上级经办机构拨付给下级经办机构的补助支出。上解上级支出是指下级经办机构上解上级经办机构的支出。其他支出是指经财政部门核准开支的其他非社会保险待遇性质的支出。

根据《社会保险法》,养老保险基金、医疗保险基金、工伤保险基金、失业保险基金和生育保险基金要分别建立账户,实行分账核算。《预算法》规定,社会保险基金预算按照统筹层次和社会保险项目分别编制,以保持收支平衡为运营原则。

5. 四本基金预算之间的关系

一般公共预算、政府性基金预算、国有资本经营预算和社会保险基金预算共同构成我国的预算体系。根据《预算法》,四本预算独立编制和执行。同时,政府性基金预算、国有资本经营预算、社会保险基金预算应当与一般公共预算相衔接。

(1)政府性基金预算与一般公共预算的衔接。这主要是指将政府性基金预算中用于提供基本公共服务和机构运转方面的项目收入转列一般公共预算。

(2)国有资本经营预算与一般公共预算的衔接。根据《预算法》第十条第二款规定,国有资本经营预算应该安排资金调入一般公共预算。国有资本经营收入来自国有企业创造的利润,是公共财政收入的组成部分。必要时,可以部分调入一般公共预算,用于社会保障等项支出。

(3)社会保险基金预算与一般公共预算的衔接。根据规定,社会保险基金预算应与一般公共预算和国有资本经营预算相对独立,有机衔接。社会保险基金预算应在加强预算管理的基础上,做好基金预算结余的保值增值工作,在精算平衡的基础上实现社会保险基金预算的可持续运行。同时,应根据社会保险基金收支和财政收支等情况,合理安排本级财政对社会保险基金的补助支出。必要时,从一般公共预算和国有资本经营预算调入资金,补充社会保险基金。

4.5.2　收入分类

我国目前的政府预算收入分类包含基金分类和经济分类两种。预算收入的基金分类即将政府预算收入分为一般公共预算收入、政府性基金预算收入、国有资本经营预算收入和社会保险基金预算收入四个类别。预算收入的经济分类包括两套科目:一套即《政府收支分类科目》的收入分类科目,以收入的经济性质和来源作为划分标准,适用于四本政府预算覆盖的收入。该预算收入分类包括“类”“款”“项”“目”四个层级科目,其中“类”“款”级科目用于对收入的经济性质进行划分,“项”“目”级科目则用于说明政府收入的具体来源。该预算收入分类科目的“类”级科目主要包括税收、非税、社保基金、转移性收入和债务收入。另一套预算收入分类是政府会计中的收入科目分类,包括财政拨款收入、事业收入、经营收入、上级补助收入、附属单位上缴其他收入、其他收入等,共一个层级六个科目,适用于部门预算,反映部门的预算资金来源。

4.5.3　支出分类

建立健全符合现代预算要求的支出预算分类体系一直是我国近年预算改革的重点。通过2000年的部门预算改革和2007年的政府收支分类改革,我国建立起了涵盖部门分类、功能分类、项目分类和经济分类的政府预算支出分类体系,整个分类体系的层级架构如图4.4所示。

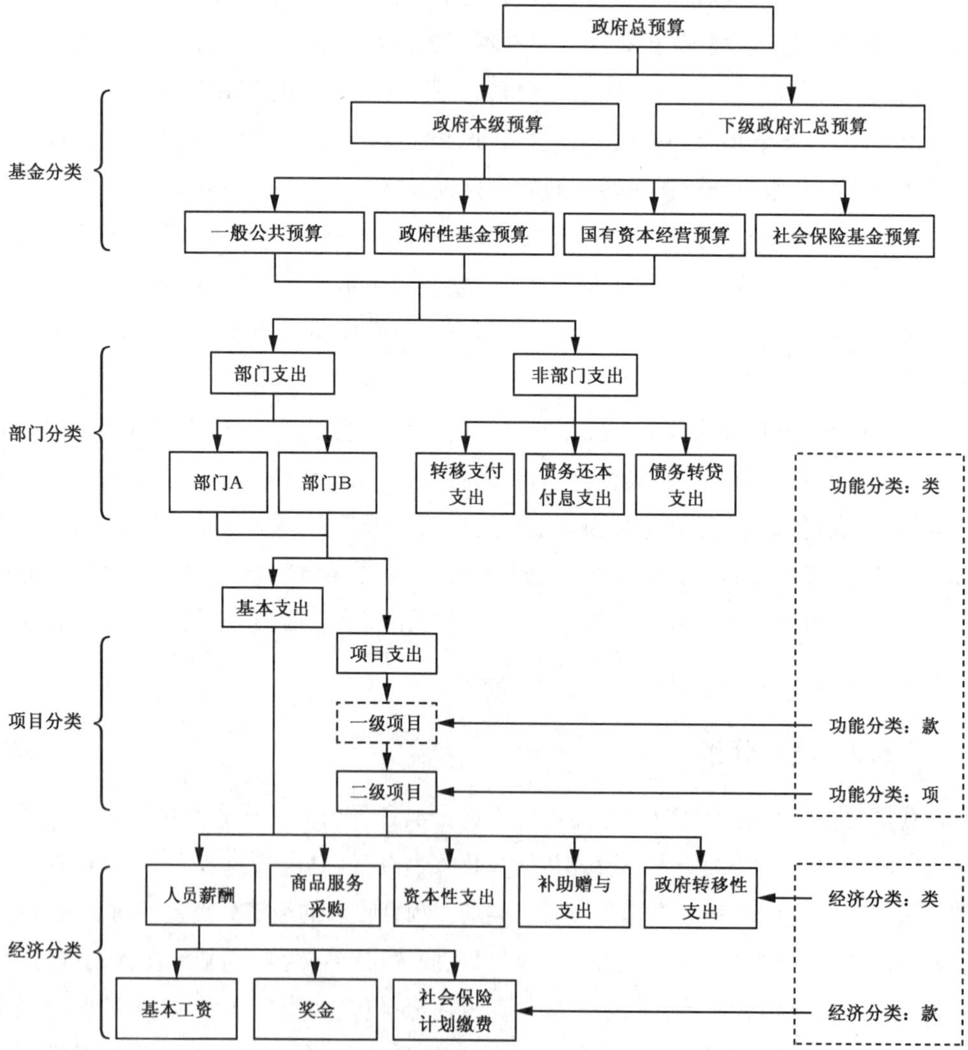

图4.4　我国政府预算支出分类体系示意

1. 部门分类

支出的部门分类源于2000年开始的部门预算改革,之后我国的政府预算支出即分为部门支出和非部门支出。部门支出即是按照资金使用的主体分类。一个部门的预算支出由本部门及其所属各单位的预算支出组成。政府将资金拨付给具体的使用部门,形成可供部门使用的预算资源,即财政拨款收入。非部门支出则是由一级政府在政府层面上统一安排的支出。在我国的四本预算中,除社保基金预算以非部门支出的形式使用资金,其他三本预算,即一般公共预算、政府性基金预算和国有资本经营预算的支出均可以包括部门支出和非部门支出两部分内容。以一般公共预算为例,其非部门支出包括债务转贷支出、债务还本付息支出、转移支付、税收返还、调出资金等。而转移支付又分为一般转移支付和专项转移支付两种形式。

2. 项目分类

在我国,项目分类涵盖政府预算的部门支出和非部门支出。政府的部门支出又分为基本支出和项目支出。基本支出预算是保障部门正常运转、完成日常工作任务而编制的年度支出计划,包括人员经费和公用经费两部分。人员经费主要是维持机构正常运转且可归集到个人的各项支出,如工资薪金、岗位津贴等。公用经费主要是指维持机构正常运转但不能归集到个人的各项支出,如办公费、差旅费、印刷费、通信费等。项目支出预算是部门支出预算的组成部分,是各级政府部门为完成特定的行政工作任务或事业发展目标,在基本支出预算之外编制的年度项目支出计划,包括基本建设、专项业务费、大型修缮、大型购置、大型会议等项目支出。

以中央部门预算支出为例,我国当前中央部门预算项目实行分级管理,分为一级项目和二级项目两个级次。一级项目明细到支出功能分类的款级科目,设置一级项目的基础是部门职责,每个一级项目包含若干二级项目。一级项目是以国家发展战略规划、宏观调控政策为导向,以相关行业、领域中的长期发展规划为依据,结合部门事业发展需要,根据职责分工设置。按照使用范围,部门一级项目分为通用项目和专用项目。通用项目是指根据部门的共性项目设立并由各部门共同使用的一级项目。通用项目由财政部门根据管理需要统一设立,主要包括有预算分配权的部门管理的项目和归口管理的项目等。专用项目是指部门根据履行职能的需要自行设立和使用的一级项目。设置专用项目时,需要先由中央部门提出设置建议,报财政部批准后设立。对于相关支出事项,财政部已统一设置通用一级项目的,部门不应再重复设置类似的专用一级项目。

二级项目明细到支出功能分类的项级科目,由具体预算单位根据项目支出预算管理的相关规定和部门的有关要求自主设立。二级项目的内容要反映政府的施政目标、部门的主要职责和发展规划,并避免与部门基本支出中的公用经费及其他项目的支出内容交叉重复。项目要在深入的政策研究和充分论证的基础上设立，并具备可执行性，预算批复后即可实施。二级项目包括在现有项目基础上规范整合而成的项目和新设立的项目，项目单位为实施主体。在分类方面，二级项目按照项目的重要性，又可划分为重大改革发展项目、专项业务费项目和其他项目。重大改革发展项目是指党中央、国务院文件明确规定中央财政给予支持的改革发展项目，以及其他必须由中央财政保障的重大支出项目等。专项业务费项目是指中央部门为履行职能、开展专项业务而持续、长期发生的支出项目，如大型设施、大型设备的运行费，执法办案费，经常性监管、监测、审查经费，以及国际组织会费、捐款支出等。其他项目是指除上述两类项目外，中央部门为完成特定任务而需要安排的支出项目。

对非部门支出，我国政府预算实践中也采用项目形式进行划分。我国非部门支出的主要形式包括税收返还、本级政府对下级政府的一般转移支付和专项转移支付等。税收返还是指1994年分税制改革、2002年所得税收入分享改革、2009年成品油税费改革后，对原属于地方的收入划为中央收入的部分给予地方的补偿，现行中央对地方的税收返还包括增值税和消费税返还、所得税基数返还、成品油税费改革税收返还、营改增税收返还等。

转移支付则可分为一般转移支付和专项转移支付。一般转移支付是指上级政府为平衡地区间基本财力，对有财力缺口的下级政府，按照规范的办法给予并由下级政府统筹安排的补助，包括均衡性转移支付、固定数额补助、县级基本财力保障机制奖补资金、资源枯竭型城市转移支付、老少边穷转移支付、基层公检法司转移支付。专项转移支付是指上级政府对承担委托事务、共同事务的下级政府给予的具有指定用途的资金补助，以及对应由下级政府承担的事务给予的具有指定用途的奖励或补助。专项转移支付以项目的形式逐级分配和管理，各种专项转移支付被划分为一般公共服务、外交、国防等23类。以一般公共服务类的专项转移支付为例，专项转移支付的具体项目包括工商监管服务专项、驰名商标奖励专项、发票双奖补助专项、财政改革发展专项、质监监管服务专项、市县机构编制管理奖励专项、民族宗教专项、引进海外高层次人才专项、法律援助专项等。

3. 功能分类

支出的功能分类是我国预算支出的主要分类方式，也是编制政府预算和部门预算的主要工具。与国际货币基金组织《政府财政统计手册》中的支出功能分类类目表相同，我国当前的支出功能分类科目也分为“类”“款”“项”三级。类级科目综合反映政府的职能活动，如国防、外交、教育、科学技术、社会保障和就业、环境保护等类；款级科目反映的是为完成某项政府职能所进行的某一方面的工作，如“教育”类下的“普通教育”“职业教育”等款；项级科目反映的是为完成某一方面的工作所发生的具体支出事项，如“水利”款下的“抗旱”“水土保持”等项。在预算编制过程中，无论是部门项目支出还是非部门支出，均首先需要按项目归集到某个功能分类“项”级科目中，而部门的基本支出则归于各种“款”级科目下的“行政运行”这一“项”级科目中。通过这种方式，将各“项”级科目加总，形成按照支出的功能分类科目列示的部门预算支出，进而将这种形式的部门预算支出和非部门预算支出加总形成以功能分类列示的政府本级预算支出。

4. 经济分类

支出的经济分类体系旨在全面反映我国政府各项支出的经济性质和具体用途。在2007年的政府收支分类改革中，我国借鉴国际货币基金组织的政府财政支出经济分类类目表，将原先预算支出科目中反映用途的“目”“节”级科目按照国际货币基金组织《1986年政府财政统计手册》(GFSM 1986)框架，组织形成我国预算支出的经济分类科目。

2017年财政部颁布的《支出经济分类科目改革方案》(财预〔2017〕98号)进一步将支出的经济分类分为政府预算支出经济分类和部门预算支出经济分类两套科目。政府预算支出经济分类科目对原先经济分类中的科目予以整合，而部门预算支出经济分类则保留了原先经济分类中除转移支付、债务还本支出等由财政部门统一安排支出以外的科目。

我国政府预算支出经济分类和部门支出经济分类科目均设类、款两级。政府预算支出经济分类的类级科目具体包括：机关工资福利支出、机关商品和服务支出、机关资本性支出、对事业单位经常性补助、对事业单位资本性补助、对企业补助、对企业资本性支出、对个人和家庭的补助、对社会保障基金补助、债务利息及费用支出、债务还本支出、转移性支出、预备费及预留、其他支出，主要反映支出的经济性质。每一类级科目下又分设不同的款级科目。款级科目是对类级科目的细化，主要反映支出的具体用途。例如，类级科目“机关资本性支出”中的款级科目包括房屋建筑物购建、设备购置、土地征迁补偿和安置支出、基础设施建设、公务用车购置、设备购置、大型修缮等。

部门预算支出经济分类的类级科目包括工资福利支出、商品和服务支出、资本性支出、对企业补助、对个人和家庭的补助、对社会保障基金补助、债务利息及费用支出。同样，每一个类级科目下也设有不同的款级科目，例如，类级科目“工资福利支出”下的款级科目包括基本工资、津贴补贴、奖金等款级科目。

支出的经济分类是进行政府预算管理、部门财务管理以及政府统计分析的重要工具。在预算编制过程中，使用支出经济分类的方式是将各部门基本支出和项目支出的具体交易归于对应的部门支出经济分类“款”级科目之下，以此编制成以经济分类为标准的部门预算，而后再将各部门预算支出按照部门支出经济分类科目和政府支出经济分类科目的对应关系调整为以政府支出经济分类科目组织的形式，加入本级政府的转移支付等非部门支出，从而汇总成以经济分类科目列示的本级政府支出预算。

4.5.4 按政府层级进行分类

我国作为单一制国家，政府预算实践中还存在按照政府层级进行分类的支出分类方式。在这一分类中，每一级政府的预算都划分为本级预算和总预算。本级预算即该级政府直属部门预算（含直属单位预算）的集合（一级政府的直属单位包括政府办公室、开发区管委会等直接由政府领导的单位）。总预算则包括本级预算和汇总的下级政府总预算，如一个地级市的总预算包括市本级预算及其下属区、县的总预算。值得注意的是，我国的政府层级虽然包括中央、省、市、县、乡五级政府，但是预算管理实践中，乡和镇没有独立的一级政府预算，而被视为县级政府下属的一个部门，其预算按照部门预算的形式编制。图 4.5 展示了按照政府级次分类的我国政府预算体系。

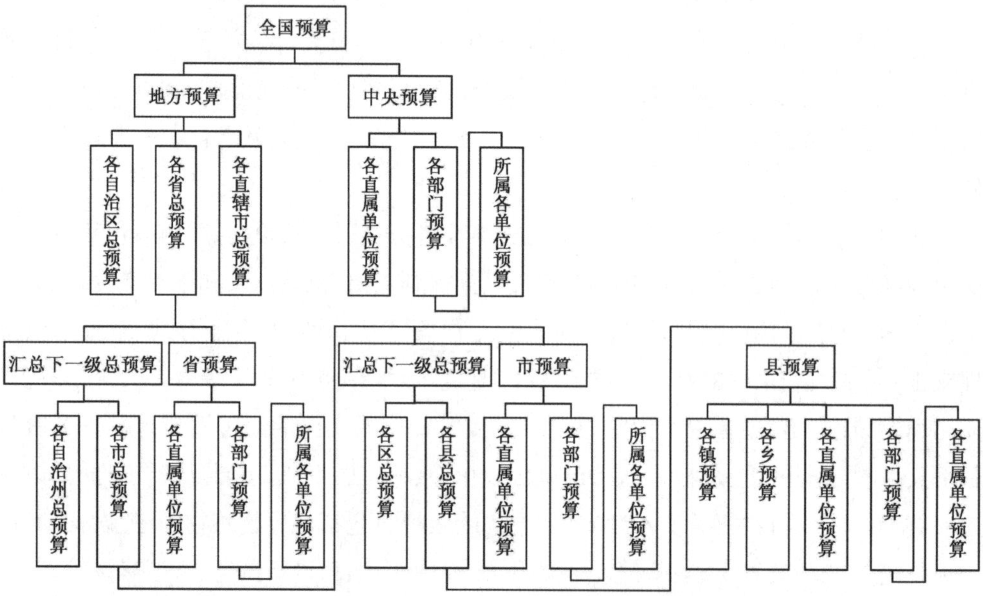

图 4.5 按照政府级次分类的我国政府预算体系

4.5.5 我国政府预算分类体系中存在的问题和改革建议

1. 我国政府预算分类体系中存在的问题

根据前述政府预算分类体系的构建规范，我国政府预算分类体系主要仍存在以下不足。

(1)预算分类体系中的收支分类方式不完备，面向公众和人大代表公开的预算，仍然主要采用功能分类以简单“账目”的形式反映，而非通过多种分类方式协同反映信息。公开的预算并未按照部门和项目编制，严重影响预算透明度。

(2)各种分类方式在设计上并未完全符合预算分类体系的构建原则，尤其是收入的经济性质分类和支出的功能分类，在具体科目设计方面并未完全贯彻全面性、一致性、同质性和独立性原则。支出功能分类科目设计中仍然存在一些并非以"履行政府职能"为标准的科目。对于各行政事业单位人员的社保缴费中单位负担部分以及培训支出和住房补贴，都被归入社会保障和就业、教育和住房保障支出等"类"级科目中。

(3)项目分类体系不完善。在预算管理中使用项目分类的目的是为了优化资源分配、提升预算透明度和政府部门的公共受托责任履行水平，但是当前中国预算实践中一些部门设计的项目，虽然反映了资金的用途，如会议、修缮、行政运行、机关服务等，却并不能直观反映通过使用这些资金，政府向社会公众提供了何种公共服务和产品，实现了何种施政目标。这种项目分类方式容易造成预算和政府部门职能以及政策目标的脱节，也不利于公众及其代表对预算过程的有效监督。

2. 我国政府预算分类体系的改革方向

(1)健全政府预算分类体系中的分类方式。这需要先完善基金分类设计。我国的复式预算体系，有基金分类之实，但在基金分类标准和框架方面却有所欠缺。建议按照资金专用性、来源和所有权归属，将整个公共部门预算基金分为一般基金、特别基金、社会保障基金、非营利机构运营基金、公共企业基金五大类，并且根据行政事业单位、国有企业的性质，将其收支活动纳入对应的基金中予以反映。在基金分类之下，也有必要尝试引入收入的部门分类，从预算收入、预算资源和预算支出三个维度全面反映部门收支，从而围绕政府中的部门，构建涵盖公共资金汲取、分配、使用全过程的受托责任机制。

此外，加快构建以结果为导向的项目分类体系，对于保证财政可持续性和推进全面预算绩效管理，具有重要的现实意义。具体来说，应着眼于解决公众和政府间、政府各层级间的信息不对称问题，以项目分类准确地反映资金使用的"产出"和"成本"。在构建项目时，不应仅将"产出"作为绩效指标，或者将部门运营活动简单依职能目标归集，而应将"产出"视为证明项目必要性和成本合理性的关键模块，围绕施政目标定义"产出"，构建包含"成果目标层—产出层—活动层"三层级的项目，让公众直观地了解政府如何将公共资金投入转化为提升民众福祉的行动，真正发挥项目分类优化预算支出结构、保障受托责任履行和预算透明的作用。

(2)依照相关原则，规范各分类方式的设计。预算分类方式设计的规范性是构建"精细化"预算分类体系的重要条件。具体到制度设计上，不但要明确各分类方式的划分标准，而且需要在分类方式各层级科目的设计上贯彻这些标准。尤其是对收入经济性质分类和支出的功能分类而言，需要结合国际实践和我国预算管理的实际情况，调整当前科目的设计架构，解决我国政府预算的基金分类同收入的经济分类、支出的功能分类存在混淆的情况，让相关收支条目分流归位。例如，现行政府预算收入分类科目中的类级科目“非税收入”之下的款级科目“政府性基金收入”，包含了特别课征、政府经营性收入，这两种收入形式的经济性质完全不同。据此，归入款级科目“政府性基金收入”的土地出让金收入，应该移至“非税收入”之下的另一“款”级科目“国有资源(资产)有偿使用收入”之下。

在设计收入的经济分类和支出的功能分类类目表时，应明确收入的征收依据和支出拟履行的政府职能是各自科目应当一以贯之的分类标准。特别是在对一般公共预算以外的基金收支设计具体科目时，需要排除基金分类的干扰，充分考虑基金中的收入是否具有独立的经济性质，支出是否承担特定职能，不宜盲目地依据基金增设类、款级科目。只有如此，才能全面合理地反映各级政府的收入结构和职能履行成本。

(3)理顺预算分类方式之间的相互关系，构建协调统一的预算收支分类体系。预算分类体系，毫无疑问是一个分类方式有机统一、相互协调的整体。这就需要在保证收支分类方式完备、规范的基础上，明确各分类方式拟承担的预算功能以及分类体系建构的逻辑，在分类体系的设计上，清晰地界定以哪种分类方式为“纲”，以哪种分类方式为“目”，从而有针对性地调整具体的分类方式，并将它们顺畅衔接。对预算收入宜按照“基金—子基金—收入经济性质—具体收入来源”的次序进行划分；支出分类可按照“基金—部门—功能—项目—经济分类”的层次相互衔接。

自2015年起，我国在中央部门层面上开始尝试构建“以结果为导向的项目预算”，并要求一级项目从属于功能分类的“款”级科目，借以改变项目安排上“小、散、杂”的状态。但是，功能分类源于对政府职能的划分，而新的项目分类则源于施政目标。政府职能是相对稳定的，而施政目标则易受社会经济变化的影响而处于动态调整中。作为对项目划分的特殊“标准”，功能分类科目若在设计上单纯强调全面反映政府履职活动，或为同质化的履职支出单独设置过多的类、款级科目，则会影响项目的完整性及其与政策衔接的有效性，降低预算分配的效率。例如，现行支出功能分类科目设置中，类级科目“环保支出”下的“已垦草原退牧还草”“退耕还林还草”“退牧还草”等款级科目反映的支出，在提供的公共服务方面极为相似，实际应该合并为单一的款级科目“自然生态恢复”。因此，为适应项目预算对于资金分配效率和结果绩效的内在追求，我国支出的功能分类应由先前兼顾预算规划、管理功能，转变为侧重于发挥规划功能。其科目设计思路宜由先前的“以分为主”转变为“有分有合”，三个层级科目可按照“宏观职能层—依行政单位序列定义的职能层—具体履职活动层”的顺序，进行梳理归并。

思考题

1. 政府预算分类的重要性有哪些？
2. 政府预算分类有哪些原则？
3. 政府预算如何进行基金分类？
4. 政府预算收入如何分类？
5. 政府预算支出如何分类？
6. 我国政府预算分类存在哪些问题？

第5章　政府预算管理体制

在具有多层级政府的国家中，政府之间的财政关系是财政预算需要解决的重要问题。政府间的财政关系包括政府间事权和支出责任的划分以及与此相适应的财权和财力的划分。通常我们把处理政府间财政关系的制度及其实现形式称为政府预算管理体制，它是国家经济体制的重要组成部分。

5.1　政府预算管理体制及其设置原则

5.1.1　政府预算管理体制的含义

政府预算管理体制是指同一国家内不同层级的政府以及同层级政府之间财政资源的分配原则、办法等调节机制的总和，包括合理划分财权与事权，建立分级负责的政府体系。政府预算管理体制是中央政府与地方政府以及地方各级政府之间在财政收支划分和财政管理权限划分上的一项根本制度。

预算管理体制涉及的是如何处理政府间的财政关系，主要包括中央政府与地方政府之间的财政关系，以及地方政府上下级之间的纵向财政关系。处于纵向财政关系中的政府之间具有隶属关系。此外，在实践中还存在政府之间的横向财政关系。横向财政关系是同级政府间或者同一级政府内部由于某些社会目标以及经济发展因素的影响而产生的财政分配关系。与纵向政府间财政关系不同，处于横向财政关系中的政府之间不具有隶属关系，各参与主体地位平等。

预算管理体制的主要内容包括：确定预算管理的主体和级次；确定预算收支的划分原则和方法；确定预算管理权限的划分；确定预算调节制度和方法。其核心内容是政府间的财权配置与事权的划分以及建立规范的政府间转移支付制度。

分税制是现代财政预算管理体制的主要形式，在西方国家已存在上百年，至今已形成一套比较规范、完整、系统的财政预算管理体制。它以政府间事权为基础，以分税为主要特征，确定各级政府的支出责任和支出范围，划分各级政府的财政收入，并同时配套规范的财政转移支付制度。分税制下，全部税收划分为中央与地方两套税收体系，设置中央和地方两套税务机构，各自具有税收方面的立法权、征管权和减免权，分别管理和使用各自的税款。由于地方政府之间存在财政差异，因此分税制下，中央政府会以规范的形式将集中的一部分财政收入补助给地方，以满足地方政府的基本财政支出需要，实现基本公共服务均等化、地区间均衡发展等公平和效率的目标。

5.1.2　政府预算管理体制的设置原则

根据公共产品理论、集权与分权理论、财政联邦主义理论以及俱乐部产品理论等，学者们对政府间收入与支出的划分原则进行了研究。其中以巴斯特布尔的支出划分原则，塞利格曼、尤迪和马斯格雷夫的收入划分原则最具代表性，并被广泛接受。

1. 支出划分原则

巴斯特布尔提出了关于划分中央支出与地方支出的三项原则：

(1)受益原则，即按政府提供公共服务的收益范围划分支出责任。凡受益范围属于全国居民的公共服务，其支出应由中央政府承担；而受益范围属于地方居民的公共服务，其支出应由地方政府承担。

(2)行动原则，即按政府提供公共服务活动所涉及的范围划分支出责任。凡政府公共服务的实施必须统一规划的，其支出应由中央政府承担；凡政府公共服务的实施必须因地制宜的，其支出属于地方政府的支出范围。

(3)技术原则，即按技术要求划分政府提供公共服务的支出责任。凡政府提供的公共服务规模庞大、技术要求程度高的，其支出属于中央政府支出；否则，应由地方政府承担其支出。

2. 收入划分原则

塞利格曼提出了关于中央政府与地方政府收入划分的四项原则：

(1)效率原则，即以征税效率高低为划分标准。那些流动性强、由中央政府征收效率较高的税收，应划归中央政府收入，如所得税等。而那些流动性弱、由地方政府征收效率较高的税收，如房产税、土地税，则应划归地方政府收入。

(2)适应原则，即以税基广狭作为划分标准。凡是税基广的税种应划归中央政府，如所得税等；凡是税基狭窄的税种应划归地方政府，如房地产税等。

(3)恰当原则，即以分配公平为划分标准。凡是对于中央实施收入再分配和宏观调控具有重大作用的税种应划归中央政府收入，如所得税；而不具有此种重大作用的税收，则应划归地方政府收入。

(4)经济利益原则。尤迪认为，若税收划归地方政府有利于全国经济的发展，则应作为地方政府收入，否则应作为中央政府收入。

马斯格雷夫认为，具有收入再分配性质的税收、有助于经济稳定的税收、税基分布不均匀的税收、税基流动性大的税收以及易转嫁的税收都应划归中央政府。以居住为依据的税收，如销售税等，应划归省或州政府。税基分布均匀、税基流动性小、不易转嫁的税收应划归省或州以下的地方政府。而受益税和收费则适用于各级政府。

5.2 政府间的收支划分

根据上述政府间收支划分原则，中央政府与地方政府间的收支可以做如下划分。

5.2.1 政府间支出责任的划分

1. 中央政府的支出责任

(1)宏观调控政策的实施。

(2)收入再分配政策的实施。

(3)收益范围涉及全国的公共产品的提供。

(4)外部效应波及全国的混合产品的提供。

(5)全国性自然垄断行业的公共生产。

(6)对地方财政的调控，包括：弥补地方财政收支缺口；实现全国范围内基本公共服务均等化；矫正辖区间的外溢效应；促进地区间财政经济均衡发展；引导或矫正地方财政行为，使之符合中央政府的意图或政策。

2. 地方政府的支出责任

(1)辖区内的公共产品的提供。

(2)外部效应波及本辖区的混合产品的提供。

(3)地方性自然垄断行业的公共生产。

(4)中央(上级)政府与地方(下级)政府共同的支出责任。

中央政府与地方政府的具体支出责任划分见表5.1。

表5.1 中央政府与地方政府支出责任划分一览

支出内容	支出责任	理　由
国防	中央	全国性公共产品
外交	中央	全国性公共产品
外贸	中央	全国性公共产品
环境保护	中央	全国性混合产品

续表

支出内容	支出责任	理　由
货币政策	中央	宏观调控
财政政策	中央、地方	若能有效地在政府间协调
对个人的转移支出	中央	个人间的收入再分配
失业保险	中央	个人间的收入再分配
行业补贴	中央	宏观调控
自然资源	中央	地区间收入再分配
工农业	中央	全国性自然垄断
航空和铁路	中央	全国性公共产品
地区间贸易管理	中央	宏观调控
教育、卫生	地方	地方性混合产品
公园、市政建设	地方	地方性公共产品
地方性交通	地方	地方性自然垄断
消防、警察	地方	地方性公共产品
移民	中央	效益分享与成本分担的范围具有全国性

资料来源：①Shah Anwar，1994，"The Reform of Intergovernmental Fiscal Relations in Developing and Emerging Market Economics"，*Policy and Research Series*，*Washington*，*D.C*：*World Bank*，No. 23，pp. 12.

②Shah Anwar，1991，"The New Fiscal Federalism in Brazil"，*Washington*：*World Bank Discussion Papers*，No. 124，pp. 7.

③Shah Anwar and Qureshi Zia，1994，"Intergovernmental Fiscal Relations in Indonesia"，*Washington*：*World Bank Discussion Papers*，No. 239，pp. 30.

5.2.2 政府间收入的划分

根据上述收入划分原则，可以建立以下政府间的收入划分框架：

(1)关税应划归中央政府以减少不同地区间税收差别对外贸造成的扭曲。

(2)所得税一方面因其具有收入再分配性质，另一方面又具有经济稳定功能且流动性强，因此应划归中央政府征管。

(3)财富税应划归中央政府，因为它是对资本、财富以及财富转移、继承与遗产课征的税收，与资源配置相关，划归中央政府有利于保证市场机制的运行效率。

(4)资源税由于税基分布不均匀，但同时又不具有流动性，应由中央与地方共享。凡涉及国民经济全局的战略性资源税，如石油、天然气、重要金属矿产资源的税收应划归中央政府；其他非战略性资源税，如森林、采石场、小型煤矿等资源税，可划归地方政府。

(5)土地税和房地产税因其税基的非流动性以及地方政府征管的高效性，应划归地方政府收入。

(6)销售税又分为单阶段销售税和多阶段销售税。单阶段销售税，如消费税、零售税等，因其环节单一，适宜地方政府征管，应划归地方政府；多阶段销售税，如增值税，因其目标单一，而环节又较多，集中税权有利于实现统一目标和保证征管效率，应划归中央政府。

(7)对劣值品的课税，如国内烟酒税、环保税等，适合各级政府征管。如果劣值品的影响范围是全国性的，则其税收应划归中央政府；如果是地方性的，则可以根据其影响范围，划归不同级次的地方政府征收。

(8)使用费和受益税适合各级政府征收，应根据其受益范围确定其归属。

以上是政府间收入划分的基本框架，对各国具有一般的指导意义。

与政府间收入划分相伴随的一个问题是税基分享或收入分享。税基分享是指两个或两个以上不同级次的政府按照各自的税率对同一税基征税。税基通常由上级政府确定，下级政府则在同一税基上，在上级政府征收的税率基础上，以补偿性税率征税，亦称税收附加。收入分享是指税收由上级政府，主要是中央政府征收，然后以拨款方式提供给地方政府，或者按照一定的公式与地方政府分享。

5.3　政府间的财政转移支付制度

政府间的财政转移支付制度是分税制的重要配套措施，也是预算管理体制的重要组成部分。完善的政府预算管理体制离不开规范的政府间财政转移支付制度。通过财政转移支付制度，一方面可以实现基本公共服务的均等化和区域间的均衡发展，另一方面也有利于中央政府对地方政府的控制，保证中央政策的贯彻执行和外溢性公共产品的提供。

5.3.1　转移支付的定义

转移支付是公共部门无偿地将一部分财政资金的使用权转移给其他组织或个人形成的支出，包括社会保障支出、公债利息支出和各种补助金支出。

政府间转移支付是指在一定的预算管理体制下，一个国家的各级政府之间财政资金的转移，包括上级政府对下级政府的拨款、下级政府对上级政府的上解、共享税的分配以及不同地区间的财政资金转移。

从转移支付的方向上看，政府间转移支付又分为纵向转移支付和横向转移支付两种形式。纵向转移支付是指上下级政府之间财政资金的转移；横向转移支付是指非同级政府之间，通常是财力富裕地区的政府向财力不足地区的政府进行财政资金的转移支付。其中，纵向转移支付是政府间转移支付的主要形式。

5.3.2　政府间财政转移支付的形式

政府间财政转移支付，按照接受转移支付资金的政府是否能自主决定其用途可划分为一般性转移支付和专项转移支付。

1. 一般性转移支付

一般性转移支付又称为无条件转移支付或补助，是指对未规定用途，且不要求地方政府配套自有资金的拨款。一般性转移支付可以提高受益地区的基本财政能力，是缩小地区间财力差异，实现财政能力均等化的主要形式。

由于一般性转移支付未对资金用途加以规定，因而其主要作用是弥补地方财力的不足，而不是实现中央政府的特定目标。

一般性转移支付数额的多少主要由接受转移支付的政府的财力和支出需求决定。如果支出需求大，而财力少，则获得的一般性转移支付数额多；反之，获得的数额就少。据此，一般性转移支付的数额通常由规范的公式计算确定，即一个政府可以获得的一般性转移支付=(标准支出需求－标准收入能力)×调整系数。

2. 专项转移支付

专项转移支付是指规定了使用用途或使用方向的拨款。与用以解决地方财力不足的一般性转移支付不同，专项转移支付的目的主要是加强中央政府对地方政府的控制，以实现宏观调控目标，或解决区域性公共产品的外溢性问题，抑或促进特定公共事业的发展。

专项转移支付又分为有条件配套拨款和有条件非配套拨款两种。而有条件配套拨款又分为无限额配套拨款和有限额配套拨款。

(1)有条件配套拨款。这是一种比较严苛的转移支付方式。这种拨款不仅规定了资金的用途或使用方向，而且规定了接受拨款的政府必须配套一定比例的自有资金。

其中，有条件无限额配套拨款是指规定了资金的用途，但没有规定资金限额，并要求地方政府承担一定比例自有资金的拨款。由于这种转移支付没有限额，所以中央或上级政府的转移支付数额取决于地方政府配套的自有资金数额。地方或下级政府的配套资金越多，中央或上级政府的转移支付数额越多。有条件有限额配套拨款是指规定了资金用途和最高限额，并要求地方政府承担一定比例自有资金的拨款。

有条件配套拨款的两种拨款方式都是用来矫正正外部性的一种方法。拨款的目的是为了鼓励地方政府提供更多具有外部效益的公共产品。二者的区别在于有条件有限额配套拨款是基于中央财力不足的情况，无力实行无限额拨款。

(2)有条件非配套拨款。这是一种规定了资金用途，但不要求地方政府配套自有资金的拨款。非配套拨款一般适用于区域外溢性比较强，或地方政府财力困难，难以保障公共产品供给的项目。

5.4　我国政府的预算管理体制

5.4.1　我国政府预算管理体制的改革进程

自新中国成立以来，我国的政府预算管理体制根据预算级次的设置和各级政府预算管理中收支权限的大小，可分为三个阶段：一是1950—1979年高度集中的预算管理体制时期；二是1980—1993年"分级包干制"的预算管理体制时期；三是1994年至今实行的以分税制为核心的分级预算管理体制时期。

1. 高度集中的预算管理体制(1950—1979年)

这一时期，我国实行的是高度集中的计划经济体制，即政府通过行政命令和计划指标配置社会资源。预算管理体制作为经济管理体制的重要组成部分，自然具有高度集中的计划经济特征。国家预算制度的设计着重于规划功能，强调资金汲取和资源在各地区和各生产部门之间的配置。

新中国成立初期，国民经济百废待兴。1950年我国采用的是"统收统支"的预算管理体制，其主要特征是"收支两条线"，地方政府代理中央负责组织征收所有收入，并统一上缴中央金库，地方政府的一切开支均由中央政府审核后予以拨付。地方财政完全不具有独立性，只是中央的派出机构。

1951—1979年，我国实行的是"统一领导、分级管理"的预算管理体制。按照当时的规定，国家财政预算起初分为中央级、大行政区级和省级，后又改为中央、省和县三级。此后，预算管理体制曾有多次调整，但分为三级管理这一形式没有多大变化。在这一预算管理体制下，中央在财政年度开始前核定地方政府预算收支指标，地方按照核定的指标筹集和分配资金，主要管理权集中在中央，地方管理权限较小。国家预算收入分为中央固定收入、地方固定收入、中央与地方比例分成收入。中央固定收入、中央与地方比例分成收入中归属中央政府的部分，用于安排中央预算支出；地方固定收入、中央与地方比例分成收入，则用于安排地方预算支出。国家预算编制的基本规则为：凡预算收入大于预算支出的地方上解收入；凡支大于收的地方由中央补助。对于基础设施建设支出、救灾支出，中央另设专项拨款，由中央集中支配。在实际预算执行过程中，地方政府超收收入中的一部分可以作为地方政府的机动财力，留存下年使用或用于安排当年的文教事业费等。反之，如果预算执行过程中发生了短收，造成收不抵支，则由中央提供补助。当然，在预算执行过程中，地方也无权自行调整预算支出的总额和结构，必须报中央审查批准。在此期间，为调动地方的积极性，财政部曾尝试推行过“多收多留”等激励政策，但制度并不稳定。地方财政的收支支配权很小，并不构成一级独立的预算主体。

这一阶段预算管理体制的主要特征包括：中央统一领导、地方分级管理；中央确定收入指标，地方多收多留，分成比例实行“一年一定”或“一定几年”，超收部分另定分成比例；各级政府支出责任按职责和行政、事业、企业单位的隶属关系确定，地方支出预算由中央核定。在预算执行中，地方支出首先用地方收入抵补，不足的再由中央调剂补助。因此，这种体制也被称为“一灶吃饭”体制或“大锅饭”体制。实际上，地方预算，如同总账之下的分类账、明细账一般，仅仅是一级核算单位，而不是一级具有相对独立性的预算资金管理实体。中央预算不仅集中绝大部分预算资金，而且完全控制地方预算的资金使用范围和使用方向。从表面上看，地方预算收入和支出的资金数量不小，但地方政府并不实际拥有这些资金的实际支配权，各项支出已经被“条条”限制死，地方财政只能按中央各职能部门下达的各项指标来安排支出。只有在规模有限的地方机动财力上，地方才拥有自主权。在这种预算管理体制下，地方财政“收入向上缴，花钱向上要”，处于极其被动的地位。在这种统收统支、“大锅饭”式的预算制度下，地方政府不可能因地制宜、灵活有效地向辖区提供公共服务或扶持特色产业的发展。

2.“分级包干制”预算管理体制（1980—1993 年）

计划经济体制下的预算管理体制，在我国大规模工业化建设初期，对于集中全国的人力、物力和财力进行重点建设，发挥了巨大的作用。但随着社会主义经济建设规模不断扩大，经济关系日趋复杂，人民的物质文化生活需求不断提高，这种预算管理体制的弊端逐渐暴露。第一，高度集中的预算管理体制使权力过分集中，政府职能膨胀，包办各项社会事业，压抑了各地区、各部门的积极性、创造性。第二，传统的预算管理体制迟迟没有走向规范化和法制化。改革开放前的 29 年间，中国预算管理体制变动频繁。在大部分年份，地方收支指标、分成比例都由中央审核批准，一年一变，预算管理的依据皆为行政命令和规章，这种模式不利于形成清晰、稳定的制度体系和提高运行效益。

1978 年改革开放后，传统的计划经济体制开始逐步解体，市场经济在全国范围内开始形成。为了调动地方政府和社会中个人、企业等多种主体的积极性，以放权让利为基调的财政改革也在 1979 年开始推行。此外，由政府结合地区实际情况，向辖区内公众提供必要的公共服务，也成为促进市场经济发展的内在需求。这就要求赋予地方政府拥有独立筹集和分配公共资金的权力。

为调动地方政府管理财政的积极性，我国在 1980 年、1985 年和 1988 年进行了三次“分灶吃饭”改革，高度集中的预算管理体制被打破，代之以“分级包干制”这一预算管理体制。1980 年 2 月，国务院发布《关于实行“划分收支、分级包干”的财政管理体制的暂行规定》，决定从 1980 年起实行“分灶吃饭”的办法。1985 年，我国开始全面实行“划分税种、核定收支、分级包干”的财政管理体制。1988 年，国务院又颁布了《关于地方实行财政包干办法的决定》；与此同时，国有企业实行承包经营责任制，对预算管理体制又一次进行改进。总之，1980—1993 年实施的以“放权让利”为主调的“分级包干制”，扩大了地方财力和财权，调动了地方的积极性，加强了地方的经济责任，促进了地方经济的发展。

“分级包干制”的主要特征是对预算收入进行分类分成，划分为固定收入（中央固定收入和地方固定收入）、固定比例分成收入和调剂收入三类。地方财政在划分的收支范围内可以自行安排预算支出，多收可多支，少收则少支，自求平衡，中央和地方“分灶吃饭”。中央从分成收入中获取固定的数额，地方预算收支差额形成的盈余、预算执行中因超收收入、节支形成的结余中的大部分则由地方留用。此外，对特殊地区，包括少数民族自治区和广东、福建等实行特殊优惠办法。地方财政初步成为权、责、利相结合的相对独立的一级预算主体。

原先地方政府财力在高度集中的预算管理体制下一般实行“条条”分配，由中央各职能部门根据行业发展规划要求以专款的形式下达地方，地方很难统筹安排和调剂使用。实行“分级包干制”后，财力分配改为以“块块”为主，中央部门不再向地方各职能部门下达收支指标，地方政府可根据事权范围，利用自身筹集的预算收入，自主安排相应的财政支出。这有利于各地因地制宜，根据实际情况发展社会经济事业。

1980—1993 年的分级包干体制改革打破了高度集中的预算管理体制，构建了一个比较合理、分层次的国家预算管理体制的雏形，克服了当时的财政困难。地方政府可以根据事权范围自主安排相应的预算支出，由此激发地方活力，为改革开放和国民经济发展提供强有力的保障，同时也推动传统生产建设型财政体制向公共财政体制的转变。

3. 以分税制为核心的分级预算管理体制（1994 至今）

（1）分税制改革。1980—1993 年实施的分级包干制对促进经济建设发挥了积极作用，但弊端也很明显。第一，造成财政分配关系紊乱。绝对额包干的模式限制了中央政府预算收入增长，中央预算收入占全国预算收入的比重大幅下降。在分级包干制下，中央与地方的收入分成并没有一个科学合理的比例，各级政府承担的社会职能也没有随体制的改革进行相应的调整，致使中央集中的财力与中央所承担的任务之间的差距越来越大，地方承担的任务不能随其收入的增加而增加。这就导致中央财政不断发生巨额赤字，以致中央财政不得不向地方财政借款以弥补缺口。第二，预算管理体制变动的随意性大，各省、市实施的包干制形式繁多，体制不规范、不统一。各省、市包干的基数和递增幅度都是在原有分配格局的基础上，通过一对一谈判确定下来的，客观上形成一省一率、一市一率。各地分成比例和承包基数千差万别，意味着各地区承担的税负水平不同。在财政层层包干的体制下，上级财政的投资、补助会向本级财政分成比例高的地区倾斜，由此导致各地区发展机会不均等、资源配置不合理。

为此，1993 年 12 月 15 日，国务院颁布了《关于实行分税制财政管理体制的决定》，开始了分税制改革。其基本特征是根据中央政府和地方政府的事权确定其相应的财权，并通过税种的划分来确定中央财政和地方财政收入范围的一种预算管理体制。

分税制改革对中央和地方的支出责任进行了划分。中央财政承担国家安全、外交和中央国家机关运转、调整国民经济结构、协调地区发展、实施宏观调控所必需的费用和支出以及由中央直接管理的事业发展支出；地方财政主要承担本地区政权机关运转以及本地区经济、事业发展所需的支出。

对于中央和地方收入的划分，根据事权与财权相结合原则，按照 1994 年税制改革后的税种设置，可将税种划分为中央财政固定收入、地方财政固定收入、中央与地方财政共享收入三大类。将符合国家利益、宏观调控所必需的税种如关税和消费税划归中央；将适合地方征管的税种如营业税、个人所得税划归地方，同时充实地方税种；将同经济发展直接相关的税种——增值税、证券交易税和资源税划归为中央与地方共享。在划分税种的同时，分设中央税务机构和地方税务机构，实行分别征税。中央税种和共享税种由国税局负责征收，地方税种由地税局征收。

实行分税制财政改革时，为了保持地方的既得利益并逐步达到改革目标，按照国务院《关于实行分税制财政管理体制的决定》，原属地方支柱财源的"两税"收入——消费税和增值税被上划到中央，成为中央级收入。如果中央不采取相应补偿措施，则必将影响地方的既得利益。为此，分税制改革制定了税收返还办法，即以 1993 年为基期年，按分税后地方净上划中央的收入数额作为中央对地方的税收返还基数，基数部分全额返还地方。

此外，为了保证改革的顺利实施，分税制改革还确立了包含一般转移支付和专项转移支付的中央对地方的转移支付制度，以保证区域间的发展平衡，同时确保地方能够充分贯彻执行中央的重要政策。

分税制改革突破了"让利、放权"的传统改革思路，向构建市场经济条件下的规范化预算管理体制迈出了关键的一步。分税制改革确立了较为规范和稳定的预算管理体制，并沿用至今。简而言之，其积极作用主要包括以下方面：

第一，建立了央地财政收入稳定增长机制。分税制改革理顺了中央和地方之间的财政分配关系，极大地调动了各级政府的积极性。分税制按税种明确划分了中央与地方之间的收入，改变了地方辖区内所有税收和国有企业上缴利润与地方政府经济利益紧密挂钩的做法，讨价还价、鞭打快牛的情况不复存在。

第二，规范了各级政府间的财政分配关系。分税制取代了原来各个地区不同的包干方式，实现了体制的统一和规范。首先，按税种划分各级政府预算收入的汲取范围，明确了中央与地方之间的利益界限，减少了相互之间的收入挤占，避免了中央与地方在原体制下收入分成的随意性和非固定性。其次，明确了政府间的收支范围、权限和责任，各级政府的预算约束进一步得到硬化，减少了原体制下责任不清、权限不明、相互之间推诿扯皮的情况。

第三，增强了中央政府的宏观调控能力。分税制打破了长期以来“条块分割”的行政隶属关系。自 1994 年以来，中央在全国财力分配格局中占据了主导地位，并通过转移支付制度使用中央财政收入安排了大量地方政府预算支出，中央政府的宏观调控能力得以大大增强。这不仅保证了中央政府的支出需要，促进了地区间基本公共服务的均等化，而且强化了中央对地方行为的控制与调节。

(2)“省直管县”和“乡财县管”改革。分税制改革完成后，我国又相继开展了“省直管县”和“乡财县管”两项改革，以提高地方财政体制运行的效率，降低行政成本，缓解基层财政运行的困难。

①省直管县。根据《宪法》，我国地方政府体系划分为省、县、乡三级，但自 1958 年起，随着“市管县”体制的推广，实践中逐步形成了省、市、县、乡四级地方政府体系。“市管县”体制改革适应了当时的经济发展背景，增强了中心城市对农村发展的带动，起到了加强管理的积极作用。但随着经济社会的发展以及市场经济体制的不断完善，财政管理中“市管县”的弊端也逐渐显现。一是导致市与县争利，资源流向城市，县域发展机能弱化。“市管县”体制实际上缩小了县级政府的自主权，扩大了市级政府的管理权限，带有明显的城市偏向性，社会经济资源主要被市所汲取，县只能听命于市，发展机能弱化。二是导致县级财政日益困难。分税制改革后，在省、市、县三级政府中，市级政府仍然维持了最强的财政自给能力，而县级财政自给能力却最弱，地市级政府较强的财政自给能力在一定程度上是以牺牲县级政府的财政自给能力实现的。2005 年之前，我国的一些县乡不能及时发放工资，出现了严重的基层财政危机。

为此，“自上而下”的强化县级政权的改革应运而生，它以财政上的“省直管县”和行政上的“扩权强县”为中心展开，主要是通过“下放”市级政府的财政和行政权力来强化县级政府。

早在 2002 年，浙江、广东、河南、辽宁、湖北等省已经出现了在预算管理方面“省直管县”的试点。2005 年 1 月，财政部制定了《关于切实缓解县乡财政困难的意见》，要求各省区积极推行省对县财政管理方式改革试点，对财政困难县要在体制补助、税收返还、转移支付、财政结算、专项补助、资金调度等方面直接核定并监管到县。2009 年 7 月，财政部出台了《关于推进省直接管理县财政改革的意见》，明确提出到 2012 年底之前力争全国除民族自治地区外，全面推进省直管县的预算管理体制改革。2010 年 1 月，中共中央、国务院颁布的《关于加大统筹城乡发展力度、进一步夯实农业农村发展基础的若干意见》明确提出，要继续推进“省直管县”财政体制改革，继续推进扩权强县改革试点。

财政上的“省直管县”改革，是指在政府间收支划分、转移支付、资金往来、预决算、年终结算等方面，省财政与市、县财政直接建立联系，开展相关的业务工作。改革的主要目的是提升县级政府的财政地位，扩大县域财政的收支自主权，县级政府和省级政府之间进行直接的财政事务对接，市、县级政府在财政上形成平等关系。“省直管县”改变了“省管市，市再管县”的三层结构，跳过市一级政府，建立了省和县的直接财政关系。例如：在转移支付方面，转移支付、税收返还、所得税返还等，都由省直接核定并补助到市、县；在专项拨款补助方面，由各市、县直接向省级财政等有关部门申报，由省级财政部门直接下达到市、县。

“省直管县”改革取得了两个积极效果。一是消除了市级政府对县级政府财政收入的“汲取”和对上级政府转移支付资金的“截留”现象。二是减少了财政层级，提高了各类转移支付资金的拨付和使用效率。

②乡财县管。在 1994 年分税制改革后与农业税取消之前的一段时间里，乡镇政府的财政自给能力较强，这是因为当时乡镇政府可以直接向农民征收大量的“三提五统”和摊派资金。20 世纪 90 年代后期，农业税费征收日益困难，乡镇财政自给能力明显下降，由此产生大量乡村债务。2006 年农村税费改革后，乡镇政府的财政权、人事编制权和行政权不断被削弱，实际上已转变为县级政府的派出机构。农村税费改革减免了 1 250 亿元的农民负担，其中属于原乡村两级“三提五统”和其他税费的资金就高达 850 亿元，由此导致乡镇政府收入减少、财政困难。

为缓解乡镇政府的财政困难，保障基层政府有效提供基本公共服务的能力，2006 年全国范围内开始实施“预算共编、账户统设、集中收付、采购统办、票据统管”的“乡财县管”制度，县级财政部门直接监管乡镇财政收支，同时撤销乡镇财政国库，明确乡镇财政的支出范围，统一县乡工资福利政策和标准，控制和减少财政供养人员规模。

预算共编是指县级财政部门按有关政策提出乡镇财政预算安排的指导意见，并报同级政府批准,乡镇政府根据县级财政部门的具体意见编制本级预算草案并按程序报批。

账户统设是指取消乡镇财政总预算会计,由县财政统管乡镇各项会计业务。撤销乡镇财政预算单位所有经费账户,由县财政在各乡镇金融机构统一开设财政专户分账户。分账户设“结算账户”“工资专户”“支出专户”三类,分别核算乡镇的各项收入、工资性支出、公务支出。

集中收付是指乡镇财政预算内外资金全部纳入预算管理,各项财政收入就地缴入县国库,由县财政根据乡镇收入类别和科目,分别进行核算和划转。支出拨付以乡镇年度预算为依据,按照先重点后一般的原则,优先保障人员工资。

票据统管是指乡镇使用的行政事业性收费票据,由县财政派驻的统管会计管理,实行“票款同行、以票管收”,票据管理纳入统管会计年度考核目标,严禁坐收坐支和转移、隐匿各项收入。

“乡财县管”制度在一定程度上缓解了乡镇政府的财政压力,保证了乡镇人员的工资发放和机构运行,推动了乡镇政府职能转变。不仅如此,这项改革还有利于减轻农民负担和巩固农村税费改革的成果。

5.4.2 我国政府预算管理体制的特征

我国政府预算管理体制的特征可以从预算管理级次、预算管理权限、预算收入划分、预算支出划分和转移支付制度五个方面加以描述。

1. 政府预算管理级次

当前,我国政府预算的设立与政权体系的层次划分基本上是相互对应的。因此,在预算管理级次方面,现行《预算法》规定:我国实行一级政府一级预算,设立中央,省、自治区、直辖市,设区的市、自治州,县、自治县、不设区的市、市辖区,乡、民族乡、镇五级预算。

全国预算由中央预算和地方预算组成。中央预算即中央政府的本级预算,地方预算由各省、自治区、直辖市总预算组成。地方各级总预算由其本级预算和汇总的下一级总预算组成。下一级政府只有本级预算的,下一级总预算即指下一级政府的本级预算;没有下一级政府预算的,总预算即指本级预算。

2. 各级政府的预算管理权限

根据《预算法》,各级政府负责编制本级政府预算草案,组织和监督本级和下级政府预算的执行。

国务院编制中央预算、决算草案;向全国人民代表大会作关于中央和地方预算草案的报告;将省、自治区、直辖市政府报送备案的预算汇总后报全国人民代表大会常务委员会备案；组织中央和地方预算的执行；决定中央预算预备费的动用；编制中央预算调整方案；监督中央各部门和地方政府的预算执行；改变或者撤销中央各部门和地方政府关于预算、决算的不适当决定、命令；向全国人民代表大会、全国人民代表大会常务委员会报告中央和地方预算的执行情况。

县级以上地方各级政府编制本级预算、决算草案；向本级人民代表大会作关于本级总预算草案的报告；将下一级政府报送备案的预算汇总后报本级人民代表大会常务委员会备案；组织本级总预算的执行；决定本级预算预备费的动用；编制本级预算的调整方案；监督本级各部门和下级政府的预算执行；改变或者撤销本级各部门和下级政府关于预算、决算的不适当决定、命令；向本级人民代表大会、本级人民代表大会常务委员会报告本级总预算的执行情况。

乡、民族乡、镇政府在上级政府（县、自治县、不设区的市、市辖区）财政部门的指导下，编制本级预算、决算草案；向本级人民代表大会作关于本级预算草案的报告；组织本级预算的执行；决定本级预算预备费的动用；编制本级预算的调整方案；向本级人民代表大会报告本级预算的执行情况。经省、自治区、直辖市政府批准，乡、民族乡、镇本级预算草案、预算调整方案、决算草案，可以由上一级政府代编，并且需要报乡、民族乡、镇的人民代表大会审查和批准。

审查批准各级政府本级预算的权力则分别归属于全国人大和地方各级人大。其中，全国人民代表大会审查中央和地方预算草案及中央和地方预算执行情况的报告；批准中央预算和中央预算执行情况的报告；改变或者撤销全国人民代表大会常务委员会关于预算、决算的不适当决议。

全国人民代表大会常务委员会负责监督中央和地方预算的执行；审查和批准中央预算的调整方案；审查和批准中央决算；撤销国务院制定的同宪法、法律相抵触的关于预算、决算的行政法规、决定和命令；撤销省、自治区、直辖市人民代表大会及其常务委员会制定的同宪法、法律和行政法规相抵触的关于预算、决算的地方性法规和决议。

县级以上地方各级人民代表大会审查本级总预算草案及本级总预算执行情况的报告；批准本级预算和本级预算执行情况的报告；改变或者撤销本级人民代表大会常务委员会关于预算、决算的不适当的决议；撤销本级政府关于预算、决算的不适当的决定和命令。

乡、民族乡、镇的人民代表大会审查和批准本级预算和本级预算执行情况的报告；监督本级预算的执行；审查和批准本级预算的调整方案；审查和批准本级决算；撤销本级政府关于预算、决算的不适当的决定和命令。

3. 各级政府预算收入的划分

分税制改革后，我国政府间收入划分基本按照以下原则实行。

税收收入:用于维护国家、实施宏观调控所必需的税种划为中央税;同经济发展直接相关的主要税种划为中央与地方共享税;将适合地方征管的税种划为地方税。中央税以及中央与地方共享税中的中央分享部分构成中央政府本级一般公共预算的主要收入来源;地方税以及中央与地方共享税中的地方分享部分构成地方政府一般公共预算的主要收入来源。地方各级政府一般公共预算收入中的税收收入划分由各级地方政府自行决定。

政府性基金收入:主要通过将各基金收入项目在中央和地方之间划分归属,进而划定中央和地方政府性基金预算收入的范围。地方各级政府的政府性基金预算的收入划分,则主要由各级地方政府自行制定,通过在各级政府间划分基金收入项目归属或特定基金收入的分享比例来确定。

国有资本经营预算收入和社会保险基金预算收入:国有资本经营预算和社会保险基金预算则按国有企业的隶属关系和职工、居民的管辖主体,分别将国有企业经营收入和社会保险计划的保费收入划归中央和地方各级政府的本级国有资本经营预算和社会保险基金预算。

我国政府间收入划分的具体情况如下:

第一,中央和地方收入划分。按照以上收入划分原则,我国中央政府的固定收入包括:进口环节增值税和消费税、关税、国内消费税、车辆购置税、船舶吨税、海洋石油资源税、证券交易印花税等;地方政府的固定收入包括环境保护税、房产税、城镇土地使用税、城市维护建设税、土地增值税、资源税、印花税、车船税、耕地占用税、契税、烟叶税、教育费附加税等;中央政府与地方政府的共享收入包括国内增值税、企业所得税、个人所得税。在中央政府与地方政府的共享收入中,国内增值税按中央与地方50∶50比例分成;一般企业所得税、个人所得税由中央政府与地方政府按60∶40比例共享。

非税收入划分为中央政府固定收入、地方政府固定收入和中央政府与地方政府的共享收入。中央政府和地方政府的固定收入包括行政事业性收费收入和国有资本经营收入。行政事业性收费收入按照提供服务主体的隶属关系,直接纳入本级政府的预算收入中;国有资本经营收入按企业的隶属关系,直接纳入本级政府预算收入中。中央政府和地方政府的共享收入包括部分政府性基金收入和罚没收入等。例如,政府获取的国有土地使用权出让收入大部分为地方收入,但中央主要通过分享计提的农田水利建设资金和新增建设用地土地有偿使用费获得部分收入。再如,彩票公益金收入由中央和地方按照50∶50的比例分享。

需要说明的是,当前我国各种非税收入在中央政府和地方政府之间的分享没有统一的办法。财政部于2016年颁布的《政府非税收入管理办法》中规定,非税收入实行分成的，应当按照事权与支出责任相适应的原则确定分成比例。涉及中央与地方分成的非税收入，其分成比例由国务院或者财政部规定；涉及省级与市、县级分成的非税收入，其分成比例由省级人民政府或者其财政部门规定。

实践中，非税收入的分成方式呈现出多样化。一是按比例分成方式，如水资源费的10％划归中央政府，90％划归地方政府；二是按地区分，如国家重大水利工程建设基金，北京等14个省市属于中央收入，山西等16个省则属于地方收入；三是按照缴费对象分，如国有资本经营收入，需要按照企业隶属关系划分收入。中央企业缴纳的属于中央政府收入，地方企业缴纳的属于地方政府收入。

对于并未纳入当前政府收支分类科目中“类”级科目“非税收入”范畴的养老保险和基本医疗保险等各种社会保险计划的保费收入，在当前的预算管理实践中，主要是按照参保人员的征缴关系划分中央政府和地方政府的征收范围。

第二，地方各级政府的收入划分。分税制改革划清了中央政府与省级政府之间的收入，但省级以下政府间收入的划分没有统一的规定，由此导致省级以下政府间收入划分形式多样。但总体而言，税收收入基本参照分税制模式，分成省和市县的共享税、省独享税和市县独享税。非税收入则基本按隶属关系划分为省级固定收入和市县固定收入。近年来，随着“省直管县”改革试点的铺开和对基层财政困难问题的重视，各地都不同程度地通过增加市县主体税种或提高分成比例等方式赋予市县更大的发展权。

税收收入的划分：

(1)省与市级政府的收入划分情况。按照集中财力的方式，各地的省市收入划分模式大体归为两类。第一类是按税种、比例分享。在省级保留部分固定收入的基础上，将部分税种纳入省与地市的分享范围，其他税种收入则下放市县。以广东省为例，广东省除电力、烟草、通信等少量企业税收为省级固定收入外，增值税、企业所得税、个人所得税、土地增值税等中央政府和地方政府共享税种的地方分享部分，省与市县统一按“五五”比例分享。第二类是“基数上解＋增量集中”。将省级保留部分固定收入外的所有收入下放市县，实行税收属地征管。市县按照基期年份计算出基数，上缴省级政府，相较基数增加的部分按比例与省级分享。以山东省为例，山东省将石油、电力、高速公路、铁路等省级保留跨区域经营特殊企业税收作为省级收入，其他收入核定基数，超基数部分按比例分享。

(2)市级和县级政府的收入划分情况。各地的市县收入划分模式大体归为三类：一是按税种分比例分享。市本级将本级税源全部或部分下划县(区)，市与县(区)按核定比例分享税收，其中部分市在收入划分时，对各区县进行区分，实行不同的分享比例。如呼和浩特市，本级税源全部下划市属各区。对区级的税收收入总额，市本级和各区按比例分成，分成比例各区是不同的。二是税收收入增收分成。将市级税收收入按企业属地下放各县(区)，以下放收入为基数，由各县(区)每年上解市财政，超出基数部分市级按比例分享。例如，石家庄市将主城区增值税、企业所得税、个人所得税市级以下分享部分和城市维护建设税、房产税、印花税、城镇土地使用税、土地增值税、车船税及教育费附加税收入作为市与主城区的总额分享收入，以 2007 年为基期，对 2008 年及以后年度新增总额分享收入，市与各区按 7∶3 的比例分享。三是单独收入政策。个别市级政府根据地方发展规划，对重点发展或规划集聚发展的地区实行单独政策。例如，石家庄市对正定新区、循环化工园区、综合保税区等实行独立的财政管理，税收和非税收入市以下分享部分全部归区级，视同一级财政主体管理，相应设立一级金库。

非税收入等其他预算收入的划分：

财政部于 2016 年颁布的《政府非税收入管理办法》中规定，涉及省级与市、县级分成的非税收入，其分成比例由省级人民政府或财政部门规定。因此，相较于税收收入的划分，省以下非税收入的划分更为灵活，其划分办法由各地根据实际情况确定。

省以下政府的非税收入也分为固定收入和共享收入。各级政府的固定收入主要包括国有资本经营收入、行政事业性收费收入等，这些收入被纳入作为征收主体的特定层级政府的预算中；共享收入包括罚没收入、政府性基金收入等。政府性基金收入中的国有土地使用权出让收入属于典型的共享收入。国有土地使用权出让收入在计提完各项税金后，由市和区(县)两级政府分配，分配方法主要包括以下三种。

一是市级政府统一征收并通过政府间转移支付的方式分配给下辖区县。例如，郑州市于 2021 年发文规定，“四个开发区、市内五区”土地出让收入全部纳入市级政府性基金预算管理。在扣除 33％的计提费用后，剩余 67％的成本和净收益全部补助区级政府。

二是市级和区县政府按照一定原则分配土地收入。例如，济南市于 2015 年发文规定：“土地熟化主体为各区政府的，市级与区级按照市级国有土地出让收入的 3∶7 的比例分成。土地熟化主体为市各投融资平台的，市级与各投融资平台按照 2∶8 的比例分成。”

三是市区范围内土地出让收入归市级预算，其他区县土地出让收入归区县级预算。如天津市市内六区土地整理中心仅有土地整理职能，不具备土地出让职能。各区整理完毕的土地由天津市土地整理中心进行统一出让并返还成本至各区。与此类似，重庆市 9 个主城区范围内的土地出让收入全额纳入市级预算，市与区再按 55∶45 分成。主城区外各区县土地收入则直接纳入区县预算管理使用。

此外，对于未纳入政府预算管理中“非税收入”范畴的养老保险等各种社会保险计划的保费收入，省以下各级政府的收入划分与中央和地方政府的划分方式相同。地方各级政府主要按照参保人员的征缴关系划分征收范围，将相关保费收入纳入本级政府的社会保险基金预算中。

4. 各级政府预算支出责任的划分

我国政府间预算支出责任的划分从原则上看，中央政府主要承担国家安全、外交和中央国家机关运转所需经费，调整国民经济结构、协调地区发展、实施宏观调控所必需的支出以及由中央直接管理的事业发展支出。地方政府则承担本地区政权机关运转的费用以及本地区经济、社会发展所需支出。社会保险计划的保险金给付、国有企业运营的扶持，则按职工、企业隶属关系，由中央或各层级地方政府承担。

(1)中央与地方支出责任划分。根据国务院于2016年颁布的《关于推进中央与地方财政事权和支出责任划分改革的指导意见》，当前中央和地方政府的预算支出责任依据其需要承担的财政事权进行划分。中央和地方政府通过安排预算支出承担独有的财政事权，并且须额外安排预算支出承担中央与地方的共同事权。

国防、外交、国家安全、出入境管理、国防公路、国界河湖治理、全国性重大传染病防治、全国性大通道、全国性战略性自然资源使用和保护等基本公共服务为中央的财政事权。社会治安、市政交通、农村公路、城乡社区事务等受益范围地域性强、信息较为复杂且主要与当地居民密切相关的基本公共服务，则确定为地方的财政事权。

义务教育、高等教育、科技研发、公共文化、基本养老保险、基本医疗和公共卫生、城乡居民基本医疗保险、就业、粮食安全、跨省(区、市)重大基础设施项目建设和环境保护与治理等体现中央战略意图、跨省(区、市)且具有地域管理信息优势的基本公共服务，则属于中央与地方的共同财政事权。

此外，社会保险计划的保险金给付、国有企业运营的扶持，则按职工和企业的隶属关系，分别由中央或各层级的地方政府承担。

(2)省以下各级政府预算支出责任划分。我国《预算法》规定了中央政府与地方政府间支出责任的划分，但对省以下各级政府之间的支出责任的划分没有明确的规定。实践中，省以下政府间支出责任的划分一般采取“下管一级”的办法，即由上级政府顺次决定其下级政府的支出划分。地市政府决定县级政府的支出划分和县政府决定乡镇政府的支出划分。2016年国务院颁布的《关于推进中央与地方财政事权和支出责任划分改革的指导意见》要求省级政府参照中央做法，结合当地实际，按照财政事权划分原则合理确定省以下政府间的财政事权，尽快形成省以下财政事权和支出责任划分的清晰框架。目前，部分省级政府已经结合本地区的实际情况，按照适宜、效能、受益的原则，出台了划分省和市县事权、支出责任的文件。在当前预算管理中，财政事权和支出责任的划分在各省和地区有所不同，如表5.2所示。

表 5.2　　省以下政府事权和支出责任划分概况

省级财政	市县财政	省市县共同承担的部分
省财政主要承担省级国家机关运转经费，调整国民经济结构、协调各市发展、实施宏观调控必需的支出以及省级直接管理的事业发展支出 跨地区涉及全省的公共产品和服务的提供的以省为主	市县财政承担市县政权机关运转经费，本辖区经济和社会事业发展支出	各省按照保发展、惠民生的要求，省、市县共同承担一部分经济和社会事业发展支出
具体包括：省级行政管理费、离退休人员经费、公检法司支出，省级文教卫生科学事业支出，省级农林水和工交商及其他部门事业费支出，全省大部分粮食支出和政策性补贴支出，有关抚恤、社会救济、社会保障和省级其他支出	具体包括：市县级行政管理费、离退休人员经费、市县级安排的基本建设投资、挖潜改造和结构调整资金，市县农业、政法、文化、教育、科学、卫生、城市维护建设等各项事业发展的支出	具体包括：基本建设、公检法司、文化、教育、科学、卫生等各项事业发展支出

资料来源：上海财经大学中国公共财政研究院．2018 年中国财政发展报告[M]．北京：北京大学出版社，2019：227.

5．政府间转移支付制度

分税制改革后，我国逐步建立了较为规范的政府间转移支付制度。中央、省、市级政府通过安排对下级政府的转移支付来保证下级政府贯彻其方针政策，完成被委托的支出责任，弥补提供教育、医疗、社区安全等基本公共服务的成本。下级政府在收到上级政府的转移支付资金后，可以安排部分资金用于本级政府的预算支出，履行与该转移支付相关的支出责任。其余部分资金则需要拨付给其下级政府。对于各级政府共担事权的转移支付，则需要有关多个层级政府共同提供资金，补助给市级或县级地方政府。例如，高等教育学生资助专项由中央政府设立，但省级政府同样需要提供配套资金，而这些资金最终由高等学校所在的市级政府安排使用。

我国现行转移支付的形式包括一般性转移支付、专项转移支付和共同财政事权转移支付。

一般性转移支付是指不规定具体用途，可由地方政府作为财力统筹安排使用的转移支付资金。一般性转移支付包括均衡性转移支付、老少边穷地区转移支付、重点生态功能区转移支付、资源枯竭城市转移支付和县级基本财力保障机制奖补资金等。一般性转移支付的主要作用是均衡地区间财力配置以保障地方政府的日常运转，促进各地区政府基本公共服务提供的均等化，加快区域协调发展。

专项转移支付是指为了实现国家特定的政策目标，或者委托下级政府代理某些事务而进行补偿的转移支付资金。与一般性转移支付资金不同的是，专项转移支付资金为专款专用资金。我国目前的专项转移支付包括文化产业发展专项资金、可再生能源发展专项资金、城市管网及污水治理补助资金、农村环境整治资金等。

为与财政事权和支出责任划分改革相衔接，自2019年开始，财政部在一般性转移支付和专项转移支付的基础上，新设了共同财政事权转移支付，暂列一般性转移支付项下。共同财政事权转移支付包括城乡义务教育补助经费、学生资助补助经费、就业补助资金、困难群众救助补助资金、基本公共卫生服务补助资金、城镇保障性安居工程资金等，主要是配合财政事权和支出责任划分改革，用于履行中央承担的共同财政事权中的支出责任，保障地方落实相关政策所需的财力，提高地方履行共同财政事权的能力。

5.4.3　我国政府预算管理体制存在的问题

通过分税制改革，我国基本建立起现代预算管理体制，但仍然存在以下突出问题。

一是税收权限仍过于集中，地方政府缺乏必要的税收权限。分税制改革后，税收立法权、税种开征停征权、税目增减权都集中在中央政府手中，地方政府只有部分地方税收行政法规的部分制定权以及在中央规定的范围内对资源税、契税等小税种有一定的税率调整权限。不仅如此，税收政策的制定权还基本上集中于中央，地方只拥有有限的税收减免权。税权的高度集中限制了地方政府，尤其是基层政府的财政能力，导致地方政府对土地财政的依赖性高，随意罚款、变相举债等行为屡禁不止。这不仅扰乱了正常的税收秩序，而且对政府的公信力也产生了不利影响。此外，由于缺乏必要的税收权限，地方政府无法因地制宜地利用税收工具，通过开征或停征税种、调整地方税的税基和税率对市场施加影响，其维持经济稳定、利用地区比较优势促进经济发展的宏观调控能力受到很大制约。

二是省以下各级政府间事权划分不明确、不规范，基层政府支出负担沉重。分税制改革明确了中央政府与省级政府之间的收入和支出责任划分，但对省以下政府间的收入和支出责任划分则没有进行规定。虽然各地根据自身实际情况，参照中央的做法进行了一些试点，但省以下各级政府的事权和支出责任仍不清晰。不仅如此，由于分税制改革导致财权层层上收和事权层层下移，省以下各级政府的财权和财力与事权和支出责任之间的不对称问题趋于严重，预算收支矛盾随体制运行而越发集中于基层政府。“上面点菜，下面买单”“给政策不给钱”的现象，是基层政府面临的突出问题。

在省、市、县间支出责任划分不明确、不规范的情况下，上一级政府往往利用其行政优势地位，层层下放支出责任，大量的事权和支出责任下移到区县基层财政，由此造成区县政府支出负担沉重。各区县级政府是义务教育、医疗、公共安全等基本公共服务直接提供者，在上级政府要求提供基本公共服务的规模和质量逐年提升，越来越多的政府管理事项被纳入绩效评价范畴，并直接与年终绩效、政府主官政绩考核挂钩的同时,却没有赋予区县政府相应的财权,或提供充足的转移支付资金帮助区县政府弥补相关成本,从而导致区县预算收支矛盾加剧、财政困难。

三是乡镇政府预算部门化对预算透明度产生不利影响。根据《预算法》,经本级人大审批通过的乡镇政府预算,要向社会公开。但由于乡财县管,所以乡镇政府预算实际上是按照部门预算的形式编制的,其收支信息的披露程度等同于县级政府的各职能部门。在当前预算管理实践中,部门预算中的收入预算信息,反映的并不是部门作为征收主体从政府外部获得的全部税收和非税收入,而是部门从本级政府财政部门获取的政府预算拨款以及部门作为征收主体获得的"部门自有收入",属于部门可用于安排支出的"预算资源"。与县级政府的直属职能部门不同,乡镇政府作为财政收入的征收主体,能够获得多种形式的预算收入,包括税收收入和行政事业性收费、罚没收入等多种非税收入,而现行预算管理将部门预算收入只划分为财政拨款收入、事业收入、事业经营收入、上级补助收入、其他收入五个类别,因而无法反映乡镇政府获得的各类税收收入和非税收入信息。乡镇政府征收的各类预算收入被直接汇总到其隶属的县、区级政府的收入预算中。这种制度安排不利于乡镇政府预算中收入预算的公开透明。根据部门化的乡镇预算,公众无从了解各乡镇政府的收入预算安排和实际的收入预算执行情况,乡镇政府预算的控制功能自然也难以发挥。

5.4.4 我国政府预算管理体制的改进

1. 赋予地方政府适当的税权

在深化财税体制改革的过程中,通过地方人大审议程序和立法形式来规范行使地方税权,赋予地方政府一定条件下的设税权、税收选择权和税率调整权等,对于完善现行的收入预算管理体制是必要的。根据国际经验和我国的实际情况,国家税收的基本政策和法规应由中央政府制定;中央税和共享税的各项税收管理权限应由中央行使。就地方政府而言,一方面应赋予省级政府一定的税收立法权,即在不违反国家统一经济政策的前提下,允许省级政府结合本地情况开征部分地方性税种;另一方面应赋予省级政府适当的地方税征管权和部分税收政策的调整权。具体可做如下划分:

(1)对部分税基较为固定、税源较为普遍的地方税种,如物业税等,应赋予地方政府在一定税率浮动范围内确定本地适用税率,以及在中央限定条件下减免税和加税的权力。

(2)对部分税基流动性大且对宏观经济影响较大的地方税,如营业税等,其开征停征权、税目增减权、税率浮动幅度决定权、减免税和加税权都应由中央掌握,地方拥有在中央确定的税率浮动范围内确定本地区适用税率的权力。

(3)对部分具有特殊用途的地方税,如城市建设维护税等,其开征停征权由中央掌握，税目税率调整权、减免税和加税权则归地方，但其征收方案须报中央备案。

(4)对部分税源零星分散，纳税环节不易掌握、征收成本大、地域特征明显的地方税，其税收立法权、政策解释权、征管权应全部划归地方，其征收方案亦须报中央备案。地方政府应结合当地经济资源优势和社会发展状况，对具有地方性特点的税源开征新的税种，这类税种的开征停征权、税目税率调整权、减免税等权力都归地方，并报中央备案。

2. 加快推进省以下财政事权和支出责任划分改革

推进省以下财政事权和支出责任的划分是完善我国支出预算管理体制的重要改革方向。具体来说，应从以下三方面着手：

(1)加快立法进程，制定政府间财政关系法。涉及省以下地方各级政府间财政事权和支出责任划分的相关制度应以法律法规加以规定，逐步实现政府间财政事权和支出责任划分的法制化、规范化。

(2)积极推进改革试点。明确省政府统筹推进区域内基本公共服务均等化的职责，将重点民生领域的支出责任逐步上移至省、市一级，并强化市县政府的执行职责，同时加快推进其他领域的事权和支出责任的划分改革，明确模糊领域的支出责任。

(3)规范支出责任的分担方式。坚持以差别化原则确定共同财政事权和支出责任的分担方式，对于省、市、县级政府共同承担的支出责任，要逐步实行按比例分担。同时加强基本公共服务保障地区的标准制定，通过科学的收入分享和转移支付机制确保民生保障政策实施的可持续性。此外，应建立支出责任分担办法的动态调整机制，充分考虑地方经济的发展状况、财力水平等因素，确定支出责任分担的方式，保证各级政府承担的支出责任与其当年的预算收入规模相适应。

3. 调整乡镇预算的编制和公开方式

虽然在“乡财县管”改革实施后，乡镇政府的收支预算编制需要在县(区)级政府的指导下进行，但考虑到乡镇政府作为征收主体，每年能从辖区内征收获得税收收入以及多种形式的罚没收入和行政事业性收费收入，因此为了提升乡镇政府预算的透明度，应对当前按照部门预算模式编制乡镇政府预算的方式进行调整。具体来说，应在当前对乡镇政府获得的预算资源和安排预算支出的信息进行披露的基础上，参照县级政府本级收入预算的编制模式，编制独立的乡镇政府收入预算和决算信息表，并辅以说明信息，披露乡镇政府作为征收主体获得的各类税收和非税收入，以及乡镇政府从上级政府获得的各类转移支付收入数额，以提高乡镇政府财政收入透明度，保障政府预算控制功能的发挥。

思考题

1. 中央政府与地方政府之间收支划分的原则有哪些?
2. 中央政府和地方政府各自应承担哪些支出责任?
3. 政府转移支付包括哪几种?各自有什么特征?
4. 我国政府预算管理体制存在什么问题?

第 6 章　政府预算编制的理论与方法

政府预算编制是政府及政府部门按照一定的原则，采用适当的程序和方法，预测并做出年度财政收支计划的一项工作。预算编制是整个预算过程的起点和基础，科学合理的预算编制对保证预算资金安全、有效运行至关重要。

6.1　政府预算编制的原则

政府预算编制的原则决定着我们要编制一个什么样的预算。根据现代预算制度的要求，预算编制需要遵循以下原则：

1. 公共利益原则

公共利益原则是现代预算制度的首要原则，政府所有预算活动需要围绕公共利益开展。这一原则体现在预算编制中，则要求预算收支的安排，特别是支出预算的编制要符合公共利益的需求。

从预算编制的实践来看，违背公共利益原则的事情时有发生。预算收入筹集中的非法定行为，预算项目安排中的政绩工程、关系项目等都与公共利益原则相悖。在预算编制中应贯彻公共利益原则，这就要求预算编制过程公开透明，社会各方的诉求和意愿充分表达，才能最终形成反映公共利益的预算编制结果。

2. 全面性原则

预算编制的全面性是指在预算编制时，所有公共收支都必须纳入预算，以反映公共资金活动的全貌。预算编制的全面性原则是预算编制的第一原则。如果不能将全部公共资金纳入预算，那么不仅是游离于预算外的资金无法受到预算程序和机制的约束，而且还会对预算内资金流入预算外形成激励，最终使作为约束政府财政权力工具的政府预算不能发挥作用，失去存在的意义。

3. 确实可靠原则

确实可靠原则要求政府预算在编制时，要采用科学、合理的方法和程序，根据经济发展和公共需求对财政收支进行预测和估算，不能随意夸大或隐瞒信息，确保各项收支数据有据可依、有据可查。

4. 科学细化原则

科学细化原则要求预算编制应在对收支进行科学、合理分类的基础上进行。只有分类科学、细化的预算编制才能发挥有效规范政府财政权力的作用。按照公共受托责任原则，预算应按照功能分类、部门分类以及经济分类进行编制。不仅如此，预算编制还应该细化收支信息，使编制的预算能够清晰地反映公共资金用来做什么、由谁负责使用以及如何使用。

5. 规范统一原则

规范性原则是指预算编制的内容及流程要明确、具体，有确切的规则可以遵守。统一性原则是指对所有的政府收入和支出都应同等对待，按照统一的原则、程序、标准和方法来计量和编制。同时，应将预算的各部分恰当地联系起来。

6. 及时性原则

及时性原则是对预算编制的时间要求。各级政府、部门、单位都应按照规定的时间编制预算草案，预算必须在预算年度开始之前完成编制，并给予立法机关足够的审批时间。

7. 避免收入固化原则

收入固化是指事先通过制度规定将某项财政收入与某项财政支出捆绑在一起，使得该收入只能用于该项支出，而不能用于其他方面。实践中专款专用的各种政府性基金，就是收入固化的典型表现。收入固化因其根据制度规定配置财政收入和支出，因而与此有关的项目无须进入预算过程与其他项目进行资金竞争，这有利于保证这些项目的资金需求。但同时也带来了相应的问题。一是影响公共资金的使用效率。将资金事先以制度规定固定于某项支出上，只要不改变制度规定，无论收入与支出之间是否匹配，两者都将维持绑定，而无法根据情况变化对资金进行统筹规划。这背后反映了财政资金分配的路径依赖，导致资金低效，收支矛盾和风险加大。二是由于收入固化的支出项目无须进入预算竞争程序，因而对资金使用者而言具有较大的诱惑力，存在强烈的动机去争取此类项目，从而增加腐败的风险。为此，预算编制中应尽力避免收入固化。

8. 公开透明原则

公开透明原则是指政府预算编制的过程及其编制的文件应向社会公开。预算编制是将公共资金与公共需求匹配的过程。因资金有限而需求无限，所以各种预算需求之间存在竞争，预算编制过程充满矛盾和冲突，从而导致预算编制工作复杂、棘手。将预算编制过程及其结果及时向社会公开，意在广泛听取公众意见，获取公共需求的真实信息，合理地确定预算资金的使用范围和资金分配的优先顺序，尽量避免或减少预算编制过程的错误,使预算编制更加科学。

6.2　政府预算的范围

预算编制的全面性原则要求将政府所有收支都纳入预算,但在现实中,哪些收支应被纳入预算,即政府预算范围的确定仍然存在问题。由于各种原因,预算编制中容易将一些本该进预算的收支排除在外。这些收支主要包括两类:一类是预算外资金,另一类是政府直接支出之外的财政活动。

6.2.1　预算外资金

许多国家都设立预算外资金。这些资金一般以基金的形式存在,主要有社会保障基金、外资援助支出、道路基金、专用收入及使用费等。

国际货币基金组织在《财政透明度守则》中指出,预算外资金是政府在年度预算拨款程序之外设立的资金。这些资金的运作不遵守与年度预算资金同样的立法审批程序。但这并不意味着预算外基金不接受立法机构的管理与监管。(1)预算外资金应是在特定标准下为满足特定目的而设置;(2)政府安排的预算外资金应当令公众满意且明确;(3)尽管不需要年度审批,但预算外基金的财务运作也应包含在年度预算文件中,并定期向公众公开。

预算外资金形成的原因有多种,大致包括:保护重点支出不受预算缩减的影响;避免预算执行中的问题;为了强大团体的利益而故意绕开拨款管理的规则;在一些情况下,向公众隐瞒交易以规避立法机关检查,为贪污及滥用行为制造机会等。

预算外资金的存在对公共资源的有效配置及预算的全面性构成威胁。

第一,预算外资金的运作不受财经纪律的约束,部分原因是它们"拥有自有资金",且不与其他支出进行明确对比。其结果是,因为惯性或既得利益,那些经受不住一般预算程序检查的活动通常得以继续。而预算外资金的分类体系也与预算支出不同,这往往会阻碍对政府整体支出项目的合理分析,导致资源配置效率低下。

第二,预算外资金缺乏透明性,容易产生治理及效率方面的风险。预算外资金往往具有指定用途,这会使支出决策更多取决于政治家维护自身喜好项目的能力,而非效率标准。

第三,预算外资金有自我强化的倾向。某一部门预算外资金的存在,通常会被其他部门作为也有权建立自己的特别基金的理由。随着预算外基金的增多,预算制度逐渐碎片化,预算的功能和作用将受到限制。

基于以上原因,实践中应避免创建预算外资金。对于已建立的预算外资金,应根据实际情况及时调整,必要性不足的应尽快废除。原则上,当正常的预算安排不适合管理特定类型的交易时,最优的政策反应是改善预算程序,为这些特殊交易建立特别程序,而非将交易置于预算程序之外。

尽管如此,但存在预算外资金几乎是所有国家预算制度的共同特征。在工业化国家,非预算账户平均占政府总支出的近 1/3(主要是养老金,占非预算支出的 90%)。因此,要完全消除预算外资金也不是一件容易的事情。在这种情况下,对预算外资金加强管理尤为重要。预算管理机构应区分不同类型的预算外资金,有针对性地制定政策,进行管理。管理的原则是不能让预算外支出失控,不能因其存在而削弱财政的完整性,对预算外基金的审查及问责标准不得低于对预算资金的审查和问责标准。为确保预算外资金满足这些审查和问责标准,预算外收支信息也应包含在预算文件中,虽然它无须经立法审批。

6.2.2　政府直接支出之外的财政活动

除预算外资金,实践中还有一些不通过预算支出(直接的政府支出)而实现政府目标的资金活动方式。这些资金活动虽然不在政府预算范围之内,但往往对一国具有非常重要的财政和金融意义。这类支出主要包括政府债务、贷款担保、准财政活动、政府贷款、税式支出等。

1. 政府债务

收支平衡的预算原则自凯恩斯主义产生以来就不再为各国政府所严格遵守。当代各国政府都拥有大量债务。政府债务的种类多样,归纳起来可以分为以下四种:

(1)显性债务及承诺。这是具有法律强制性和可预测性的一种债务。这类债务通常包括预算支出项目、多年投资合同、公务员薪资、养老金债务。

(2)显性或有债务。这是由可能发生或不发生的特定事件导致的法定或合同规定义务。这类债务包括:国家对中央政府以外的组织或机构的合同贷款提供担保(各级地方政府及公私企业)及国家保险项目(银行储蓄、洪水、谷物损害等)。通常这些事件引发担保的概率较高。

(3)隐性债务。这是指那些未经合同或法律规定的,但属于公众预期的政府债务或预期负担。例如,政府被预期将维护公共基础设施,支持社会保障计划,即便法律未要求政府这么做。

(4)隐性或有债务。这是最不易预测的非法定债务类型,指由可能发生或不发生的特定事件所致的债务。例如,如果银行业存在倒闭风险或国家面临自然灾害时,国家一般会出面干预,承担风险。

无论是显性债务，还是隐性债务，都将对财政产生影响。因此，为防止财政风险，在预算编制时，应对政府债务的影响进行全面、充分的评估和分析。从各国的预算实践看，在预算编制中，对短期债务以及法律承诺的显性债务及其影响一般都会给予关注和考虑，但长期债务和隐性或有债务及其影响则经常被忽视。

良好的预算及政策制定要求能够全面考虑政府短期和长期面临的所有财政风险，全面评估政府债务的影响。对于显性债务，无论是实际存在的，还是或有的，都应在预算文件中予以披露。虽然隐性或有债务不能被准确地量化或预测，但应提前做好准备，确定决策机制以便在事件发生时做出迅速有效的应对。此外，政府的透明性、高效的管理及良好的判断，对确认及解决财政风险有很大帮助。

2. 贷款担保

贷款担保是一种最常见的显性或有债务。政府可以通过其广泛控制下的代表机构、企业或其他自治机构甚至特定领域的私企进行贷款担保，无论资金来源于国内或者国外。

政府担保作为促进政府目标实现的一种工具，在实践中被经常使用。当借款者不具备必要的贷款信用，或者贷款信用有限从而推高了借款成本，但其从事的活动或业务又为经济社会发展所必需且符合政策目标，这种情况下政府为其提供贷款担保就具有正当理由。然而政府不能盲目、随意为借款者提供担保。政府担保对财政赤字和财政可持续性有较大影响。如果对政府担保不加以严格控制和管理而导致滥用政府担保，则将对财政预算形成无法预计的负担和风险。20 世纪 80 年代的拉美及非洲国家就是明显的例证。国际金融机构对这些国家的非政府机构发放了大量贷款，而这些贷款的发放一般都是以政府担保为前提条件。当大部分贷款出现违约时，政府自然要对这些贷款承担偿还利息和本金的责任，从而对财政预算构成巨大的压力。

高效的预算要求对政府担保进行严格管理。这种管理体现在预算编制中。第一，在预算中列出政府有意贷款担保的名单。第二，应对每笔担保提议的影响进行考虑，计算这些担保的风险和补助，并在预算文件中明确记录和展示。第三，应设定科学合理的程序，通过预算程序审查每一笔担保提议的必要性，保障最大限度减少担保对财政状况的不利影响。第四，规定担保上限。如果没有担保上限，则自由担保将对政府自身的贷款信用产生不利影响，结果会导致中期利息成本上升。设置担保上限将导致对担保申请者更严格的审查，促进潜在借款者之间的竞争，以保证把担保提供给财务状况更好的企业。第五，应对担保接受者的财务绩效进行监控。担保监控及预算系统需要定期检查，及时发现问题，并采取相应的解决方案。第六，应有足够的检查及问责制以预防这一工具的滥用。第七，将担保数据作为预算信息及政府完整账户信息的一部分向社会公开。

3. 准财政活动

准财政活动是指中央银行或国有银行为实现政府政策目标而进行的金融交易，包括贴息、对经营困难的企业及金融机构的支持、政府债务偿还及政府汇率损失融资。虽然准财政活动不属于政府直接支出，但其对社会经济的影响堪比政府的直接支出。鉴于此，要加强对准财政活动的管理。首先，中央银行及其他银行机构的准财政运作，在任何情况下都应与政府直接支出项目一样接受审查，并将其列入预算文件中，受到预算程序和制度的规范和制约，包括在编制的预算文件中随附一份银行业的准财政活动报告。其次，要实现中央银行账户的公开透明。最后，应尽量减少准财政活动。通过预算的透明补贴而非准财政运作对实现预期目标更为理想。一国的货币机构应关注货币政策及运作，而不应该参与代替财政运作的活动。

4. 政府贷款

政府贷款作为商业贷款的补充，通常提供给那些有助于实现政府目标，但不能满足商业贷款融资条件的企业。从这个角度看，政府贷款是实现政策目标的另一种手段，对政府直接支出具有替代性。贷款在原则上需要偿还的事实使得政府贷款在实现公共政策方面比直接支出的成本更低。此外，政府以贷款方式实现政策目标可以避免预算限制。与政府的直接支出相比，政府贷款接受的检查通常更为宽松，且无须经立法机构授权。

为避免滥用失控，政府贷款应与政府直接支出一样纳入预算，遵循公开透明原则，接受严格的预算审查和管理。

(1)由于政府贷款必须与支出决策对比权衡，因而在编制政府预算时，要将借贷项目与支出项目一同审议。

(2)政府贷款应包含在预算之中，对其必要性、影响和风险等进行完整解释，并提交立法机构进行授权。

(3)将政府贷款的利息补贴作为支出进行预算。

5. 税式支出

税式支出是由于实行税收优惠政策而放弃的收入。税式支出也是实现公共政策目标的方式之一，旨在通过向符合标准的个人或企业提供收益，或鼓励特定活动以实现某些公共政策目标。税式支出也可以用来改善税收的不公平问题，或是抵消税制的不足。具体包括以下内容：

(1)豁免事项，即从税基中扣除一部分纳税人的收入。

(2)减免，即扣除计税基础上的一部分支出或全部支出。

(3)抵免，从应纳税额中扣除(与减免不同，减免为减少应纳税所得)。

(4)递延或延期纳税期限，无利息或罚金。

(5)减少某些纳税人或纳税行为的税率。

同样的政策目标,既可以通过直接支出实现,也可以通过税式支出等财政政策工具实现。因此,税式支出与政府直接支出一样,应纳入预算管理。对税式支出的管理,应重点关注以下方面:

首先,应尽量减少税式支出,税式支出只有在特殊必要的情况下才予以考虑,以保证税制在执行中的完整性。

其次,将税式支出纳入预算,可以将税式支出与直接支出分开进行预算处理。与政府贷款一样,在预算编制中,税式支出应与直接支出进行权衡考虑,税式支出的直接影响应全部编制进预算。

最后,对税式支出的评估应包括在预算决策的一般性程序中,税式支出报告应定期发布,其整个运作过程应公开透明。

6.3　政府预算的方法与模式

政府预算的编制方法可以分为增量单一预算编制方法和超越增量预算编制方法两大类。每一种预算编制方法都有与其相适应的预算模式。

6.3.1　增量预算编制方法和模式

所谓增量预算编制方法,也被称为基数预算编制方法(简称基数法),是指在编制年度预算时,以上年或基期的收支为基数,根据预算年度的经济、需求和政策等因素的变化而编制预算的方法。在这种预算编制模式下,对预算资金的需求是自下而上形成的,预算决策是按照基数加增长的模式做出的。

增量预算编制的核心是新增预算需求。无论是支出部门提出自己的预算请求,还是核心预算机构审核预算以及立法机构审批预算,关注的重点都是新增预算要求,而非预算基数。因此,决定资源如何配置的预算决策是以预算基数为基础,对预算增量部分进行决策。与基数法相匹配的预算模式是分项列支预算模式,也被称为传统预算模式。

现代公共预算建立的初衷是规范和控制政府的财政活动,其首要任务是建立一种便于控制的公共预算制度,防止决策者将公共资金用于私人目的。为此,需要一种预算方式,能够全面而且详细地列出各项资金的使用去向。在这种背景下,分项列支的预算模式应运而生。分项列支预算(line-item budget)是指以政府部门为组织,根据详细的预算科目体系进行预算编制的模式。在此模式下,政府部门资金被分解到各个具体的支出科目上，并被详细地分行罗列出来。每一行是一个表明资金具体用途的支出科目和相对应的申请资金数额。

分项列支预算是根据一个详细的预算科目体系分解政府各个部门的资金，详细罗列政府各项支出的。在此基础上，逐渐发展出一种极其流行的预算决策模式——以“基础加增长”为特征的渐进预算。

分项列支预算模式是一种投入式预算，关注的重点是预算投入，即预算资金是否按既定的方式和目的支出，而不考虑支出本身是否必要。因此，前一年的预算基础一般不会受到质疑和挑战。每个支出科目的预算数额一般是建立在部门或者机构预算基数以及预期变化之上的。其结果是每年的预算在前一年的基础上变动，因而这一预算模式也被称为渐进预算模式。

分项列支预算的目标是对预算投入进行严格的控制，其具体做法是将支出详细地科目化，严格监督支出机构的支出行为。它首先将财政信息按照功能进行分类，以确定和反映预算资金的用途，即为公众提供何种公共产品或服务。然后按政府部门进行分类，以确定和反映预算资金由谁使用，向谁问责。最后在政府部门内部，将支出按预算或会计科目进一步分解，即进行经济分类，将支出按人员经费支出、商品和劳务购买支出、对个人和组织的转移支付等类、款、项级科目进行分类，以确定和反映公共资金是如何花费的。分项列支预算通过分类科学簿记系统，提供了政府所有支出的详细信息，以确保所有的支出都符合法律和预算的规定。通过这种预算模式，公众及其代表可以详细掌握公共资金由谁使用，用来干了什么，以及怎样使用的信息，从而使预算成为控制预算投入和政府活动的有效工具。不仅如此，分项列支预算一般还不允许在预算执行中将某一预算科目的资金转移到另一预算科目中使用。为了有效地监督支出机构的支出行为，分项列支预算特别强调会计控制——即以系统的方式对收支进行记录、查账，同时也非常强调财务会计的完整和真实。

由于分项列支预算模式的上述特点，因此其对政府行为的控制效果显著。自19世纪产生以来，这种预算模式广泛为各国所采用，虽然预算模式几经改革，但这种预算模式至今仍然在发挥作用。

分项列支预算模式的优点：一是简化了预算编制工作，提高了预算编制效率；二是提供了有关公共服务投入的详细信息，因而非常有利于对支出实行预算控制；三是减少了预算冲突。由于这种预算方法对预算资源的配置不是调整存量的过程，而是进行增量配置，成功者是通过要求增加新的资源而受益，而不是从那些已经获得了预算的人手中夺取资源，因此政府内部的预算冲突很少发生。

分项列支预算模式也存在明显的缺陷。首先，它没有提供关于产出的信息，即它没有提供预算资金花费后政府机构完成了什么以及完成效率如何的信息。其次，建立在分项列支预算之上的增量预算模式不仅不能实现资源配置效率，而且会妨碍提高资源配置效率。这主要是因为增量预算模式下的预算决策不仅不质疑基数，而且还要在基数的基础上增加资金。它假定基数合理，而实际上，基数有可能存在不合理的成分，或者当时合理，但随着时间的推移，已变得不合理。不考虑基数的做法则易使得可能存在于基数中的错误一直延续下去，从而影响预算编制的确实性和可靠性。不仅如此，基数法还以承认和维护既得利益为前提，从而使得预算编制难以体现公平。最后，分项列支预算模式过分关注对投入的控制，忽略了在预算管理中赋予公共管理者一定的支出自由裁量权。他们只能机械地执行决策，而不能根据实际情况选择最恰当的支出方式，这在一定程度上抑制了公共管理者的积极性和创新力，降低了管理效率，影响了公共资金使用的绩效。

6.3.2　超越增量的预算编制方法及模式

鉴于增量预算编制方法的弊端，从 20 世纪中期开始，以美国为首的许多国家不断进行预算改革，探索一种科学的、理性的预算编制方法以取代政治判断和预算基数在资金分配中的影响，突破增量预算编制方法的局限性。这种探索从 20 世纪 40 年代一直持续到 80 年代，其中经历了绩效预算、计划项目预算、零基预算和新绩效预算等预算改革过程。每一次预算改革的核心都是预算编制方法的改革，与其相伴随的是一种新的预算模式的出现。尽管从实现目标的角度看，新绩效预算之前的预算改革都没有成功，但与此有关的改革努力对探索新的预算编制方法仍有积极意义。迄今为止尚无出其右的新绩效预算模式正是在以前各种改革尝试的基础上发展起来的。

1. 绩效预算模式

绩效预算最早出现在美国。1907 年纽约市政研究所在向地方的预算改革者推荐各种管理控制措施时强调了政府支出中资源使用效率的重要性。1913 年，总统的"经济和效率塔夫塔任务小组"提出了绩效预算思想，主张将公共支出与其结果联系起来。随后，许多美国城市政府、一些州政府以及个别联邦政府部门都在预算过程中使用各种形式的绩效预算工具，但直到 1950 年，"绩效预算"概念才被正式使用。

绩效预算的突出特点是以效率为目标编制预算，将支出与产出绩效联系起来。预算过程不再仅仅是一个提供资金的过程，而是具有提供资金和确立绩效目标的双重功能。在编制预算时，预算拨款的对象是具体的项目或活动，而不是与预算科目相联系的支出。决策者根据部门的职能确定部门项目或者活动，根据项目和活动确定部门的产出、各项产出目标以及衡量产出的各项绩效评估指标，测量各产出的单位成本，并计算汇总成本，形成部门预算。

绩效预算与分项列支预算的差别主要在于其预算重点是政府部门的产出而不是

预算投入，它更关注预算效率，即投入产出之比，而非预算控制。它强调设计各种机制和指标来测量政府机构的工作强度和成本效果。在预算史上，绩效预算的出现标志着政府预算首次从支出的控制取向转向管理效率取向，预算从控制职能转向管理职能。在绩效预算模式下，预算官员的任务不再像分项列支模式下仅仅关注支出的控制系统，而是转向了解和掌握各种管理职能，包括对行动进行分类、描述机构的项目及其绩效、重新设计支出账户、发展各种工作和成本测量手段、调整核心预算机构的角色以及与各个支出部门之间的关系。这是人类预算编制方法的进步，也是预算编制模式发展的必然的阶段性选择。尽管如此，绩效预算仍存在致命的缺陷。由于它只关注产出，关注效率目标，因而忽视了支出的效果目标。也就是说，绩效预算只关心预算资金使用的投入产出效率，而不关心预算资金使用的目的和效果。在编制预算时，不需要在政府范围内重新思考和确定政策目标和支出重点，只需要考虑如何以最少的资源生产出既定的产出，如何以最小的成本实现既定的政策目标即可。在绩效预算模式下，即使预算目标设定错误，只要投入产出效率高，绩效评估仍然可以获得良好的绩效结果。这种完全以效率为目标而不考虑政策效果的预算决策模式使得绩效预算不能独立地发展成为一个良好的预算决策模式，这也是绩效预算改革无论是在产生地美国还是在世界其他国家都没有取得成功的根本原因。

绩效预算之后出现的计划项目预算模式弥补了绩效预算的这一不足。

2. 计划项目预算模式

计划项目预算起源于20世纪60年代美国国防部的预算改革，后来被逐步推广到美国联邦政府的其他机构、州政府以及地方政府。在20世纪60年代和70年代，计划项目预算的影响逐渐超出美国，许多发达国家和发展中国家都开始引入计划项目预算。

鉴于绩效预算忽视预算目标和结果的弊端，计划项目预算改革的目标是通过计划建立政府预算的中长期目标，并将目标与预算结合起来。计划项目预算是预算史上首次在政府内部整合计划与预算的一次尝试。

计划项目预算强调中长期财政计划，要求在跨年度的计划框架内进行预算，将中长期计划与年度预算结合起来，为实现跨年度的政策目标构建项目，运用理性分析工具选择最佳项目，运用项目引导资金分配。在资金分配上，各项目之间具有竞争性。

计划项目预算模式的特征如下：

(1)目标和政策取向。计划项目预算关注的重点不是投入和产出，而是预算效果，即财政资金支出后是否实现了事先确定的政策目标。在此模式下，决定是否为某一产出提供某资金的前提是这项产出符合公众需求。对于不符合公众需求的产出，即使投入产出效率高，也不能获得资金。

因此，计划预算模式要求通过计划确定符合公众需求的预算目标，根据预算目标配置资金，编制预算。

(2)中长期目标计划。与强调年度预算的分项列支预算和绩效预算不同，计划项目预算不仅强调效果目标，而且强调跨年度计划目标，预算编制要在中长期计划框架内进行。该模式将中长期计划与年度预算结合起来，为实现跨年度的政策目标构建项目计划，提供资金支持。

(3)以项目构建为核心。项目构建是计划项目预算模式的核心。在计划项目预算模式下，目标确定之后，需要设计达成该目标的各种替代方案，即各种项目，之后运用成本-收益分析方法，遴选最佳方案并为之配置资金。所有贡献于同一目标的项目都整合在一起，形成了完整统一的资金需求，而资金竞争就发生在具有替代性的项目之间。

(4)跨组织资源配置。与分项列支预算和绩效预算按机构组织配置财政资金不同，计划项目预算的资源配置跨越了组织机构的界限。计划项目预算模式下，通常要确定一个广泛的目标并将其项目化，该项目又分成若干次级项目，次级项目又进一步分成若干行动，资金按照这些具体的目标、项目、次级项目和行动进行配置。很多项目的实现涉及多个组织或部门，因此，在计划项目预算模式下，资源配置常常跨越传统的组织或部门界限，从而造成许多政府机构都同时在为多个项目而工作，大多数项目都落实到一个以上的政府机构。

计划项目预算是一个最具理性的复杂预算模式。其优点在于通过项目和活动，将预算资金的配置与公共需求或政策目标结合起来，符合公共资金的运行目标。但它是以目标和项目，而不是组织机构引导资金配置，从而使这种预算模式实施的难度巨大。在该预算模式下，预算资金的分配跨组织机构，这固然可以整合资金，提高资源配置效率，但也带来了一些问题。一是项目不能成为问责的对象。部门预算之所以重要，原因在于部门是执行预算的主体，承担着使用公共资金的责任。一旦公共资金运行出现了问题，可以确定责任者并追责，这是保障公共资金安全、有效运行不可缺少的要素。计划项目预算模式以项目取代部门在预算中的地位，其结果是公共资金的运行过程和绩效的行政责任及问责都无从落实。二是计划项目预算模式难以产生有效的决策信息。由于在计划项目预算中资金是跨越组织界限而分配到特定项目的，这些项目又分散在不同的组织机构中，因此预算执行的信息很难追踪，会计控制也难以实现。计划项目预算模式缺乏将项目成本转换为组织机构拨款的机制。即使有，也过于复杂，难以理解，不易操作。因此，该模式下产生的信息对决策者而言没有意义。

上述问题的存在使计划项目预算的实施非常困难。许多国家都尝试过计划项目预算模式但最终没有取得成功。尽管如此，计划项目预算的理念对以后的预算改革仍然具有积极意义,如跨年度计划以及以项目联结支出和政策目标的做法都在后来的预算实践中发挥了作用。

3. 零基预算模式

零基预算模式产生于 20 世纪 70 年代,是基于对增量预算(或渐进预算)弊端认识的基础上发展而来的一种理性预算模式,其目的是取代分项列支预算模式下的基数加增长的预算编制方法。零基预算模式下,预算编制不考虑历史数据,预算基数不再成为决策依据,预算决策从零开始,对政府支出的目的、手段和资源重新评估。所有政府支出都处于比较和竞争中,每个部门每年都必须为它的全部预算申请进行辩护。

零基预算是一种管理取向的预算模式。与渐进预算模式下决策者不能对已有资源配置状况进行调整的情况不同,零基预算模式下的决策者可以在预算决策中对全部资源进行再配置。其目的是在政府内部提高预算管理机构对各政府部门预算申请的管理控制,进而改进资源的配置效率。

零基预算的编制步骤如下:

(1)寻找和确定基本决策单位。决策单位即决策的组织,是预算的基础。它可以是政府部门,也可以是政府部门下属的单位,还可以是具有单独预算的计划中心、投资中心或成本中心等。与计划项目预算对决策单位的忽视不同,零基预算的一大优点是它能够适应任何一种组织结构。

(2)为各决策单位建立项目"决策包"。一旦决策单位及其目标确定以后,决策单位的管理者就要准备项目决策包,即一系列的决策方案。决策包必须与活动联系起来,用以描述项目活动的目标与成本。管理者需要分析达成这些目标的不同方式和实现目标的不同水平的活动。一项决策方案就是一项简单的预算。决策方案包括短期目标和重大目标、资源需求、资金水平和预算增量、绩效测量。决策单位的管理者可以在四种不同资助水平的基础上准备决策包:最低水准,即在该资助水平之下,项目或活动可以终止;维持水准,即在没有大的政策变动的情况下,继续在现有资助水平下供给现有的服务;中间水准,即介于最低水准和维持水准之间的资助水平;扩充水准,即要求增加资金来扩大产出和服务。

(3)对决策包进行审查和排序。每个决策单位的管理者都要根据重要性对决策包进行审查和排序。决策包经过项目管理者、部门管理者、核心预算机构和政府首脑的逐级排序,最后形成一个政府的总体排序,并以此作为配置资金的依据。

零基预算是针对渐进预算模式的弊端而产生的预算模式。在克服渐进预算模式弊端方面,零基预算理念确有魅力。但因其存在以下问题而使其实施困难重重。

第一,工作量太大。零基预算从零开始编制,所有支出都不参考历史信息,都需要重新评估、论证,其产生的巨额工作量令人望而生畏。

第二，与现实冲突。现实中，很多项目受到政治和法律约束，需要持续不断地为其提供资金，不能中止或削减，如赋权型项目。

第三，难以确定目标。由于零基预算是自下而上形成的，而低层管理者通常主要考虑它们单位的狭小利益，忽视了整体利益。据此进行的决策包排序以及预算安排就很难做到科学、合理。

正因如此，零基预算的实行很难达到预期的效果。迄今为止，零基预算改革仍未有成功的例子。

4. 新绩效预算模式

20 世纪 70 年代末至 80 年代初，西方国家开始了新一轮预算改革。人们在总结以往各种预算模式优点与弊端的基础上，探索出一种将控制、管理和计划三种功能融合进一种预算模式中的新预算模式，它继承了以前预算模式的优点，如分项列支预算模式的控制功能、绩效预算模式的管理功能、计划项目预算模式的目标规划功能等有价值的成分，并将三者有机融合进一种预算模式中。这种新预算模式被称为新绩效预算模式。新绩效预算是迄今为止较为全面和彻底的一次预算改革成果。

首先，虽然它从表面上看与 20 世纪 50 年代兴起的绩效预算类似，都强调资金支出后的绩效，但旧绩效预算强调的是支出的效率，关注的是投入与产出的比率。新绩效预算则强调支出的效果，关注的是预算支出是否实现了事先确定的目标。

其次，以往的预算改革都主张通过引入“理性的”预算分析将政治因素从预算过程中剔除，而新绩效预算改革则要发挥政治家在确定财政收支总额、战略目标以及支出重点方面的主导作用。

最后，以往的预算改革主要关心预算编制环节的改革，没有同时在预算执行领域进行改革，也未关注总额控制问题。而新绩效预算则全面重塑预算过程。在预算编制中，新绩效预算重视目标与总额控制；在预算执行中，新绩效预算放弃了传统预算模式下对支出部门严格的外部控制，给予了支出部门管理者充分的资金使用权。

新绩效预算具有以下主要特征：

第一，目标和总额上的集中控制。新绩效预算模式吸取计划预算模式的目标引导预算的成分，实现目标导向预算。确定目标是新绩效预算的核心。从战略目标入手，将目标层层细化分解并量化，将多年度战略目标与年度目标结合起来，在年度目标确定的基础上，将项目细化到每项活动。预算资金的配置根据活动与整体目标紧密结合。同时，新绩效预算模式在资金总额上对预算进行控制，政府各部门都要在规定的预算总额范围内进行预算。从这个角度说，新绩效预算采取了一种自上而下的模式，将目标确定和总额控制权力掌握在高层政策制定者手中。

第二，手段分权。新绩效预算模式下，政府部门的管理者与分项列支预算模式下的管理者受到严格控制的情况不同,他们被赋予了充分的管理自主权。在目标和总额控制的范围内,管理者可以像商业部门的经理一样灵活地、创造性地根据环境的变化使用资金。他们可以将某一支出项目的资金移到其他支出项目,还可以将预算结余全部或者部分地转到下一年度去使用,甚至可以将预算结余的一定比例用于奖励组织成员。

第三,对结果负责。新绩效预算模式下,管理者具有管理和支出上的自主权和灵活性,这对于克服严格的外部控制带来的弊端,发挥管理者的积极性具有重要意义。同时,为保证公共资金的运行符合公共利益,实现事先设定的目标,预算管理者必须对结果负责,即预算执行结束后,需要按照事先设定的绩效指标对政府各部门进行评估与考核。预算管理机构与各支出部门签订绩效合同,列出该部门的目标及绩效考核指标,通过绩效合同控制各政府部门的预算执行,使其对结果负责。

新绩效预算模式自其产生至今已将近40年,是迄今为止最具生命力的预算模式。虽然其在实践中仍存在不少困难,如目标确立的困难、绩效评估指标设置的困难以及将绩效评估结果与预算联系起来的困难等,但至今仍然没有出现改革它的必要,更没有出现任何可以替代它的新预算模式。这表明新绩效预算模式顺应了预算改革的趋势,符合人们对预算模式的诉求。

6.4　政府收支测算方法

预算编制工作复杂、精细。为了增强预算的可靠性与科学合理性,首先要做好对本年度预算执行情况的预计和分析工作,拟定下年度预算收支指标。具体工作包括核实各项基本数字,分析上年预算执行情况,找出其内在规律性,预测发展趋势,研究影响预算期收支的因素。

在编制国家预算之前,各级财政部门要事先对计划年度预算的各项收支进行测算,以最终确定各项收支的具体数额。通常测算各项预算收支分两步:一是匡算,这是采用"算大账"的办法确定下一年度各项预算收支的数额。为了及时确定计划年度的预算收支规模,各级财政部门在预计和分析报告年度预算执行情况的基础上,应经过充分的调查研究,参考历年的预算收支规律,结合对计划年度经济发展趋势的预计以及财力的需求与可能,匡算出计划年度的收支规模,并初步制订出计划年度的预算收支平衡计划。二是具体测算,这是在匡算的基础上,根据有关经济指标和预算定额,分别对各部门、各单位的各项预算收支指标逐项进行具体测算,以求得到更为准确的预算指标数额。

预算收支的具体计算可采取基数法、系数法、定额法、比例法、综合法、因素推演法、标准收支法等方法。

1. 基数法

(1)基数增长法。即在编制下一年度支出预算时，首先确定上年支出的基数，在上年支出基数的基础上同时考虑下一年度中各项支出的增长因素，由此来核定下一年度各项支出的数额。由于受人为因素影响较多，预算往往不能考虑预算单位的人员状况、经费标准、事业发展水平的变化情况，所以预算安排与实际的动态管理不能同步。基数法承认既成事实，不考虑影响支出的因素是否发生变化、发生的变化是否合理。按基数法编制预算，预算单位基数大的，经费开支就相应宽松；基数小的，经费开支就相应紧张。基数加增长的方法是以以前年度的预决算数据为基础来编制当年的预算，该方法重视过去预算的连续性，测算公式为：

$$\begin{matrix}\text{计划年度某项收入}\\\text{(或支出)数额}\end{matrix}=\text{上年预算收入(或支出)数额}\times(1+\text{增长率})\qquad(6.1)$$

(2)基数分析法。即在报告年度预算收支的执行数或预计执行数(以上年收支数额为基础)的基础上，考虑财经形势和政策变化对计划年度预算收支增减变动的影响因素及其影响程度，从而测算出计划年度预算收支数额。基本公式为：

$$\begin{matrix}\text{计划年度某项预算收入}\\\text{(或支出)数额}\end{matrix}=\begin{matrix}\text{该项预算收入(或支出)}\\\text{的上年基数}\end{matrix}\pm\begin{matrix}\text{各种增减因素对收入}\\\text{(或支出)的影响}\end{matrix}\qquad(6.2)$$

基数法是测算预算收支指标时最常用的方法。基数法计算简便、容易操作，对计划年度预算收支的预测考虑了事业发展和经济建设的延续性，适合预算规模不大、信息不足的情况。但测算方法离不开基数，承认既成事实，会通过错误的累积效应将历年的不合理因素放大，形成能升不能降的增量预算，造成单位苦乐不均、预算规模失控。

此外，基数测算方法虽然简单，但收入增长率和增减因素的确定带有一定的主观性，在一定程度上会影响计算的正确性。

2. 系数法

系数法是指利用两项不同性质而又有内在联系的数值之间的比例关系(即系数)，根据其中一项已知数值求得另一项数值的方法。一般都是根据计划年度的有关经济指标来测算计划年度的预算收支指标。因为预算收支与国民经济和社会发展事业的有关经济、事业指标之间必然存在着某种内在联系，这种内在联系反映出来的比例关系就是系数。

预算收支测算中利用的系数有两种：一是以两项指标的绝对额计算系数；二是以两项指标的增长速度计算系数。

(1)绝对数系数。其计算公式如下：

绝对数系数＝基期某项预算收支统计数/基期有关经济指标统计数 (6.3)

某项预算收入计划数＝有关经济指标统计数×系数 (6.4)

［例］ 某部门报告年度上缴利润 100 万元，其工业总产值为 1 000 万元，计划年度工业总产值为 1 200 万元。试测算该部门计划年度上缴利润数。

解：绝对数系数＝100/1 000＝0.1

计划年度上缴利润＝1 200×0.1＝120(万元)

(2)增长速度系数。计算公式为：

增长速度系数＝基期某项预算收支增长速度/基期有关经济指标增长速度(6.5)

计划年度某项预算收支增长速度＝有关经济指标计划增长速度×系数 (6.6)

某项预算收支计划数＝基期某项预算收支完成数×(1＋计划年度某项预算收支增长速度) (6.7)

［例］ 某部门报告年度工业总产值增长率为 8%，上缴利润增长率为 4%，计划年度工业总产值增长率为 10%，报告年度上缴利润 80 万元。试测算该部门计划年度上缴利润数。

解：增长速度系数＝4%/8%＝0.5

计划年度上缴利润增长速度＝10%×0.5＝5%

计划年度上缴利润＝80×(1＋5%)＝84(万元)

3. 定额法

定额法是指利用各项预算定额和有关经济指标来测算计划年度预算收支的一种方法。预算定额是根据历年统计资料和长期实践确定的，作为测算某些预算收支项目时的经济指标额度。有的预算定额是国家统一制定的，有的则是在实践中形成的。其计算公式为：

计划年度某项预算收支计划数＝计划年度有关经济指标计划数×预算定额 (6.8)

我国对文教卫生事业单位经费的测算较多采用定额法，并适当增减补助专项。

［例］ 计划年度某地区平均拥有病床 10 000 张，每张病床年补助定额为 300 元。试测算该地区有关的卫生事业费支出额。

解：该地区有关的卫生事业费支出额＝300×10 000＝3 000 000(元)。

4. 比例法

比例法是指利用局部占全部的比例关系，根据其中一项已知数值，计算局部或全部数额的一种方法。其计算公式为：

某项预算收支占总收支的比例＝基期某项预算收支统计数/基期预算总收支统计数 (6.9)

(1)根据预算单项收支测算预算收支总额。其计算公式为：

计划年度某项预算收支总额＝计算年度某项收支数额/某项预算收支占总收支的比例　(6.10)

[例]　某省报告年度预算收入 100 亿元，其中税收收入为 90 亿元，计划年度税收收入 128 亿元。试测算计划年度预算总收入数。

解：报告年度税收收入占预算总收入的比例＝(90÷100)×100％＝90％

计划年度预算总收入数＝128÷90％＝142.2(亿元)

(2)根据预算收支总额测算预算单项收支数额。其计算公式为：

计划年度某项预算收支数＝计划年度预算收支总额×某项预算收支占预算总收支的比例　(6.11)

[例]　某省报告年度预算支出 90 亿元，其中教育事业费等支出 18 亿元。计划年度预算支出 115 亿元。试测算计划年度教育事业费支出。

解：报告年度教育事业费支出占预算总支出的比例＝(18÷90)×100％＝20％

计划年度教育事业费支出＝115×20％＝23(亿元)

5. 综合法

综合法是综合运用系数法和基数法测算预算收支的一种方法。这种方法是在报告年度预算执行的基础上，既使用系数法计算经济、事业增长因素对预算收支的影响，又考虑影响预算收支的其他各种因素来进行综合分析测算，计算结果更为准确。其计算公式为：

计划年度预算收支数＝上年预算收支基数×(1＋计划年度某项预算收支增长速度)±各项增减因素对收支的影响　(6.12)

[例]　某地区计划年度工业总产值的增长速度为 10％，据历史资料计算，工业总产值每增长 1％，预算收入可相应增长 0.7％。报告年度预算收入为 5 000 亿元，计划年度因调整税率将会减少预算收入 8 亿元，调整工资将会减少预算收入 12 亿元，调整部分商品价格可增加预算收入 30 亿元。试测算计划年度预算收入指标。

解：计划年度预算收入数＝5 000×(1＋10×0.7％)－8－12＋30＝5 360(亿元)

6. 标准收支法

(1)标准财政收入。标准财政收入是指在全国平均收入努力程度下，按照各项地方税收所对应的经济税基估算出的收入能力。它反映的是各地方政府应有而非实有的收入规模。

标准财政收入的计算公式为：

标准财政收入＝地方税基×标准税率　(6.13)

(2)标准财政支出。标准财政支出是指在全国同等的支出效率前提下地方政府达到均衡范围内公共支出项目均等化所需的支出，它要求考虑地方政府提供公共服务所存在的客观成本差异。标准财政支出一般等于地方政府所承担的教育、社会治安、交通等各项公共服务的标准财政支出之和。

单项标准财政支出的计算公式为：

某项公共服务的标准财政支出＝该项目公共服务的单位成本×调整系数×该公共服务的单位数量　(6.14)

或者：

某项公共服务的标准财政支出＝(单位成本＋地区费用调整)×单位数量　(6.15)

上述公式中，调整系数或地区费用调整，是指对各地区的地理环境(如人口密度、边境、高寒等)因素造成的公共服务人口成本和其他成本的差异进行的调整，旨在合理计算支出标准。单位数量是指某公共服务中基本单位的个数，如义务教育中的学生人数或教师人数、公共医院的病床数、公路维修项目的公路面积等。

思考题

1. 政府预算编制需要遵循哪些原则？
2. 政府预算外资金有哪些表现形式？
3. 政府预算编制的模式有哪些？
4. 政府预算收支的计算方法有哪些？

第 7 章　中期支出框架

中期支出框架是一种突破传统年度预算的预算编制和财政管理方法。它自 20 世纪 60 年代开始萌芽，并逐渐在世界范围内推广。它在加强财经纪律、优化资源配置效率以及提高资源使用效率和效果方面都明显优于传统的年度预算。

7.1　政府预算编制的要求

从公共预算的理论和发展实践看，编制良好的预算一般需要考虑两个因素：一是中期财政预测；二是财政支出总额控制。

7.1.1　中期预测

虽然年度性是现代政府预算的特征之一，但多年度规划是获得良好预算结果不可或缺的手段。人类的预算实践表明，财政预测需要在准确性和目标实现周期之间进行权衡。对于财政预测而言，由于未来具有不确定性，而不确定性与时间的长短成正比，因此预测的时间越短，预测的准确性越高。但政府的政策目标一般都需要多年才能实现。就准确性而言，每个月编制预算，受不确定性因素的影响最小，但与政策目标的关联度很低。而如果预算时间过长，比如说十年或十年以上的预算，虽然有利于目标规划，但不确定性很高，从而使目标确定失去意义。因此，良好的预算将时间确定为不超过 4 个预算年度的时段，一般为 3—4 年期预算。这是一种不同于年度（短期）预算的中期财政展望，有利于消除年度预算在政策目标和资金配置上存在的时间错配问题，同时还可以抑制政治家和政府官员在年度增量预算中追求不符合公众利益的短期目标冲动。

财政与经济密切相关。财政的中期展望是建立在宏观经济中期展望的基础之上的，宏观经济预测是财政计划，或者政府预算的前提。宏观经济框架是用来对宏观经济进行预测并做出假设的工具。它一般包括四个模块：收支平衡、实体经济、财政账目、货币部门。通过构建模型，能够刻画四个模块各种因素之间的关系，预测经济增长、财政赤字、收支平衡、汇率、通货膨胀、信贷增长等重要经济指标及其相互之间的影响。

财政框架是宏观经济框架的重要组成部分。财政收支信息需要通过宏观经济框架获取，而宏观经济目标，包括经济增长、就业、减贫和低通货膨胀的实现，也需要借助财政政策、汇率和贸易政策、外债政策等手段实现。

为保证宏观经济数据预测的可靠性，宏观经济框架的编制是一个反复调整的过程，在这个过程中，所有相关政府部门之间应进行充分磋商，直到各种宏观政策目标之间协调一致。不仅如此，预测信息还需要公开，使得立法者和公众了解政府的政策及其依据，这不仅有利于达成社会共识，而且也保障了公众的知情权。

宏观经济框架虽然对于政府预算编制而言是必要的，但因宏观经济假设和政策目标关注的是大类经济支出信息，如政府工资、产品和服务购买、利息、转移支付和资本支出等的总额信息，所以提供的支出信息非常笼统，不能满足政府预算编制所需要的更详细的信息需求，资源在各部门之间的配置以及转移支付、权利性支出的信息都无法通过宏观经济框架获得。政府预算编制的详细信息需要财政支出框架来提供。

7.1.2 总额控制

总额控制是指在预算编制前确定财政支出总额，并以此严格约束政府的预算编制，从而确保日常的财政能够平稳、健康运行，并使财政具有长期可持续性。总额控制是公共预算的重要原则，意味着预算参与者不能随意地增加收入和追加支出的限额。

长期以来，预算平衡一直是各国政府遵守的重要预算原则。直到 20 世纪 30 年代，随着凯恩斯主义的盛行和福利国家建设的需要，各国政府纷纷放弃了预算平衡原则，转而采用赤字财政原则，实行扩张性的财政政策，从而导致政府支出规模不断扩大，债务迅速膨胀，财政可持续性受到威胁。20 世纪 80 年代，面对赤字财政造成的严重问题，支出控制的重要性凸显，许多国家都开始建立财政总额控制制度。

财政总额控制的必要性源于资源的稀缺性，即资源需求总会超过资源供给。一般而言，资源申请者和使用者总是希望在预算中实现自己的利益追求，更多的资金为更多的利益追求提供了条件，利益最大化最终演变成预算最大化。因此，如果不对总额进行控制，那么支出膨胀将不可避免，公共支出会失去控制。

财政总额有不同的表达方式，如公共支出、公共收入、公共债务、财政赤字等。总额控制应采用哪种方式？实践中，各国一般采用公共支出、公共债务或财政赤字占 GDP 比重控制法。如欧盟在《马斯特里赫特条约》中规定，成员国的公共部门债务占 GDP 的比重不能超过 60%，公共部门的预算赤字占 GDP 的比重不能超过 3%。

确定了财政总额控制的方式或目标，并不意味着这些目标可以自动实现。实践中，决策者或执行者突破总额控制的案例比比皆是。如何才能进行有效的总额控制？

从实践经验看，有效的总额控制，一方面需要确定合理的总额控制目标的时间框架，另一方面需要重构预算制度和预算程序，确保财政规则能够有效地约束整个预算过程中的行为。

首先，确定合理的总额控制目标的时间框架。与年度预算相比，跨年度预算更有利于实行总额控制。这是因为在年度基础上实施总额控制很容易带来两个问题：一是年度基础的总额控制难以使预算成为实施政策的有效工具，因为政府的经济政策和发展计划是在多年的基础上实施的，并且具有连续性。与年度基础相比，一个中期的支出控制框架则能够在时间上更好地契合政策和计划的实施。二是一年一定的总额目标容易诱使支出机构采取各种策略性行为以规避总额约束，如推迟支出、提前征收收入、获取一次性收入、削减支出，甚至修改预算年度的时间长短等，从而使总额控制失效。而跨年度基础上的总额控制能在一定程度上抑制和减少政府绕过控制的策略性行为。目前，工业化国家以及一些发展中国家都将中期支出框架与总额控制目标联系起来，采用多种方法预测政策变化对预算的影响。

其次，将总额确定与具体预算编制过程相分离。作为控制目标，总额确定应先于具体的预算编制过程，而不是与具体预算编制活动同时融合在一起进行。也就是说，需要将预算编制过程分离成两个阶段进行。第一个阶段是确定和形成总额目标。总额目标包括两种：一种是政府的总额目标，另一种是各部门的总额目标。政府的总额目标通常基于宏观经济走势、经济政策、预测的收入水平和预计的财政赤字来确定，并在一个具有约束力的中期支出框架中进行反映。各部门的总额目标是在政府总额目标框架内设置的，各部门在编制预算时不能突破部门支出限额。第二个阶段是编制具体预算，将总额目标细化到各项具体支出上。将二者分离的原因在于避免预算编制过程中各方资源申请和需求的压力对预算控制的冲击。如果将二者合并在一起考虑，来自资金需求方的压力会对最终的预算总额形成直接的影响。这样即使确定了财政总额约束目标，也很容易被突破，使得最终编制的预算达到较高水平。而将这两个过程分离，独立的总额形成过程将在一个主要关注财政约束规则和财政状况的框架中制定，而不是在资金申请和需求的影响下形成。由于这样形成的总额目标并不具体考虑各个活动需要多少资金，因而较少受到来自资金需求方的压力。一旦总额确定之后，详细的预算与资金分配就只能在这个事前确定的总额和各大类资金支出限额内进行，从而达到总额控制的目的。

目前，工业化国家以及其他一些推行新绩效预算的国家，大多在预算过程之前确定总额控制目标。许多国家采用的中期支出框架就是一个将这两个过程分开的预算过程。这些国家的经验表明，对财政收入和支出实施有效总额控制的两个重要做法：一是该总额的制定必须在某种程度上独立于每年的预算要求之外，必须在预算编制之前就已制定;二是总额目标具有硬约束力。各具体支出汇总后的支出额一定要与总额目标保持一致,不能因为对财政资金的需求超过事前确定的财政总额而对总额目标进行调整。否则,支出总额就会被人为地增加来适应预算需求。

最后,建立核心预算机构,负责确定和执行总额控制目标。如果要建立总额控制的硬约束机制,政府内部就必须改变预算决策和管理的碎片化状态,建立集中统一的核心预算决策和管理机构,并由这一机构负责总额的确定,在获得立法机构审批后,予以贯彻执行。

20 世纪 80 年代以来,工业化国家,如美国、英国、丹麦、荷兰等普遍采取了一种自上而下的预算程序和以结果为导向的绩效预算模式,由一个强有力的核心预算机构来约束支出增长。在各部门提出支出申请之前,政治高层就已经确定了量化的总额控制目标,并通过与各部门签订绩效合同的方式让各个部门认同和遵守。结果表明,这种做法有利于强化财经纪律,提高公共财政的可持续性。

为防止立法机构的预算修正权对总额控制的不利影响,一些国家的政府及时向议会提交政策变化在将来对预算可能产生影响的报告,并让议会对财政总额或者中期支出框架进行表决。

7.2　中期支出框架的概念、演进、框架操作及其国际实践

7.2.1　中期支出框架的含义

与年度预算相比,中期支出框架比年度预算能更好地满足上述中期预测和总额控制要求。自 20 世纪 80 年代以来,中期财政支出框架作为一种财政管理工具,已为许多国家所采用。

中期支出框架(Medium-Term Expenditure Frameworks,简称 MTEFs)是一种新的预算编制和公共财政管理的方法,它实质上是多年度的预算规划。它以国内宏观经济形势和人口发展趋势为基础,通过对多年度的财政收支、赤字和债务进行估计和预测,通过多年度财政规划,以期实现政府资源总量的跨年度合理分配与平衡,提高年度预算编制质量。它通过加强政策制定、强化规划与预算之间的联系,使支出结构体现政府政策的优先次序。它将政策目标与预算支出紧密联系起来,通过总额控制施加硬性支出约束,实现财经纪律;它通过项目预算将项目、政策目标和预算资源结合在一起,更加关注资源使用的结果和效率,在战略性支出优先顺序的指导下,实现资源的配置效率。中期支出框架的特点是将一个自上而下的资源与支出计划过程与一个自下

而上的项目预算过程结合起来。

年度预算自20世纪20年代产生以来,在规范政府财政行为、加强财经纪律等方面发挥了重要作用。但到了20世纪60年代,年度预算的短视性日益明显,与政策目标实行的多年度性之间的矛盾日益突出。由此,了解和掌握财政收支长期变动趋势的重要性不断增加,一些欧美发达国家开始突破年度预算的限制,在年度预算之外编制中期预算,或者直接将年度预算改造成中期预算。英国是最早尝试编制中期预算的国家,在20世纪60年代就进行了中期财政收支预测。澳大利亚紧随其后,在20世纪80年代开始推行中期预算。到20世纪90年代,欧盟国家开始引入中期预算。发展中国家的中期预算编制较晚,最初发生在非洲的一些接受国际捐助的国家,捐助者意图通过中期支出框架改善这些国家的公共财政管理,确保外界捐助和国内资源最终用于减贫发展规划。世界银行在2013年发布的《超越年度预算——中期支出框架的全球经验》报告中指出,已有132个世界银行成员国(占全部成员国的73%)实行了中期支出框架。

中期支出框架与年度预算的区别主要体现在以下三个方面:

(1)时间框架不同。年度预算只考虑短期(一年)的宏观经济形势和财政收支规模,而中期支出框架则在一个较长的时间里(3年左右)对宏观经济形势和财政收支规模进行预测和考量。由于年度预算不具备连续性,因而难以体现政府财政支出的优先顺序。而中期支出框架则将政府的年度预算编制纳入中期框架和政策优先性考量框架内,从而使得预算编制具有连续性,支出总额控制的财经纪律更容易得到贯彻执行。

(2)与目标及政策联系的紧密度不同。中期支出框架的资源配置是基于事先确定的目标和政策而进行的,从而能够根据目标和政策的优先顺序确定支出的优先顺序,与目标和政策联系紧密。而年度预算是一种增量预算,是对现有预算做增量改变,资源配置不能很好地根据目标和政策的变化而决定调整。

(3)控制重点不同。年度预算重视投入控制,而中期支出框架则更为关注资源配置的效率和结果,以结果为导向,给予资源使用者更多的自由裁量权。

通过实施中期支出框架,可以实现以下三个目标:第一,实现总量平衡的财经纪律;第二,优化资源配置;第三,提高资源使用的效率和效果。但不是所有采用中期框架的国家都能自动实现上述三个目标。实际上,进行总额控制、实现财政平衡、强化财经纪律是大多数国家采用中期支出框架的初始目标,而且这个目标在发达国家已基本实现。随着预算改革的深入和中期支出框架实践的不断推进,第二个、第三个目标才逐渐显现,一些发达国家在中期支出框架中开始引入这些目标。虽然发展中国家采用中期支出框架仍存在一些困难,但中期支出框架所具备的职能已使其成为预算改革的方向。

7.2.2 中期支出框架的要素

根据世界银行的报告，中期支出框架应当具备以下七个要素：(1)准确的宏观经济预测，这是中期支出框架实施的基础。(2)可行的财政政策。中期支出框架是建立在宏观经济政策和财政政策的协调配合基础之上的。要对未来的财政支出进行规划，首先必须对未来可利用的财政资源有一个合理的估算。(3)支出优先顺序的再次调整以及再分配。年度预算是在基数预算的基础上进行增量变化，因而无法对支出的优先顺序进行灵活调节，这也是实行中期支出框架的原因之一，即通过此机制将预算编制与财政政策调整更好地联系起来，灵活适时地调整支出的优先顺序。(4)严格的财经纪律。预算配置必须受到预算资金总量的硬约束，各部门在编制预算、决定资金拨款用途时，必须确定支出的优先顺序，在总量控制目标的框架内编制预算。(5)统一的财政制度，这是中期支出框架实施的制度基础。(6)合理的参数。参数设定是中期支出框架的关键步骤。参数包括支出总量限额、政府组织结构间的关系、支出计划的内容、对未来财政支出进行估价时使用的价格标准、年度预算与中期支出框架之间的衔接机制、中期支出框架应对不同经济形势的灵活度。(7)充分的透明度。财政透明和政策透明有利于提高中期支出框架参与者的责任意识。财政透明意味着向公众公开政府的内部结构和职能、财政政策的意图、公共部门账户以及财政计划。政策透明则意味着公开政府在各政策领域里的意图、意欲达到的政策效果以及达到该效果所需要的成本。此外，透明还意味着公开政府活动的绩效等信息。

7.2.3 中期支出框架的形成和演进

中期支出框架的形成通常包括以下三个阶段：

一是自上而下地确定中期资源总量和各政府部门的支出限额。负责预算编制的部门采用宏观财政框架和预测模型评估该国可用的资源总量，以形成该国中期支出的总量控制金额。资源评估的内容包括税收收入、非税收入、举债能力、贷款的可得性以及支持预算项目所承诺的援助等。在此基础上，预算编制部门根据历史数据、政策目标及其优先顺序和来自上级的指导在各政府部门之间配置资源，形成公共资源的初次分配。

二是自下而上确定各支出机构所需要的中期资源。各支出机构根据本部门的职责、任务制订本部门的中期支出计划，并作为多年度预算申请，提交预算管理部门。部门的预算申请额完全根据部门提供公共产品的成本估算做出，与预算管理部门在资源初始分配中给该部门确定的资源限额无关。

三是就支出配置达成一致。预算管理部门根据战略目标和资源总量，审核部门的预算申请。在与各支出机构沟通、协调的基础上,预算管理部门形成各支出机构的中期支出计划决议,并编制政府年度预算,各支出机构据此执行预算,完成部门战略目标。

中期支出框架从其发展流程看,会依次经历财政框架、预算框架和绩效框架三个发展阶段而臻于完善。

1. 中期财政框架

中期财政框架是用来实现总量控制目标的。它通过收入预测确定可用资源,并据此自上而下地设置政府支出的总量限额和各支出机构的支出限额,以达到总量控制的目的。

财政框架通常包括以下内容:(1)基于宏观经济预测模型而进行的宏观经济预测,经济增长、财政赤字、收支平衡、汇率、通货膨胀、信贷增长等重要经济指标及其相互之间的影响;(2)基于税收收入和非税收入模型的财政收入预测,包括已经承诺的各种援助;(3)基于财政政策约束,运用债务可持续性模型确立的债务和赤字目标;(4)债务可持续性分析;(5)预算管理核心机构(或财政部)发布宏观财政目标背景声明,预报预算决策制定过程,并形成部分预算文件。

中期财政框架对于编制良好预算而言必不可少,无论一个国家处于何种发展阶段,使用哪种预算编制模式,都需要借助中期财政框架提高预算编制质量。

2. 中期预算框架

中期支出框架的第二个发展阶段是中期预算框架。中期预算框架是在中期财政框架的基础上发展而来的,因此,它除了包括上述中期财政框架的内容外,还包括各支出机构自下而上确定的资源需求和优化内部资金配置的过程。中期预算框架以投入为导向,包括以下内容:

(1)预算战略文件。该文件由预算核心机构发布,用于解释中期财政框架,是一份中期国家发展战略和预算优先战略的广义指南。(2)预算通令。预算通令由核心预算机构下发到各支出机构,内容主要包括可用资源总量、提供公共产品和服务的总成本的估测,其中包括通货膨胀和公共部门的薪酬变化等因素。(3)支出机构的预算申请。各支出机构根据预算核心管理机构下达的预算通令编制中期预算申请,预算申请要体现战略目标、现有和新增项目的成本等。(4)说明中期预算配置的预算通告和说明中期支出上限及远期预测的预算报告。

此外,具有中期预算框架的国家,不仅要制定其中期财政框架,而且要说明其中期预算战略重点。

3. 中期绩效框架

中期绩效框架是在中期预算框架的基础上发展而来的。与中期预算框架关注部门项目的投入不同,中期绩效框架则关注部门项目的产出和效果,将机构的绩效表现与资金投入挂钩。中期绩效框架的主要内容包括预算报告、支出机构报告以及其他用于解释项目的目标和策略,陈述其产出和成果的报告。具有中期绩效框架的国家,不仅要提供其中期预算框架,而且要重视其预算绩效。

7.2.4 中期支出框架操作要点

中期支出框架在具体实施中,应解决好以下问题:

(1)覆盖范围。中期支出框架的覆盖范围包括两方面:一是组织范围,即在哪些政府实施;二是支出范围,即是否所有的支出都应纳入中期支出框架。无论是上述哪种情况,一般而言,中期支出框架实施的范围越广,就越有效。就组织范围而言,中央政府和地方政府都可实施中期支出框架,虽然形式可以根据自身的具体情况进行选择。就支出范围而言,所有政府的支出都应纳入中期支出框架,包括预算外支出和政府担保。因为一旦有支出排除在中期支出框架之外,这些支出就不受中期支出框架的约束,财经纪律的执行就会出现碎片化。中期支出框架之外的支出越多,财经纪律就越难形成,财政效率提升的空间就越小。不仅如此,在中期支出框架之外设置支出,还会诱使某些机构采取策略性手段增加框架之外的支出,以规避审查。例如,有些政府以自由裁量权为标准,将法定支出、权利性支出、资本性支出、国外援助支出、利息支出等都排除在中期支出框架之外。

(2)项目配置。中期支出框架下的支出控制通常只到支出机构层面,即对支出机构的支出总额进行控制,而对支出的具体项目的资源配置则没有硬性约束。在明确区分资本资产和经常性支出的情况下,支出机构对项目预算的编制具有一定的自由裁量权,可以在项目之间进行转化,但每个项目的选择理由应充分。对于跨机构的大项目,应尽可能分解成子项目,再将子项目分配到各具体机构,从而做到职责明确,具有可问责性。

(3)时间框架。中期支出框架是一个多年期预算,绝大部分中期支出框架为3—4年期。第一年预算与年度预算重叠,未来年度的预算是指导性的。中期支出框架是一种滚动预算,未来年度预算向前滚动编制,即未来第一年的预算为下一年度预算提供基础。在向前滚动中,中期支出框架应根据经济形势和政策的变化而进行调整。

(4)支出上限。中期支出框架如何约束支出?支出总额控制是中期支出框架的关键要素。中期支出框架确定了政府和各部门支出的上限,并体现为财经纪律。第一年度的支出限额是硬性约束,不能突破。而其他年度的支出限额是指导性的。

(5)差额。中期支出框架是对未来年度的财政收支进行预测并编制预算。有的国家在预测收支时,有意识地对宏观经济形势和收入进行保守性预测,而另有一些国家则会进行乐观性预测。这两种情况都会造成预测的系统性偏差。偏差过大,则会导致确定的支出总额目标不可信。因此,不建议采用上述保守或乐观的预测方法,而是应采用务实的预测和目标,使确定的支出限额更为可靠。但如果由于客观原则导致预测的收入与实际收入存在较大偏差,则可以进行适当的预算调整。如果实际收入高于预期收入,则财政部或预算管理机构可以要求支出机构扩展支出项目和工程。反之,则要求削减项目资金。

(6)机构职责。由哪些机构监督中期支出框架的实施?一般认为财政部应负责中期支出框架实施的全过程,而立法机构、政府以及政府各部门都对中期支出框架的实施负有责任。

7.2.5　中期支出框架的国际实践

截至 2008 年,已有 132 个世界银行的成员国(占全部成员国的 73%)实施了中期支出框架,其中 71 个国家实施中期财政框架,42 个国家实施中期预算框架,19 个国家实施中期绩效框架。发达经济体几乎全部实施了中期支出框架,但实施中期预算框架的国家较少,表明中期预算框架因其复杂性,实施难度较高而导致推广受限。而绩效管理的兴起则推动越来越多的国家采用中期绩效框架。

在发展中国家,乌干达的中期支出框架实施较早,随后扩展至撒哈拉以南的非洲地区。截至 2008 年,该地区已有 3/4 的国家采用了中期支出框架。在其他地区,中期支出框架的推广实施比较缓慢。

世界范围的中期支出框架实践可以从以下方面进行观察:

1. 编制的目的和背景

从国际实践看,每个国家引入中期支出框架的背景都不同。南非、韩国是在国家财政状况持续改进之时引入中期支出框架的,而美国和日本则是将中期支出框架作为应对危机的重要举措。

美国引入中期支出框架的初始原因是经济不景气及其带来的财政收支恶化,目的是通过中期支出框架加强财经纪律、削减财政赤字、降低联邦债务率。后来中期支出框架又增加了两个目标。一是提高资源配置的技术效率,即通过中期支出框架将预算与政策紧密联系在一起,使支出结构体现政府的政策优先性。二是提高财政支出的绩效。通过中期支出框架,重视资源使用的效率和效果,以结果为导向,改进服务供给。

2. 编制的组织架构与责任分配

中期支出框架编制的主要负责机构是行政部门或财政部,如德国和法国,或者是独立的预算责任办公室,如英国。美国的中期支出框架是由直属总统的预算与管理办公室和直属国会的国会预算委员会各自独立编制的。此外,中期支出框架还需要其他部门,如税务部门以及各支出部门的配合与支持。

美国的预算与管理办公室(OMB)和国会预算办公室(CBO)各自提供对宏观经济和财政中长期的预测。预算与管理办公室的预测期覆盖即将来临的财政年度以及随后的若干年。国会预算办公室的预测包括对宏观经济变量的假设以及根据假设估算的经济与财政数据对于经济变动的敏感性分析,并提供一些可选择的方案供国会决策时参考。国会预算办公室的预测一方面可以为预算与管理办公室的预测提供参考,另一方面也是国会编制预算的根本原因,即防止行政部门预算编制中采用各种策略性手段而导致预算编制不真实情况的发生。预算与管理办公室在预算执行过程中需要将实际执行结果与预测值进行比较,并在年度预算执行中期对预测结果进行一次更新调整,并向社会公开。

3. 编制的法律框架

为使中期支出框架编制规范、顺利地进行,大多数国家都通过制定法律为其提供制度保障,如英国的《1998 年财政法案》、澳大利亚的《预算诚信章程法》、新西兰的《1989 年公共财政法案》《1994 年财政责任法案》、德国的《经济稳定与增长促进法》、美国的《1974 年国会预算和截留控制法》、法国的《预算组织法 2001》、南非的《公共财政管理法》。这些法律对中期支出框架的编制主题、程序和内容等作出了明确规定。

4. 编制流程与编制内容

中期支出框架的编制一般采用“自上而下”或“自下而上”的流程,也可以是两种过程的结合。

以德国为例,德国的中期支出框架编制采用的是“自上而下”和“自下而上”相结合的流程。首先,联邦财政部长向各部门下达预算编制通知,要求各部门在编制年度预算的基础上提供各自在下一年度和随后三年的支出需求。各部门根据联邦财政部的预算指南编制预算,并提交财政部。其次,财政部收到各部门提交的预算后,对“自上而下”的预算约束和“自下而上”的支出需求进行协调。通过讨价还价,最终各部门的支出需求与财政部的要求达成一致,预算编制完成。

各国中期框架的编制内容一般包括:(1)宏观经济预测及分析。通过宏观经济模型,对未来宏观经济增长率、投资率等宏观经济指标做出预测。(2)预测期内财政的收支规模。(3)预测期内赤字和债务的跨年度分布情况,并从宏观和微观角度对赤字和债务的影响进行分析。

此外,从发达国家的实践看,各层级政府都可实施中期支出框架,但中央和地方政府之间存在一定的差异。中央或联邦政府更为重视顶层设计,涉及的内容更具有国家战略性,而地方政府更聚焦辖区内的社会经济和财政状况。例如,美国的州和地方政府只编制资本预算,联邦政府不仅对预测期内联邦政府的财政收入、支出、债务、利息等进行分析,还需要预测人口等影响预算执行的因素,并对不同情况下可能出现的预算执行结果、不同的政策调整方案会对宏观经济带来短期和长期的影响进行分析。

在德国，各级政府都有制定中期支出框架的责任。联邦政府和州政府的中期支出框架内容大致相同，都包括未来的经济状况、政策、收入和支出等。所不同的是，联邦政府更为重视未来的社会经济形势展望、政府间关系及其变化。

日本各级政府编制的中期支出框架也大致类似。所不同的是，中央政府更为重视顶层设计，以对地方政府提出指导性意见。地方政府则在指导性意见下，以辖区内的人口、老龄化对预算执行结果的影响进行预测和分析，制定更为细化的包括经常性预算和资本预算在内的中期支出框架。

思考题

1. 为什么要编制中期支出框架？
2. 中期支出框架的含义是什么？
3. 中期支出框架的编制包括哪些要素？
4. 中期支出框架有怎样的编制流程？包括哪些内容？
5. 中期支出框架的国际经验对我国有何启示？

第8章　我国政府预算的编制

我国政府预算编制经过一系列预算改革，在借鉴国际经验的基础上，已经形成有序的预算编制流程和较为规范的预算编制内容。与国际上政府预算编制的实践相比，我国政府预算编制有一些自身的特点。本章主要介绍我国政府预算的编制流程、编制方法和编制内容。

8.1　我国政府的预算编制程序

预算编制程序是指预算编制的行动顺序。预算编制主要涉及各支出部门和预算管理部门之间的互动。一般在每年预算编制之前，财政部门都会召开预算编制准备会议，对编报预算的具体时间和原则进行统一规定。在预算编制准备会之后，各职能部门开始组织部门内各单位着手编制本部门的预算。"两上两下"是典型的政府预算编制流程。所谓的"上"与"下"，是指财政部门和支出部门之间正式的沟通过程。"上"指的是部门上报预算给财政部门和有预算分配权的部门，是预算信息的向上流动；"下"是指预算信息的向下流动，即财政部门下达预算控制数和预算的修改意见或者将人大最终批复的预算传达给部门。

我国的预算编制过程始于"一上"。所谓的"一上"是指支出部门先向财政部门上报预算建议数。在财政部门确定的预算基本原则下，各支出部门组织本部门和下属单位编制预算，然后层层汇总后由一级预算单位审核汇编成部门的预算建议数，连同与预算需求相关的基础数据和相关资料一起上报给财政部门。

所谓"一下"是指财政部门向支出部门下达预算控制数。"一上"之后，首先由财政部门预算管理处室(司)对部门的预算建议数进行审核，然后由预算处(司)审核、平衡，最后汇总成本级预算初步方案报政府(国务院)，经批准后向各部门下达预算控制限额。

所谓"二上"是指各部门根据财政部下达的预算控制数编制部门预算草案并上报财政部门的过程。

所谓"二下"是指财政部门根据人民代表大会批准的政府预算草案批复部门预算

的过程。“二上”后，由财政部门审核各部门上报的预算草案，将所有部门的预算草案汇总成按支出功能分类编制的本级政府财政预算草案和部门预算，报政府审批后，再报人民代表大会预算工作委员会（简称预算工委）和财经委员会（简称财经委）审核，最后提交人民代表大会审议。根据《预算法》的规定，在人民代表大会批准预算草案后一个月内，财政部门统一向各部门批复预算。各部门在财政部批复本部门预算之日起 15 日内，批复所属各单位的预算，并负责具体执行。

实践中，大部分省（区、市）的预算编制程序都是“两上两下”，也有部分省（区、市），如河北省和天津市采用了“三上三下”的程序。“两上两下”和“三上三下”的主要区别有两个：一是预算编制开始得更早，即“一上”的时间比较早，让部门有更多的时间编制预算，以增强预算的计划性；二是在财政部门汇总各部门预算上报人大之前，增加了一次“一上一下”，目的是使财政部门和支出部门之间的沟通更充分，使部门预算编制更科学。

专栏 8.1　　美国联邦政府的预算编制程序

完整的美国政府预算周期包括预算草案的编制、预算草案的审批、预算的执行和对预算执行情况的审核。预算草案的编制是整个预算周期中最基础的环节，在预算活动中占有十分重要的地位。美国的预算编制时间较长，在每个财政年度前 18 个月就开始准备预算方案。美国预算编制分为预算草案的编制和审批两个阶段。

第一，预算编制阶段。美国的财政年度是从每年的 10 月 1 日到次年 9 月 30 日。预算草案的编制工作开始于提前两年的春天（以 2021 年预算编制为例，2021 年预算草案的编制工作从 2019 年春开始着手），财政部在上一财年实际收入的基础上，根据各种经济统计资料和预测，结合新财年政府的施政方针，按税种估算该财年的收入计划。同时，总统根据预算草案和财政部、总统经济顾问委员会、联邦储备委员会等部门提供的财政收入、经济发展前景预测以及货币和汇率等资料，结合以前预算的执行情况，制定出该财政年度政府预算的基本框架，并通过 OMB 下达给各部门。各政府部门的财务预算机构通常在同年的夏末或秋初向 OMB 报送本部门的预算收支计划，OMB 在 11—12 月将联邦政府各部门提交的预算汇总成联邦政府预算草案，交总统审查。

OMB 通常在 7 月颁布名为《概算的编制与提交》的 A-11 号通知，这一通知每年都会颁布，旨在向各联邦机构提供适用的预算法、政策以及有关财务管理和预算数据系统的信息。A-11 号通知还为各机构提供了预算执行的指导，以及关于各机构与国会和公众的互动的指导。OMB 根据总统批准的基本框架，在各部门呈报的预算计划基础上，与部门负责人商议，确定具体的支出计划，并对下一财政年度及以后4年各部门的资金要求进行规划。

第二，预算审批阶段。从编制预算草案当年的秋季开始，OMB对各部门提交的支出计划进行审核。OMB会安排专职的审核员对部门概算进行初审，必要时召集有关部门的财务预算负责人汇报情况、交流意见，有时还会举行部门代表听证会。通过听证会，审核员与部门负责人直接交流，审核员就预算项目提问，各部门则提供相应的申请依据。最后审核员对部门概算给出书面审核意见。经过严格的评估和审核过程，大约在11月左右，OMB完成对各部门开支计划的审定工作，汇总各部门概算并经平衡后，汇编成综合性的预算草案，于12月提交总统。

按法律规定，预算草案应该在次年1月的第一个星期一提交国会，最迟不能超过2月的第一个星期一。国会收到预算草案后将举行听证会，会上相关部门负责人会对草案作具体说明。4月1日，国会预算委员会向参众两院提交预算草案决议案，讨论后将结果反馈给总统。总统会在4月至6月向国会提交预算决议案修改意见；国会会在6月30日之前完成所有立法工作，并在9月15日前通过第二个预算决议案，并将其提交总统。如果国会的第二个预算方案得到总统的同意，则经总统签署后便开始生效；如果总统否决了这次的预算方案，那么国会要重新审议草案。在重新审议后，如果有超过2/3的人反对，则总统的否决便生效，否则该预算法案无须经过总统签署即可生效。

美国国会预算法案第300条规定了预算审批过程中各项工作的日程表：

在此之前或当日	需要完成的工作
2月的第一个星期一	总统向国会提交预算草案
2月15日	国会预算办公室向预算委员会提交《关于经济和预算前景的报告》
总统提交预算的六周内	各委员会向预算委员会提交意见和估计数
4月1日	参议院预算委员会报告关于预算的决议
4月15日	国会完成关于预算的决议
5月15日	年度拨款法案在众议院进行审议
6月10日	众议院拨款委员会报告上一年度的年度拨款法案
6月15日	国会完成调整立法的工作
6月30日	议院完成年度拨款法案的工作
10月1日	财政年度开始

8.2　部门预算的编制

政府预算从编制主体上看，一般分为政府整体预算（简称政府预算）和政府部门预算（简称部门预算）。部门是预算过程的重要参与者。部门预算是具体执行政府职能的各部门按照被赋予各自的职能及预算年度所要完成的任务而编制并报政府预算管理部门汇总，最终必须经立法机构审批后才能执行的收支计划。政府根据职能设置部门，部门则根据职能编制预算，花费资金，提供公共产品和服务。在现代预算制度中，部门预算是政府预算体系的基础，而政府整体预算则由政府内部各部门的预算组成，每一部门的预算都是政府预算的有机组成部分，没有部门预算，也就没有现代政府预算，或者说，现代预算制度是建立在部门预算的基础之上，部门预算是现代政府预算的核心。在预算过程中，部门是预算资源的申请者和使用者。在预算编制过程中，各部门作为预算资源的申请者，应在预算制度规定的范围内，根据政府的政策意图、预算管理机构的预算编制指南或规定，以及部门的职责和活动计划编制部门预算，形成部门未来的工作计划。在部门预算的基础上，预算管理机构编制出整体的政府预算草案。

8.2.1　我国部门预算改革

我国的部门预算改革始于 1999 年。在此之前，我国没有现代预算意义上的政府部门预算，实践中实行的是一种与计划经济体制相适应的功能预算，即在预算中只见支出的功能分类，不见部门分类和支出的经济分类。这种功能预算，从涵盖的范围看，只包括财政预算内资金，而将包括预算外资金、各种基金、各项事业收入在内的大量政府性资金排除在预算外。这些资金基本上仍由单位自行安排，游离于财政预算管理之外。

从编制的细化程度上看，这种功能预算较为粗糙。一方面，编制的预算仅限于类、款级功能层次，即有关预算资金的用途编制得不够详细；另一方面，有关预算资金的使用方式，也即支出的经济分类在预算编制中没有体现。报送人大的中央预算草案也是按功能汇总的预算，其预算口径不直接对应于预算部门，且同一个科目涉及多个部门，预算透明度较低。这种预算模式使得人大根本无法从中央预算草案中看出经费预算与中央部门工作之间的对应关系，也就无从发挥监督作用。

从财政管理上看，由于功能预算是根据资金的功能或用途（而非根据使用资金的部门）进行归口管理，即财政资金按照功能被切块为许多专项资金，这些专项资金又由不同的部门进行管理，即归口管理，政府内部没有形成核心预算机构，因此导致管理主体分散、预算管理混乱。许多经费的预算都没有做到在法定时间内批复到有关预算单位，甚至有的预算在年度已经结束、总会计已进入整理期时才向部门下达。这样既影响了《预算法》的严肃性，也很难统筹安排年度事业发展计划，影响了政府资金效益的发挥。

在这种情况下，政府预算无法发挥控制和管理财政资金活动的功能，由此造成财政资金运行中各种机会主义盛行，资金使用的效率和效果都较低。

专栏 8.2　　我国政府部门预算改革历程

1999 年 6 月，审计署代表国务院在第九届全国人民代表大会常务委员会第十次会议所作的《关于 1998 年中央预算执行情况和其他财政收支的审计工作报告》和全国人大常委会在 1999 年 12 月 25 日通过的《关于加强中央预算审查监督的决定》，分别针对中央财政预算管理中存在的问题以及进一步改进和规范中央预算编制工作提出了明确的要求："要严格执行预算法，及时批复预算""要细化报送全国人大审查批准的预算草案内容，增加透明度""报送内容应增加对中央各部门的支出、中央补助各地方的支出和重点项目的支出等"，由此开启了我国部门预算改革的序幕。

1999 年 7 月 24 日，财政部向国务院报送了《关于落实全国人大常委会意见改进和规范预算管理工作的请示》。经国务院批准，财政部在广泛征求部门意见的基础上，提出了《关于改进 2000 年中央预算编制的意见》，开始实施部门预算改革。

2001 年，财政部颁布了《中央部门基本支出预算管理试行办法》(财预〔2001〕300 号)和《中央部门项目支出预算管理试行办法》(财预〔2001〕331 号)两个文件，确定了部门预算改革的基本框架。文件明确规定了中央 159 个部门全部试编部门预算，实行"一个部门一本预算"，将部门支出划分为基本支出和项目支出两部分，其中基本支出预算试用定员定额的方法编制，项目支出预算试行项目库的方法编制。2001 年向全国人大报送的部门预算由 2000 年的 4 个增加到 26 个。

2002 年 6 月，财政部重新修订了《中央本级基本支出预算管理办法(试行)》(财预〔2002〕355 号)和《中央本级项目支出预算管理办法(试行)》(财预〔2002〕356 号)，规范和加强了中央级行政事业单位基本支出和项目支出预算管理，对项目实行滚动管理，提高了资金使用效益，保障了行政事业单位正常运转的资金需要。

2002 年 7 月，为进一步深化预算改革，规范和加强中央本级项目库管理，财政部制定了《中央本级项目库管理规定(试行)》(财预〔2002〕358 号)，规定中央部门和财政部必须按照规定设立项目库，项目按性质分为基本建设类项目、行政事业类项目和其他类项目。

2004年5月，财政部发布《关于印发〈中央本级项目支出预算管理办法(试行)〉的通知》(财预〔2004〕84号)，在明确界定“中央部门”“直属单位”和“项目单位”含义的基础上，从项目申报、审核、排序、实施、监督检查及绩效评价等方面进一步规范和完善了项目库的管理。

2005年3月，财政部制定了《中央部门财政拨款结余资金管理暂行规定》(财预〔2005〕46号)，对部门结余资金管理作出规定，要求中央部门对部门结余资金中的基本支出结余和项目支出结余分别进行统计、核算，并与单位会计账表相关数字核对一致。

2005年5月，财政部印发《中央部门预算支出绩效考评管理办法(试行)》(财预〔2005〕86号)(以下简称《办法》)的通知，用以指导中央部门预算支出绩效考评工作。《办法》规定了绩效考评的依据、内容和办法，绩效考评的指标和工作程序，以及绩效考评结果的应用等。《办法》首先在财政部确定试点的部门实施，绩效考评对象由试点中央部门商财政部确定，以社会效益明显、部门自主决策程度大的项目为主，先易后难，稳步推进。

2009年12月和2010年6月，财政部分别发布《关于将按预算外资金管理的全国性及中央部门和单位行政事业性收费纳入预算管理的通知》(财预〔2009〕79号)和《关于将按预算外资金管理的收入纳入预算管理的通知》(财预〔2010〕88号)，将全部预算外资金都纳入预算管理系统。

2012年9月，为全面推进预算绩效管理，提高财政管理科学化和精细化水平，财政部结合预算绩效管理工作发展需要制定了《预算绩效管理工作规划(2012—2015年)》(财预〔2012〕396号)，并据此制定了《县级财政支出管理绩效综合评价方案》和《部门支出管理绩效综合评价方案》，通过开展部门支出管理绩效综合评价，促进部门从整体上提升预算绩效管理工作水平，提高财政资金使用效益，保障部门更好地履行职责。

2013年4月，财政部发布《关于印发〈预算绩效评价共性指标体系框架〉的通知》(财预〔2013〕53号)，要求各级财政部门和预算部门开展绩效评价工作时，既要根据具体绩效评价对象的不同，以《预算绩效评价共性指标体系框架》为参考，在其中灵活选取最能体现绩效评价对象特征的共性指标，也要针对具体绩效评价对象的特点，另行设计具体的个性绩效评价指标，同时，赋予各类评价指标科学合理的权重分值，明确具体的评价标准，从而形成完善的绩效评价指标体系。

2014年5月，财政部印发《关于进一步加强财政支出预算执行管理的通知》(财预〔2014〕85号)，要求加强各部门及预算单位的支出预算管理，加快资金支付进度,提高财政资金使用效益。

2015年5月,为深化预算管理制度改革,全面提高部门预算管理水平,财政部印发《关于加强和改进中央部门项目支出预算管理的通知》(财预〔2015〕82号),要求完善项目设置规则,改进项目管理方式,加强项目库建设和管理,推进预算评审和绩效管理,强化项目执行管理和实行中期财政规划管理。同日,财政部制定了《中央部门预算绩效目标管理办法》(财预〔2015〕88号),要求各部门按照"谁申请资金,谁设定目标""谁分配资金,谁审核目标""谁批复预算,谁批复目标"的原则科学合理的设定绩效目标,提高中央部门预算绩效目标管理的科学性、规范性和有效性。

2015年6月,财政部发布《关于加强中央部门预算评审工作的通知》(财预〔2015〕90号),对中央部门的预算评审工作提出要求并做出安排。该文件提出中央部门预算评审工作的重点应集中在理顺预算评审职责、划分预算评审范围、明确预算评审内容、把握预算评审环节、规范预算评审方式、强化评审结果运用、提高预算评审能力、保障预算评审经费这几个方面。

为加强中央部门项目预算分类管理,2017年6月财政部发布《关于进一步完善中央部门项目支出预算管理的通知》(财预〔2017〕96号),要求进一步完善专用一级项目,增设通用一级项目,整合归并同类支出,规范委托事项管理,加强项目评审、评估和绩效评价,完善激励约束机制和严肃追责问责。

2019年7月,财政部印发了《中央部门预算绩效运行监控管理暂行办法》的通知(财预〔2019〕136号),要求在预算执行过程中,财政部、中央部门及其所属单位按照各自职责要求,对预算执行情况和绩效目标的实现程度开展监督、控制和管理活动。绩效监控按照"全面覆盖、突出重点,权责对等、约束有力,结果运用、及时纠偏"的原则,由财政部统一组织、中央部门分级实施。

综合起来,我国部门预算改革主要从以下方面展开:

1. 按现代预算要求建立与部门预算管理相协调的集中统一预算管理机构

针对改革前的预算管理主体分散、资金的管理和使用难以统筹协调的问题,在财政部门内部做了改变,从原来按功能分类设置机构的做法转变为按分管单位进行分工的组织架构;设立了国防、行政政法、经济建设、教科文、社会保障、农业、金融、企业等专司部门预算管理单位。同时,在财政部门内部建立核心预算机构,将协调、汇总、平衡部门预算编制和管理的职责全部统一归于预算司(局、处、科)一个机构。与此相应,各预算单位也逐步建立起统一负责预算编制和管理的财务管理单位,具体负责本单位内部的预算编制、审核、汇总、上报、批复、调整等事项。在这种新的组织架构下,财政资金多头、分散管理的局面得以改善,资金的配置效率得以提高。

2. 规范部门预算管理

(1)按照现代政府预算要求,建立全口径预算。财政部针对各部门“坐收坐支”、预算收支管理混乱的情况进行了“收支两条线”的改革,将预算安排与部门实际收入脱钩,转变过去以收定支的经费核定方式,实行收入全部上缴财政部门,支出由财政部门根据实际需要统筹核定的管理方式。同时,规范预算单位罚没收入、经营性收入、国有资产变现收入、专项收入的管理,将预算单位所有收入纳入预算管理范围。通过这一改革,部门预算改变了原有预算编制只反映预算内收支,大量预算外资金游离于预算之外,从而也游离于人民代表大会和公众监督之外的状况,将包括事业收支、事业单位经营收支等在内的部门所有收支全部在一本预算中编制和体现,统筹安排预算内外资金,逐步将行政事业性收费纳入预算管理。2011 年改革又进一步深入,取消了存在近 60 年,一度被称为“第二预算”的预算外资金,提高了部门预算的完整性。

(2)改进预算编制,建立科学管理机制。首先,按基本支出和项目支出编制部门预算。为改变部门预算按功能编制导致“外行看不懂,内行说不清”的局面,财政部根据财政资金的性质和用途对部门预算支出进行了科学分类,将预算资金分为基本支出和项目支出,并在此基础上编制部门预算,从而为部门预算进行经济分类奠定基础。而只有具备经济分类的部门预算才能提供部门活动的成本信息,才具有现代政府预算的意义。

其次,稳步推进基本支出定额标准和项目支出定额标准体系建设,建立健全定额标准动态调整机制,指导部门预算编制。一是完善基本支出定额定员管理。通过逐步扩大基本支出定员定额管理范围,初步构建起覆盖绝大多数行政单位、参公单位和部分公益性较强事业单位的分类分档定额标准体系。二是加快推进项目支出标准体系。2009 年全面启动中央本级项目支出定额标准体系建设,按照先易后难、重点突破、逐步深入、梯次推进的原则,加强支出标准编制,积极推进项目支出定额标准体系建设和项目标准化管理,强化支出标准应用,发挥标准在预算编制和管理中的支撑作用。各地方政府部门也根据自身情况制定方案来规范项目支出,完善人员编制、资产管理与预算管理相结合的机制。

再次,细化部门预算编制。不断细化支出预算编制,提高预算编制的规范性。一是推进支出经济分类科目改革,全国各省份按照政府支出经济分类和部门支出经济分类两套科目编制政府预算和部门预算。二是提高年初预算到位率,基本支出全部细化到单位,项目支出预算细化到具体单位或具体项目,明确具体支出用途,减少预算代编和预留项目,逐年提高资金到位率。

最后,改进预算编制方法和流程。部门预算改革后,各地积极创新部门预算编制。

一是推进“零基预算”管理，创新项目支出预算管理，使预算编制由“基数＋增长”向“零基预算”转变。如辽宁、陕西和广东等地区，从2015年起由省政府层面决策，改变了“基数加长”的预算分配模式，强力推进“零基预算”。同时还对项目支出建立了项目库管理模式并实行滚动管理，逐步将评审环节引入项目预算管理中，以提高预算编制的准确性。二是规范部门预算编制流程。预算编制由“上级代编”转变为从基层预算单位开始编制，逐级审核、逐级汇总，使预算编制更加科学合理。各地部门预算编制主要遵循“二上二下”的基本程序，一般经过部门上报预算建议计划、财政审核后下达预算控制限额、部门在限额内细化编报预算、财政批复部门预算四个阶段。三是拓宽预算编制周期，合理延长部门预算编制时间，逐步推行标准周期预算制度，实现预算编制程序化、规范化和制度化。

此外，财政部还制定财政拨款结转结余资金管理制度，建立预算编制与预算执行、结转结余资金管理相结合的机制，规范各项管理工作流程，包括结转和结余资金管理工作规程、绩效评价管理工作规程、预算指标执行管理规程等，使预算管理的各项工作有章可依，规范统一，为提高预算管理效率奠定基础。

3. 推进部门绩效管理

随着部门预算改革的深入，绩效理念逐渐被引入预算管理中。财政部与各地财政部门以项目为核心，开展绩效评价试点，制定统一的预算支出绩效评价管理办法，明确具体操作规程和指标评价体系，提高绩效评价的规范性；研究建立绩效评价结果与预算挂钩机制，实现项目预算与项目绩效的紧密结合，促使预算单位树立绩效理念，提高公共服务水平；研究建立绩效考评结果公示制度，让公众参与预算绩效管理，并通过社会监督以保证绩效考评结果的真实性。

4. 实行部门预算公开

预算公开是我国预算改革的重要内容之一。财政部首先推进政府收支分类改革，建立了支出功能分类和支出经济分类相结合的政府收支分类体系，清晰反映政府收支的内容和方向。其次，推动预算向人大代表公开。部门预算改革前，财政部门只向人大报送按功能汇总的财政预算草案。改革后，各级财政部门在向各级人大报送按功能汇总的中央财政总预算的同时，不断增加报送部门预算的部门数量，并细化部门预算内容，强化人大对部门预算的审查。目前上报全国人大审议的中央部门预算数量已由改革初期的4家增加到2021年的104家，各级财政部门报送各级人大审批的部门预算数量变化也与此类似。同时，报送人大审议的部门内容也不断细化，逐步从类级科目下延到款级科目和项级科目。最后，积极推进部门预算的社会公开。部门预算向社会公开自2010年开始。当年财政部要求中央各部委在各自门户网站上公开两张预算表格，即收支预算总表和财政拨款收支情况表。目前各级政府部门已经公开了8张预算表和 9 张决算表。8 张预算报表分为部门收支情况表和财政拨款收支情况表。部门收支情况表包括部门财务收支预算总表、部门收入预算总表、部门支出预算总表 3 张表。财政拨款收支情况表包括财政拨款收支预算总表、一般公共预算基本支出经济分类预算表、一般公共预算功能支出预算表、政府性基金预算功能分类预算表以及三公经费和机关运行经费预算表 5 张表。9 张决算报表包括部门收入支出决算总表、收入决算表、支出决算表、财政拨款收入支出决算总表、一般公共预算财政拨款支出决算表、一般公共预算财政拨款基础支出决算表、三公经费和机关运行经费决算表、政府性基金预算功能分类决算表、资产负债表。不仅如此，部门预算公开的方式还得以改进，由以往各部门各自在自己的网站上分散公开，转变成一级政府所有部门预算都在一个网站上集中公开。

5. 建立便捷高效的预算管理信息系统

随着计算机技术的发展，为适应信息时代的财政预算管理要求，财政部门以金财工程建设为契机，逐步建立起涵盖预算编制、结转和结余资金管理、项目库管理、预算指标管理等具体业务的预算管理信息系统。预算管理信息系统的打造开端于预算编制的信息化。随着"金财工程"的实施和部门预算"E 财"软件的应用推广，全国 36 个省、市、计划单列市已经实现了使用软件编制部门预算，将部门预算"二上二下"编制流程嵌入预算编制软件，初步建立了预算基础数据信息化平台。在此基础上，进行网络版升级改造，集成建立了网络化的省级财政管理信息系统，除部分涉密部门外，实现了财政数据网上传输，减轻了各预算部门的工作负担，提高了预算数据的安全性和准确性。强化基础数据库建设也是预算管理信息系统建设的重要组成部分。目前全国所有省份都已经建立了涵盖预算单位基本情况、编制、人员、工资、车辆、房屋、收入、收费项目等基础信息的数据库，实行动态更新和滚动管理。

这种高效便捷的预算管理信息化系统在节省人力、提高预算编制和管理效率的同时，能够自动处理大量数据计算，提供丰富、翔实、准确的数据查询检索服务，为部门预算编制和管理提供强有力的支持。

8.2.2　政府部门预算的编制

我国政府部门预算按功能分类和经济分类编制。功能分类预算按照功能分类科目进行，部门功能分类科目与政府预算的功能分类科目一致，预算编制按照部门职能、任务进行，体现政策要求。经济分类预算是在将部门支出划分为基本支出和项目支出的基础上，按"类""款"科目编制。经济分类预算是部门预算的主要形式。

1. 基本支出预算的编制

(1)基本支出内涵。基本支出是为保障行政事业单位正常运转、完成日常工作任务所必需的开支而编制的年度支出计划。具体包括人员经费和日常公用经费。

①人员经费。它主要指维持机构正常运转且可归集到个人的各项支出，主要包括基本工资、津贴及奖金、社会保障缴费、离退休费、助学金、医疗费、住房补贴和其他人员经费等项目。

②公用经费。它主要是指维持机构正常运转但不能归集到个人的各项支出。日常公用经费主要包括办公及印刷费、水电费、办公用房取暖费、办公用房物业管理费、公务用车运行维护费、差旅费、日常维修费、会议费、专用材料费、一般购置费、福利费和其他费用等项目。在支出经济分类科目中体现为“商品和服务支出”和“其他资本性支出”等。

(2)基本支出预算编制原则。具体包括综合预算原则、优先保障原则和定员定额管理原则。

①综合预算原则。在编制基本支出预算时，各部门要对当年财政拨款和以前年度结转和结余资金、其他资金，包括单位财政补助收入、非税收入和其他收入等进行统筹考虑和合理安排。

②优先保障原则。各部门要根据财力可能，结合单位的行政事业工作任务需要，合理安排各项资金。首先要保障单位基本支出的合理需要，以维持行政事业单位日常工作的正常运转，履行基本职能。

③定员定额管理原则。基本支出预算实行以定员定额为主的管理方式，同时结合部门资产占有情况，通过建立实务费用定额标准，实现资产管理与定额管理相结合。

(3)基本支出预算编制基础:定员定额制度。部门预算改革前，基本支出预算采取基数加增长的方法核定，目前基本支出预算由预算单位按照单位编制人数以及基本支出定额标准编制，即采用定员定额管理方式。

①定员。定员是指根据行政事业单位的规模或工作量，对人员编制或定员比例规定人员指标额度。确定定员时需要考虑很多因素，对行政单位而言，要按照机构精简原则和各地的经济情况、人口多少、区域大小以及行政任务的需要确定人员编制;对事业单位而言，要根据工作任务的繁简、机构规模和级别来定员，或者根据定员比例来确定(如学校可根据师生比例来决定教职工的编制)。

②定额。定额是指国家根据行政事业单位的工作性质及特点对行政事业单位在一定时期内有关人力、物力、财力的补偿以及消耗或利用方面所规定的各种经济额度。定额的形式包括以下三个方面：

一是实物定额和货币定额。实物定额是指按照实物数量规定定额，如每个学生应该配备的教学设备等。货币定额是指以货币数量规定定额，如每个学生的助学金定额为多少元等。

二是单项定额和综合定额。单项定额是对某一项具体支出规定定额，如助学金定额、工资定额等。综合定额是把若干个单项定额合并为一个包括多项内容的定额，如医院门诊收入定额，其中包括药品收入、各医疗项目收入等。通常来讲，凡是经常性的开支项目都要实行单项定额；对无法细化成单项定额的支出项目可核定其综合定额。目前，财政部门下达给部门的定员定额是综合定额，但在制定具体定额标准的过程中则是按照单项定额分项测算。

三是支出定额和财政补助定额。目前，基本支出的定员定额标准由"双定额"，即支出定额和财政补助定额构成。支出定额是指财政部门按人或物核定的部门、单位总体或某个定额项目的大口径支出标准，如核定某单位在职职工人均支出水平每年 6 万元，则人均 6 万元即为支出定额；财政补助定额是财政部门对与其有预算缴拨款关系的部门、单位按人或物核定的财政补助标准，是为了保证财政预算分配的公平而制定的分配标准，如财政部门按某单位在职职工人均补助每年 1 万元，则人均 1 万元即为财政补助定额。目前行政单位的支出定额和财政补助定额是一致的，因为行政单位除财政补助收入外，基本没有其他收入来源，而大部分事业单位有一定的收入来源，所以事业单位适用"双定额"。

基本支出预算实行以定员定额为主的管理方式，同时结合部门资产占有情况，通过建立实物费用定额标准，实现资产管理与定额管理相结合。

(4)基本支出预算的测算。在部门预算编制的"一上"时不编报基本支出规划，基本支出预算的测算主要是财政部门在部门预算的"一上"到"一下"之间进行的，具体包括定额标准制定、人员数据核实、控制数测算和控制数下达四个阶段。

①定额标准制定。财政部门根据规范的程序和方法，分别制定行政、事业单位和参公单位基本支出定额标准。

②人员数据核实。财政部门根据各单位报送的人员基本情况进行整理，提取出测算基本支出所需的人员数据，并对人员数据及有关情况进行审核。

③控制数测算。财政部门根据定额标准和核实的单位人员情况，结合部门基本支出结转情况，测算形成各部门的基本支出预算控制数或财政拨款补助数。

④控制数下达。财政部门按照预算编制规程，在规定时间内，将定额标准和按定额标准计算形成的基本支出预算控制数或财政拨款补助数下达给部门或单位。

(5)基本支出预算的编制。各部门在财政部门下达的基本支出控制数额或财政拨款补助数额内，根据本部门的实际情况和国家有关政策、制度规定的开支范围和开支标准，在人员经费和日常公用经费各自的支出经济分类之间，自主调整编制本部门的基本支出预算，并在规定时间内报送财政部门。

应注意的是，基本支出自主调整的范围仅限于人员经费经济分类"款"级科目之间或日常公用经费支出经济分类“款”级科目之间的必要调剂，人员经费和日常公用经费之间不得自主调整。

2. 项目支出预算的编制

(1)项目支出内涵及特征。项目支出是部门为完成其特定的行政工作任务或事业发展目标而安排的支出。主要包括基本建设、有关事业发展专项计划、专项业务费、大型修缮项目、大型购置项目、大型会议项目等。项目支出预算是围绕“项目”编制的支出计划，其特征包括：

①专项性。项目支出预算的专项性体现在预算与业务结合之中，即预算围绕项目。项目围绕特定目标，项目预算是为完成特定工作任务而编制的经费支出计划，针对不同目标或任务应分别设立项目。

②独立性。每个项目支出预算应有其支出的明确范围，项目之间支出不交叉，项目支出与基本支出之间也不能交叉，如果出现交叉则说明项目目标或任务有重叠，项目边界不清，设置不尽合理。

③完整性。项目支出预算应包括完成特定目标或任务所涉及的全部经费支出，应避免将为一个目标或任务而发生的支出拆解分散到多个项目支出中去。

(2)项目分类。项目具体分为一级项目和二级项目两个层次。

①一级项目。一级项目是按照部门主要职责设立并由部门作为项目实施主体的项目。一级项目明细到支出功能分类的款级科目。

按照使用范围，部门一级项目分为通用项目和专用项目。通用项目是指根据部门的共性项目设立，并由各部门共同使用的一级项目。通用项目由财政部门根据管理需要统一设立。专用项目是指部门根据履行职能的需要自行设立和使用的一级项目。专用项目由部门提出建议，报财政部门核准后设立。每个一级项目包含若干个二级项目。

②二级项目。二级项目是在一级项目下设立的项目，包括在现有项目基础上规范整合而成的项目和新设立的项目，立项单位为项目实施主体。二级项目明细到支出功能分类的项级科目。

按照项目的重要性，二级项目划分为重大改革发展项目、专项业务费项目和其他项目三类。重大改革发展项目是指党中央、国务院文件明确规定中央财政给予支持的改革发展项目，以及其他必须由中央财政保障的重大支出项目等。专项业务费项目是指部门为履行职能，开展专项业务而持续、长期发生的支出项目，如大型设施、大型设备运行费，执法办案费，经常性监管、监测、审查经费，以及国际组织会费、捐款及维和支出等。其他项目是指除上述两类项目之外，部门为完成特定任务需安排的支出项目。基本建设项目统一列为其他项目。

(3)项目支出的预算管理。为适应政府预算从单纯的控制收支的工具向成为政府进行国家治理、实施宏观调控、实现施政目标的重要手段转变,项目预算管理更加注重作为一种管理工具的重要作用。项目预算主要目标亦由传统的强调投入分配和支出保障功能转向实现政府主要职能和中长期公共政策目标,突出预算的规划功能,发挥预算作为政策实施工具的作用。同时,促使各部门改善内部管理,转变行为方式,以更有效的方法和途径履行部门职责。

①项目设置及管理方式。项目设置要规范合理,要反映部门主要职责并具备可执行性,并且在保障合理需要的前提下,突出重点,聚焦国家的重大改革、重要政策和重点项目,有效避免项目间与年度交叉重复。

从项目管理方式来说,实施项目分级管理,即将部门的具体项目按照部门职责、行业或领域规划、项目内容等归集,形成若干个相对稳定的支出项目。

②项目库管理。项目库是对财政预算支出进行规范化、程序化管理的数据库系统,是预算支出管理的一项重要制度。项目库应当包含当前年度和未来几个年度内的所有支出项目。理论上政府所有的预算项目都应纳入项目库管理,列入预算安排的项目必须从项目库中选取,因此应做实项目库,将项目统一纳入项目库管理,做好项目储备。

第一,项目入库。入库项目需科学规范,入库项目必须在前期政策研究的基础上形成,能够集中反映部门的主要职责,具备明确的实施期限、分年度预算、绩效目标和评价机制以及可执行性,实现项目全周期滚动管理。

第二,备选项目选取。项目库备选项目选取的主体为政府各个部门,由政府各部门依照国家相关战略、政策优先方向、部门职能及部门长期和年度工作重点提出,然后根据项目的优先顺序和轻重缓急情况,结合部门相关年度财政资金情况,经过筛选而定。

③项目及预算的评审评价。项目评审要嵌入预算编制流程,即进入项目库的项目原则上要过评审,包括部门评审和财政部门评审。

第一,部门审核和评审。审核和评审的内容主要包括完整性、必要性、可行性和合理性等方面。通过审核和评审,部门要对一级项目下的二级项目进行优先排序。排序将作为预算和规划安排的重要参考因素。

第二,项目支出预算及项目库的申报。一是项目支出预算的申报。按照财政部门要求的分年度项目支出控制规模,部门根据项目的优先排序情况,将项目列入预算和规划中,向财政部门申报预算。二是项目库的申报。按照财政部门要求的分年度项目库控制规模,部门根据项目的优先排序情况,向财政部门申报项目。

第三,项目预算评审。预算评审是完善预算编制流程、提高预算准确性的重要措施。通过开展评审工作,建立健全预算评审机制,将预算评审实质性嵌入部门预算管理流程。

第四,强化评审结果的运用,部门将评审结果作为项目入库、申报和调整的重要依据,财政部门将评审结果作为预算安排的重要依据。

总之,项目预算由预算单位根据部门预算编制规程,在对上年预算批复项目进行清理的基础上滚动编制,即从上年预算已批复项目中,确定下年预算需继续安排的延续项目,并根据规程及评审结果确定下年实际需要增加的新项目。

各级部门预算编制完成后,要提交本级财政部门统一进行审查汇编。各级财政部门以各所属部门预算为基础,加上财政部门自身掌握的有关收支而编制的综合反映一级政府收支的预算一般称为政府财政总预算。财政部门在汇编中央或地方预算草案时,并不是简单地将各部门预算中的收支数额进行汇总,而是根据预算汇编的口径和预算管理办法,把同中央或地方预算有缴款、拨款关系的预算数字汇总编制。此外,还要把财政部门直接掌握的收支,如转移支付、债务收支、总预备费等一并编制,经过审核、汇总和综合平衡后,编制形成中央或地方预算草案。

《预算法》对我国的政府预算构成作出规定。《预算法》第三条规定国家实行一级政府一级预算,又规定全国预算由中央预算和地方预算组成。地方预算由各省、自治区、直辖市总预算组成。地方各级总预算由本级预算和汇总的下一级总预算组成。由此,按照行政级别,一级政府财政预算可分为由财政部汇编的中央预算和地方总预算,以及由各级地方财政部门汇编的本级地方总预算。从预算范围看,包括一般公共预算、政府性基金预算、国有资本经营预算、社会保险基金预算。实践中四本预算的具体构成则根据不同层级政府预算收支的构成而有所差别,即不一定都完整地包含四本预算。

8.3 预算标准体系建设

《预算法》、《国务院关于深化预算管理制度改革的决定》(国发〔2014〕45 号)、党的十九大报告均秉承十八届三中全会精神,把推进建立预算支出标准体系进一步细化作为深化预算管理制度改革的一项重要内容。研究预算项目支出标准并认真贯彻实施,是全面推进预算管理制度改革的关键,是建立现代预算制度的基本要求,亦是人大依法加强对政府全口径预算决算审查监督的重要依据。

8.3.1　基本支出标准建设:定员定额

基本支出预算是部门预算的组成部分,是政府部门为保障其机构正常运转、完成日常工作任务而编制的年度基本支出计划。

部门预算改革前,基本支出是采取基数加增长的方法核定的。财政部门每年在核定部门基本支出预算时,是以上年度基数为基础,考虑下一年度财政收入状况和各项增支因素,对不同的支出确定一个增长比例和规模,从而确定一个新的基数。由于这种分配方式的主观随意性较强,且每年确定支出增长比例和规模时不可能全面考虑各种影响支出的因素,年复一年,基数往往脱离了部门经费开支水平的实际情况,导致部门间经费保障苦乐不均的现象较为严重。

2001年,财政部开始对基本支出试点“定员定额”的管理方式,选择了农业部等10个试点部门,根据各单位履行职能的需要和财力可能等因素,制定了中央部门的人均基本支出标准。2002年,财政部颁布《中央本级基本支出预算管理办法(试行)》,在中央部门全面推行基本支出定员定额试点,并对基本支出的内涵作了新的界定。2007年,财政部修订印发《中央本级基本支出预算管理办法》,明确了定额标准制定的原则与方法,以及基本支出预算的编制、管理与监督等内容,进一步规范和加强了中央部门基本支出预算管理,保障了中央部门正常运转所需资金。

经过近二十年的完善,定员定额管理范围不断扩大,管理方式不断改进,基本支出定员定额已基本实现了与部门性质、职能、业务范围和工作任务相适应,与部门机构正常运转和日常工作任务的合理需要相适应,既提高了基本支出安排的公正性和合理性,也提高了行政事业单位基本支出的保障水平。

需要特别强调的是,基本支出预算实行以定员定额为主的管理方式,这一“定额”指的是预算分配定额,它用于公开、透明、规范地分配预算,而不是预算执行定额。另外,目前下达给部门的定员定额是综合定额,而不是单项定额,但在具体定额标准制定过程中是按照单项定额分项目测算的。

基本支出定额项目主要包括人员经费和公用经费两部分。人员经费主要包含基本工资、津补贴及奖金、社会保障缴费、离退休费、助学金、医疗费、住房补贴等。公用经费主要包含办公及印刷费、办公用房水电费、邮电费、办公用房取暖费、办公用房物业管理费、公务用车运行维护费、差旅费、会议费、福利费、日常维修费、专用材料及一般设备购置费、公务交通补贴等。在进行具体测算和分配时,根据实际情况设定人员经费和公用经费下的具体定额项目,以更好地推动部门加强资金统筹使用、体现综合定额管理的有关要求。

以中央部门为例,基本支出定员定额的标准如下:

1. 制定定员定额标准的依据

制定定员定额标准既要依据国家方针政策和财务制度的有关规定，又要考虑实际支出因素的变化。人员经费的定额标准，应严格按照国家的工资制度和有关政策规定的开支范围、开支标准核定。对公用经费定额标准的核定，相关支出开支标准有文件规定的，一般以文件规定为基础核定；没有文件规定的，按照《中央本级基本支出预算管理办法(2007)》(以下简称《办法》)的有关规定参照相关因素进行核定。

2. 制定定员定额标准的程序和方法

在制定定员定额标准时，必须贯彻执行国家有关方针、政策，做好深入细致的调查研究工作。根据公平和效率的原则，制定的定额标准既要体现公平性，又要照顾到不同类型单位的需要。按照《办法》的规定，制定定额标准一般应从以下四个方面进行：

(1)明确定额的计算对象。基本支出是与人、物或工作任务紧密相关的，因此，定额的计算对象必然是人、物或工作任务。人员经费定额中的各项内容一般以人作为计算对象，公用经费定额项目中的各项内容的计算一般也以人为主，辅之以定量的物或工作任务，即物化指标。如办公用房水电费、取暖费和物业管理费按面积，公务用车运行维护费按车辆台数，剧团按演出场次，等等。也就是说，定额的制定是根据支出的具体情况来确定具体计算对象的。

(2)收集基础数据。一般以单位各年度财务决算数据、预算数据和通过专项调查收集的有关数据资料为依据。其中，专项调查数据资料包括两部分：一是单位收支数据，如单位组织收入及支出的明细数据；二是人员、资产、工作任务、业务性质等基础数据。收集数据的范围视测算的需要而定。

(3)分析整理数据。剔除不合理因素，确保数据准确性及测算口径的可比性。长期以来，在基本支出经费的使用和管理过程中，一方面存在着经费供需矛盾突出，用项目经费弥补基本支出经费的情况，但另一方面也存在着一些不应在基本支出中列支的内容而列支基本支出的情况。因此，在制定基本支出定员定额标准的过程中，要对现有基本支出的开支内容进行彻底清理；对基本支出的开支范围进行准确界定，确保基础数据真实、可靠，定额标准的确定合理、规范。

(4)核定各项综合定额标准。定额标准是根据财力可能，结合部门的工作量、占有的资源、实际支出状况及部门分类，以人或实物资产为计算对象制定的，在兼顾公平和现状的基础上，确定同类部门的各单项定额标准。各个单项定额标准的总和，构成单位基本支出的综合定额。

根据上述方法初步测算确定出定额标准以后，还要进行复盘试算。除进一步分析各单位支出的历史演变过程和未来发展趋势外，还要看目前制定的各单位的定额标准是否符合国家的方针政策和各单位对资金的客观需求。最终，根据财力情况，经过反复比较测算以后,才能确定定额标准。

3. 定员定额管理单位范围

部门预算改革以来,随着基本支出改革的不断深化,基本支出定员定额管理的实施范围逐步扩大。结合部门预算管理有关要求,逐步建立了较为完善的分类分档定员定额管理单位体系,提高了基本支出预算分配的科学性和合理性。

(1)行政单位。根据各部门在党政序列中的位置及其职能等因素,将中央部门分为三大类,即党政领导机关、党务政务部门、其他部门和机构。

(2)参公单位。自 2006 年起,财政部开始研究参公单位纳入定员定额试点工作。经过几年的努力,参公单位定员定额试点工作在规范预算管理、保障单位运行等方面取得了初步成效,摸清了参公单位基本情况,规范了基本支出预算管理,提高了定额标准的科学性、准确性,保障了参公单位的正常运转。

(3)事业单位。自 2008 年开始,财政部在对中央部门所属事业单位的基本情况、人员情况、收支情况等进行摸底和分析的基础上,结合分类推进事业单位改革工作,逐步将符合条件的公益一类事业单位纳入定员定额管理范围。

4. 定额标准的调整

随着时间推移、政策变化、业务特点和单位职责的变动、物价水平和经济发展状况等实际情况的变化,定额标准要作适当的调整。《办法》中对定额标准的调整作了以下规定:定额标准的执行期限与预算年度一致;定额标准的调整在预算年度开始前进行;定额标准一经下达,在年度预算执行中不作调整;影响预算执行的有关因素,在确定下一年度定额标准时,由财政部统一考虑。

8.3.2　项目支出标准建设

项目支出预算是部门支出预算的组成部分,是部门为完成其特定的行政工作任务或事业发展目标,在基本支出预算之外编制的年度项目支出计划,包括基本建设、专项业务费、大型修缮、大型购置、大型会议等项目支出。

项目支出预算是围绕"项目"编制的支出计划,项目支出预算具有三方面的特征:一是专项性,预算围绕项目,项目围绕特定的业务目标,预算是为完成特定业务目标而编制的经费支出计划,针对不同目标应分别设立项目。二是独立性,每个项目支出预算应有其支出的明确范围,项目之间支出不能交叉,项目支出与基本支出之间也不能交叉。如果出现交叉则说明项目的目标或任务有重叠,项目边界不清,设置不尽合理。三是完整性,项目支出预算应包括完成特定业务目标所涉及的全部经费支出,应避免将为一个目标而发生的支出拆解分散到多个项目支出中去。

党的十九大报告提出了"建立全面规范透明、标准科学、约束有力的预算制度",而制定内容完整、结构优化、定额科学、程序规范、修订及时的项目支出标准体系，是实施全面规范、公开透明预算制度一项重要的基础工程。项目支出标准体系是由通用、专用和部门内部标准组成的相互联系、相互补充的有机整体，是申请、审核和安排预算资金的基本依据，在加强项目支出管理，促进预算管理规范化、科学化，以及深化部门预算改革等方面发挥着重要作用。积极推进标准体系建设有利于提高财政资金分配效率，规范资金使用行为，有利于建立现代财政制度，夯实全面深化财税体制改革的制度基础，有利于更好地发挥财政在国家治理中的支柱作用。

1. 近年来项目支出标准建设情况

2009 年，财政部正式启动中央本级项目支出标准体系建设工作，成立了项目支出定额标准体系建设领导小组，出台了一系列规章制度以强化组织保障。为加大标准建设力度，在对项目支出定额标准进行清理的基础上，财政部着力推进通用和专用定额标准建设，并要求中央部门积极开展内部标准建设工作。2015 年，财政部印发《关于充分发挥预算评审中心职能作用切实加强预算管理的通知》，推动预算评审中心积极参与标准制定。财政部通过强化标准应用，将适宜公开的通用和专用定额标准汇总编入《中央部门预算编制指南》，敦促部门形成“定标准用标准”的观念和依据标准测算支出的基本理念，将标准有机融入预算管理的全过程，充分发挥标准在项目支出预算管理中的基础性作用。

2. 加快推进标准体系建设的总体考虑

全面贯彻落实党的十九大精神，遵循财政预算编制的基本规律，着力转变观念、拓宽思路、突出重点、理顺关系，进一步提高中央本级标准体系建设的规范性、合理性和实效性，逐步完善基本支出标准体系，切实推进项目支出标准体系建设，力争到 2023 年建成规范、科学、合理的基本支出标准体系和涵盖财政重点支出领域、部门主要共性项目和重大延续性项目的数量适度、结构合理、科学规范的项目支出标准体系，更好地发挥标准在预算管理中的基础性作用。

第一，统筹谋划，改革创新。立足中央部门预算管理全局科学谋划，合理把握工作的力度和节奏。以改革创新精神引领标准体系建设，强化顶层设计和规划引导，进一步丰富标准的内容和形式，实现各类标准的有效衔接。

第二，突出重点，完善机制。坚持有所为有所不为，聚焦重点支出领域、共性项目、重大延续性项目开展标准制定工作，提高标准体系建设效率。进一步明确各方职责，着力完善标准体系建设管理体制和运行机制，加快形成工作合力，充分调动各方积极性。

第三，科学合理，讲求实效。紧密结合预算管理实际，遵循客观规律，运用科学的方法开展标准制定工作，增强标准的科学性、规范性和可靠性，合理保障机构正常运转、基本履职和重点工作需要。健全标准应用机制，推进标准管理与预算管理、资产管理有机融合，实现标准应用的常态化、制度化。

3. 项目支出标准建设重点工作

第一，拓宽建设思路。从项目文本和支出标准两方面推进标准化建设，新制定的标准一般包含两部分：一是规范的项目文本。逐步实现同类型项目的项目文本在框架结构、支出内容、文本格式等方面的统一，并按规范的文本编报和审核预算，实现同类项目预算可比较、可分析。二是量化的支出标准。对项目支出中适合制定开支标准的部分，综合运用多种方法，制定符合实际的支出标准作为预算审核依据，并根据经济社会发展和财力状况适时调整。

第二，丰富标准形式。适当扩充标准外延，支出标准不再拘泥于定额标准一种形式，将财政资金分配规范等纳入支出标准范畴。支出标准包含以下形式：一是安排教育、科学等财政支出重点领域预算规模及其结构的基本规范，进一步优化财政资源配置效率；二是分配专项资金的规范方法，运用这些方法能够有效地规范专项资金的分配，相对合理地确定具体项目的预算额度；三是确定项目整体或某项支出内容预算额度的测算标准，根据各项支出的特点和实际需要，合理运用绝对标准（如支出定额）和相对标准（如计提比例）、综合标准和分项标准等多种形式。

第三，突出建设重点。重点针对部门普遍使用、资金量大、实施期限长、适合标准化管理的项目制定标准：一是对中央本级支出的重点领域，如教育、科学等，综合考虑各方面因素，研究相关领域预算安排的基本规范。二是对中央本级的共性项目，分期分批制定通用的项目文本和支出标准。对暂时无法制定量化支出标准的，也要首先从项目文本上加以规范。三是对部门延续性重大项目及专项业务项目制定项目文本和支出标准，作为部门内部预算编报和审核的依据。对一次性项目，考虑到项目数量众多，制定标准既无法满足时效性的要求也不经济，主要通过预算评审确定支出范围和预算额度。

第四，明确各方分工。充分调动各方积极性，建立边界清晰、相互衔接的分工协作体系，形成工作合力。基本支出标准体系建设由财政部负责，用于基本支出预算的测算和分配。项目支出标准体系建设主要采取“财政部牵头组织，中央部门具体落实”的管理模式。其中，适用于中央本级共性项目的通用标准，由预算评审中心牵头研究制定；适用于特定部门、专项资金或专项业务项目的专用标准，由预算评审中心会同部门研究制定；部门内部标准由部门研究制定。

第五，与预算评审相结合，即推进预算评审与标准建设的深度结合。一是强化标准在预算评审中的应用，把支出标准作为预算评审的重要依据，同时，根据评审情况提出对现有标准进行调整的意见和建议。二是强化预算评审在标准制定工作的作用，把标准建设纳入预算评审工作流程，充分利用评审结果，对所评项目的特点和规律进行深入分析，并对项目内容和支出需求进行梳理，形成标准的初步方案，按程序批准后成为正式标准，加快形成评审一类项目、出台一个标准、规范一个领域的工作机制。

8.4 财政总预算的编制

各级部门预算编制完成后，要提交本级财政部门统一进行审查汇编。各级财政部门以各所属部门预算为基础。财政部门自身掌握的有关收支而编制的综合反映一级政府收支的预算，一般称为政府财政总预算。我国的政府预算构成在《预算法》中有明确规定。《预算法》第三条规定国家实行一级政府一级预算，又规定全国预算由中央预算和地方预算组成。地方预算由各省、自治区、直辖市总预算组成。地方各级总预算由本级预算和汇总的下一级总预算组成。

由此，我国政府总预算按政府层级可划分为：全国总预算、各省级总预算、各市级总预算、各县级总预算和乡级总预算。从预算范围上看，每一级总预算都包括一般公共预算、政府性基金预算、国有资本经营预算和社会保险基金预算。实践中，四本预算的具体构成则根据不同层级政府预算收支的构成而有所差别，即不一定都完整地包含四本预算。

8.4.1 政府总预算与政府部门预算之间的关系

政府是由各政府部门组成的，政府的职能也是由各政府部门来完成的，政府部门是政府预算的执行主体。因此，政府预算与政府部门预算之间存在着总体与部分、整体与个体的关系。

一般而言，政府预算应是各政府部门预算的汇总。但实践中，也存在政府预算不等于部门预算汇总之和的情况。原因有两方面：一方面是政府层面上存在由财政部门直接掌握的资金预算，如各种政府直管项目、转移支付、债务收支、总预备费等，这些项目和资金的预算不计入任何政府部门的预算，而是直接计入政府预算中；另一方面，某些政府部门的收支也不计入政府预算，而只计入部门预算，如各大学的教育收费，计入各单位和教育部门的预算，但不计入政府预算。由此，我国的政府预算就不等于部门预算的汇总。

财政部门在汇编中央或地方预算草案时，并不是简单地将各部门预算中的收支数额进行汇总，而是根据预算汇编的口径和预算管理办法，把同中央或地方预算有缴款、拨款关系的预算数字汇总编制。此外，还要把财政部门直接掌握的收支，如转移支付、债务收支、总预备费等一并编制，经过审核、汇总和综合平衡后，制成中央或地方预算草案。

8.4.2　中央政府预算的编制

中央预算是中央政府的财政收支计划。中央预算所组织的收入主要用于保证国家安全、外交、调整国民经济结构、协调地区发展、实施宏观调控以及中央级科学、教育、文化、卫生和行政管理费等支出。

根据《预算法》，中央预算包括一般公共预算、政府性基金预算、国有资本经营预算和社会保险基金预算。

中央一般公共预算包括中央各部门（含直属单位）的预算和中央对地方的税收返还、转移支付预算。中央一般公共预算收入包括中央本级收入和地方向中央的上解收入。中央一般公共预算支出包括中央本级支出、中央对地方的税收返还和转移支付。

8.4.3　地方政府预算的编制

地方政府预算是各级地方政府的财政收支计划。根据《预算法》，地方各级政府预算由一般公共预算、政府性基金预算、国有资本经营预算和社会保险基金预算组成。

地方各级一般公共预算收入包括地方本级收入、上级政府对本级政府的税收返还和转移支付、下级政府的上解收入。地方各级政府的一般公共支出包括地方本级支出、对上级政府的上解支出、对下级政府的税收返还和转移支付。

在中央总预算和地方总预算编制完成的基础上，财政部将中央预算、各省级财政总预算进行审核与汇编后即形成全国总预算，并编制政府预算说明书，报国务院审核和全国人民代表大会审议。

8.4.4　预算周转金、预备费与预算稳定调节基金

在各级政府总预算中，设置有预算周转金、预备费和预算稳定调节金科目。这些资金都是财政储备资金，但用途各不相同。

1. 预算周转金

预算周转金是指各级总预算为平衡预算年度内季节性收支差额，保证预算收支的正常进行，避免收支在时间上脱节而设置的一种供周转使用的资金。它是国家财政后备基金的一种形式。各级财政为了平衡季节性收支，必须设置相应的预算周转金。在预算执行过程中，由于季节性等原因，可能出现支出在前、收入在后等收支不匹配的情况。设置周转金则可解决这一问题。当发生季节性收支不平衡时，可先用预算周转金垫借，待收大于支时再予归还。这项基金只能用于周转使用，不能安排支出，年底须补

足数额，以保证国家预算的正常执行和圆满实现。

我国《预算法》第四十一条规定，各级一般公共预算按照国务院的规定可以设置预算周转金，用于本级政府调剂预算年度内季节性收支差额。《预算法实施条例》第四十九条规定，经本级政府批准，各级政府财政部门可以设置预算周转金，额度不得超过本级一般公共预算支出总额的1%。年度终了时，各级政府财政部门可以将预算周转金收回并用于补充预算稳定调节基金。

2. 预备费

预备费也称财政预备费或财政总预备费，是指在预算编制过程中，针对当年临时性或紧急性的资金支出需求而设置的、不预先确定具体用途的后备性基金。

在预算管理实践中，当遭遇各类突发事件时，政府需要有坚固殷实的财力保障，以有效应对。因此，各国政府在编制预算时，都会预留一部分资金作为应急财政资金。作为应急财政管理的重要内容，预备费在各国预算管理中具有重要地位。

我国现行《预算法》第四十条规定，各级一般公共预算应当按照本级一般公共预算支出额的百分之一至百分之三设置预备费，用于当年预算执行中的自然灾害等突发事件处理增加的支出及其他难以预见的开支。《预算法》第六十九条第二款进一步明确了预备费的使用程序，规定如下：由于发生自然灾害等突发事件，必须及时增加预算支出的，应当先动用支预备费；预备费不足支出的，各级政府可以先安排支出，属于预算调整的，列入预算调整方案。

由此，我国预备费的设置主体为各级政府，设置基础和比例为本级一般公共预算支出额的百分之一至百分之三，具体幅度由各级政府自定。动支时由财政部门提出预备费方案，报本级政府决定，用于当年处理自然灾害等突发事件增加的支出及其他难以预见的开支。

3. 预算稳定调节基金

预算稳定调节基金是指由中央或地方财政通过对超收收入或支出结余等安排的具有储备和调控性质的专项基金，视预算平衡情况，在安排下年度预算时调入或使用，或用于弥补短收年份预算执行的缺口。预算稳定调节基金的安排和使用接受同级人大及其常委会的监督。

我国《预算法》第四十一条规定，各级一般公共预算按照国务院的规定可以设置预算稳定调节基金，用于弥补以后年度预算资金的不足。

预算稳定调节基金作为实行逆周期财政政策、调节预算收支余缺、保持财政预算长期稳定发展的工具，最先在国外产生。美国于1946年在纽约州最先设立预算稳定调节基金，随后各州相继设立。俄罗斯、智利、新加坡、挪威等多个国家也都设立了预算稳定调节基金。

从国际上看，预算稳定基金大致可以分为以下三种类型。一是调控型基金，即将基金作为实施逆周期财政政策的工具，如新加坡、南非、中国香港地区等。这些国家和地区设立预算稳定调节基金的目的是为了平滑经济衰退时期的政府预算而设立的一般预算储备基金，其收入来源主要是经济繁荣时期政府预算年度内的财政收入盈余积累以及非经济因素造成的超收收入。二是稳定型基金，如俄罗斯、智利、科威特、伊朗等资源储备丰富的国家，为了保持政府财政预算的长期稳定而设立的预算稳定调节基金。三是储蓄型基金。一些国家和地区，如科威特、基里巴斯、新几内亚以及加拿大的部分州(省)等，为防止资源枯竭对子孙后代造成经济损害而设立预算稳定调节基金，其目的是为其子孙后代提供经济保障。

我国的预算稳定调节基金创设于 2007 年，是在我国出现多年财政较大超收的背景下设立的。1994 年分税制改革后，我国财政收入高速增长。2000—2007 年，在累计财政收入达到 20 多万亿元的基础上，全国累计财政超收 2 万多亿元，超收率将近 10%。超收必然带来超支，由此导致我国财政支出大幅度超预算增长。为解决财政超收问题，切断超收与超支之间的直接联系，2007 年财政部下发《关于应发未发国债和预算稳定调节基金会计核算的通知》(财库〔2007〕117 号)，决定设立“预算稳定调节基金”，通过对超收收入的安排，弥补预算执行缺口。同年，中央财政从上年度财政超收收入中安排 500 亿元建立了中央预算稳定调节基金。2015 年起施行的《预算法》分别从预算结余资金管理、超收收入使用、预算调整情况等角度对健全预算稳定调节基金制度作出了规定。2018 年实施的《预算稳定调节基金管理暂行办法》(财预〔2018〕35 号)指出，在同级政府同意财政部门提出的具体方案后，可以将预算稳定调节基金编入本级预决算草案或本级预算的调整方案中，从而进一步明确了各级政府设置补充和动用预算稳定调节基金的权限；同时规定，各级财政部门应当合理控制预算稳定调节基金规模，使其能够满足跨年度预算平衡的需要，保持年度间政府预算的衔接和稳定。截至 2015 年，除港澳台外，我国各省、自治区、直辖市和计划单列市均设立了预算稳定调节基金。

根据《预算稳定调节基金管理暂行办法》，预算稳定调节基金是各级一般公共预算设置的财政储备性资金，以可累积的基金模式管理，意在实现宏观调控，保持年度间政府预算的衔接和稳定。基金收入来源包括各级一般公共预算的超收收入、结余资金，以及政府性基金预算结转资金超过当年收入 30% 的部分、结转两年仍未用完的结余资金等，一些省份还扩大至国有资本经营预算和预算周转金。基金动支用途包括补充一般公共预算收支缺口、冲减财政赤字、化解政府债务、实现预算平衡等，一些省份还细化、扩大至弥补因重大减收因素造成的资金缺口、应对不可预见的重大突发公共事件，或者用于重大基础性建设项目、落实上级政策、解决各级政府议定的重大紧急事宜所需资金等。

预算稳定调节基金的设立和运行，对加强财政超收超支的预算管理、应对突发事件以及弥补预算执行缺口都发挥了积极作用。但基金目前的运转仍然存在制度规定模糊、管理不规范、透明度不高、作用发挥有限等问题。今后应加强基金管理，细化基金管理制度，清晰划分预算稳定调节基金与预备费之间的界限，增强基金的透明度，减少基金调入、调出的随意性，让基金围绕基金设置的目标良好运转，更好地发挥作用。

思考题

1. 我国政府预算编制遵循什么程序？
2. 我国政府部门预算改革主要围绕哪些方面展开？
3. 我国政府部门基本支出预算的含义是什么？如何编制基本支出预算？
4. 我国政府部门项目支出预算的含义是什么？如何编制项目预算？
5. 我国政府预算收入都包括哪些？支出都包括哪些？
6. 预算标准体系建设主要包括哪些内容？
7. 预算周转金、预备费和预算稳定调节金各自发挥什么作用？三者有何区别？

第 9 章　政府预算审批

预算审批是指预算管理机构将政府编制好的预算草案提交到立法部门审查批准。预算审批是整个预算过程的第二阶段。只有经立法审批的预算才能被执行。政府预算由立法机构审批是现代预算制度的本质特征。

9.1　立法机构审批预算的权力

与私人预算由私人决策不同，在现代社会里，作为公共预算的政府预算虽然由政府编制，但政府不具有预算的决策权。预算的决策权掌握在公众手中，体现在各国实践中，表现为立法机构掌握政府预算的审批权。这是因为在现代社会里，公众与政府之间形成了委托代理关系。公众以税收、收费等形式让渡自己的一部分收入，交予政府，由政府为公众提供必需但不能靠私人提供的公共产品。政府作为公众的代理人，只有预算执行权，而没有预算决策权。政府取得和使用公共资金的前提是公众同意，由此使预算决策权和执行权分置。公众直接参与决策的局限性催生了代议制，即由公众选出的代表形成立法机构代表公众做出决策的制度。预算的立法审批即源于此。预算审批权是立法机构最重要、最基本的一项权力，这种权力通常也被称为“钱袋子”的权力。

立法机构审查和批准政府预算意味着立法机构对政府活动进行批准和授权，是公众财政决策权的体现。一般而言，立法机构的预算审批权包括收入审批权和支出审批权。收入审批权，即政府征收任何收入都必须事先取得立法机构的同意，遵循收入法定原则，未经立法机构同意，政府不得征税、举债和收费。如美国《宪法》第一章第七款和第八款都规定，所有税收的征税权都属于国会。支出审批权，即政府所有支出，都必须经过立法机构批准和授权，非经立法机构许可，政府不得进行任何开支。美国《宪法》第一章第九款规定，非经国会批准，政府不得从国库支出任何资金。

立法机构的预算审批权关乎着现代国家治理的根本，因为它直指对公权力的约束与规范，是国家治理现代化的关键所在。从世界各国的情况看，在建立了现代制度的国家中，上述立法机构的预算审批权都从法律上，甚至是在宪法中予以明确规定。

预算修正权是立法机构预算审批权的重中之重。所谓预算修正权是指立法机构在审查和批准政府预算时，对不符合公众利益的预算内容，包括预算项目和预算金额等进行修改的权力。预算修正权是衡量一个国家立法机构预算权力大小的关键性指标。如果立法机构不能对政府预算进行修改，则其预算权较小；反之，则较强。在审批政府预算的过程中，绝大多数国家的立法机构都可以对政府预算进行修正，但各国立法机构对政府预算的修正程度存在差别。有些国家对立法机构的预算修正权完全不受限制，立法机构在审批政府预算时，可以改变政府提交的预算草案上的预算规模和结构。绝大多数实行总统制的国家都是如此，以美国和菲律宾最为典型。而在绝大部分实行议会制的国家里，如英国、法国、澳大利亚、日本、加拿大，议会不能提出增加支出的修正案，但可以提出缩减支出或调整资金分配的修正案。总统制与议会制下立法机构预算修正权之所以会产生差别，是因为制度安排上的不同。在议会制下，政府内阁一般是由议会中多数党的议员组成，使得立法与行政之间的差别较小。虽然议会作为选民代表有权对政府的收支行为进行审查，但是这种制度安排并不强调通过行政与立法之间的权力相互制约来保证公共利益的实现，因而议会的预算修正权受到限制。而总统制下的国家强调立法权与行政权的相互制约，作为公众利益的直接代表——议会，自然就被赋予较大的预算权力。

9.2 立法机构审批预算的能力

当一个国家在法律上赋予立法机构预算审批权（或称为财政决策权）后，立法机构的预算审批能力就成为该机构是否能担当此大任的关键。预算审批是一项非常重要，但又很专业、很复杂的工作。它要求审批者面对政府提出的预算总额、预算结构以及各种项目能够正确判断预算规模是否适度，结构是否合理，各种项目、活动是否必需以及进行各种项目、活动所需的成本。这不仅要求决策者具有丰富的宏观经济知识，还要求他们具备政府各职能领域的专业知识。因此，面对政府整体预算，立法者难以在规定的时间里进行审查并做出判断。要使立法者拥有审批政府预算的能力，一方面，要改变政府预算整体审批的做法，将政府预算进行合理分拆，分别审查。另一方面，立法机构需要建立起审批预算的能力，而这种能力的建立在很大程度上取决于是否能在立法机构内部建立起预算审批的委员会体系。在立法机构内部建立预算审批的委员会体系，可以在预算审批上进行专业分工，从而提高立法机构的工作效率。同时，各委员会还可以雇用专业人员为预算审批提供服务，提高决策者的决策能力。

那么,委员会应该如何设置？这取决于立法机构审批预算的职责。从公共预算的理论和实践来看,总额控制、收入控制、支出控制是立法机构预算审批的最基本、最重要的职能,与此相适应,立法机构内部的委员会体系也应按照这些职能来设立。

一是总额控制,即对政府的预算规模进行控制。由于资源相对于人类需求而言总是稀缺的,而预算申请者在效用(利益)最大化原则的支配下,一般而言,也总是尽可能申请更多的预算资金,因而导致预算支出不断增长,预算平衡难以实现。如果不对预算总额加以控制,则公共支出将会失去控制,赤字高攀,债台高筑,税费负担沉重,国家将陷于高财政风险之中,这显然是违背公众利益的。鉴于此,对政府支出总额进行控制是立法机构审批预算的一项重要任务。而这项任务的完成需要一个能从全局角度或整体角度代表立法机构审查政府预算的委员会组织。从实践情况看,大多数加入经济合作与发展组织的国家都设置了这样的委员会。这个组织通常被称为预算委员会(美国、日本、韩国、西班牙等),或财政委员会(法国、德国、加拿大、新西兰、瑞典等)。

二是收入控制,即对政府提出的各种税收、收费或债务提议进行审查并做出决策。与此相适应,立法机构应建立收入控制委员会,或称筹款委员会。

三是支出控制,即对政府提出的各种支出项目进行审查,并做出决策。立法机构对支出的控制职能又可以分为授权控制和拨款控制两种。

授权控制,即对政府部门提出的项目进行必要性审查,并决定该项目是否实施。根据现代预算制度的要求,政府在没有得到立法机构授权的情况下,是不能从事花费任何公共资金的活动的。因此,立法机构的授权决策是政府活动的前提,与此职能相适应,立法机构需要建立授权委员会。由于政府职能众多,实现职能而设置的项目也多种多样,因而授权委员会内部会根据政府职能和项目种类再划分若干小组委员会,分别对不同项目和活动进行授权决策,以发挥委员会的专业性和提高工作效率。对一个大政府而言,这种授权委员会内部的细分组织建设尤其必要。

拨款控制,即确定项目资金额度。在授权决策之后,立法机构还需要确定各授权项目的资金额度,即确定给予各项目多少资金。与此相适应,立法机构应建立拨款委员会。与授权委员会一致,拨款委员会内部也应设立相应的小组委员会。

通过立法机构内部委员会体系的建立,立法机构具备了审批政府预算的基本能力。但现实中并非所有的国家都建立了这种委员会体系,即使是经济合作与发展组织成员国,委员会建立的情况也不同。英国在议会内部,就没有设立专门的委员会来事前审查政府预算。英国下院的公共审计委员会仅仅只审查预算执行,而不审查政府预算草案,它的税收委员会(即筹款委员会)在 1967 年就被取消了。这在很大程度上是因为英国议会存在一个很强的“议会的权力属于所有议员”的政治传统,政府预算的审查任务是通过两个不同的委员会分别召集全体议员会议完成的。有些国家则通过立法机构的预算委员会或财政委员会处理与预算审批有关的事务。

美国国会的委员会体系最为完整。在预算实践中，美国逐步建立起包括预算委员会、筹款委员会、授权委员会和拨款委员会在内的委员会体系。

专栏 9.1　　美国国会内部的委员会体系

在美国的预算审批过程中，参议院预算委员会、众议院预算委员会、筹款委员会、授权委员会和拨款委员会各司其职，共同完成联邦预算审批工作。在这一过程中，参、众议院预算委员会负责从宏观层面对联邦预算草案进行审查，其余的委员会则负责审查收支预算草案中的具体内容。

1. 参、众议院预算委员会

参、众议院预算委员会是国会中专门对总统的联邦预算案进行审议的两个常设委员会，成员均由参众议院的部分议员构成，通过投票选举产生。主要职责是根据总统提交的联邦预算草案及国会预算办公室的预算分析，编制"预算决议"。所谓"预算决议"，包括税收总额和总额应变动的数量、新预算授权总额及支出、赤字或盈余总额、公共债务变动量及余额，实质上是一个约束预算收支金额的总体框架。部门预算方面，在预算决议的编制形成过程中，两个预算委员会均可传唤管理与预算办公室和财政部人员进行部门预算信息的质询或召开听证会。"预算决议"产生并在参众两院投票表决通过以后，自由裁量支出预算中 20 个部门预算功能大类中每一项的可分配资金上限就被确定下来了。

2. 参、众议院筹款委员会

众议院的赋税委员会和参议院的财政委员会负责审查与联邦税收制度有关的提案，并为税收立法活动提供必要的支持。众议院赋税委员会只能举行听证会，没有通过任何议案的权力。赋税委员会收到总统税收建议或众议员提出的税制调整提案后组织有关专家起草税法草案(或修订草案)，并在委员会内部对税法议案进行表决，多数同意后即形成法律草案，并起草审议报告。报告一般比较详细，包括了委员会成员中反对该提案的少数派观点。作为对委员会行为依据的书面记录，该报告将分发给众议院的每一位成员，并为以后联邦最高法院对这项立法进行解释提供依据。赋税委员会完成报告之后即将草案提交众议院全体会议。众议院全体会议就税法草案和报告进行辩论，然后进行表决。如通过，则将法案提交参议院审议；否则，将被退回拨款委员会重议或被放弃。税收法案经过众议院审议通过后送交参议院审议通过。参议院财政委员会在接到税收法案后采取与拨款委员会相同的程序重新对其进行讨论，并起草审议报告提交参议院全体会议审议、表决。

3. 参、众议院授权委员会

参、众议院授权委员会并非两个常设委员会的名称，而是行使预算授权职责的参众议院专门委员会的统称。授权也可以称为授权立法，通过授权，国会规定联邦部门行使其职责时必须做什么或不可做什么，有权解释一个部门的组织结构及其运作程序，有权通过具体立法条文赋予部门权力或限制其运作自由，限制联邦部门的支出项目可获得的拨款资金上限。对于大多数支出项目，授权由每个议院的一个委员会完成，有些授权活动则需要由多个委员会合作完成。

4. 参、众议院拨款委员会

参、众议院拨款委员会是国会中负责拨款法案的两个常设委员会，成员均由参众议院的部分议员构成，通过投票选举产生，主要职责是确定各部门自由裁量支出预算中的拨款额度。两院的拨款委员会下各设13个小组委员会，分别为：农业、农村发展、食品与药物管理；商业、公平与科学；国防；能源与水利；金融服务与一般政府；国土安全；内政与环境；劳工、卫生与公共服务、教育；立法事务；军事建设与退伍军人事务；国际国内事务；交通、住房与城市发展；听证会记录存档。前12个小组委员会分别负责20个主要预算功能分类中与之相关的部门预算项目的资金分配，小组委员会主席负责起草本小组委员会的拨款法案。小组委员会的拨款法案必须服从预算决议设定的支出限额。小组委员会的所有成员都要参与对拨款法案的审议、修订，以及最终的投票。一旦通过小组委员会的投票，拨款法案就被提交给拨款委员会全体成员审议，之后再将其送交参众两院审议。与预算委员会类似，拨款委员会也有传唤管理与预算办公室或相关预算当事部门进行质询，或者召开听证会的权力。

9.3 立法机构审批预算的内容

预算体系较为成熟的国家或地区的立法机构经常审查、认可或正式批准以下内容。

1. 宏观性预测

宏观性预测是预算预测所依据的宏观经济框架和假设。提交立法机构审批的预算草案，必须以清晰的宏观经济信息预测作为支撑，包括国家或政府辖区的经济增长率、通货膨胀率、就业率等指标，以此证明政府预算安排的合理性和必要性。尽管预算的主要假设在许多国家都有清楚的表述，但立法机构并不一定要对其进行深入研究，通常也不会改变行政部门提出的假设。在一些国家或地区，预算假设是由独立机构准备或审查的，例如议会预算办公室。

2. 收入预算的审查

(1)收入预测。预算收入预测所依据的方法和假设可以由立法机构审查并批准。批准意味着立法机构认可政府对未来的收入估算和基本经济假设。在立法机构设有独立预算办公室的国家，立法机构往往会对行政部门提出的收入估算额进行审批。但也有些国家或地区，法律禁止立法机构更改政府的收入估算，只有在特殊情况下立法机构可以提高收入估算，以便为新支出提供资金。

(2)税收政策。预算的统一性原则要求在同一时间和同一法律中批准收入和支出。在实行该原则的国家和地区中，对税收政策的变更会在年度预算法案获得通过的情况下被一并批准。这可能需要经过两阶段的议会批准程序。包含收入、支出总额的年度预算框架会首先获得批准，然后在第二阶段议会将批准详细的支出估算。在未实行统一性原则的国家，议会批准税收政策是通过单独的立法途径进行的。但立法机构对于税收政策的审查和改变并不是不受约束的。一般来说，议会的活动不应突破中期预算框架或违反税收目标。此外，如果立法机构批准减税，则需要批准降低支出以实现赤字或盈余目标。

(3)举债计划和举债额度。为了给下年预算支出活动提供充足的财源，现代政府往往会将举借债务视为获得预算收入的常规途径。尤其是在区分运营预算和资本预算的国家，政府对于资本性项目的投资，往往会通过发行公债获得资金。由于举债活动本身对于政府的财政可持续性具有重大影响，亦有可能加剧政府辖区内公众的未来税收负担，因此，作为公众直接代理人的立法机构，往往会对行政部门的举债计划和举债额度进行详细的论证和审查，并通过批准预算案或单独制定法律的形式，明确限定政府未来预算年度的举债额度和债务资金的具体用途。

3. 支出预算的审查

(1)中期预算框架和支出上限。立法机构可以通过制定中期预算框架(MTBF)或至少认可行政部门提出的中期预算目标，从而影响预算政策并促进理想的财政调整。MTBF所确定的总额通常以法律形式确定下来，该法律还需要规定中期框架内每年的年度支出总额。

(2)预算支出总额和具体支出活动的预算额度。立法机构预算审批的最主要对象是预算草案中的政府支出活动。具体来说，包括下一预算年度的支出总额和具体支出活动所申请的预算金额。当政府预算草案被审查并表决通过后，立法机构会颁布拨款法案，明确对政府支出进行授权，并限定政府预算的支出总额和具体支出活动的可用额度。年度拨款法案中使用的支出预算分类结构，通常是以下各种具体分类方式的组合:①支出主体,即政府各部门以及部门的下属机构;②项目、子项目、活动,结果或产出;③经济类型,即按照政府支出的具体形式,例如薪金、转移支付、其他非工资性经常支出、资本支出;④功能分类,通常按照国际分类,如国际货币基金组织的“政府支出职能分类”。

一般而言,立法机构在预算审批过程中,有权决定年度预算拨款的结构和格式,但是各国的实践会有所不同。在英国,议会无法改变年度支出预算的格式。根据长期以来的传统,只有英国政府有权确定预算草案的格式,英国议会仅能依照政府预算草案的格式颁布拨款法案。相反,美国国会每年都会更改年度拨款法案的格式。如何安排对部门、项目的拨款形式取决于拨款委员会的偏好。在这两个极端之间,还存在一些中间形式,即议会可以通过一项法律规定每个部委的年度拨款格式。例如,在德国,有关预算原则的法律要求将详细的经济和功能分类应用于各级政府,包括应用于联邦、省和市的预算草案编制过程中;在法国,2001 年颁布的《组织预算法》要求按照政府的使命(mission)和项目(program)进行拨款,从而大大简化了预算拨款结构。当立法机构要求政府对预算执行情况和结果负责时,它将放弃对于预算拨款作出过多限制。当前的绩效预算实践中,许多国家减少了年度预算法案中的预算支出条目数量。

一旦预算草案获得立法机构审批,预算拨款的每个基本拨款单元获得的预算资源数额就以法律的形式确定下来。基本拨款单位可能是部门、项目、活动乃至薪酬和补助等具体支出对象。核心预算部门和职能部门不得突破各基本拨款单元的预算额度安排支出,但可以在立法机构批准的额度内进行进一步的资源分配,如在活动的各经济分类条目(line-item)间分配未来财年的预算额度,进而确定项目运营的雇员补贴、商品和服务购置费用等。

(3)债务管理策略。某些国家或地区的立法机构会审批政府的年度公共债务运营计划,确保其与中期债务管理策略和 MTBF 相一致。立法机构也可以审查并批准减债计划,特别是在政府公共债务水平较高、长期财政可持续性受到威胁的情况下。

(4)预算外资金和支出。在一些国家,法律允许预算外基金存在,立法机构也可以授权某些自主性机构收取费用,维持自身运营。对这些机构的预算拨款可以以净额而不是总额的形式安排。对于这类机构的收支活动,如果没有足够的监督,则可能会使政府的支出活动在议会权限之外进行。因此,有必要将所有预算外活动的全部信息提供给立法机构。预算体系的法律或法规应禁止在未获得立法机构明确批准的情况下建立新的预算外基金,也有权取缔现有的非必要预算外基金。

9.4 立法机构审批预算的程序

在预算实践较为成熟的国家中，立法机构对预算的审批过程通常分为两个主要阶段，即预算前议会讨论阶段和预算正式审批阶段。预算前议会讨论大致在行政机构开始编制下一财年预算草案时召开，也有不少国家议会在新财政年度开始之前数月即对政府预算进行预算前辩论。这一辩论通常由全体或部分议员参加。组织该辩论有两个目的：(1)信息获取。帮助立法机构了解政府的财政政策意图，政府将在此时提出其最新的年度和中期预算战略及政策重点。(2)制定预算框架。立法机构在此时提出"硬性"的多年财政目标和支出上限，政府在为下一个财政年度准备详细支出估算时，必须遵守这些目标。在行政机构的预算草案编制完成后，立法机构即开始对预算进行正式审批。在大约 85％的经济合作与发展组织国家中，行政部门预算草案是在新财政年度开始之前的 2 到 4 个月提交立法机构的，另外 15％的国家的情况差异较大，预算案提交立法机构的时间从财政年度开始前的 0 到 8 个月不等。一般来说，议会通常需要 2 到 3 个月的时间来审查详细预算，并在中期预算框架内提出其他可能的替代性预算政策。对于预算批准日期，一些国家的法律要求在新的财政年度开始之前通过年度预算，使之成为法律。即使没有法律约束力的日期，大多数经济合作与发展组织成员国的议会也会在新的财政年度开始之前通过年度预算法律。例外的情况是一些受英国制度影响的国家(如加拿大、爱尔兰、新西兰、南非)，通常在财政年度开始后通过年度拨款法。

就预算的正式审批过程来说，一般可具体分为以下四个阶段：

第一阶段，预算委员会审查总预算。在大多数国家，政府预算递交议会后，议会首先要对总预算进行审查。所谓总预算，即本级政府各部门预算汇总，一般是指关于下年度乃至未来 5 年的预算蓝本，其内容主要包括对下年度和未来 5 年的经济形势预测，下年度财政收入和支出额度，下年度赤字水平、举债情况和财政赤字总额，以及下年度各部门支出限额等。在绝大多数国家，对总预算的审议都要通过一个决议，对支出和举债等自由裁量性收入设定上限。虽然这个决议并不形成法律，但对拨款法案的制定有很强的约束作用。对总预算的审查主要由议会的预算委员会负责，有的国家则由预算委员会与国防、民政等专门委员会一起审议。在此过程中，预算委员会要进行大量的听证、质询和协商工作，经过若干个审议阶段后再通过决议。

第二阶段，拨款委员会审查拨款法案。议会审查总预算之后，就进入审查与各政府部门收支相关的拨款法案程序。拨款法案在发达国家部门预算管理中具有重要作用。一般拨款法案通过后就成为预算法律,具有法律强制力。拨款法案代表法律对部门预算支出的授权,一般根据政府部门的职能分工,把业务相近的部门预算案合并在一起制定一个拨款法案。有的部门仍需由专门的授权委员会单独制定一个授权法案,为支出活动提供相关权限。总之,每个预算年度,立法机构均须审批通过若干拨款法案。例如,美国国会每年要审批外交、国防、农业、教育等13个拨款法案。拨款法案内容一般包括法案内容的总体介绍、法案所涉及的部门职责说明、支出项目内容和资金使用权限、支出额度和绩效目标(对编制多年度预算的国家而言,拨款法案不仅包括下一年度的支出额度,还包括未来5年的支出额度),以及关于部门资产和负债的总体情况、削减财政支出的说明、拨款委员会修改项目的说明等。一般来说,审议的内容主要是自由裁量性支出,社会保障、社会福利等权利性支出不需要经历每年的拨款审议程序,而是根据事先的法律规定自动生效。拨款法案审议完成之后,需要议院全体议员表决通过。议会采取"两院制"形式的国家,对中央政府预算草案的审议一般是在两个议院同时进行,预算草案需要被两院同时批准后才能生效。这就需要两个议院通过协调机制弥补分歧,达成一致。

第三阶段,议会大会表决通过预算。议会拨款委员会审议完拨款法案后,要提交立法机构全体大会,由全体议员或代表对预算案进行投票表决,一般需要取得多数票才可视为预算案通过,议会大会通过后完成议会审议程序。

第四阶段,预算成为法律。预算经议会大会审议后如何成为法律,各国做法也不一样。基本上有以下两种情况:

第一种情况是经政府首长签字后才能成为法律。例如,美国总统在接到议会通过的预算后10天之内,可以做出如下选择:(1)签字同意,则拨款法案成为法律。(2)予以否决,发回国会重新讨论。德国、法国等预算成为法律也需要行政首脑签字。

第二种情况是无须行政首脑签字,议会通过后即成为法律。例如,英国对议定支出的部分,下院全体议会表决批准后,形成"拨款法";日本是众议院通过预算后自动成为法案,无论参议院如何表决;加拿大议会通过的预算要象征性地经皇家认可才能成为法律。

如果预算在新的财政年度开始之前没有得到立法机构的批准,则须要有明确的规则,以确保现有的政府收支计划从新的财政年度的第一天起继续被执行,防止政府因缺乏必要的资源而停止运行。在一些国家,由于预算编制不可避免地被拖延,如内阁组成的变化或与国际金融机构的财务谈判悬而未决,预算在财政年度开始后才提交立法机构。几乎所有国家都为此制定了程序以避免政府关门。一旦发生需要进行持续性预算拨款的情况,持续性拨款的额度往往通过以下两种方式确定:(1)在正式预算被批准前,按行政部门提交的拟议预算直接进行拨款,如芬兰、德国和日本等。(2)在正式预算被批准前,按上一年年度预算的1/12计算持续性预算拨款额度,不对新的重大项目或现有项目的扩展进行拨款,南非是施行这种方案的典型国家。

专栏9.2　美国联邦政府预算审批过程

国会参、众两院是美国联邦政府预算的审批机构,一般来说,由总统提交的年度预算案的审批需要经历预算决议、预算授权、拨款法案确定、总统签署预算四个部分。如果部门预算支出的大幅变动或总统的宏观经济政策纲领发生变化,则预算审批过程还会包括对税收收入立法进行调整,从而确定收入预算方案。

1. 国会参、众两院确定预算决议案

总统向国会提交预算草案之后,国会就开始了预算审批过程。在这一过程中,国会还将提出自己的支出(和税收)优先次序。这个过程长达数月之久,通常国会可能会在某些特定领域或特定政府项目上增加资金投入,同时相应减少其他领域的支出。从理论上说,国会可以忽视总统的请求,自己另起炉灶再编制一部年度预算,但事实上,这种情形从未出现过。因为任何一位国会议员都无法支配像管理与预算办公室这种机构,因此无法编制出一本全面的预算。再者,国会通过的所有支出决策(拨款法案)都必须经过总统签署后才能正式成为法律。如果白宫反对国会提出的资助特定联邦项目的建议,总统就可以行使否决权,国会方面的预算程序就要推倒重来。一般来说,白宫方面只要释放出总统将要行使否决权的信号,国会往往会放弃一些不可调和的条款,或至少对这些条款进行修改。如果总统否决了一个法案,那么只有当国会众议院和参议院都以2/3多数票通过的前提下,才能推翻总统的否决。考虑到总统作为一党党魁的身份,达成这样的投票结果非常困难,因此这一要求在现实中的后果是,国会永远无法推翻总统的否决。

在总统提交了预算请求后,参、众两院各委员会和小组委员会可以就预算报告中自己职责范围内的部分举行听证会,传唤相对应的联邦部长、各机构首脑及其财政助理到国会作证,并通过国会各个助理机构收集有关资料。国会预算办公室要在每年2月15日之前,向两院的预算委员会提交报告,预测未来经济形势,并向国会提供"预算基线"(base line)。2月25日,各委员会向本院的预算委员会提交自己的预算评估报告。4月1日,众议院预算委员会(House Committee on the Budget)与参议院预算委员会(Senate Committee on the Budget)将分别提出一个初步的预算决议案。众议院会在参议院之前提出自己的预算决议。初步预算共同决议案通过后,参、众两院各委员会会根据初步预算共同决议案分配的授权目标,拟定各自对口的机构和项目的授权法案。预算决议不仅仅是一个有法律约束力的文献，事实上，它更像一个蓝图，或者说，它是一个总计划。预算决议设定了联邦政府各部门的年度支出限额，但它不会规定每个项目具体的支出数额。当参、众两院都通过了自己的预算决议之后，两院将举行一个联合大会，以消除两个预算决议间的差异，然后，两院分别对协调一致后的预算决议案进行投票。举行联合大会的目的是让众议院和参议院的所有成员都坐到一起，调和参、众两院分别提出的关于同一事项的两个法案间的差异。

2. 国会参、众两院完成预算授权，确定预算拨款法案

在国会一方，年度预算过程的官方正式名称是拨款过程(appropriations process)。每个联邦政府部门、每个联邦项目能够得到多少资金，都由国会通过的"拨款法案"(Appropriations Bills)决定。但是，国会在批准任何一项拨款之前——无论是建造公路，还是为初等学校学生购买牛奶——都必须先通过一个相关授权法案，以表明联邦政府支出活动的合法性。授权通常可以覆盖若干年度，因此授权立法不需要每年都像拨款法案那样经过国会审议通过。当某项跨年度授权期满后，国会往往会通过新的授权法案，以便继续执行与之相对应的联邦项目，这个程序被称为再授权。

国会众议院和参议院都设有拨款委员会，拨款委员会负责确定所有自由裁量预算支出项目的预算授权的精确额度。所谓"预算授权"，是指某个联邦政府部门、机构，通过承担特定义务而拥有合法花钱的法定权力。参、众两院各授权委员会完成预算授权后，国会参、众两院的拨款委员会将会进一步划分为若干个拨款小组委员会(Appropriation Subcommittees)，分别负责对与之相关的联邦部门进行自由裁量预算支出部分的拨款。目前存在的 12 个拨款小组委员会的名称如下：(1)农业、农村发展、食品与药物管理；(2)商业、公平与科学；(3)国防；(4)能源与水利；(5)金融服务与一般政府；(6)国土安全；(7)内政与环境；(8)劳工、卫生与公共服务、教育；(9)立法机构事务；(10)军事建设与退伍军人事务；(11)国务与外交事务；(12)交通、住房与城市发展。

在审议完总统的预算请求后，各小组委员会将举行听证会，向相关联邦部门的首脑提出质询，要求他们回答与预算请求有关的问题。在上述所有信息的基础上，每个小组委员会的主席负责起草本小组委员会的拨款法案。小组委员会的拨款法案必须服从预算决议设定的支出限额。因此，拨款法案的第一稿也被称为"主席的标记"(Chair's Mark)。小组委员会的所有成员都要参与对拨款法案的审议、修订以及最终的投票。一旦通过小组委员会的投票，拨款法案就被提交给拨款委员会全体成员。全体拨款委员会审议拨款法案之后，再将它送达全体众议院(或全体参

议院)审议。

在12个拨款小组委员会提出了拨款法案后,从5月15日开始,全体众议院与全体参议院将展开审议、辩论,然后进行投票。在国会众议院与参议院分别通过各自的拨款法案——如参、众两院分别通过一个关于能源与水利的拨款法案。之后,一个由国会参、众两院议员参加的联席委员会将举行会议,调和参众两院分别通过的拨款法案之间的分歧,并就最终的拨款法案达成一致。在联席委员会提出一个调和一致的拨款法案后,众议院与参议院将再次进行投票。两院本次投票所针对的是同一个法案。在众议院与参议院都通过了该法案之后,该法案就会被提交给总统。与联邦政府预算收入有关的法案,将送交众议院及参议院审查,其审查程序与拨款法案相同。

3. 总统签署拨款法案,预算成为法律

9月30日之前,有关收入与支出的拨款法案提交后经参、众两院进行表决,以多数票通过,构成最终预算,须送交总统进行最终签署。最终的预算是一个控制收入和支出的联邦法律集合,也是规定了预算收支总指标的具有约束力的法案。如果总统对国会的最终预算方案表示认可,经签署后便开始生效。只有当总统签署了全部12个拨款法案之后,整个预算审批过程才正式宣告结束。不过在现实中,在新的财政年度开始之前,即在10月1日到来之前,12个拨款法案就已全部获得国会通过且经总统签署成为法律这种情况并不经常发生。

总统对于国会通过的预算法案有否决权,亦可在签署法案时对其中不当增加的支出或赋税项目予以取消,但仅能就某一特定项目全部取消,不能做部分删减,且只有当取消能够达到降低预算赤字的作用时才有效。如果总统否决了国会通过的预算法案,那么该项法案将被退还国会,国会需要经过与上述类似的审议过程,且需要有高于2/3的多数票支持通过议案,才能推翻总统的否决。

如国会不能于9月30日以前完成拨款法案的审议或总统行使了否决权造成预算法案不能及时通过,则国会会采取补救措施,先行通过临时性拨款法案,即"持续决议案"(Continuing Resolution),以保证各联邦政府机构在预算正式通过之前能够获得维持运行所需要的资金,避免政府关门。最后的措施要视国会与总统之间对于条款的意见是否在实质上一致而定。在存在意见分歧的情况下,总统和国会两院通常会经过长时间的协商,最终以提出令双方都较为满意的方案为止。

美国联邦预算编制审批流程如图9.1所示。

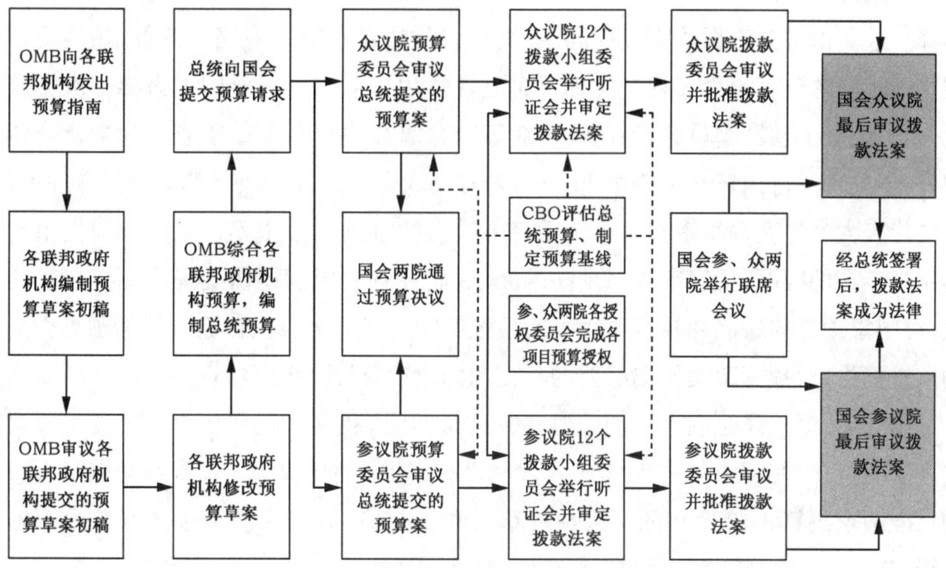

图 9.1　美国联邦预算编制审批流程

9.5　我国政府预算审批制度

人民当家作主是我国政治制度的根本特征之一。因此，与国际预算实践相同，我国各级政府预算编制完成后，也须经由代表人民意志的立法机构——各级人民代表大会的审批，方能执行。经历了六十余年的发展，我国的政府预算实践中已形成了一套比较完整的预算审批制度。

9.5.1　我国人大审批预算制度的发展历程

1. 人大预算审查制度的初创时期(1954—1982 年)

我国的人大预算审批制度在 1954 年第一届全国人民代表大会中得到确立。1954 年《宪法》对国家权力机关预算审查制度作出了明确规定。《宪法》第 27 条规定："全国人民代表大会行使审查和批准国家的预算和决算的职权。"这标志着全国人民代表大会审批监督预算的法律基础正式确立起来。在第一届全国人大期间(1954—1959 年)，我国的人大预算审批制度初步形成。虽然当时的宪法和法律并没有就全国人大常委会或全国人大专门委员会对预算进行初步审查的问题作出具体规定，但在实际工作中却采用了这一方法。1955 年和 1956 年国家预算草案及有关的编制说明或报告都曾事先提交全国人大常委会审议，国务院有关负责人到会作说明报告和其他有关的解释。这一做法对于保障审议时间、提高审议质量具有重要意义。此外，预算委员会在这一时期的预算审批过程中发挥了实质性作用。从第一届全国人大第一次会议开始，人大设立了预算委员会，专门负责对国家预算和决算草案的审查。除举行全体会议外，还分别举行预算和决算小组会议，对提交大会的预算和决算草案进行详细审议，并向代表大会提交预算审查报告。预算委员会的审查报告中不仅大篇幅地提出预算编制中存在的问题、代表审查时反映的问题，而且有的年度还明确提出调整预算的建议，对国家预算的编制和执行产生了实质性影响。代表大会全体会议根据预算委员会的审查报告，对预算草案作出必要的补充和修改后，批准国家预算。

第二届、第三届全国人大期间(1959—1965 年)，我国人民代表大会制度发展建设出现了曲折。1961—1962 年，全国人大都没有审批国家预算，人大常委会也没有审查和批准国家决算。1964 年的国家预算草案和 1965 年的国家预算草案都是由全国人大授权人大常委会审查和批准。“文化大革命”期间，全国人大 10 年没有召开会议，人大预算审查工作也完全陷入了停滞。

2. 人大预算审查制度的恢复和发展时期(1982—2014 年)

“文化大革命”结束后，我国的人大预算审查制度得到了恢复和发展。第五届全国人大第五次会议通过的 1982 年《宪法》明确规定，全国人民代表大会的职权中包括“审查和批准国家的预算和预算执行情况的报告”。比较之前的三部宪法，1982 年《宪法》重新明确了全国人民代表大会及其常务委员会在预算审查监督方面的职责，确立了预算审查监督的基本程序，从而为人大预算审查监督提供了坚实的法律基础。其后，在实践基础上，1989 年第七届全国人民代表大会第二次会议通过《全国人民代表大会议事规则》，该规则专门单列一章就全国人大审议工作报告、审查国家计划和国家预算作出相关规定，这是我国第一部对全国人大审查、批准预算作出程序性规定的法规。《全国人民代表大会议事规则》确立了人大财政经济委员会对预算的初步审查程序，明确了财政经济委员会和各代表团、有关的专门委员会在预算审查中的职责分工，对大会期间审查批准国家预算的程序作出了具体规定。代表大会议事规则所规定的做法及其精神，在以后的相关法律中，如预算法、监督法等都得到了继承和发扬，也在实践中得以贯彻执行，从而极大地推动了全国人大预算审查监督工作的规范化、稳定化和持续性。

1994 年，第八届全国人大第二次会议通过了《预算法》。这是我国颁布的首部预算单行法，确立了“一级政府、一级预算”的原则，对预算的审批程序、人民代表大会在预算审批过程中所拥有的权力作出了规定。相较之前的法律，《预算法》明确了中央预算与地方预算审批主体相分离的原则，规定全国人大审查中央和地方预算草案及中央和地方预算执行情况的报告，但只能批准中央预算和中央预算执行情况的报告。地方各级预算草案和预算执行情况的报告由本级人民代表大会审批。这样一来，人大实现了从审查总预算到重点审查本级预算的转变。

1999年第九届全国人大常委会第十三次会议通过了《关于加强中央预算审查监督的决定》（以下简称《决定》），这是全国人大历史上第一次就专项监督工作作出决定，人大预算审查监督有了更为具体、可操作的法律依据，进而为人大预算审查监督开辟了新局面。《决定》重点在四个方面作出了明确规定：第一，要求政府改革预算编制模式，为人大预算审查监督提供良好的基础；第二，进一步明确了人大预算审查的程序，尤其强调前期沟通和初步审查环节，为人大实施预算审查提供了程序保障；第三，明确规定了人大预算审查监督的内容，使人大行使监督权力的范围更加清晰；第四，明确了财经委和预算工委的职能与地位，为人大预算审查监督提供了组织保障。自此以后，全国人大预算审查监督进入了全面发展的阶段。

除对预算审查的程序和内容进行规范之外，这一时期，各级人大也通过设置专门机构强化了预算审查的能力。1998年，全国人大常委会实施内部组织改革，设立了全国人大常务委员会预算工作委员会。预算工作委员会作为人大常委会的工作机构，主要职责是协助财政经济委员会承担审查预决算、审查预算调整方案和监督预算执行方面的具体工作；受委员长（主任）会议委托，承担有关法律、地方性法规草案的起草工作；协助财政经济委员会承担有关法律、法规草案审议方面的具体工作；承办常委会、委员长（主任）会议交办以及财政经济委员会需要协助办理的其他有关财政预算的具体事项。地方人大常委会中，深圳市人大常委会早在1995年5月就成立了计划预算审查工作委员会，成为设立专门预算监督机构的第一个地方政府。此后，上海、河南、湖北、重庆和四川等省市都设立了独立的预算工作委员会，专司负责预算审查监督的日常跟踪，未单独设立预算工作委员会的省市人大常委会，一般都在财政经济委员会下设立预算审查监督处。专门的预算工作机构的建立为人大常委会破除预算审查专业性壁垒、实施行之有效的预算监督提供了组织支撑。

3. 人大预算审批制度的完善时期（2014至今）

2014年之后，我国的人大预算审批制度进入了完善时期。新修订的《预算法》进一步对人大预算审查制度进行了完善和规范，明确了初步审查的范围、初步审查的机构和初步审查的时间，确立了提出初步审查意见及意见反馈的制度，为人民代表大会及其常委会审查批准全口径预决算奠定了坚实基础。此外，新修订的《预算法》明确了人大对预决算草案重点审查的内容，为推进对政府全口径预算决算的实质性审查提供了实现路径。同时，新修订的《预算法》还明确规定了预算审查结果报告应包括的内容，赋予人大对预算草案编制情况提出建议的权力，允许人大对政府执行年度预算、改进预算管理、提高预算绩效、加强预算监督等工作提出意见和建议。2018年,中共中央办公厅印发了《关于人大预算审查监督重点向支出预算和政策拓展的指导意见》(以下简称《指导意见》),为人大预算审查提供了更为具体的行动指南。在此之前,人大预算审查监督的重点主要是财政赤字规模和预算收支平衡状况,对支出预算和政策关注亦不够,对财政资金使用绩效和政策实施效果关注亦不够,因而不利于发挥政策对编制支出预算的指导和约束作用。《指导意见》要求人大对支出预算和政策开展的全口径审查和全过程监管应包括五个方面的内容,即支出预算的总量与结构、重点支出与重大投资项目、部门预算、财政转移支付、政府债务。人大在预算审查过程中加强对支出预算和政策的审查监督,有利于强化政策对支出预算的指导和约束作用,提高支出预算编制质量和预算执行规范化水平,提升人大预算审查的针对性和有效性。

9.5.2 我国人大审查预算的法律依据

政府预算必须经立法机构审批后才能实施,这是现代预算制度的基本特征。在我国,各级人民代表大会具有审查和批准政府预算的法定权力。《宪法》规定:全国人民代表大会行使审查和批准国家预算和预算执行情况报告的职权,全国人大常委会行使审查和批准国家预算在执行过程中所必须作的部分预算调整方案的职权;县级以上各级人民代表大会审查和批准本行政区域内预算以及它们的执行情况的报告。

《预算法》规定:全国人民代表大会审查中央和地方预算草案及中央和地方预算执行情况的报告,批准中央预算和中央预算执行情况的报告,改变或者撤销全国人民代表大会常务委员会关于预算、决算的不适当决议;县级以上地方各级人民代表大会审查本级总预算草案及本级总预算执行情况的报告;批准本级预算和本级预算执行情况的报告。

《全国人大常委会关于加强中央预算审查监督的决定》要求如下:加强和改善预算编制工作,加强和改善中央预算的初步审查工作,加强对预算超收收入使用的监督,加强对中央预算调整方案的审查工作,加强对中央预算执行情况的监督和预算外资金的监督。

9.5.3 我国中央政府的预算审批流程

全国人大对于中央政府预算的审批,一般要经过四个步骤,即前期准备、提前介入、财经委初步审查、代表大会审查表决。

1. 前期准备

从每年9月开始,全国人大常委会预算工作委员会需要就下一年的财政政策和预算安排开展调查研究,提出预算审查工作计划和时间表,听取财政部通报当年预算超收收入使用情况以及下年中央预算编制情况的报告，听取审计署通报当年审计查出问题的整改情况以及下年度审计工作计划的报告，与财政部就下年度预算编制中需要落实的要求和有关问题交换意见等。做好前期准备，提前进行沟通，有利于财政部门贯彻人大的要求，及时发现和解决预算编制中存在的问题。

2. 提前介入

从每年 12 月开始，预算工委与财政部需要就预算草案编制问题进行沟通，听取财政部关于当年预算执行情况的通报和下年度预算编制情况的介绍，听取国家税务总局、海关总署介绍税收收入执行情况和下年度税收安排建议，听取人大各专门委员会对预算审查的意见和建议(各专门委员会开展座谈、调研，了解对口政府部门关于部门预算和大额专项资金预算编制的情况，形成各专门委员会的意见)，听取国务院有关部门关于部门预算执行情况的介绍，听取部分人大代表和专家对财政经济形势、预算安排和财税体制改革的意见和建议。在与上述部门和机构充分交换意见后，预算工委与财政部进行沟通交流，之后研究起草预算草案的初步分析报告，编写预算草案概览等资料，供全国人大财经委员会对预算草案进行初步审查时参考。

3. 财经委初步审查

现行《预算法》规定，在全国人民代表大会会议举行四十五日前，财政部将上年预算执行情况和当年中央预算草案初步方案提交财经委员会和其他专门委员会。实践中，每年 2 月初，即代表大会召开前一个月，全国人大财经委员会会召开全体会议，对财政部代表国务院报送的当年预算草案进行初步审查。会议邀请一定数量的全国人大代表参加。预算工委协助财经委提出预算初步审查意见和预算审查结果报告稿，送国务院和财政部等有关部门研究参考，向全国人大常委会领导报告。财政部门根据初步审批意见修改预算并反馈修改情况。财经委员会的初步审批意见和财政部门反馈的修改情况报告，都要印发全国人民代表大会代表，作为人大代表正式审批预算的参考。

4. 代表大会审查表决

当年 3 月全国人民代表大会会议期间，国务院委托财政部向全国人大全体会议提交关于上年中央、地方预算执行情况及当年中央、地方预算草案的报告。会议期间，各代表团和专门委员会对报告和预算草案进行审查。审查的重点内容包括：(1)上一年预算执行情况是否符合本级人民代表大会预算决议的要求；(2)预算安排是否符合本法的规定；(3)预算安排是否贯彻国民经济和社会发展的方针政策，收支政策是否切实可行；(4)重点支出和重大投资项目的预算安排是否适当；(5)预算的编制是否完整，是否符合本法第四十六条的规定；(6)对下级政府的转移性支出预算是否规范、适当；(7)预算安排举借的债务是否合法、合理，是否有偿还计划和稳定的偿债来源；(8)与预算有关的重要事项的说明是否清晰。专门委员会开会时，财政部门负责人应到会作预算编制说明，回答专门委员会的询问。

财政经济委员会根据各代表团和有关专门委员会的审查意见，对预算及预算执行情况的报告进行审查，向主席团提出审查结果报告，供大会主席团参考审批。审查结果报告应当包括下列内容：(1)对上一年预算执行和落实本级人民代表大会预算决议的情况作出评价；(2)对本年度预算草案是否符合本法的规定、是否可行作出评价；(3)对本级人民代表大会批准预算草案和预算报告提出建议；(4)对执行年度预算、改进预算管理、提高预算绩效、加强预算监督等提出意见和建议。

最后，关于中央预算和预算执行情况的决议草案提请大会全体代表投票表决，作出批准或否决中央预算的决议。审批结果报告大会主席团审议通过后，印发全体会议代表，同时将财政部提交的预算报告以及预算草案提请大会全体会议投票表决。大会闭幕后，财政部门需要及时向财经委员会、预算工作委员会提交落实预算决议的执行情况，包括对支出部门和预算单位批复的预算等情况。我国中央政府预算的审批流程如图 9.2 所示。

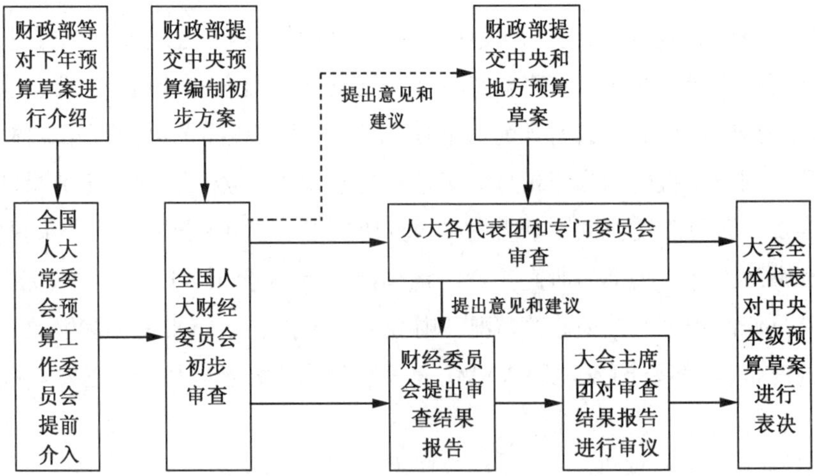

图 9.2　我国中央政府预算的审批流程

9.5.4　我国地方政府预算审批的流程

我国地方人大对政府预算的审批，一般要经过四个步骤，即审前准备、提前介入、财经委初步审查、代表大会审查表决。

1. 前期准备

(1)调查研究。每年年底前或召开代表大会之前，地方人民代表大会财经委员会、地方人大常委会预算工作委员会要有计划地深入县、市、区、乡镇及相关直属单位，特别是审计、税务部门，就有关财政预算执行情况及存在的问题和建议，以及当年或下一年的预算安排及存在的问题和建议、财政税收改革、重要财政政策等开展调查研究。

(2)听取通报。每年年底前，财经委和预算工委听取同级财政部门通报当年预算收支执行情况、当年预算超收收入的使用情况，或特殊情况(如自然灾害等造成当年预算超支支出的情况以及下一年度本级预算的编制情况)，并就本级预算编制需要落实的要求(如收支平衡、债券发行、预备费安排的比例)等有关问题交换意见。

2. 提前介入

提前沟通。一般在每年12月至次年1月，或召开代表大会前一个月，财经委和预算工作委员会与本级财政部门就预算编制(草案)交换意见，进行沟通，听取财政部门关于当年财政预算执行情况(含超收及超支的原因)和下一年度预算收支编制情况的通报。

(1)听取建议。一般在代表大会召开前一个月或次年1月，深入同级税务部门听取税收收入执行情况和下年度税收安排情况的报告，特别是增收因素和减收因素的意见。

(2)征求各方意见。征求各方意见可采取座谈会的方式，先发通知，说明座谈的内容，以便到会人员做好准备。座谈会主要包括以下环节：①听取人大各专门委员会及其内设机构对预算审查的意见及建议；②听取有关委、办、局关于单位预算上年执行情况和当年安排情况的汇报；③听取同级部分人大代表、专家、大中型企业代表对财政经济形势、预算安排和财税改革的意见及建议。

3. 财经委初步审查

(1)财经委初审。地方人民代表大会会议召开前一个月，本级政府财政部门就上年预算执行情况和当年本级收支预算草案向同级人民代表大会财政经济委员会和有关专门委员会，如城环委、农业委、科教文卫委、内司委等汇报。财经委在财政部门汇报和听取各专门委员会意见的基础上，通过财经委全体会议对本级预算草案进行初步审查，审查活动应邀请本级人民代表大会代表参加。未设立专门委员会的地方人大，由本级人民代表大会常务委员会有关工作机构研究提出初审意见。

(2)代表审查。在财经委初步审查的基础上，人大预算工作审查委员会协助财政经济委员会起草财政收支预算初步审查意见，初步审查意见送同级财政部门研究处理，同级财政部门将处理的情况反馈给人大财政经济委员会。预算工委在财经委初步审查的基础上，根据同级财政部门反馈处理的情况，对初审意见进行修改。如有重大修改，将再次召开财政经济委员会会议进行复议。审查意见统一定稿后，将审查报告稿印发给各位代表。

4. 代表大会审查表决

(1)代表审查。人民代表大会会议期间，地方各级政府在本级人民代表大会举行会议时，向大会作关于总预算草案和总预算执行情况的报告。大会会议组将本级政府提供的总预算和本级预算草案及财经委印发的预算审查报告稿，分发给各位代表，代表们以此为参考，对总预算和本级预算草案进行审查，提出意见。审查的主要内容包括：①预算安排是否符合《预算法》的规定；②预算安排是否贯彻国民经济和社会发展的方针政策，收支政策是否切实可行；③重点支出和重大投资项目的预算安排是否适当；④预算的编制是否完整，是否符合《预算法》第四十六条规定；⑤对下级政府的转移性支出预算是否规范、适当；⑥预算安排举借的债务是否合法、合理，是否有偿还计划和稳定的偿债资金来源；⑦与预算有关重要事项的说明是否清晰。

(2)代表大会表决。财经委根据代表们对总预算和本级预算草案提出的审查意见进行综合整理，然后向大会主席团提出审查结果报告。审查结果报告应当包括下列内容：对本年度预算草案是否符合《预算法》的规定，是否可行作出评价；对本级人民代表大会批准预算草案和预算报告提出建议；对执行年度预算、改进预算管理、提高预算绩效、加强预算监督等提出意见和建议。审查结果报告报主席团审议通过后，将印发全体代表，并将有关本级预算编制和财政收支执行情况的决议草案，提请大会全体会议表决，作出批准或否决本级预算的决议。

(3)向社会公布。财经委提出的收入和支出预算审查结果报告在大会主席团通过后，须及时向社会公布。

我国地方政府预算的审批流程如图 9.3 所示。

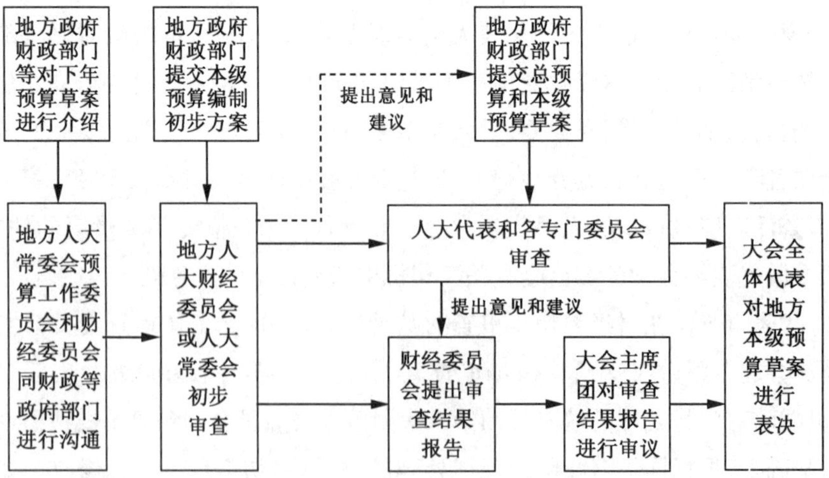

图 9.3　我国地方政府预算的审批流程

9.5.5 我国政府预算审查的重点内容

1. 支出预算的总量与结构

审查支出预算总量，重点审查预算安排是否符合党中央确定的年度经济社会发展目标、国家宏观调控总体要求、国民经济和社会发展相关规划、中期财政规划以及支出政策的可持续性，有助于更好发挥政府职能作用。审查支出预算结构，重点审查支出预算和政策是否体现党中央就各重要领域提出的重大方针政策和决策部署要求，以切实提高财政资金配置效率。

2. 重点支出与重大投资项目

人大对党中央的重大方针政策和决策部署确定的重点支出与重大投资项目进行审查，加强对重点支出与重大投资项目执行情况的监督，推动政府健全重点支出与重大投资项目的决策机制，合理确定重点支出与重大投资项目的范围，实现支出绩效和政策目标。

3. 部门预算

重点审查部门预算编制的完整性情况；项目库建设、项目支出预算与支出政策衔接匹配情况；部门重大项目支出绩效目标设定、实现及评价结果应用情况；审计查出问题整改落实情况等。

4. 财政转移支付

重点审查转移支付与财政事权和支出责任划分的匹配情况；转移支付对促进实现各地区财政平衡及基本公共服务均等化情况；专项转移支付的清理整合情况；专项转移支付的整体绩效情况；监督转移支付预算执行的绩效和政策实施的效果。

5. 地方政府债务

各级人大在预算审查中，应关注地方政府预算约束是否硬化，制止无序举债搞建设的行为。全国人大在预算审查过程中，要结合地方政府债务规模以及全国经济发展水平等情况，合理评估全国政府债务的风险水平。地方人大在预算审查中，应重点审查地方政府债务纳入预算管理的情况；要根据各地的债务率、利息负担率、新增债务率等风险评估指标体系，结合债务资金安排使用和偿还计划，评价地方政府举债规模的合理性，化解累积的地方政府债务风险，防止新增各类隐性债务。

6. 预算收入的审查

审查政府预算收入编制是否与经济社会发展水平相适应，是否与财政政策相衔接，是否根据经济政策调整等因素进行收入预测；收入预算执行中是否依法征收收入，有无征收“过头税”的情况；非税收入的征收和管理是否规范等。

专栏9.3　在地方政府预算审批过程中引入"预算修正权"的改革——来自浙江省温岭市的尝试

2015年,温岭市十五届人大四次会议举行最后一次全体会议。与往年不同的是,这次全体会议新增一项议程,就是首次对预算修正议案进行票决。早在全国人民代表大会之前,该市人大代表就着手进行调查研究,最终提交了9件预算修正议案。考虑到建议的可行性和民生关注度等因素,大会主席团审查后决定把《关于要求增加城乡交通治堵经费的预算修正议案》提请大会票决。在实到的363名代表中,该修正议案获得赞成票346票、反对票8票、弃权票9票。预算修正议案一经通过,就意味着政府必须要按照议案修改相关预算草案。实际上,这是温岭市人大通过的首个预算修正议案,也是全国县级市人大中通过的首个预算修正议案。

按照规定,预算修正议案要由该市10名以上人大代表联名向市人代会提出。在修正议案提出时,要同时提出其他对应项目的变动,以保持预算平衡。预算修正议案表决采用无记名投票方式,参加全体会议的代表超过全体代表的半数才能进行表决,修正议案以得到全体代表的过半赞成票为通过。

在温岭市人民代表大会全体会议上对于预算修正议案的处理流程是这样的:大会秘书处对代表提出的修正议案进行整理分析,提交计划预算审查委员会初审后,交市政府研究;计划预算审查委员会根据修正议案提出的情况和市政府研究意见,向大会主席团提出相关处理意见,由大会主席团决定修正议案是否列入本次大会议程;大会主席团决定列入大会议程的修正议案,在提交各代表团审议后,提请大会全体会议票决,而未被列入的修正议案则转作预算审议意见处理。

据了解,早在多年前,温岭部分乡镇就在政府财政预算中引入民主恳谈方式,让群众参与预算民主协商,并票决预算修正议案。2006年,温岭市新河镇率先试水预算修正议案,代表们共提交了8件预算修正议案,大会主席团审查后确定2件为有效议案,并提交全体代表表决通过,开了全国先河。2008年,新河镇在预算修正议案表决前增加了大会辩论环节,并开始以无记名投票的形式表决预算修正议案。同年,泽国、箬横等镇也首次推行预算修正议案制度。2010年,温岭市在全市各镇(街道)全面推开参与式预算,并在市委对各镇参与式预算考核中,要求推行预算修正议案制度。2012年,温岭全市11个镇全面实行预算修正议案制度。历年来,各镇共提出预算修正议案88件,列入大会表决的有42件,其中36件获得表决通过。

9.5.6　我国政府预算审批制度设计中存在的问题

1. 政府预算审批过程的公开程度较低

预算是公共财政的具体体现，因此信息公开是贯穿预算全过程的重要原则。我国政府预算的审批过程公开性不足。我国现行《预算法》规定，经本级人民代表大会或者本级人民代表大会常务委员会批准的预算，在批准后二十日内由本级政府财政部门向社会公开。这意味着尚未经批准的预算草案，在其编制及审批过程中均不能公开，表明我国政府预算公开还停留在结果公开上，预算过程的公开程度还较低。而公共预算的公开性不仅要求预算结果公开，还要求预算过程公开，因为只有公开预算过程，公共预算的利益相关方，特别是公众才能参与进来，公共预算的公共性才能充分体现。

2. 整体审批政府预算方式不符合预算审批细致化与专门化的现代预算制度要求

预算审批方式大体可以分为整体审批方式与分项审批方式两种。前者指将预算草案作为统一的整体进行审批，后者指将预算草案中彼此独立的内容拆分并分别予以审批。整体审批方式的优势在于极大地提高了审批效率，缩短了审批时间，在目前人大会期有限的情况下较为适用，因此我国实践中也一直采用整体审批方式。然而整体审批方式的弊端更为突出。它客观上导致人大代表重视预算草案的宏观控制作用，而忽视对预算草案具体内容的实质性审查，不符合行政分工日益细致化与专门化的现代趋势。

3. 人大预算审批时间安排不够合理

虽然《预算法》规定行政机关应提前将预算草案送交初审部门进行初步审查，但实践中，人大用于预算草案正式审批的时间通常在数天以内。在如此短的时间里，即使是详尽地阅读内容庞杂且极具专业性的预算草案也存在很大的困难，更不用说要对预算草案内容进行细致的质询、辩论进而达成一致性意见。

4. 人大的专门辅助机构尚不能够为预算审批活动提供充分支持

政府预算审批是一项重要的、专业性很强、工作量巨大的复杂工作，没有专业支持力量，立法者难以高质量完成该项任务。从发达国家的情况看，立法者都配备必要的专业支持力量。与西方国家实力雄厚的辅助机构相比，我国人大预工委的力量较为薄弱，其职责也主要是为人大财经委的预算草案初审服务，尚不能为全体人大代表提供充足的信息和咨询服务。

我国的政府预算审批制度经过多年的改革完善，已取得显著进步，特别是2000年以来，在构建现代财政预算制度的大背景下，人大在预算过程中的审查、监督作用不断加强，能力建设不断升级，程序逐渐规范。对于在向现代预算审计制度转型过程中仍然存在的问题，需要在改革中不断完善。一是在现有已经公开政府预算文件的基础上，逐渐公开预算过程，包括预算审批过程。通过制度规定人大审批预算之前，要就政府预算中公众关心的问题举行听证会，邀请包括公众和政府相关部门在内的多方参与听证会，直面公众的质疑与询问，充分交流沟通，使公众了解政府编制预算的目的和理由；在人大审批预算时设置旁听席，允许公众直接参与旁听，了解人大对预算草案的审查意见。二是改变当前预算草案的整体审批方式，引入分项审批方式，使人大代表能够对预算进行更加细致和深入的审查，避免预算审批流于形式。三是强化预算初审的制度功能，规定财政部门至少提前三个月将预算草案的主要内容提交人大财经委员会或人大常委会。预算初审部门必须提出详尽的初审意见供人大代表参考。四是建立更加高效的人大预算审批辅助机构。这一辅助机构既可以由目前的预算工作委员会承担，也可以另设专门的委员会。无论哪种方式，其关键的问题都在于为委员会配备充足的专业人才和活动经费。同时要加强对人大代表审批、监督预算的培训工作，并为缺乏财经专业知识的人大代表配备必要的辅助人员，并为其提供相应的经费。辅助人员仅限于为人大代表解释财政专业知识，不能妨碍，更不能代替人大代表履行职权。

思考题

1. 政府预算审批的主体和内容是什么？
2. 政府预算审批的程序是什么？
3. 我国政府预算审批有哪些流程？
4. 我国政府预算审批制度还有哪些不足？

第 10 章　政府预算的执行

政府预算经立法机构审批后就进入预算执行环节。政府预算执行是指各级财政部门及有关预算执行机构组织政府预算收入、安排政府预算支出并进行预算监督与管理的实践性活动。预算执行是将政府预算由书面文件变成现实的必经步骤。严格执行立法机构通过的预算,防止违反立法意愿或公众利益的事情发生,使公共资源有效运作,是预算执行过程中至关重要的问题。

10.1　政府预算执行的目标

政府预算执行的目标主要有两个:一是严格按照立法机构批准的预算执行;二是灵活应对预算执行中出现的变化。

10.1.1　严格按照立法机构批准的预算执行

政府预算经立法机构审批后,就具有了法律效力,政府作为预算执行者和公众的委托人,应严格执行预算。一方面,通过严格执行立法机构通过的、体现公众利益的预算确保预算项目,从而使预算目标顺利实行;通过制度安排和各种控制手段的运用确保预算中安排的项目顺利地得到执行。特别要防止预算执行过程中随意增加项目或减少项目及其资源配置的情况发生。如果预算草案经立法机构审批通过后,政府预算执行部门不能严格执行立法机构通过的预算,即预算不能约束预算执行部门的行为,则无论编制的预算多么科学合理、通过的预算多么完美,预算的目标仍然无法实现。另一方面,严格执行立法机构通过的预算意味着在预算执行过程中要严防代理人道德风险型的机会主义行为。预算执行是预算过程的第三个阶段,这一阶段的重要特点是公共资金的所有者与使用者分离。作为代理人的政府部门通过运用公共资金为公众提供公共服务,但同时由于信息不对称,代理人的机会主义行为,如贪污、浪费公共资金等也易于产生,因此预算执行的重要目标之一是保护公共资金不被贪污、浪费,不被各种欺骗行为所侵蚀,并在这个过程中防止滥用职权。从根本上讲,在预算执行中建立起来的各种控制机制都是为了确保政府及其部门在管理收入和支出时更加负责。虽然近年来预算执行变得越来越追求结果的实现，但这一传统目标仍然是预算执行不可忽略的目标。

10.1.2 灵活应对预算执行中出现的变化

现代预算要求严格执行立法通过的预算，但这并不意味着在预算执行过程中实际情况即使发生了变化，政府部门还仍然执行原有预算而置变化于不顾。这种教条式做法显然不符合现代预算要求。在预算执行过程中必然会出现各种改变预算的需要。即使在编制预算和审批预算时已经充分考虑了未来可能出现的各种变化，即使对收入和支出已经做了各种尽量科学的预测，在预算执行过程中经济、政治和社会环境仍然可能发生意想不到的变化，这些变化对政府的收入和支出计划都将产生影响。当环境发生了变化，且这些变化要求改变预算，那么，预算执行应适应这些变化并做出反应。此时就需要根据环境的变化对预算进行调整。例如，2008 年汶川地震和 2019 年新冠肺炎疫情暴发等突发事件都对政府预算产生了较大影响，需要政府及时调整预算来应对这些突发情况。现代预算制度要求政府部门在严格执行立法机构通过的预算的同时，能够根据实际情况的变化及时调整预算，以满足变化了的需求。当然，调整预算应报立法机构审批。在预算执行中必须确保任何改变预算的行为都是合法的，禁止政府及其部门出现随意改变预算的行为。

如何正确处理控制和灵活性的问题是预算执行中的关键问题。正如完全无视预算约束会助长各种不负责的行为一样，一个绝对刚性的预算执行制度将会对效率形成损害。而当它不能及时应对各种突发情况时，则会变得不负责任。

10.2 政府预算执行过程及控制

10.2.1 政府预算执行过程

一般而言，一个完整的政府预算执行过程通常要经历预算授权、支出承诺、支出确认、支付授权、实际支付和会计这样六个阶段。

1. 预算授权

预算执行的第一个阶段是预算授权。一旦立法机构批准了预算，核心预算机构就可以通过一定的方式，将预算支出的权力授予具体的支出部门。支出部门获得授权后，才可以根据批准的预算文件安排具体支出项目。预算授权一般都是一年，但是在一些英联邦国家，授权期限一般较短，可能是一个季度。

2. 支出承诺

当政府部门发出了一个购买订单，或者签订了一个购买合同，支出承诺就产生了。当供应商按照订单或合同的要求提供了产品或服务，该项支出承诺就产生了一笔支付义务；如果产品或服务并未提供，支出部门就没有支付的义务，应该撤销该笔交易。

各项支出的性质不同，其形成的支出承诺也有差异。如果产品、服务、投资项目等支出可以在一个预算年度内完成，则支出承诺形成年度合同或订单；对于大型投资项目或者需要好几年才能完成的项目，则会形成跨年度的支出承诺合同；人员经费和其他法定支出（比如利息和权益支出）等必须支出的资金，其支出承诺在财政年度开始前就已产生；与日常办公相关的经费支出，事实上也已经具备了支出部门的支出承诺；或有债务和其他财政风险支出可能会成为政府的支出责任。

3. 支出确认

一旦供应商提供了相应的商品或服务，就进入支出确认阶段。在支出确认阶段，支出部门需要对商品或服务、收到的账单进行核对，以确保供应商提供的商品或服务与已经签订的购买合同的要求一致，确保收到的账单准确无误。如果预算管理体制采用的是权责发生制，那么在支出确认阶段，支出部门收到的商品或服务将登记为支出部门的资产，而收到的账单将登记为支出部门尚未支付的债务，因此在其会计账户上会显示该部门的资产和负债都增加了。

4. 支付授权

支出确认完成后，就进入了支付授权阶段。接到支出部门确认指令后，核心预算部门或者是预算具体执行机构就会发出支付授权指令，让负责资金支出的部门（一般是国库）按照账单支付预算资金。

5. 实际支付

实际支付阶段是负责资金支出的部门接到支付授权后，以现金、支票、电子转账等方式支付各种账单的阶段。支付或者转账都应该保留相应的原始记录，以确保与相应的凭证进行核对查验，核对与查验至少每个月应该进行一次。但是对于很多发展中国家来说，预算体系不够健全，很少能完整地保留各种凭证，核对和查验的工作更是无从谈起。具体的支付过程，国际上目前有两种方式：一种是由财政部设置在中央银行或指定银行的一个单一账户进行；一种是由各个部门在商业银行开设的账户进行。前一种方式得到越来越多国家的认同，因为单一账户是有效财政管理的基础。

6. 会计

预算执行过程中发生的各项交易（包括现金、支票、电子转账等）都必须完整地记录在账簿中，以备监督、检查和控制之用。目前很多国家的记账方式已经开始从现收现付制会计向权责发生制会计转变。

10.2.2 政府预算执行中的控制

预算执行的控制是指预算利益相关方通过各种规则对政府及其部门执行预算的行为进行控制。预算执行的关键是确保政府部门按照立法机构的意愿执行和调整预算。由于在预算执行过程中公共资金的所有者与使用者分离,为防止因信息不对称而产生代理人损害委托人的机会主义行为,必须加强对预算执行的控制。预算执行中的控制有外部控制和内部控制两种。

外部控制是指公众和立法机构通过法律和规章制度对政府预算执行过程进行控制,是基于正式规则的控制。以美国为例,美国联邦政府对预算执行过程的外部控制主要通过四个层面的法律实现。

一是《宪法》的控制。美国在《宪法》中对财政收入和支出的决策权进行了明确规定。《宪法》第一章第七款和第八款规定财政收入的决策权在立法机构,即国会。没有国会的授权和批准,任何机构都不能征集税收等财政收入,也不允许从国库支取任何资金使用。《宪法》第九款规定所有财政资金的支出决策都必须由国会做出,而且使用财政资金的机构必须定期报告和公开资金的使用情况。二是《预算平衡法》(Anti-Deficiency Act)的控制。根据该法,任何政府部门在财政年度内的支出都不得超过国会批准的年度支出额度,否则将被处罚。处罚规定在1870年是罚款100美元,部门负责人坐牢1个月。到1950年,处罚力度加大,规定罚款5 000美元,部门负责人坐牢2年。三是各种收支法律的控制。除总体层面的法律控制外,美国还对政府的每项具体的财政活动制定具体的法律予以规范。这些法律包括税法、特别基金法、政府采购法、债务法、金融控制法、审计法等。四是年度预算的控制。由于政府预算每年都必须经国会批准通过才能执行,而国会通过的预算即成为法律,因而预算控制也是一种法律控制。预算通过控制政府部门的人员岗位来控制人员经费;通过控制资金在部门、功能分类科目和经济分类科目之间的转移来控制政府随意转移资金、改变预算菜单的自由裁量权;通过控制固定资产重置、差旅费以及资本项目的投资和建设等来控制大额资金的使用;通过资金分配、拨付和使用计划控制资金的使用进度;通过支出总额控制,防止赤字的发生。

通过上述一系列的法律控制,加之公开透明的财政预算,公众和立法部门就能够对政府预算执行进行有效的监督,从而达到外部控制的目的。

虽然外部控制能够有效地实现预算执行的控制目标,但同时也带来了一些问题。首先,严格的外部控制使政府部门的管理者缺乏积极性和创新性,预算执行中为规避风险的循规蹈矩之风盛行,工作效率较低;其次,某些预算执行者也会采取各种策略性措施绕过外部控制来行动,从而使外部控制失效。由于这种预算控制方式严重扼杀了政府管理者的积极性,从而导致了预算控制模式的变革。变革的核心是增加政府在预算执行中的自由裁量权。由此发展出以内部控制为核心的预算绩效管理模式。虽然新的预算管理模式已在世界范围内得到广泛认可,但其实际应用仍然存在一定的局限性,以法律等正式规则进行的预算控制仍然是当今世界各国对预算执行过程进行控制的主要方式。

内部控制是指由隶属于政府的预算核心管理机构对各支出部门的预算执行进行控制的一种预算管理模式。内部控制的主要目标是确保预算执行机构遵从法律法规和预算的约束,确保财政数据和报告的真实性,方便支出机构灵活、高效地使用财政资金。完善的内部控制机制需要具备三个条件:一是各项职权分工明确,职责清楚,职权运行的规则健全、合理、清晰,监督、检查机制完备,防止监守自盗;二是保留完备的各项收入、支出凭证、各类报表等原始记录,做好后续核对和审计工作;三是建立预算执行机构的绩效评估标准体系。

内部控制的主要手段如下:

(1)制订预算执行计划。预算执行计划包括承诺计划、采购计划和现金计划。承诺计划是对将要购买的商品和服务进行明确的安排。采购计划是在预算年度开始前对本年度将要采购的各项商品和劳务的采购节点做出具体安排。现金计划是对预算年度的现金流提前做出估算,以保证各项计划的按时开展。

(2)监督预算执行的各种报告。监督预算执行的报告主要包括预算执行的每日报告、月度报告、季度报告、半年报告、年度报告。每日报告的主要内容是各种凭证的核查情况和每天账目的记录和核对情况。月度报告主要报告按月汇总的预算执行进度情况。半年报告涉及的内容较多,包括对半年内的预算执行情况进行汇总和回顾总结,对预算收支的波动情况进行解释说明,并对下半年的预算调整提出建议,形成调整预算。年度报告是对全年预算执行情况进行汇总、总结,揭示存在的问题,分析问题存在的原因,并为下一年的预算编制和执行提供改进意见。

(3)拨款管理。拨款管理要求拨付的财政资金必须在当年度内使用完毕。不同项目、不同科目间的拨款额不能随意调剂使用,一旦调剂使用,应严格按调整程序进行。

(4)应急准备金管理。应急准备金是为了应对突发或紧急情况而在预算编制时预留的资金。该项资金由财政部门负责管理。应急准备金的规模不宜过大,一般上限不超过财政支出总额的 2%。遇到突发或紧急情况需要动用该资金时,必须获得财政部门批准。该项资金使用的批准过程必须公开、透明,资金使用后也必须在预算执行报告中进行说明。

(5)预算执行滞后的管理。如果财政年度开始时立法机构尚未批准政府预算草案，那么此时严格说来会导致政府关门。但是很多国家都在法律框架内做出了安排，允许支出部门按照上一年度预算拨款计划执行预算，每个月支出的额度不能超过上一年度财政支出总额的1/12。

(6)暂缓拨款。暂缓拨款是指财政部门保留部分拨款或者取消部分拨款。只有遇到财政收入严重下滑、严重突发事件时才会出现暂缓拨款的情况。作出暂缓拨款决定时，财政部门必须确保不会发生逾期欠款的行为。

随着外部控制模式弊端的日渐突出和绩效管理理念的深入推广，在预算实践中要求放松外部控制，赋予预算执行者较多自主权的做法渐成趋势，内部控制模式越来越受到重视。但良好的内部控制需要较高的前置条件。这些条件包括政府部门具有健全的责任机制和透明的管理过程；政府机构的工作人员具有公共服务理念，并能良好地理解本机构的职能和任务，具有专业的管理知识和能力；经过多年严格的外部控制之后，支出机构已经养成遵守财经纪律和各种规章制度的习惯。只有在这种情况下，放松但不是取消外部控制，赋予各个支出部门一定的支出灵活性和自由度，风险才是比较小的。

10.3 我国政府预算执行过程

10.3.1 预算执行过程的组织机构

我国政府预算执行过程的组织机构主要有以下四类：

(1)领导机关。我国《宪法》和《预算法》都规定：国务院和地方各级人民政府是政府预算的组织领导机关，国务院负责执行国家预算和中央预算；地方各级人民政府负责执行各级地方预算，检查监督本级各部门和所属下级政府的预算执行情况。

(2)执行机关。我国各级财政部门在国家预算执行中代表各级人民政府全面负责组织国家预算的具体执行工作，是政府预算的具体执行机关。财政部和地方各级财政部门分别对国务院、地方各级人民政府负责。

(3)执行主体。我国中央和地方各级主管部门负责执行本部门的单位预算和财务收支计划，定期向同级财政部门报告预算执行情况；各企事业、行政单位负责本单位预算和企业财务收支计划的执行。

(4)参与机关。我国预算收入执行的参与机关主要有税务机关、海关总署及财政机关；预算支出执行的参与机关主要有中国人民银行(代理国家金库)、中国建设银行、国家开发银行、中国农业银行等各类银行机构。

10.3.2　预算收入的执行

1. 预算收入征缴依据及方式

我国预算收入的缴款依据具体体现在税收计划、企业财务收支计划、政府性收费和基金计划中。

(1)税收计划。各级税务部门根据政府预算确定的工商税收任务按季度编制分月的税收执行计划,作为税务部门组织工商税收入库的依据和考核税收工作的基本指标。不得违反相关规定,多征、提前征收或者减征、免征、缓征应征的预算收入,不得截留、占用或者挪用预算收入。

(2)企业财务收支计划。企业财务计划由企业根据财务会计制度和有关法律法规及企业生产经营等情况编制,企业年度收支计划中预计向国家缴款的部分构成了政府预算收入的内容。

(3)政府性收费和基金计划。政府性收费和基金收入是政府预算的重要收入形式,应严格按照国家规定征收项目和征收标准组织征收。

实行国库单一账户制度后,我国的缴库方式分为直接缴库和集中汇缴两种。一是直接缴库。直接缴库是由缴款单位或缴款人按有关法律法规的规定,直接将应缴收入缴入国库单一账户或财政专户。二是集中汇缴。集中汇缴是由征收机关按有关法律法规规定,将应缴收入汇总缴入国库单一账户或财政专户。

2. 预算收入的缴库程序

国库凭统一规定的缴款书办理各项预算收入的入库工作,缴款书是办理预算收入缴库的唯一凭证,缴款书应由缴款单位或征收机关按国家预算收入科目一税一票按款填制。

收入缴款书分为三种,即工商税收专用缴款书、一般缴款书和其他专用缴款书。工商税收专用缴款书适用于各级税务机关征收的除国有企业所得税、涉外税收以外的各项税收;一般缴款书适用于国有企业上缴的利润、资金占用费以及其他企业收入、各机关事业单位上缴的其他收入等;其他专用缴款书适用于国有企业所得税、涉外税收、海关征收或代征的税收等。

国库缴款书一般一式六联,各联用途为:第一联,收据(代完税证);第二联,银行付款凭证;第三联,国库收款凭证;第四联,征收机关回执;第五联,基层征收机关(或同级财政部门)报查;第六联,存根(或财政机关回执)。

填写完整的缴款书必须经过仔细审核,确认其真实性、合法性和完整性。如果缴款书内容填写不清楚、计算错误或签章不全,超过缴款期限的缴款书就会退回缴款单位,责令其到征收机关办理完计算加收滞纳金事宜后,再予以办理入库手续。

3. 预算收入的划分报解

预算收入的划分是指国库对于收纳入库的预算收入，根据预算管理体制规定的各级预算固定收入的划分范围，以及中央与地方、地方上下级之间分成收入的留解比例，划分并计算中央预算收入和地方各级预算收入。

预算收入的报解，是在划分收入的基础上，按照规定的程序将各级预算收入的库款分别报解各级国库，相应地增加各级预算在各级国库的存款，以保证各级预算及时取得预算收入。“报”即国库通过编报“预算收入统计表”，向各级财政机关报告预算收入的情况、数字，以便各级财政机关掌握预算收入进度和情况；“解”即各级国库在对各级预算收入进行划分之后，要将库款按其所属关系逐级上解到所属财政机关在银行的金库存款账户，增加其存款数额，以保证各级财政供应资金的需要。

4. 预算收入的退库管理

预算收入退库，是在政策允许的范围内，将已入库的预算收入退还给原缴款单位或缴款人。政府预算收入缴入国库后，就成为国家的预算资金，退库属于减少政府预算收入，因此必须在国家统一规定的退库范围内按照一定的程序办理。

我国规定的预算收入退库的范围如下：

(1)技术性差错退库。由于工作疏忽，发生技术性差错，多缴、错缴，或应集中缴库却在当地缴库而需要退付的。

(2)结算性退付。企业单位隶属关系改变，上划下划发生收入级次转移，交接双方办理财务结算需要退付的；企业超缴而需要清算退付的(超过应缴数额，又不宜在下期抵缴)。

(3)政策性退付。根据批准的企业亏损计划，应当弥补给企业的计划亏损需要退付的。

(4)提留性退付。地方财政从已入库的税款中提取税收附加和从工商各税中提取代征手续费需要退付的。

(5)财政部明文规定和专项批准的其他退付项目。

预算收入退库的程序和方法：

一是各单位及个人申请退库，首先应向财政机关或征收机关填写退库申请书，经财政机关和征收机关严格审查同意后，签发“收入退还书”交退库单位或退库人向国库办理退库。二是预算收入退库应从当日入库款中退付。中央预算收入的退库从中央预算收入科目中退付；地方预算收入退库从地方预算收入中退付。

5. 预算的超收短收与预算稳定调节基金

预算的超收是指年度本级一般公共预算收入的实际完成数超过相对应的预算审批数的情况。《预算法》第六十六条规定：各级一般公共预算年度执行中有超收收入的，只能用于冲减赤字或者补充预算稳定调节基金。

预算的短收是指本级一般公共预算收入的实际完成数小于相对应的预算审批数的情况。《预算法》第六十六条规定：省、自治区、直辖市一般公共预算年度执行中出现短收，通过调入预算稳定调节基金、减少支出等方式仍不能实现收支平衡的，省、自治区、直辖市政府报本级人民代表大会或者其常务委员会批准，可以增列赤字，报国务院财政部门备案，并应当在下一年度预算中予以弥补。

10.3.3 预算支出的执行

预算支出执行是政府预算资金分配和使用的过程。预算支出执行的基础是国库集中支付制度。国库集中支付制度，是指预算支出通过国库单一账户体系，采取财政直接支付或者财政授权支付的方式，将资金支付给收款人的办法。

1. 财政直接支付

财政直接支付是指由政府财政部门开具支付令，通过财政零余额账户支付给收款人，财政零余额账户再与国库进行资金清算的支付方式。

(1)财政直接支付的流程。①预算单位按照批复的部门预算和资金使用计划，向财政国库支付执行机构（国库支付中心）提出支付申请；②财政国库支付执行机构根据批复的部门预算和资金使用计划及相关要求对支付申请审核无误后，向代理银行发出支付令，并通知中国人民银行国库部门，通过代理银行进入全国银行清算系统实时清算；③财政资金从国库单一账户划拨到收款人的银行账户。

(2)财政直接支付的内容。实行财政直接支付的支出主要包括：①工资支出，即预算部门或单位的工资性支出；②购买支出，即预算部门或单位除工资支出、零星支出之外购买服务、货物、工程项目等支出；③中央对地方的专项转移支付；④拨付企业大型工程项目或大型设备采购的资金等；⑤转移支出，即拨付给预算部门及下级财政部门，未指明具体用途的支出，包括中央对地方的一般性转移支付、对企业的补贴和未指明购买内容的某些专项支出等。

2. 财政授权支付

财政授权支付是指预算单位根据本级政府财政部门授权，自行开具支付令，通过预算单位零余额账户支付到收款人，预算单位零余额账户再与国库进行资金清算的支付方式。

(1)财政授权支付的流程。①预算单位按照批复的部门预算和资金使用计划，向财政国库支付执行机构申请授权支付的月度用款限额；②财政国库支付执行机构将批准后的限额通知代理银行和预算单位，并通知中国人民银行国库部门；③预算单位在月度用款限额内，自行开具支付令，通过财政国库支付执行机构由代理银行向收款人付款，并与国库单一账户清算。

(2)财政授权支付的内容。实行财政授权支付的支出包括未实行财政直接支付的购买支出的零星支出。

财政直接支付和财政授权支付的具体项目,由财政部门在确定部门预算时列出。

10.3.4 预算资金的结余与结转

当部门年度预算执行结束时,实现拨款金额与支出金额完全持平的状况较少,经常会出现财政资金的剩余。针对剩余的资金如何处理,这就涉及预算执行中的财政结转结余资金的处理问题了。预算部门财政结转结余资金,是指与财政有经费缴拨关系的行政单位、事业单位(含企业化管理的事业单位)、社会团体及企业,按照财政批复的部门预算和当年预算执行中追加的预算,在年度预算执行结束时未支用或未支用完毕的财政资金。

财政结转资金是指当年支出预算已执行但尚未完成,或因故未执行,下年须按原用途继续使用的财政拨款资金。财政结余资金是指支出预算工作目标已完成,或由于受到政策变化、计划调整等因素影响而工作终止的当年剩余的财政拨款资金。两者之间存在如下三点区别。

1. 预算执行情况不同

财政结转是指当年支出预算已执行但尚未完成,或因故未执行的情况下的财政款项。而财政结余就是支出预算工作目标已完成,或由于受政策变化、计划调整等因素影响工作终止的财政款项。

2. 资金的管理不同

财政结转资金原则上结转下年继续使用,项目支出结转资金结转下年按原用途继续使用。财政结余资金,要全部统筹用于编制以后年度部门预算,按预算管理的有关规定,用在该部门相关支出。

3. 用途管理不同

财政结转资金不能随意修改用途,而财政结余资金可以留着作为下年部门其他项目的预算。

10.4 国库集中收付制度

10.4.1 国库集中收付制度及其特征

国库集中收付制度,国际上称之为国库单一账户制度(Treasury Single Account,

简称 TSA)，它是指从预算收入获取到资金分配、拨付、使用、银行清算，直到资金到达商品或劳务提供者账户的全过程的集中性控制机制。国库集中收付制度被引入政府预算管理实践已有数十年的历史，是市场经济国家普遍实行的国库制度，许多发展中国家也在研究和试行这一制度。目前，美国、日本、英国、法国、意大利、匈牙利、波兰、巴西、挪威、希腊和中国等国家都已采用了国库集中收付制度。

国库集中收付制度的基本内容是政府的核心预算机构在中央银行设立一个"单一国库账户"，并将所有的政府资金都集中到这一账户中。政府各部门、机构的预算资金全部纳入该账户中的特定分类账户(子账户)中进行管理。各分类账户则分别用于核算政府各部门的预算资金获取和使用情况。在预算执行过程中，由政府各征收部门获取的税收、利润等形式的预算收入需要先缴入单一国库账户中，而非由各部门单独设置账户分散保存。政府各部门开展履职活动需要使用预算资金时，预先向核心预算机构提出申请，核心预算机构依据立法机构审批通过的部门预算对部门的用款申请加以审核。除某些特殊的支出活动外，资金将由国库单一账户直接拨付给商品或劳务的供应商，而不必经由政府资金使用部门进行结算、转账。与传统的分散支付方式相比，国库集中收付制度下政府的预算资金不再按照"核心预算机构—政府职能部门—职能部门下属机构"的次序进行层层下拨，而是在用款部门提出申请后，由核心预算机构会同国库的代理机构直接向商品或服务的供应商进行资金支付。

国库集中收付制度具有以下特征：

第一，由统一的机构负责国库单一账户体系的运营，从而使政府的核心预算机构能够监督政府现金流入和流出的情况。实施国库集中收付制度的国家，政府获取的所有收入能够统筹用于任何政府机构的预算支出活动。国库单一账户体系一般由一个总账户构成，这一账户的运营由中央银行或其他国库代理机构负责管理，总账户之下设置若干分类账户，反映政府具体部门、机构、基金的收支情况，且子账户与若干设置于政府外部的商业银行的零余额账户(Zero-Balance Accounts，简称 ZBA)相关联，用于完成资金支付。

第二，政府各部门、机构不得于国库单一账户体系外设置单独的银行账户核算收支或贮存资金。

第三，政府现金资源被统一纳入国库单一账户体系中加以核算，包括预算内和预算外的储备基金、专用基金等。这意味着所有公共资金，无论是否纳入政府预算范畴，都应置于 TSA 的控制之下，所有的最终付款都必须从国库单一账户体系中的总账户或分类账户中支付。TSA 主账户中的现金余额需要维持在足以满足政府日常运营要求的水平上，且能够应对意外的财政波动。

第四，从国库单一账户总账户、分账户中的提款行为，只能在要求政府付款的最终阶段中发生。也就是说，核心预算机构不会向政府中的资金使用部门预拨现金，只有资金使用部门最终支付工资薪酬、购买商品服务、安排转移支付时，资金才从单一账户直接支付到商品或劳务供应商在商业银行开设的账户中。

10.4.2 国库集中收付制度的作用

第一，实现对政府及其部门收支总额的控制。借助国库集中收付制度，核心预算机构能够将政府各部门汲取的公共资金汇集起来，从而有效地控制政府所有部门的收入获取、资金分配和支付过程中的行为，确保资金使用部门按照立法机构审批通过的预算所确定的拨款方案安排支出。否则，如果允许每个政府部门都拥有自己单独的银行账户，那么，政府的公共资金管理系统就将处于支离破碎的状态，预算就难以发挥对政府及其部门支出总额的控制作用。

第二，实现对政府各部门具体支出行为的合规控制。借助国库单一账户体系，政府的核心预算机构能够在事前对政府各职能部门的具体资金使用行为加以审核，包括工资薪酬的发放、商品和服务的购买、资金的转移支付行为等，从而确保政府各部门在预算资金的使用过程中遵守相关的法律法规，降低资金使用部门挪用、浪费公共资金的概率。

第三，提供政府资金获取和使用的完整信息。在拥有先进支付和结算系统以及综合财务管理信息系统（IFMIS）的国家，借助国库单一账户体系，核心预算机构能够全面掌握政府各职能部门的收支信息，并据此核算各部门和机构的运营成本。这些信息不但是编制政府预算执行报告和决算报告的基础，而且对开展预算支出绩效评价和预算审计也不可或缺。不仅如此，完善的国库集中收付制度还为财政信息公开透明提供了坚实的基础。

第四，保证政府持有充裕的现金以有效应对财政收支波动。在传统的预算资金分散拨付模式下，核心预算机构将现金按照用款计划，分季度或月度一次性拨付到资金使用部门的用款账户中。这种资金支付模式不仅要求国库必须时刻保有大量现金，而且资金拨付到各资金使用部门账户后，资金闲置、沉淀的现象也普遍存在。此外，预先拨付现金意味着国库自身的现金保有量长期处于较低水平，一旦国家遭遇突发事件需要进行预算调整，增加预算支出规模，或者因经济波动出现暂时的预算收入“短收”情况，国库筹集现金的短期压力就会较大。而在国库集中收付制度下，资金使用部门获得的是“用款额度”而非现金，相较于传统的直接拨款模式，特定时刻国库保有的现金数额往往较为充裕。政府可以通过现金管理，将这些暂时不用的公共资金投资于一些短期的无风险项目上。这不但有利于应对突发事件所带来的增支需求，而且有利于实现公共资金的保值增值。

10.4.3 我国的国库集中收付制度

2001 年,财政部、中国人民银行制定了《财政国库管理制度改革试点方案》,要求建立以国库单一账户体系为基础,资金缴拨以国库集中收付为主要形式的财政国库管理制度。而后,这一制度在我国央地政府预算实践中迅速推广开来,并沿用至今。

1. 国库单一账户体系中的账户设置

我国的国库单一账户体系(见图 10.1)包括四类账户:国库单一账户、预算外资金财政专户、财政零余额账户、预算单位零余额账户。

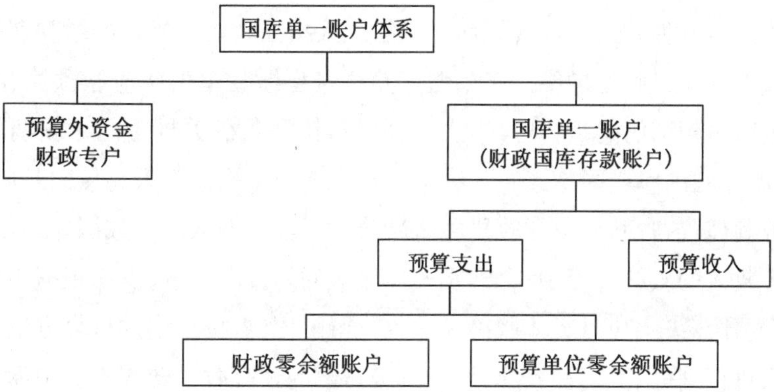

图 10.1 我国的国库单一账户体系构成

(1)国库单一账户。它是财政部门在人民银行营业部或国库代理支库开设的存款账户,用于记录、核算和反映预算收入与预算支出及预算法规定的其他预算资金活动,并用于与零余额账户进行清算。该账户按收入和支出设置分类账,并按政府预算收支科目进行明细核算。中国人民银行按日将支付的财政性资金与国库单一账户进行清算,中国人民银行需要向本级政府财政部门提供国库单一账户的收支情况日报表,并与之核对库存余额,确保数字一致。

(2)预算外资金财政专户。它是财政部门按规定在商业银行开设的存款账户,用于记录、核算和反应财政预算外资金的收支活动,以及与财政零余额账户和预算单位零余额账户进行资金清算。具体来说,该账户用于记录、核算和反映法律规定的特定专用资金活动,如地质勘查基金、专用基金、外国政府和国际金融组织贷款赠款、外币资金核算等。该账户按资金使用性质设置总分类账和明细分类账进行核算。

(3)财政零余额账户。它是财政部门按规定在商业银行开设的账户,用于记录、核算和反映实行财政直接支付方式的资金活动,以及与国库单一账户和预算外资金财政专户进行清算。财政零余额账户属于过渡性账户,主要用于办理资金支付清算,代理国库单一账户对商品或劳务供应商进行直接支付。该账户按支出类型和预算单位设置总分类账与明细分类账进行核算。

(4)预算单位零余额账户。财政部门按规定在商业银行为每个预算单位开设一个预算单位零余额账户,用于记录、核算和反映实行财政授权支付方式的资金活动,以及与相关账户进行清算。预算单位零余额账户属于过渡性账户,主要用于办理资金支付清算,代理国库单一账户对预算单位的商品或劳务供应商进行支付。该账户按支出类型设置分类账进行明细核算。

2. 国库集中收付制度中预算收入的收缴程序

各级政府获取的预算收入需要及时缴入国库单一账户,缴库分为就地缴库、集中缴库和自收汇缴三种方式。就地缴库是指缴款人按征收机关规定的缴款期限,直接向当地国库或者国库经收处缴纳。集中缴库是指基层缴款单位将应缴预算收入通过银行汇解到上级主管部门的银行账户,主管部门再按征收机关规定的缴款期限,汇总相关收入,向本地的国库或国库经收处缴纳。自收汇缴是指缴款人直接向基层征收机关缴纳税款或其他收费,而后由征收机关将所收款项汇总缴入国库或国库经收处。

在预算收入的缴纳过程中,会涉及预算收入的划分和留解,国库根据中央、省、地、县、乡等不同预算级次和财政体制确定的收入留解比例,按规定的核算方法,对已收纳的预算收入进行划分、留用和报解,属于本级财政的预算收入转入本级国库,属于上级财政的预算收入及时汇划报解,以保证各级财政部门能够及时支配、运用资金。国库库款的报解,目前采取的是逐级报解。

3. 国库集中收付制度中预算资金的拨付程序

(1)支付方式。在中国当前的政府预算实践中,对于政府购买性支出和转移性支出等不同类型的预算支出,分别实行财政直接支付和财政授权支付。

财政直接支付,即经由财政部门开具支付令,通过国库单一账户体系,直接将财政资金支付到收款人(即商品和劳务的供应者)或用款单位用户。实行财政直接支付的支出包括:①工资薪酬支出,资金直接支付到收款人;②购买支出,包括中央政府对地方政府的专项转移支付,拨付企业大型工程项目或大型设备采购资金等,直接支付到收款人账户;③转移支出(中央对地方专项转移支付除外),包括中央对地方的一般性转移支出中的税收返还、原有体制补助、过渡期转移支付、结算支付等支出,以及对企业的补贴和未指明购买内容的某些专项支出等。

财政授权支付,即预算单位根据财政部门的授权,自行开具支付令,通过国库单一账户体系将资金支付到收款人账户。实行财政授权支付的支出包括未实行财政直接支出的购买性支出和零星支出。

(2)支付程序。财政直接支付与财政授权支付相对应,政府预算资金也有两种支付程序：一是财政直接支付程序；二是财政授权支付程序。

财政直接支付程序：首先，由预算单位按批准的部门预算和部门、项目的资金使用计划向财政部门的国库支付执行机构提出支付申请；然后，财政部门的国库支付执行机构根据批复的部门预算、资金使用计划与相关法律法规，对支付申请审核无误后，向代理商业银行发出支付令，并同时向中国人民银行国库部门发出支付信息，代理商业银行支付后，通过全国银行清算系统与国库单一账户实时进行清算；最后，财政资金从国库单一账户中直接拨付到收款人的银行账户。

财政直接支付主要通过转账方式进行，也可以采用"国库支票"支付。财政国库支付执行机构根据预算单位的要求签发支票，并将签发给收款人的支票交给预算单位，由预算单位转给收款人。收款人持支票到其开户行入账，收款开户银行再与代理商业银行进行清算。每日营业终了前，由国库单一账户与代理银行进行清算。

财政授权支付程序：首先，由预算单位按照批准的部门预算和资金使用计划，向财政国库支付执行机构提出授权支付的月度用款限额；然后，财政国库支付执行机构批准月度限额后，通知代理银行，并同时通知中国人民银行的国库部门。预算单位在月度用款限额内，可以自行开出支付令，通知财政支付执行机构并由代理商业银行进行资金支付，授权支付的金额，被计为预算单位开设于代理银行的预算单位零余额账户支出，而后再通过全国银行清算系统与国库单一账户进行清算。

10.5　政府采购制度

政府采购，亦称公共采购，是指各级国家机关、事业单位和团体组织，使用财政性资金采购依法制定的集中采购目录以内的或者采购限额标准以上的货物、工程和服务的行为。政府采购活动中政府以市场参与主体的身份进入市场，政府与市场主体直接发生交易活动，采购的发生时间、发生地点及采购对象的选择都会对国民经济社会产生重要影响。政府采购活动中涉及的公共资金往往规模庞大，是政府提供公共服务和宏观调控的重要支柱。政府采购的执行效率将直接决定公共预算资金的使用绩效，政府预算的决策效率和编制效率也最终依靠政府采购等预算执行活动来实现。所以，政府采购制度是现代预算制度体系的重要组成部分。

10.5.1　政府采购及其职能

政府采购是现代政府及其所属机构为了开展日常政务活动或为了满足社会公共需要，以法定的方式和程序，利用财政性资金在国内外市场上购买货物、工程或服务的行为。政府采购是政府履行公共财政职能的具体体现，是市场经济国家管理财政支出的一项基本手段，是与市场经济相适应的一种财政模式。

1. 政府采购思想演进

政府采购的政策职能是随着市场经济和现代国家的产生而出现的，并随政府职能活动的拓展而发展。政府采购思想的演进经历了以下阶段：

第一，古典经济学的政府采购思想。这一时期的代表性人物有亚当·斯密和萨伊等。亚当·斯密在《国富论》中最早关注了公共消费的配置效率问题，认为应限制政府消费和政府采购的规模，而且即使是有限的政府消费也应利用市场竞争机制实现公共资源的最佳配置。萨伊则指出了公共消费中的委托代理问题，运用法国军事采购的案例分析说明应制定制度和法规来约束政府的采购行为，避免公共资金的浪费。

第二，边际革命时期的政府采购思想。这一时期的特征是运用经济学的核心原理分析政府的财政行为，代表性人物有庇古等。庇古除运用边际效用理论讨论了公共支出的最优配置原则外，还将政府支出划分为转移性支出和消耗性支出，并分别考察了其经济影响。这一分类方法将政府采购支出和其他性质的公共支出剥离开，也为后来联合国国民核算体系等公共支出分类提供了理论基础。

第三，福布斯的政府采购思想。福布斯于 1929 年出版的《政府采购》是第一部研究政府采购理论的专著，书中主要分析了集中采购模式的优劣，并提出了政府采购官员对政府采购效率的重要性。

第四，凯恩斯主义的政府采购思想。凯恩斯关于国家干预经济的思想被广泛接受后，政府采购作为财政支出的重要组成部分，其思想理论根据实践的需要也有了较大的发展，主要代表性人物有鲍莫尔(Baumol)等。鲍莫尔于 1947 年在英国《经济学》杂志上发表的《政府购买论》一文首次分析了政府采购方式对市场价格和宏观经济的影响，引发了财政学者对政府采购经济影响和制度建设问题的关注，填补了财政理论研究的空白。

第五，公共选择学派的政府采购思想。公共选择学派政府采购思想出现的时代背景是凯恩斯主义盛行造成政府采购规模和范围不断扩大，出现了采购低效率的问题。布坎南重点探讨了政府采购中的寻租行为，提出应制定采购规则和采购程序激励、约束和监督政府的采购行为，提高采购资金的配置效率。

第六，20 世纪末的政府采购思想。20 世纪末西方发达国家已逐步建立起较为完善的政府采购制度。出于贸易自由化的目的，联合国、世贸组织、亚太经合组织等国际组织在世界范围内积极推动现代政府采购制度建设。政府采购实践的迅速发展推动了理论研究的进步，公共管理领域涌现了大量政府采购的研究成果，分别讨论了采购方式与市场结构、采购官员与采购程序、预算管理、腐败等因素对政府采购资金配置效率的影响。

2. 政府采购的职能

政府采购具有节约财政资金和宏观调控两大政策职能。健全的政府采购制度能够有效地提高公共部门的效率和政府的信誉，同时有助于实现环保、创新、创造就业机会和中小企业发展等紧迫的政策目标。

(1)政府采购有助于提高公共支出的效率。节约财政资金是开展政府采购活动的基础，是任何公共资金使用行为的基本目标之一。政府采购最初的目的就是为了公共支出成本的最小化，以实现公共资金效率的最大化。政府采购是政府公共政策执行的有效载体。只有提高采购资金的使用效率，才能提高公共资源的配置和使用效率，改善公共产品与服务的质量，才能以有限的财政资源更好地满足社会公众的公共需求，最终促进经济、社会的协调发展和社会公平的实现。而且在当今全面实现预算绩效管理的背景下，政府采购节约财政资金的职能也更进一步由收入和支出管理向采购绩效管理转变，将政府采购由政府管理工具上升到政府治理手段的层面，以追求采购资金的经济性和效果性。

(2)政府采购是宏观调控的重要手段。政府通过采购资金在采购商品与劳务的数量、品种、频率以及区域和企业间的配置，可以直接调节整个国民经济运行，是一种更加灵活的财政调控手段。首先，政府采购能够被用于一些直接的社会政策目标，如促进创造就业机会、促进公平的劳动条件、减少劳动歧视、鼓励男女机会平等、促进残疾人就业等。其次，政府采购能够刺激经济活动，保护民族工业免受外国竞争，提高某些工业部门的竞争力以及弥补地区间差距。最后，相较于财政补贴等传统财政政策，政府采购能够在不扩大财政支出规模的情况下提供更有效的激励，因而可用于激励创新、节约能源、保护环境等。政府采购不再仅仅是达到目的的手段，还是一种用于实现社会预期结果的政策工具。

3. 政府采购面临的挑战

政府采购虽然被视为一种解决缺乏激励、低效率和寻租等传统财政支出政策弊端的有效政策工具，但是在实践过程中仍会面临一些复杂挑战。

第一，采购资金的使用存在激励不相容。政府采购过程中使用的是公共资金，采购的产品和服务也用于公共目的。因此，对政府而言，采购的成本和效用都是外在的。如果没有良好的法律和制度约束，缺乏公开透明和有效的监督机制，政府采购过程就不可避免地会出现公共资金使用上的挥霍浪费、贪污腐败和效益低下的问题。

第二，政府采购项目缺乏竞争。政府采购的对象由于商品特质经常会涉及垄断行业，例如能源和卫生部门等。竞争不足会导致较高的采购成本和较低的采购质量，同时也不利于被采购行业的资源配置与发展。

第三，采购项目的复杂性阻碍了对采购行为的监控。政府采购项目往往资金规模庞大且存在多方利益主体。在这种情况下，政府部门就会面临利益俘获和腐败的风险。在政府采购透明度较低的发展中国家，基础设施建设等政府采购项目往往是腐败重灾区。

第四，政府采购面临信息不对称和合同不完整性的问题。供应商往往比作为采购方的政府更熟悉其成本和经济环境，因而会出现信息不对称的问题。而且因为不可能预见所有可能的事件，最终签订的政府采购合同也不尽完善。信息不对称和合同不完整会带来高昂的再谈判成本，造成效率损失。

第五，政府采购除项目本身的成本外，还存在行政成本和管理成本。一方面，政府采购过程涉及国家机关等公共部门，从而必然会产生一定的行政成本，且这部分成本往往难以估计；另一方面，由于决策机制的特殊性和采购周期等原因，政府采购项目面临着市场价格变化的不确定因素。如果缺乏有效的政府采购制度约束和良好的采购运行机制，则政府采购资金可能伴随着巨大的使用成本。

政府采购作为政府的一项关键经济活动，其公共性特征及特殊的资金运作形式决定了政府采购特别容易受到管理不善、欺诈和腐败的影响，因此，需要建立一套良好的政府采购制度体系来保证采购资金使用的效率和效果。

10.5.2　政府采购制度构建的原则

构建现代政府采购制度应遵循以下基本原则：

1. 物有所值原则

物有所值原则要求政府采购系统应该以经济、高效、有效和可持续的方式提供所需的货物、工程和服务。该原则是所有政府采购活动的首要采购原则。政府采购最初的目的是为了实现公共支出成本最小化和公共资金效率的最大化，即要"正确地做事"。随着预算理论和国家治理理论的发展，政府采购的目的又增加了采购的有效性，即如何"做正确的事"。采购效率和采购有效性共同组成了政府采购绩效。

2. 透明性原则

透明性原则要求政府采购活动在采购周期的所有阶段都具有足够的透明度。首先，透明性原则要求从预算过程开始到政府采购周期结束的每个阶段都提供充分和及时的信息，包括政府采购的政策目标、政府采购的支出内容和优先事项以及公共资金在整个采购活动中流向的可见性等。其次，政府采购活动需要公开的信息既包括具体采购活动产生的信息，如采购预测、招标、授予公告和更具体的分包信息等，还应包括与政府采购系统相关的信息，如采购制度框架、法律和法规以及政府采购系统的绩效信息等。再次，要保证政府采购信息的可获取性。透明性原则要求政府采购的所有利益相关者，包括潜在的国内外供应商和公众等，都能够全面、及时、准确地获取公共采购信息。最后，在公开采购信息的同时还应考虑保护商业秘密和专有信息的合法需求，避免采购信息被滥用而损害采购过程中的公平竞争。

3. 竞争性原则

竞争性原则要求为各种规模的政府采购活动潜在的参与者提供公平竞争的机会，保证诚实守信。首先，要尽量采用竞争性招标方式，对例外情况和单一来源采购方式的使用加以限制。竞争性程序应作为实施采购的标准方法，旨在提升效率、打击腐败、获得公正合理报价并确保产生竞争结果。如果有正当理由限制竞争性招标的使用而采用单一来源采购方式，则应对此等例外情况加以限制和提前定义，并在适用时提供正当理由，同时还应考虑到这种情况下的腐败风险，并进行充分监督。其次，政府采购应尽可能发布清楚、完整和标准化的招标文件。政府采购项目应在设计阶段就将鼓励潜在的竞争者（包括进入市场的新成员以及中小企业）的广泛参与作为设计目标。最后，对于跨国政府采购活动，竞争性原则还要求遵循待遇平等、非歧视等原则，保证货物和服务在国际间的自由流动。

4. 良好治理原则

良好治理原则是随着全球治理理论发展而产生的新原则，是国家治理体系的有机组成部分。它要求将政府采购融入公共财政管理、预算和服务提供的整体流程中，将政府采购视为增进公民参与、打击腐败、改善治理方式和公众信任的渠道。该原则要求如下：首先，将采购流程与公共财政管理相结合，减少预算碎片化，提供全面、详尽的采购项目信息，以便更好地理解采购项目的支出规模和结构，减少重复采购现象。其次，制定中长期预算，以便优化公共采购周期的设计和规划。再次，政府采购资金要服务于国家政策目标和优先战略，从单个项目和政策目标两个层面评价采购资金的有效性，平衡采购资金潜在的收益和现实收益、经济效益和社会效益，强调结果导向。最后，要加强政府采购与其他政府治理活动（如公共工程、公私合作和政府审批制度等）的协调化。政府采购可以为公共部门和私人部门间的合作提供高效、透明的合作框架与合作平台，提高合作的可预测性，增进社会参与。

10.5.3　政府采购制度体系

政府采购制度是为规范政府采购行为而制定的一系列法律、规章和办法的总称，包括政府采购法规、政府采购政策、政府采购程序和政府采购管理等基本内容。

1. 政府采购制度的决定因素

一个政府采用何种采购制度，往往取决于以下因素：

（1）国家的政治、经济和地理条件。经济条件包括人口、国民收入水平、政府可支配资源与债务、增长和发展的主要挑战等；政治条件包括政府类型、政治权力分配、犯罪率、腐败程度、地缘政治形势等；地理因素包括地理位置、所在的经济区域及相关国际义务等。

(2)财政情况和财政管理体制。具体包括政府采购的规模及其占GDP或政府支出的比例、政府采购的组织和管理体制、与公共部门相关的利益群体等。

(3)国家政策目标和可持续发展目标。

(4)公共采购改革。具体包括过去的政府采购制度改革，政府采购的优先事项、政策、战略和目标、指标，改革过程中可能面临的激励和挑战等。

2. 政府采购制度体系的"四支柱"

综合考虑政府采购制度的决定因素和基本国情，可以从采购法律、监管和政策框架，采购体制框架和管理能力，采购运营和市场实践以及政府的问责、诚信和透明度四个方面构建政府采购制度体系。

(1)采购法律、监管和政策框架。具体包括四个方面的内容：一是政府采购的法律框架，包括宪法和其他采购法律、合同法等相关法律文件、行政条例和政令等。二是实施条例、操作程序、手册、示范采购文件和合同标准条件等辅助制度。理想情况下，采购法律等正式规则提供了管理政府采购的原则和政策框架，而辅助文件是对法律进行补充，使其具有可操作性并指明如何将法律适用于特定情况。三是绿色采购与可持续政府采购框架。四是国际采购的相关规定等。

(2)采购体制框架和管理能力。政府采购不是一个独立的系统，应与其他财政管理制度相衔接与协调。具体包括六个方面的内容。第一，将政府采购与政府预算衔接。政府采购需要编制政府采购预算，且应与政府预算相衔接，明确采购资金的来源，将采购计划、采购周期与预算规划、预算周期保持一致。第二，将采购、预算与财务管理系统相衔接。一方面，一旦做出采购决策，预算和财务系统就应启动相应的程序；另一方面，预算和财务系统应有保障措施，防止未授权采购项目的启动。第三，政府采购应建立一个统一的监管和协调机构，避免政府采购管理碎片化。第四，明确界定采购实体及其职责。法律和监管框架应明确具有采购责任和权限的机构以及采购人员和其他政府官员在采购过程中的职责。第五，政府采购应纳入有效的公共信息系统中。政府采购信息系统是财政信息化系统的组成部分，要运用信息技术有效地支持政府采购过程的不同阶段。第六，不断改进政府采购系统。政府采购作为一项复杂、专业的系统，需要根据政府职能和采购绩效制订战略计划，培养采购人员，以不断改进政府采购系统。

(3)采购运营和市场实践。政府采购还应关注采购系统的运营效率、透明度和有效性。要保证实现既定的采购目标，除关注政府的采购绩效外，还要主动培育健全的政府采购市场，建立公共部门和私人部门间的对话与合作机制，保障采购过程的可信性和公平性。

(4)政府的问责、诚信和透明度。这是关于政府采购制度的一系列辅助制度，关注的是采购系统治理层面的建设问题。这些辅助制度包括民间社会参与机制、有效的审计制度和内外部控制机制、有效的采购申诉机制和严格的反腐败制度和措施等。

3. 政府采购制度的多样性

政府采购制度在理论上应遵循的原则与制度框架已达成基本共识，而实践中，各国政府采购制度同时呈现出一致性和多样性的双重特征。

各国政府采购系统的一致性来源于国际组织的努力，世界银行、国际货币基金组织、经合组织等出于促进国际贸易的目的制定了一系列政府采购制度框架，并形成各国建立和改革本国政府采购制度体系的模板和参照。

各国政府采购制度的多样性主要源于规则的详细程度和行政自由裁量权的差异。首先，各国的政策目标和价值观存在差异，体现在政府采购中就是对不同采购目标存在优先级和权重差异；其次，各国面临不同的经济和社会条件，例如，各国在市场经济的发展程度和腐败程度上的差异；最后，各国采购人员的培训和技能水平也存在差异。尽管如此，但为确保政府采购绩效目标的实现，提高采购透明度，防止和克服政府采购中的腐败问题，建立更加规范、更为严格的政府采购制度体系已然成为政府采购制度建设的方向和趋势。

10.5.4　我国政府采购制度

政府采购在我国国民经济中的重要性不断提高。2002 年，《中华人民共和国政府采购法》(以下简称《政府采购法》)颁布之初，全国政府采购规模为 1 009 亿元，占全国财政支出比重的 4.6%；2019 年全国政府采购规模为 33 067 亿元，占全国财政支出和 GDP 的比重分别为 10%和 3.3%。可见，政府采购规模扩大了约 32 倍，在全国财政支出中的比重翻了一番。政府采购已由单一的财政支出管理工具发展为兼具财政支出管理和国家宏观调控双重职能的财政政策工具，在调控和配置经济社会资源领域发挥着越来越重要的作用。建立健全现代政府采购制度对国民经济和社会发展具有极其重要的意义。

1. 我国政府采购制度

我国政府采购制度具体体现于《中华人民共和国政府采购法》《中华人民共和国招标投标法》《中华人民共和国合同法》《政府采购实施条例》《政府采购需求管理办法》《政府采购信息发布办法》等法律和行政规定中。

(1)政府采购的主体。政府采购主体是指在政府采购活动中享有权利和承担义务的各类主体,包括采购人、供应商和采购代理机构等。其中,采购人是指依法进行政府采购的国家机关、事业单位、团体组织。供应商是指向采购人提供货物、工程或者服务的法人、其他组织或者自然人。采购代理机构指集中采购机构,是一种非营利事业法人,根据采购人的委托办理采购事宜。

(2)政府采购资金。政府采购的资金主要来源于财政拨款和需要由财政偿还的公共借款,即纳入预算管理的资金。这些财政资金最终来源于纳税人的税收和政府的公共服务收费。

(3)政府采购的对象。政府采购是以合同方式有偿取得货物、工程和服务的行为,因而其采购对象主要有三种:货物、工程和服务。货物是指各种形态和种类的物品,包括原材料、燃料、设备、产品等;工程是指建设工程,包括建筑物和构筑物的新建、改建、扩建、装修、拆除、修缮等;服务是指除货物和工程以外的其他政府采购对象。

(4)政府采购的方式。我国政府采购的方式主要有公开招标、邀请招标、竞争性谈判、单一来源采购、竞争性磋商、询价等。其中,公开招标是政府采购的主要方式。另外,我国政府采购实行集中采购和分散采购相结合的组织形式。集中采购还可以进一步划分为集中采购机构代理采购和部门集中采购。

(5)政府采购的程序。政府采购的流程包括采购计划和采购预算的编制、采购意向公开、采购评审、采购授权、发布采购公告、签订采购合同、履约验收等环节。

第一,采购人应根据集中采购目录、采购限额标准和已批复的部门预算编制政府采购实施计划,报本级人民政府财政部门备案。第二,采购人或者采购代理机构应发布招标文件、谈判文件、询价通知书等,公开采购项目的预算金额。第三,随机抽取评审专家组成评标委员会、竞争性谈判小组或者询价小组等,对供应商进行评审并形成评审报告送交采购人。第四,采购人应自收到评审报告之日起5个工作日内,在评审报告推荐的中标或者成交候选人中按顺序确定中标或者成交供应商。第五,采购人或者采购代理机构应自中标、成交供应商确定之日起2个工作日内,发出中标、成交通知书,完成采购项目授权。第六,采购项目执行。第七,采购人或者采购代理机构应按照政府采购合同规定的技术、服务、安全标准组织对供应商履约情况进行验收并出具验收书。若属于向社会公众提供的公共服务项目,验收时应当邀请服务对象参与并出具意见,验收结果应向社会公告。

整个采购过程中,财政部门、审计机关、监察机关以及其他有关部门应依法对政府采购活动实施监督,供应商也可依法对采购人和采购代理机构提出询问或者质疑。

此外,我国《政府采购法》中还另外规定了竞争性谈判和询价两种采购方式的采购程序。

专栏10.1 《政府采购法》中竞争性谈判和询价采购的采购程序

采用竞争性谈判方式采购的,应当遵循下列程序:

(1)成立谈判小组。谈判小组由采购人的代表和有关专家共三人以上的单数组成,其中专家的人数不得少于成员总数的2/3。

(2)制定谈判文件。谈判文件应当明确谈判程序、谈判内容、合同草案的条款以及评定成交的标准等事项。

(3)确定邀请参加谈判的供应商名单。谈判小组从符合相应资格条件的供应商名单中确定不少于3家的供应商参加谈判,并向其提供谈判文件。

(4)谈判。谈判小组所有成员集中与单一供应商分别进行谈判。在谈判中,谈判的任何一方不得透露与谈判有关的其他供应商的技术资料、价格和其他信息。谈判文件有实质性变动的,谈判小组应当以书面形式通知所有参加谈判的供应商。

(5)确定成交供应商。谈判结束后,谈判小组应当要求所有参加谈判的供应商在规定时间内进行最后报价,采购人从谈判小组提出的成交候选人中根据符合采购需求、质量和服务相等且报价最低的原则确定成交供应商,并将结果通知所有参加谈判的未成交的供应商。

采取询价方式采购的,应当遵循下列程序:

(1)成立询价小组。询价小组由采购人的代表和有关专家共3人以上的单数组成,其中专家的人数不得少于成员总数的2/3。询价小组应当对采购项目的价格构成和评定成交的标准等事项作出规定。

(2)确定被询价的供应商名单。询价小组根据采购需求,从符合相应资格条件的供应商名单中确定不少于3家的供应商,并向其发出询价通知书让其报价。

(3)询价。询价小组要求被询价的供应商一次报出不得更改的价格。

(4)确定成交供应商。采购人根据符合采购需求、质量和服务相等且报价最低的原则确定成交供应商,并将结果通知所有被询价的未成交的供应商。

2. 我国政府采购制度存在的问题

我国现行政府采购制度基本沿用了"十一五"期间形成的制度框架,近十年没有大的调整。例如,2003年开始实施的《政府采购法》仅在2014年作了少量修正,已经不能适应时代的进步和发展。

(1)政府采购的政策职能有待进一步拓展。现行政府采购法中对政府采购政策功能的表述为"保护环境,扶持不发达地区和少数民族地区,促进中小企业发展等",并未提及激发创新活力、优化资源配置和引导产业升级等具有现实意义的政策目标。

(2)政府采购制度中仍保留了大量的行政自由裁量空间。我国现行政府采购制度仍有不少体现为行政规定，法制化程度有待提高。采购制度赋予行政部门较大的自由裁量权，且这些自由裁量权在财政部、发改委和执行部门之间平行配置、交叉运行，造成政府采购管理主体不明、权责不清的现象。

(3)政府采购公开的范围有待明确。这主要体现在对涉密采购项目的制度处理上。现行采购相关法律法规中对涉及国家秘密和商业机密采购项目的规定仍属空白，对涉密额度、涉密认定的规定缺乏统一性，这不仅不利于政府采购信息的公开，还不利于监管和认定工作的开展。

(4)对于电子采购、绿色采购、政府购买服务等政府采购发展过程中出现的新问题、新现象缺乏有效的制度指导。

尽管还存在上述问题，但改革开放以来，我国的政府采购制度建设按照现代财政预算制度的要求不断向前推进，至今已构建起符合现代财政预算制度要求的基本制度框架。今后，随着我国加速向现代国家治理模式的转型，政府采购制度也必然围绕着严格管控、防止腐败、实现政府良好采购绩效这一核心目标加速建构，管好、用好政府采购资金，更好地履行政府取之于民、用之于民的职责。

10.6 预算调整

预算执行过程可能会遇到一些突发情况，需要对预算进行调整，但预算调整不能太过随意，需要遵循一定规则和程序，本部分内容首先对原理进行描述，之后再对我国的预算调整进行一定分析。

10.6.1 预算调整的必要性

预算调整是指对经过立法机构批准的预算法案在具体执行过程中进行调整和变更。预算调整是预算执行中不可或缺的一部分，因为即使在预算编制阶段充分考虑到未来可能出现的各种变化，在执行预算方案时仍然会遇到一系列突发的、难以预料的情况，比如2019年末暴发的新冠肺炎疫情就会对政府的预算执行产生影响。

一般来说，当面临如下两种情况时，可以对预算进行调整：

一是保持部门在执行预算过程中具有灵活性。部门是执行预算的基本单位，部门在执行预算过程中会遇到各种问题，需要有一些灵活性来应对各种突发情况，比如编制预算时对具体科目支出的估计是否完全符合实际情况；上级政府是否临时给部门增加、削减相关的任务等，需要部门灵活调整预算应对突发情况，尤其是在发展中国家更为明显，因为发展中国家对于支出估计的方法、技术并不完善，发展中国家经常会临时性的增加或者削减相关任务。

二是应对外部环境的变化。预算编制时对预算期内的收支测算也存在主观与客观的差异。在预算执行过程中,由于客观环境的变化,很有可能出现需要增加或减少预算执行及资金净额的情况。比如未曾预期到的经济收缩或扩张、法律变化、上级政府的补助变化等使得部门面临的环境发生变化,当这些突发情况出现就需要调整预算。

在预算调整过程中,必须遵循如下两个原则:

一是尽量减少预算调整的需要和程度。这是因为预算调整改变了立法机构体现在批准的预算中的政策意图。目前,大部分国家都对预算调整采取严格的限定。而且在通常情况下,都采用这样的预算调整顺序:先进行层次比较低的预算调剂,调剂不成,再进行层级比较高的预算调整或者使用应急基金来安排未预见到的支出,最后才考虑进行预算追加,但是,轻易不使用预算追加。

二是在制度上明确规定,哪些预算调整必须事前报立法机关审查批准,哪些则不用。一般来说,对于经济层级比较高的支出之间的资金转移,例如在部门之间转移资金、大幅度削减某个项目的支出、追加预算等一般都有建立相应的审查批准程序,非经立法机关同意,不得进行任何预算调整;至于层级比较低的支出之间的资金调剂等则授权给政府部门。

10.6.2　预算调整的内容和程序

1. 预算调整的内容

不同国家、不同政府层级、不同部门甚至同一主体在不同时期所采用的预算调整方式可能都是不同的。国内外文献提到的比较常见的预算调整方式包括:重新计划、资金调剂、提前和递延支付、扣留、会计操作、预算追加、削减开支、经费流用、预算划转、动用预备费等。我们在分析过程中,按照其调整的幅度和影响范围的不同,将预算调整的方式分为全面调整和局部调整两类。

(1)全面调整。全面调整是指在政府预算执行过程中,因特殊情况或突发事件的缘故,而对政府预算收支总盘子进行的全局性大调整。这种调整的涉及面广、工作量大,实际上相当于重新编制了一次政府预算。而全面调整在政府预算管理并非是经常发生的,只有在特殊情况下才采用,并且需要极其慎重。导致政府预算全面调整的特殊情况主要包括遭遇特大自然灾害或战争、国民经济和社会发展出现过度异常等。

(2)局部调整。局部调整是指经过立法机构批准的预算法案的某个部分因为需要而进行的调整和变更,这种调整是经常发生的,主要包括预算调剂(预算结构变化)、预算的追加或追减(预算总额变化)。

①预算调剂。预算调剂主要是在保持预算总额不变的前提下，通过预算结构内部的调剂来进行预算调整，包括经费流用和动用准备金。

经费流用也称为科目流用，是指在保证完成各项建设事业计划且不超过原定预算支出总额的情况下，由于预算科目之间调入、调出和改变资金用途而形成的预算资金的再分配。预算科目之间的经费流用，虽然不影响政府预算的总规模和收支平衡，但由于不同科目的资金各有不同的用途，因此在相互调剂时要遵循一定的原则，并履行相应的报批手续。从各国政府预算管理实践来看，为了适应日益复杂的经济社会环境，各国都有增加行政部门执行预算自由裁量权的趋势，各国对经费流用的限制已有放宽的趋势。例如，德国联邦议会通过法律，允许在一些确定的科目之间进行调剂，可以调剂的科目在预算说明中有严格规定，并明确一旦某科目确定为可调剂的，则要相应扣减该科目资金总额的3%～4%。在德国联邦预算的约8 000个科目中，可以调剂的有4 800个，但这些科目的支出总和仅占联邦预算总支出的6%。

预备费也称总预备费，各级财政总预算中的预备费是指各级政府预算中不规定具体用途的当年后备基金，一般是为了解决在预算执行过程中发生的某些临时性急需和事前难以预料的重大开支项目而相应设置的备用资金。总预算费，在某些市场经济国家，也称为“预算准备金制度”。准备金的设立通常有两种模式：一是由政府设立总预备金；二是由各部门设立预备金。市场经济下诸国近年来的发展趋势是日益倾向由政府设立总预备金，这主要是因为中央政府的预算机构更有能力确定准备金的使用时机和数额。例如，英国和加拿大已经放弃由部门设立准备金的做法，而是由中央建立统一控制的准备金。英国每年的支出计划中都有一项包括本年度和未来两年在内的准备金，通常后一两年的准备金比例要高于第一年。意大利国会批准的准备金可以高达全年支出的8%～10%。而奥地利每年的预算中则不列出一般应急的准备金，但可能会预留一定比例的象征性资金以应对可能增加的支出。

②预算的追加或追减。预算的追加或追减是在原核定的预算收支总额外，追加、追减预算收入或支出金额，增加收入或支出金额为追加预算，而减少收入或支出金额为追减预算。各预算执行部门由于各种自然原因（地震、火灾等自然灾害），国家经济社会情况发生变化，需要追加、追减收支预算时，均应编制追加、追减预算方案，按照规定的程序报经主管部门或财政部门批准后，财政部门审核并提交各级政府或转报上级政府审定通过后执行。如果是政府财政部门办理追加或追减预算，则需要经立法机关批准方可执行。

2. 预算调整的程序

预算调整的程序基本上也是要经历预算调整方案的提出、预算调整方案的审批、预算调整方案的执行三个环节。

(1)预算调整方案的提出。预算调整方案的提出跟预算草案的编制不同。预算草案的编制参与者众多,各个利益相关者都会参与,而预算调整方案主要是预算执行的行政机构提出,其他民众、财政部门的参与较少。比如在美国实行经理制的城市,作为公共事务执行官的市政经理是预算调整方案的提出者,而议会、民众、社会团体在预算调整方案的提出环节参与很少。即使有些政府针对预算调整方案召开听证会试图征求公众意见,其公众参与的数量和质量也远远不及预算草案的参与程度。

年度预算调整方案一般是每年调整一次,时间在每年的年中。在预算执行过半时,对上半年出现的问题可以进行总结,对下半年的收支情况可以进行更可靠的预测,此时进行预算调整时机更为恰当。预算调整包括调整经济财政预测、部门预算、预算项目、预算金额等。

(2)预算调整方案的审批和执行。一般而言,所有预算变动都需要报立法机构审批后才能执行。在预算调整期,各预算执行机构提出自己的预算调整方案,核心预算机构进行汇总,形成综合性预算调整方案后提交立法机构审批。立法机构审批后,调整预算具有了法律效力,政府部门按调整预算执行。从经济合作与发展组织成员国的情况看,调整预算与年终预算执行结果一致,也就是说,预算经中期调整后,不再变动,直至年终预算执行结束。

10.6.3　我国政府的预算调整

我国政府的预算调整严格按照《预算法》规定的内容和程序进行。2015 年 1 月 1 日开始施行的新修订的《预算法》对预算调整的范围和程序都作了详细规定。

1. 预算调整的范围

根据新修订的《预算法》,属于预算调整范围的有四种情况:

(1)需要增加或者减少预算总支出的;

(2)需要调入预算稳定调节基金的;

(3)需要调减预算安排的重点支出数额的;

(4)需要增加举借债务数额的。

2. 预算调整的程序

根据新修订的《预算法》,预算调整的程序如下:

(1)编制预算调整方案。《预算法》第六十九条规定:在预算执行中,各级政府对于必须进行的预算调整,应当编制预算调整方案。预算调整方案应当说明预算调整的理由、项目和数额。在预算执行中,由于发生自然灾害等突发事件,必须及时增加预算支出的,应当先动支预备费;预备费不足支出的,各级政府可以先安排支出,属于预算调整的,列入预算调整方案。

(2)财政部门提交预算调整方案。根据新修订的《预算法》第六十九条规定,各级财政部门应当提前三十日将预算调整方案送交本级人大有关专门委员会,或人大专门机构进行初步审查。

(3)预算调整方案的审批。各级人民代表大会及其常务委员会负责审查和批准预算调整方案。中央预算的调整方案应当提请全国人民代表大会常务委员会审查和批准。县级以上地方各级预算的调整方案应当提请本级人民代表大会常务委员会审查和批准。乡、民族乡、镇预算的调整方案应当提请本级人民代表大会审查和批准。未经批准,不得调整预算。

(4)预算调整方案的生效执行。经各级人民代表大会及常务委员会批准的预算调整方案,各级政府要严格执行。

思考题

1. 政府预算执行的目标是什么?
2. 政府预算执行的良好标准是什么?
3. 如何对政府预算执行过程进行控制?
4. 为什么要实行国库集中收付制度?
5. 实行政府采购的意义何在?
6. 为什么政府预算需要调整?预算调整需要遵循什么原则?

第 11 章　政府会计、政府决算与政府财务报告

在公共财务管理周期中，政府会计存在于预算与审计之间，提供有助于理解和评估政府财务状况的财务信息。政府决算是政府预算执行的结果，是政府及其部门对预算执行过程的总结。政府财务报告是全面、真实、系统地记录和反映政府财政活动结果的书面报告。本章详细介绍了政府会计、政府决算和政府财务报告的含义、组成及内容。

11.1　政府会计

11.1.1　政府会计与公共受托责任

会计是分析、记录、总结、评估和解释组织的财务活动和状态的方法。政府会计是指用于确认、计量、记录和报告政府和政府部门财务收支活动及其受托责任履行情况的会计体系。虽然政府会计早在封建社会就以官厅会计的形式存在，但因其只用于国王、皇家的收支、财产记录，所以与民众没有什么关系。到 18 世纪末和 19 世纪初，随着封建君主制向民主制国家转型，政府会计对民众的重要性才日益凸显。记录预算信息并定期向民众发布财务报告的政府会计制度也被写入宪法和法律。进入 20 世纪，随着政府职能的不断扩张，公共支出规模不断扩大，民众对公共资金运作的安全、效率和效果问题愈加关注。委托代理理论的兴起使得公众与政府之间的委托代理关系清晰呈现并明确体现在对政府会计的要求上，即要求政府在筹集和使用公共资金的过程中，必须使用恰当的会计方法，及时、准确、详细地记录公共资金运作的财务信息(包括收入、支出、资产、负债、成本、收益等)，识别、选择、分析、衡量和评价这些信息及其相互关系并向公众及其代表报告，以解决委托代理关系中的信息不对称问题以及由此引发的代理人的机会主义问题。

政府会计通过记录财务数据来反映政府的活动和交易行为，并利用不同的账户将政府行为进行分类，通过复式记账法使相同的信息在不同的账户中进行记录，从而实

现数据之间的相互印证，最终通过财务报表的形式将所有信息反映出来。政府会计的存在不仅为公众及其代表提供了有效的信息，以便于对政府的财政行为进行监督，还为决策者提供了充分的信息，以保证决策的科学与合理，实现有限资源的优化配置和组织管理。同时它还能够向公众及其代表和利益相关者提供必要的财务信息，实现财政公开透明，保证政府受托任务的顺利完成。

11.1.2　政府会计基础及会计模式

作为一种以提供财务信息为主的经济信息系统，会计确认基础贯穿了会计核算的始终。根据会计事项确认的时间不同，会计基础主要分为两类：一是收付实现制或现金制；二是权责发生制或应计制。收付实现制是指只有当现金实际收到或支出时才做记录的会计基础，即收到现金时确认收入，支出现金时确认费用。收付实现制只确认和计量现金交易，对非现金交易不予以确认和计量。只要没有发生现金交易，即使交易行为或事项已经发生，也不做会计处理。权责发生制是指在交易和事项发生时予以确认的会计基础，只要交易事项已经发生，必须记录在相关账户中。权责发生制以权利或责任是否发生为标准来确认收入或费用。

收付实现制因其古老、原始而又操作简便的特点成为政府会计最初使用的会计基础。直到20世纪80年代，权责发生制才逐渐被引入到各国各级政府的会计实务工作中。这是因为，虽然收付实现制有其不可替代的优点，但随着政府职能的扩张，公共支出规模逐渐扩大，公共管理业务日趋复杂，政府的财政受托责任内容也不断变化，从最初的保证公共资金的安全运行扩展到提高财政资金运营的效率和效果、防范财政风险和推动财政可持续发展等。政府的财务管理活动，不仅包括收支管理，还包括资产和负债的管理。只能提供核算和报告预算收支情况的收付实现制已不能适应扩展了的政府财务活动和人们对政府财务信息的需求。它不能充分和有效地反映政府的短期、中期和长期负债，不能及时反映已经发生的业务，无法满足政府全面履行财政受托责任和提供绩效评价所需的资产负债、成本绩效信息的需求。而权责发生制作为能够如实反映政府财务状况和运营能力的会计基础，恰好弥补了收付实现制的缺陷。权责发生制下的会计信息包括政府运营各方面的综合数据，如收入、支出、盈余或赤字、资产、负债等，反映政府所有活动的全部成本，既包括现金支出成本，也包括实物资产成本。通过这些信息，可以全面掌握政府的资产和负债情况，准确地评价政府及其部门的财务状况及其绩效，从而更好地进行决策。

会计基础在实际应用中，并非非此即彼。除完全的收付实现制和完全的权责发生制外，还有位于二者之间的多种形式。国际会计师联合会(IFAC)也认为，在收付实现制和权责发生制之间存在一个变化区间，这些变化形式实际上是对收付实现制或权责发生制会计基础的修正，它们通常被归纳为两种：修正的收付实现制和修正的权责发生制。

修正的收付实现制是指会计确认基础一般采用收付实现制，但对某些特殊交易或事项采用权责发生制基础进行确认和报告。最常见的一种形式为“附加期”模式，即在每个会计年度结束后，附加一段时间（一般为一个月），用于结清本年度账户。

修正的权责发生制是指会计确认基础采用权责发生制，但对某些交易或事项采用收付实现制基础进行确认和报告，如对收入采用收付实现制基础确认。

因此，政府会计确认基础有四种可供选择的模式：完全的收付实现制、完全的权责发生制、修正的收付实现制和修正的权责发生制。四种会计模式的特点如表 11.1 所示。

表 11.1　四种会计模式及其比较

	会计模式	确认标准	会计要素	计量焦点	财务报表	使用国家
收付实现制	完全的收付实现制	现金的实际收付时间	现金收入、现金支出、现金结余	现金	收入支出表	德国中央政府等
	修正的收付实现制	附加期内交易或事项实际发生时间	现金收入、现金支出、现金结余	现金及等价物	收入支出表	德国地方政府等
权责发生制	完全的权责发生制	交易或事项发生时	资产、负债、净资产、收入、费用	所有经济资源	资产负债表、损益表、现金流量表	美国、法国等
	修正的权责发生制	交易或事项发生时	资产、负债、净资产、收入、费用	财务资源	资产负债表、损益表、现金流量表	英国、澳大利亚、新西兰等

资料来源：荆新，高扬．政府会计基础模式：比较与选择[J].财务与会计，2003(9)：51.

11.1.3　政府会计准则

商业实体实施的会计（商业会计）有两个分支：管理会计和财务会计。管理会计包括预算、成本分析和绩效评估，财务会计记录实际交易和事件的后果。然而，政府会计不能像商业会计一般分为管理会计和财务会计，原因在于政府预算的参与性广、影响程度大，公众有权参与预算管理决策，这使得它无法完全纳入管理会计的范围。基于此，国际上通常将政府会计区分为预算会计和财务会计。

实践中，预算会计和财务会计都必须根据相应的规则运行。由于政府预算的编制和执行通常由司法管辖区的法律规定，因此预算会计准则往往遵循法律规定。财务会计起源于商业，财务会计准则的形成在很大程度上受到投资者和债权人需求的影响，他们需要通过年终财务报表了解企业业绩。为了得到准确可靠且具有可比性的财务信息,他们要求制定会计准则,以促进会计实践的统一。这些标准在英国被称为"公认的会计惯例"(Generally Accepted Accounting Practices),在美国被称为"公认的会计准则"(Generally Accepted Accounting Principles)。外部审计机构根据这些标准评估管理层提供的财务信息质量。值得注意的是,只有由全国独立审计师协会认可的足够独立的组织(如注册会计师协会)制定的会计标准,才会被认定为公认的会计准则(GAAP)。随着时间的推移,尽管 GAAP 存在许多弊端,但它依旧是衡量会计核算工作和财务报告是否可靠的基准。

从 20 世纪 90 年代中期开始,澳大利亚和新西兰的政府会计在国际上得到推广。国际会计师联合会下属的公共部门委员会(PSC) 经过长达十年的研究,发起了一项制定和传播国际公共部门会计准则(IPSAS)的计划。该项目在国际金融组织和发展机构的支持下,分两个阶段进行。2002 年,在该项目第一阶段结束时,PSC 对原有的企业国际会计标准进行调整后颁布了 20 个标准并将其更名为"国际财务报告标准"(IFRS)。第二阶段,PSC 和 IPSAS 委员会就公共部门特有的问题制定了六项标准,同时继续在其他标准中调整 IFRS。委员会还为不准备采用权责发生制会计基础的政府制定了一个以现金为基础的标准。IPSAS 委员会发布了大量的会计标准,具有高度专业性,其中基础且关键的准则如下:

1. 会计主体

财务会计的第一步是确定一个能够收集财务数据且拥有独立身份的经济单位,即会计主体。政府的主要会计主体是拥有资源并能够独立借款的机构,包括各级政府、各部门和各单位。

2. 会计等式

国际上通用的会计等式:资产=负债+所有者权益。政府的资产是指政府会计主体由于过去的经济业务或事项而拥有或有效控制的经济资源。政府的负债是会计主体由于过去的经济业务或事项形成的需要未来现金支付或服务的义务。

3. 资产和负债

政府财务会计系统中所包含的资产和负债的范围被称为计量焦点。资产的计量焦点狭义上指国库的现金,广义上包括电信行业拍卖的公共电波。同样,负债的计量焦点狭义上指拖欠的工资,广义上包括在金融危机期间增加的数十亿美元的政府赔偿和担保。因此,关于计量焦点的标准可能对数据的可用性以及证明政府资产管理和履行财务义务的责任产生决定性影响,故而资产和负债、财务数据收集和分析需要进行系统和详细的分类。

资产根据其转换为现金的难易程度进行分类。经济资源划分为用于开发的财务资源和保留使用的非财务资源。财务资源根据预期转换为现金的时间分类，通常用一年来区分流动资产和非流动资产，一年内（含一年）可以变现的资产称为流动资产，变现期超过一年的资产被称为非流动资产。非财务资产由有形经济资源和无形经济资源组成。负债按索赔的紧迫性分类，通常预计在一年内偿还的负债是短期负债，超过一年的负债为长期负债。

满足确认标准后，准确衡量资产和负债也十分关键。金融资产通常按可变现净值衡量，即在正常业务过程中可以获得的现金数额。非金融资产按折旧后的原始收购成本（有时称为历史成本）衡量。金融负债通常以其合同价格来表示，长期负债利用折现值和精算估计确定。

4. 收入和支出

政府收入通常按来源分为税收收入和非税收入（包括国有资源有偿使用收入、国有资本经营收益、行政事业性收费和以政府名义接受的捐赠收入等）。支出可以按经济性和功能进行分类。政府的收支与其资产负债相互影响，密不可分。

专栏 11.1　　权责发生制的国际公共部门会计准则大类列示

1. 财务报表列报
2. 现金流量表
3. 会计政策、会计估计变更和会计差错更正
4. 外汇汇率变化的影响
5. 借款费用
6. 控制实体的合并财务报表和会计
7. 联营企业投资
8. 合资企业收益
9. 外汇交易收入
10. 恶性通货膨胀经济中的财务报告
11. 施工合同
12. 存货
13. 租赁
14. 财务报告日后事项
15. 金融工具
16. 投资性不动产
17. 不动产、厂房和设备
18. 准备金、或有负债和或有资产

19. 分部财务报告
20. 关联方信息披露
21. 非产生现金资产的损益
22. 一般政府部门的信息披露
23. 非外汇交易收入(税收和转移支付)
24. 财务报表中的预算信息列报
25. 职工福利
26. 产生现金资产的损益
27. 农业
28. 金融工具:列报
29. 金融工具:确认和计量
30. 金融工具:披露
31. 无形资产
32. 服务特许安排:出让人

项目进展

- 关于公共部门主体财务的长期可持续性
- 财务报表的讨论与分析
- 主体组合
- 社会效益
- 国际公共部门会计准则和公共部门统计报告指南
- 首次采用国际公共部门会计准则
- 遗产资产

11.1.4　我国政府会计及其改革

新中国成立初期,我国政府会计体系基本上借鉴了苏联的预算会计体系,后经多次修订和变革,最终形成目前由预算会计和财务会计构成的"政府会计"体系。按照我国《政府会计准则——基本准则》的规定,政府会计由预算会计和财务会计构成。其中政府预算会计具体可以由政府财政总预算会计和行政事业单位预算会计组成,政府财务会计主要指行政事业单位财务会计。通过梳理新中国成立以来我国政府会计制度改革进程中发生的重大标志性事件,将我国政府会计改革历程划分为以下几个时期。

1. 初步形成阶段(1949—1978年)

新中国成立初期,我国建立了高度集中、统收统支的预算管理体制。与此同时,财政部根据中央人民政府政务院公布的《预算决算暂行条例》和《中央金库条例》提出了建立我国预算会计体系的设想。1950 年 10 月，财政部召开第一次全国预算会计金库制度会议。这次会议通过了适用于各级财政机关的《各级人民政府暂行总预算会计制度》和适用于各级行政事业单位的《各级人民政府暂行单位预算会计制度》两部法规，并于同年 12 月 2 日正式颁布。这两项暂行预算会计制度从 1951 年开始实施，标志着我国预算会计的诞生，初步确立了总预算会计和单位预算会计分立的框架。1954 年，我国取消了以上制度中的“暂行”二字，改为正式颁布执行。1954—1965 年，借鉴苏联的管理经验，我国对预算会计的总则、会计科目、凭证、账簿和记账方法、会计报表等进行了全面修订，政府会计核算制度基本体系初现雏形。

“文化大革命”期间会计改革严重受挫，直到“文化大革命”结束，政府重新调整政策，我国预算会计体系才得以重新发展。在此之后，我国便形成了由总预算会计、行政事业单位预算会计和其他预算会计构成的预算会计基本格局。

2. 改革调整阶段(1979—1992 年)

自 1979 年开始，伴随着改革开放后经济社会的巨变，为适应国家财税、金融和预算管理体制改革的要求，财政部着手进行预算会计的改革，分别于 1983 年和 1988 年两次修改预算会计制度，最终形成了以总预算会计为主导、行政事业单位会计为补充的独立预算会计系统。

1983 年，我国正式颁布并修订了《财政机关总预算会计制度》，1984 年开始执行新的《财政机关总预算会计制度》。其颁布明确了我国预算会计在经济管理方面的具体职能，并对预算会计科目进行了明确界定，构建了我国总预算会计的基本框架。1989 年，《财政机关总预算会计制度》再次修订，改称“财政总会计”，作为财政部和地方各级财政机关核算、反映、监督国家和地方各级总预算执行的会计。在完成总预算会计框架构建后，我国初步进行了行政事业单位预算会计的构建。1989 年颁布的新《事业行政单位预算会计制度》将原“行政事业单位会计”改称“事业行政单位会计”，并将其界定为核算、反映和监督中央和地方各级事业行政单位预算执行和其他经济活动的专业会计。

改革开放时期国家高度重视会计制度改革，国家会计机构的重建也被提上日程。财政部下属会计制度司于 1979 年初经财政部批准后予以重新建立，并于 1982 年正式更名为会计事务管理司，1994 年更名为会计司。此外，为吸纳专业会计意见，财政部专门建立了一个理论与实践相结合的学术交流平台——中国会计学会，其有效地促进了会计学界的学术交流，从而为我国政府会计改革提供了大量有价值的参考意见。

3. 现行政府预算会计制度的建立阶段(1993—2000 年)

经过十年的探索，我国在政府预算会计领域取得了较大成就，然而我国政府会计核算制度仍然存在着一些问题。随着市场经济的不断发展,高度集中统一的政府会计制度体系已经不再适用。为了顺应改革开放的大趋势,1993 年财政部决定对我国预算会计体制进行全面改革。

1993 年,预算会计改革领导小组以及常务工作组在财政部的批准下正式成立。次年经过预算会计改革小组与国家各相关组织机构的共同努力,出台了《中华人民共和国预算会计法》。

1994 年,我国进行了分税制财政体制改革。“分税制”中的预算管理体制与原政府预算会计制度内容不兼容,无法满足其预算编制需求。“分税制”要求在编制经常性预算以及建设性预算时使用复式预算编制方法,因此预算会计职能发挥受到严重阻碍,必须进一步改革。1996 年,《预算会计核算制度改革要点》正式颁布。次年,财政部针对财政总预算会计相应制定了《财政总预算会计制度》,明确规范财政总预算的相关工作。

1997 年,《财政总预算会计制度》《行政单位会计制度》《事业单位会计制度》和《事业单位会计准则》等系列预算会计改革文件正式颁布,并于 1998 年 1 月 1 日起全面实行,简称为“一则三制”。“一则三制”的形成标志着我国政府会计改革取得了可喜成果,打破了传统预算会计高度集中的局面,基本打造出迎合时代政治、经济发展要求的预算会计体系,同时对政府职能的转变也起到了推动作用,对国家的宏观经济管理也起到了积极配合的作用。

4. 现行政府预算会计制度的完善阶段(2001 年至今)

21 世纪初,伴随着新世纪的开启,我国国民经济迅速发展,建立健全公共财政体系势在必行,为此,预算管理体系也相应做出了调整。我国推行了编制部门预算、政府收支重新分类、收支两条线、政府采购、国库单一账户制度等一系列预算管理改革,初步构建起与公共财政相适应的政府预算管理框架。

针对当时各单位决算分散、混乱的局面,政府会计在决算管理层面也进行了改革,将财政总决算、预算外资金决算以及行政事业单位决算等进行整合,使得决算报告能够反映出这一阶段预算工作中存在的问题。为配合决算管理的创新,我国在 2002 年出台了《行政事业单位会计决算报告制度》等一系列制度来规范行政事业单位的决算工作。这一时期,我国政府会计的主要内容还是预算会计,其主要作用是辅助预算会计对预算资金的管理,尤其是财政资金收支的管理。2009 年,我国通过颁布《医院会计制度》等会计制度征求意见稿,正式将权责发生制引入政府会计。

2012 年,我国出台了《行政事业单位内部控制规范(试行)》,意在通过内部控制框架的构建来进行预算管理控制以及重大项目控制。在此基础上,党的十八届三中全会通过了“进一步深化政府会计改革”的决定,提出要以权责发生制为基础建立政府综合财务报告制度，使政府财务报告反映的信息更加全面。2014 年，国务院批转通过《权责发生制政府综合财务报告制度改革方案》，提出了对政府会计改革实行权责发生制与收付实现制并行的“双轨制”构想，这一构想的提出也表明政府会计改革已经进入实质性阶段。

随着政府会计改革的逐步深入，财政部也针对政府会计准则进行了多次全方位的修改，使得政府会计准则能够更好地服务于日益复杂的政府会计工作。2015 年，财政部发布《政府会计准则——基本准则》，对预算会计和财务会计工作内容进行了明确规范，且对二者职能进行了合理划分，同时发布了《政府财务报告编制办法(试行)》，对政府财务报告编制进行了进一步规范，从编制的内容、范围、流程等角度加以完善。2016 年，财政部针对“存货”“投资”“固定资产”“无形资产”四项内容相应地颁布了四项具体政府会计准则，为政府会计在以上四项内容的核算上提供了指引。2017 年针对“公共基础设施”“政府储备物资”也颁布了两项具体准则。同年印发了《政府会计制度——行政事业单位会计科目和报表》，其中对行政事业单位财务会计报表编制中会计科目及报表内容进行了统一规范，并且根据当前政府会计改革的需要，停止使用 1997 至 1998 年颁布的“一则三制”等 13 项制度，使行政事业单位的会计核算标准得到了统一。2018 年，财政部针对政府会计准则中的各项要素分别颁布了具体准则，就其内容进行了大幅度调整。目前，我国政府会计制度正处于新旧衔接的重要时期，并且政府会计制度改革也正逐渐步入标准化轨道。

11.2　政府决算

11.2.1　政府预算与决算

政府预算是政府的收支计划，是行政部门和立法部门之间的法律契约，它规定了政府在未来财政年度中应该做的事以及做事的成本。政府预算作为一个过程，分为编制、审批、执行和评估四个阶段。预算由政府编制，形成政府预算草案，之后提交立法机关审批。立法机关审批形成具有法律效力的预算，由政府严格执行。为使政府严格按立法通过和调整的预算执行，防止预算执行过程中政府道德风险的产生，政府预算的执行过程需要立法机关和公众严格的监督，政府预算执行的最终结果必须经独立于行政的审计机关的审查和评估。

政府预算执行的最终结果在我国也被称为决算。由于政府预算草案被立法机关审议和批准后即成为法律。它与其他被立法机关通过的法律一样，没有立法机关的同意是不能被任何人,包括政府改变的。任何不经立法部门批准的预算变动都被视为违法行为。预算执行过程中的预算调整也必须经立法机构审批。从这个意义上说,政府预算执行的结果应与立法通过的政府预算一致。但实际情况是,预算执行结果与预算经常是不一致的,中外概莫例外。因为预算作为政府的收支计划,其收支数是基于对未来年度的预测而成。由于人的有限认知能力,预测数总会与实际情况有差距,因而预算与其执行结果的差距不可避免。对预算和实际执行情况的差异,预算管理中会采用相应方法进行处理。

1. 关于收入处理

当预算收入数与实际执行数不一致,如出现余额时,一般有以下两种处理方法。

(1)政府无权使用余额,只能分配立法通过的预算收入数。余额将作为下一财政年度的收入而编入次年的预算收入。采用这种处理方式,在其他情况不变的前提下,预算与执行结果将一致。

(2)政府可以使用余额,从而扩大本年度支出,但必须事先征得立法部门的批准和同意。没有立法部门的批准,政府擅自使用余额则构成违法。当政府获得立法部门授权使用余额(部分或全部)增加支出时,预算与预算执行结果不同。此处关键的问题在于预算的任何变动必须经由立法部门批准,预算执行结果只是经立法部门批准而修订了的预算。

当预算收入小于预算支出而出现赤字时如何处理?由于几乎所有国家都以法律的形式规定地方政府预算必须平衡,所以在预算执行过程中出现入不敷出时,政府必须削减预算。预算的削减以及削减量也必须报送立法部门批准。在其他情况不变的前提下,预算与预算执行结果将产生差异,差异额等于赤字额。当出现入不敷出的情况时,如果政府设有准备金,则可以准备金弥补收入的不足。同样动用准备金亦须获得立法部门的批准。如果准备金足以弥补赤字,在其他情况不变的情况下,预算执行结果将与原立法通过的预算一致。

2. 关于支出的处理

实际支出数与预算数不一致的情况大致有三种。

(1)由法律规定的权力性支出增加。政府的支出一般分为斟酌性支出和法定支出(主要是权力性支出)。斟酌性支出是指可以根据公共需求控制其数量和结构的支出,如国防经费、公用经费等,但这种改变支出数量和结构的权力并不属于政府。法定支出是指由法律事先规定而无须每年经立法部门审批的支出。最典型的法定支出是社会福利支出。这部分支出的特点是政府无法事先预知支出的具体数字。在预算执行过程中,当经济形势发生变化,更多的人按法律规定符合享受社会福利项目(如失业保险、贫困补助)时,政府的社会福利支出就要超出原定预算数。而立法部门只能批准类似的支出增加。在这种情况下，政府预算将与预算执行结果不同。

(2)斟酌性支出在预算执行过程中也会发生变化。在预算执行过程中，政府支出的需求结构也会发生变化，某些项目的支出需求可能不足，而另一些项目的支出需求可能过多。在这种情况下，需要对支出预算进行调整，从而使得实际支出数与预算支出数不一致。

(3)不可预见事件如自然灾害的发生也会导致预算和预算执行结果之间的差异。理想的情况是设立专用应急准备金以备此类支出。无论动用准备金，还是新增支出，都须报立法部门审批。

如果政府的预算与决算之间产生了很大差异，其原因只有两种：一是政府没有良好的预算能力或财政管理能力，不能有效地预测收支数；二是预算对政府没有约束力，政府在预算执行过程中可以随意变动预算。这意味着立法部门没有或没有完全掌握政府预算的决策权(包括审批权、修正权、调整权、监督权和否决权)，而公共资金由立法部门决策、政府预算由立法部门审批才是公共预算的本质特征。

如果①预算由政府部门专业人员根据合理的经济假设，采用科学方法编制而成；如果②预算必须由立法部门批准后才能由政府执行；如果③政府能够严格执行立法通过的预算，执行中任何预算变动都需立法部门批准，那么预算执行结果或决算与预算没有多少差别。或者说，决算就是修改了的预算，而不是独立于预算之外的过程。管理好预算就管理好了决算。

11.2.2　我国政府决算的内容

与政府预算一样，为了准确地反映相关的信息，方便各申报审核单位的管理工作，政府决算草案的内容一般包括决算报表和决算文字说明两部分。其中决算报表主要是用数字填列各种决算表格。《预算法》规定，决算草案应当与预算相对应，按预算数、调整预算数、决算数分别列出。一般公共预算支出应当按其功能分类编列到项，按其经济性质分类编列到款。决算文字说明主要是对本级预算的执行和管理等各种情况所做的全面文字总结，以配合决算表格数字的内容。

1. 按政府决算级次划分

政府决算与政府预算的体系构成相同，也是按照国家的政权结构和行政区域来划分。根据我国宪法和国家预算管理体制的具体规定，有一级政权便建立一级预算。凡是编制预算的地区、部门、单位都要编制决算，具体分为中央政府决算和地方政府决算，如图11.1所示。

(1)中央政府决算。它由中央各主管部门汇总所属的行政和事业单位决算、企业财务决算、基建财务决算和国家金库年报、税收年报等组成，由财政部审核汇总编成。

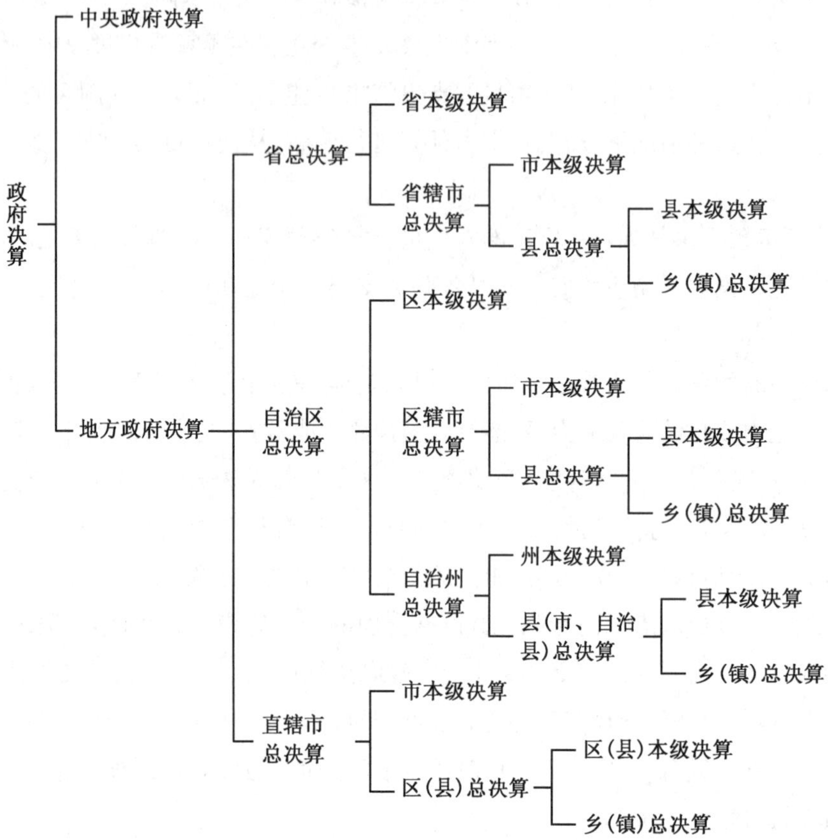

图 11.1　我国政府决算的组成结构

行政事业单位决算由各执行单位预算的国家机关、团体、工交商、农林水利、文教卫生等事业单位编制草案。企业财务决算和基本建设财务决算由国有企业和基本建设单位编制草案。财政部将中央各部门报送的各类决算草案审核汇总编制成中央政府决算草案汇入政府决算草案。

(2)地方政府决算。地方政府决算分为省(自治区、直辖市)及所属市(地、州)、县(市、区、旗)、乡(镇)总决算。地方各级总决算是由同级各主管部门汇总所属的行政、事业单位决算、企业财务决算、基建财务决算和所属下级总决算以及国家金库年报、税收年报等形成。地方政府决算由地方财政部门审核汇总,编制草案,按规定程序审批后上报汇总,最后报财政部审核汇总后编制成地方政府决算草案,汇入政府决算草案。

2. 按政府决算报送主体划分

按报送主体划分,政府决算分为总决算和部门决算。

(1)总决算。总决算是总预算执行最终结果的报告文件,是由各级财政部门汇总本级及其下级财政部门的年度实际收支所编制的决算。它是各级总预算执行结果纵向的全面反映。其内容包括:全年的收支预算数、调整预算数、决算数及其他相关的基本数字和决算说明书。我国的总决算由中央总决算和地方总决算组成,地方总决算又分为省(自治区、直辖市)、市(地、州)、县(市、区)、乡(镇)四级总决算。

(2)部门决算。部门决算是构成各级总决算的基础,由执行部门预算的行政、事业部门编制。它要求各部门在年度终了后搞好年终清理、结清账目的基础上,及时、准确、完整地编制部门决算草案,分别填列预算数、调整预算数和决算数,并附有决算说明书,按照预算支出的领报程序自下而上逐级审核汇总后,上报同级财政部门,汇入总决算。

11.2.3　我国政府决算的程序

1. 拟定和下达政府决算的编审办法

为了使决算数字口径统一,提高决算的质量,每个预算年度终了前,财政部在总结上年决算编制工作经验的基础上,结合本年度财政经济政策、预算和财务管理体制及制度以及当年预算执行中的问题,制发本年度决算编制办法,分别下达给各省(自治区、直辖市)和中央各部门。国家税务总局制定和下达税收年报编审办法,中央国库制定和下达国库年报编审办法。

各省(自治区、直辖市)和中央各部门根据财政部的部署和下达的决算编审办法,结合本地区、本部门的实际情况作出必要的补充,制定本行政区域决算和本级各部门决算的具体编制方法。制定和颁发决算编审办法是保证各级决算编制工作顺利进行,编制出高质量的符合国家统一要求的决算的必要措施。

2. 编制政府决算草案

决算草案由各级政府、各部门、各单位在每一预算年度终了后按照国务院规定的时间编制,编制决算草案的具体事项由国务院财政部门部署。编制决算草案,必须符合法律、行政法规,做到收支真实、数额准确、内容完整、报送及时。决算草案应当与预算相对应,按预算数、调整预算数、决算数分别列出。一般公共预算支出应当按其功能分类编列到项,按其经济性质分类编列到款。

国务院财政部门编制中央决算草案,县级以上地方各级政府财政部门编制本级决算草案。政府决算草案由执行预算的基层行政事业单位决算编制,采用层层汇编的方法,最后由各级财政部门汇编成本级决算草案。

3. 政府决算的审查批准

各部门对所属各单位的决算草案应当审核并汇总编制本部门的决算草案,在规定期限内报本级政府财政部门审核。各级政府财政部门对本级各部门决算草案审核后发现有不符合法律、行政法规规定的,有权予以纠正。

国务院财政部门编制中央决算草案，经国务院审计部门审计后，报国务院审定，由国务院提请全国人民代表大会常务委员会审查和批准。县级以上地方各级政府财政部门编制本级决算草案，经本级政府审计部门审计后，报本级政府审定，由本级政府提请本级人民代表大会常务委员会审查和批准。乡、民族乡、镇政府编制本级决算草案，提请本级人民代表大会审查和批准。

专栏 11.2　《预算法》关于各级决算草案的初步审查规定

《预算法》第七十八条规定，国务院财政部门应当在全国人民代表大会常务委员会举行会议审查和批准中央决算草案的三十日前，将上一年度中央决算草案提交至全国人民代表大会财政经济委员会进行初步审查。

省、自治区、直辖市政府财政部门应当在本级人民代表大会常务委员会举行会议审查和批准本级决算草案的三十日前，将上一年度本级决算草案提交至本级人民代表大会有关专门委员会进行初步审查。

设区的市、自治州政府财政部门应当在本级人民代表大会常务委员会举行会议审查和批准本级决算草案的三十日前，将上一年度本级决算草案提交至本级人民代表大会有关专门委员会进行初步审查，或者送交本级人民代表大会常务委员会的有关工作机构征求意见。

县、自治县、不设区的市、市辖区政府财政部门应当在本级人民代表大会常务委员举行会议审查和批准本级决算草案的三十日前，将上一年度本级决算草案提交至本级人民代表大会常务委员会有关工作机构征求意见。

全国人民代表大会财政经济委员会和省、自治区、直辖市、设区的市、自治州人民代表大会有关专门委员会，向本级人民代表大会常务委员会提出关于本级决算草案的审查结果报告。

4. 决算的批复、备案和撤销

各级决算经批准后，财政部门应当在二十日内向本级各部门批复决算。各部门应当在接到本级政府财政部门批复的本部门决算后十五日内向所属单位批复决算。

地方各级政府应当将批准的决算及下一级政府上报备案的决算汇总，报上一级政府备案。县级以上各级政府应当将下一级政府报送备案的决算汇总后，报本级人民代表大会常务委员会备案。

国务院和县级以上地方各级政府对下一级政府依照《预算法》规定报送备案的决算，认为有同法律、行政法规相抵触或者有其他不适当之处，需要撤销批准该项决算决议的，应当提请本级人民代表大会常务委员会审议决定，经审议决定撤销的，该下级人民代表大会常务委员会应当责成本级政府依照规定重新编制决算草案，提请本级人民代表大会常务委员会审查和批准。

11.3　政府财务报告

随着现代财政预算制度理念的确立，传统的政府预算收支报告难以适应社会发展的需要，能够更好地体现政府受托责任的政府财务报告逐渐为各国政府所采用。

11.3.1　政府财务报告与政府决算报告

政府财务报告是全面、真实、系统地记录和反映政府财政活动结果的书面报告，是为了满足信息使用者的需求而编制的，以财务信息为主要内容，以财务报表为主要形式，全面、系统地反映政府受托责任的综合性报告。政府的财务报告与政府的预算和决算（预算执行结果）密切相关，但又不完全相同。政府财务报告包括更为广泛的内容。这种区别可以从存量和流量的概念上来理解。政府的财政信息分为两类：一类是流量信息；另一类是存量信息。流量信息是指政府在财政年度内的财政活动信息，如征集了多少收入，花费了多少资金。政府财政活动的流量信息正是预算报告和决算报告中反映的信息。政府财政活动的存量信息反映的是政府整体财务状况的信息，如资产、负债和净资产等。政府的流量信息和存量信息是相互联系的。政府的年度流量信息变化会引起政府存量信息即净资产的变化。也就是说，体现在每年预算和决算中的政府财政活动会引起净资产的增加或减少。如果净资产增加了，则说明政府整体财务状况改善了。反之，如果净资产减少了，则说明政府的财务状况恶化了。政府提供公共服务的能力取决于其金融资产和实物资产的状况，政府净资产的减少意味着政府未来提供公共服务的能力减弱。所以政府财务报告不仅反映了政府年度财政活动结果，而且还反映了政府长期的财务状况，因而它更能体现政府财政透明度和政府履行受托责任的情况。

11.3.2　政府财务报告的目标

政府财务报告的目标是指编制财务报告的目的，它是政府财务报告的核心，政府财务报告的其他一切内容，包括报告主体、编制基础、要素的确认、计量和报告，都要围绕报告目标进行，按照报告目标的要求展开。迄今为止，确定政府财务报告目标的依据可以归纳为两种：一种是决策有用论；另一种是受托责任论。

决策有用论是建立在政府财务报告对使用者有使用价值的基础上，将政府财务报告作为使用者决策的依据。这种观点认为，会计是一个经济信息系统，财务报告的目标是向会计信息的使用者提供决策所需要的信息，政府会计和财务报告也不例外。政府财务报告的目标是向其利益相关者提供对他们的决策而言有用的信息。

受托责任论建立在公众与政府之间形成的委托代理理论的基础上。在这种委托代理关系中，政府作为代理人，对委托人公众负有安全、有效地使用公共资金，提供公共产品的责任，这种责任被称为受托责任。作为全面、详细地反映政府财政活动和财务信息载体的政府财务报告，被赋予向公众全面、准确、详细、及时报告和说明政府受托责任履行情况的职责。

根据决策有用论和受托责任论发展出政府财务报告的两个目标：第一，决策信息目标。政府财务报告为其使用者，包括立法者、政府管理者、投资人、评级机构、经济和财务分析师等提供决策的信息。第二，受托责任目标。政府财务报告应向公众提供足够的信息反映政府受托责任的履行情况，以便于公众对其做出评价。受托责任又可分为财政受托责任和运营受托责任。财政受托责任是指报告提供政府在报告期内遵循财政收支的公共决策信息的责任。运营受托责任是指对政府使用资源的绩效以及财政的可持续性进行报告的责任。财务报告的受托责任目标也被认为是它的最高目标。在此目标下，还可以设置若干具体目标。

上述目标是在比较抽象的层面上确立的，那么，政府财务报告具体应该提供哪些信息以满足上述目标要求？国际会计师联合会公共部门委员会发布的《国际公共部门会计准则第1号——财务报表的列报》将政府财务报告目标进一步细分为：

(1)提供关于财务资源的来源、分配及其使用的信息。

(2)提供关于主体如何为经营活动融资并满足其现金需求的信息。

(3)提供有助于评价主体为经营活动融资，以及为满足负债和承诺能力的相关信息。

(4)提供主体财务状况及其变化的信息。

(5)提供有助于评价主体在服务成本、效率和成果等业绩的总体信息。

(6)提供表明资源获得、使用是否与法定预算相一致的信息。

(7)提供表明资源获得、使用是否与法律和合同要求相一致的信息。

国际会计师联合会定义的政府财务报告的目标满足了绝大多数国家对于政府财务报告目标的需求，既强调了对外部公众的受托责任，也包含了内部管理对报告的信息需求。受托责任强调政府财务报告的目标是向政府之外的立法者和公众提供全面、真实、系统的财务活动、运营绩效和现金流量等方面信息，是政府以外的使用者评价政府受托责任履行情况和进行相关决策的重要依据，是履行受托责任的政府必须向委托人报告的书面信息。任何从人民取得收入、为人民服务的政府都应该而且必须向人民提供全面、真实的财务报告。

11.3.3　政府财务报告的基本原则

(1)全面性。政府财务报告应包括评估预算执行、中期和年终财务报告的数据以及统计数据和法律法规要求的其他报告信息。信息的全面性是政府财务报告最重要的原则,其价值在于为财政发展提供一个长期和全面的视角。

(2)可靠性。政府财务报告应是可靠的、可检验的、无偏见的,应如实反映其所有要反映的内容。客观可靠的资料应该依据高度独立的机构制定的相应标准来提供。

(3)一致性。政府财务报告在内容和形式上都应与公认的标准相一致,应使用相同的计量规则和相同的报告格式,以提高其易懂性和可比性。此外,财务、预算和统计报告规则应尽可能协调一致。

(4)易懂性和便利性。政府的财务报告应以公众易于理解的方式编制,并便于公众获取和交流。

(5)公开性。政府的财务报告应及时向公众公开。

11.3.4　政府财务报告的使用者

与政府财务报告目标相适应,政府财务报告的使用者众多,可以归纳为以下两类。

1. 外部使用者

外部使用者主要是指政府之外的使用者。外部使用者既包括国内信息使用者,也包括国外信息使用者,他们通过财务报告披露的信息了解政府的总体财务状况以及政府如何获得和使用公共资源,评价政府服务水平,了解政府财政的可持续性及其经济影响等。由于内部使用者通常有更多机会和渠道获得所需信息,而外部使用者在获取信息时处于劣势,因此他们对政府财务报告的依赖程度很高。外部使用者又可划分为三类:

一是公共决策者。即指立法者,作为公众的代表以及决策者,立法者使用政府财务报告信息,监督和检查政府履行受托责任的情况,并以此作为财政预算决策的依据。

二是监督者。包括独立审计机构、新闻媒体和公众。他们使用政府财务报告信息了解政府受托责任的履行情况,监督政府的财政行为,为立法者提供决策依据,为政府提供改进管理的环节,以促使政府更好地履行受托责任。

三是其他使用者。包括投资者、债权人、捐赠者、评估机构及国际投融资机构。他们通过了解和使用政府财务报告信息,为个人和企业的生产、经营决策提供依据。

2. 内部使用者

内部使用者是指各级政府和政府部门。内部使用者又可以分为两类:

一是公共预算的执行者。他们也是政府财务报告的编制主体。他们通过政府财务报告了解本级政府各部门的财务状况和运营情况,并以此作为改进薄弱环节、提高管理水平的依据。

二是政府部门的管理者,主要是指上级政府或主管部门以及政府内部的监管机构。他们通过政府的财务报告、专项检查和调研等了解政府的财务管理状况和对受托责任的履行情况,监督政府的预算执行过程是否合规、合法,是否达到预期结果等,并基于此类信息做出决策。

11.3.5 政府财务报告的主体范围

对政府财务报告的主体范围,目前并没有统一的界定,不同的组织和不同的国家有不同的划分标准和做法。比较典型的确定标准是由国际会计师联合会公共部门委员会提出的。国际会计师联合会公共部门委员会在《第 11 号研究报告——政府财务报告》中界定了划分政府财务报告主体范围的四个标准:基金授权分配标准、控制标准、法律主体标准和政治性受托责任标准。

基金授权分配也可以称为支付授权。在这种标准下,凡是全部或主要依靠政府基金的分配来维持运营的主体和交易,都属于政府财务报告的主体,而依靠完全自筹基金或政府仅提供有限基金的主体不属于政府财务报告主体。基金授权分配标准下政府财务报告的主体是预算部门主体,非预算部门主体被排除在外。基金授权分配标准最大的优点是易操作,因此它也是各国常用的界定财务报告的主导标准。除此之外,基金授权分配标准还有以下几点优势:第一,政府财务报告信息使用者关心的是与公共基金分配相关的公共政策是否以及如何有效地实施。第二,使用者如果对非预算部门的主体活动感兴趣,他们可以从这些主体独立的财务报告中获得相关信息。第三,在一些国家和地区,预算部门采用收付实现制或修正的收付实现制会计基础,而非预算部门主体采用的权责发生制会计基础,在这种情况下将预算部门和非预算部门主体的财务信息合并是不恰当的,也是不可行的。当然基金授权分配标准还存在很多缺陷,其中最主要的缺陷是不能反映所有负有政府受托责任的主体和交易,因为绝大多数政府组织都会包含非预算部门主体,虽然它们的运营不依赖公共基金,但政府往往是这些主体和交易的最终责任承担者,基金分配授权标准将非预算部门主体排除,使得公众对政府受托责任的认识碎片化。

控制标准是界定政府财务报告主体范围的另一个常用标准。采用该标准意味着政府财务报告主体应该包括所有被政府控制的主体和交易。这里的控制涵盖了多种层面,如基于风险收益的控制、基于所有权的控制和基于受托责任的控制等,那些受到政府资助却不受政府控制的主体并不包含在内。国际会计师联合会公共部门委员会从两个方面来定义控制:一是权力因素,即控制主体是否拥有对另一主体的控制权,比如对管理人员的任命权及经营管理方面的决策权等；二是利益因素，即控制主体是否拥有对另一主体的所有权，尤其是收益权。很多情况下控制权与所有权这两个概念非常类似，因此采用控制标准和所有权标准所确定的政府财务报告主体范围在一定程度上是一致的，但两者并非完全相同。所有权是从主体和交易的法律形式来定义的，而控制与法律形式无关。关于应该使用控制标准还是所有权标准来确定政府财务报告主体范围这一问题依然存在争论，支持控制标准的观点认为，使用控制标准与政府财务报告的目标更为一致，因为政府需要负责的是那些它所能控制的主体和资源，而不应该为那些不能控制的主体和资源负责，一个政府为不受控制的主体和资源承担受托责任是没有道理的。质疑控制标准的人认为，将控制概念应用于确定政府财务报告主体范围是不恰当的，因为政府在其主权范围内，具有通过税收权和管制等手段控制所有资源的潜力，这意味着以控制标准来界定政府财务报告主体范围是没有意义的。

法律主体标准和政治受托责任标准在实践中没有前两种方法常见，因为后两者的应用都需要前提条件。法律主体标准是指依据法律法规来确定哪些主体或哪类主体应当包括在政府财务报告中，但是这种标准的前提是已经存在一个明确的概念来界定主体的范围。政治受托责任标准是以社会公众委托政府的职责作为确定政府财务报告范围的标准，即政府报告主体包括所有履行政府职责的主体，而不管实施这些活动的法律依据或组织结构如何，政府与私立主体以及其他政府间的合作活动均包括在内。理论上讲，受托责任标准是界定政府会计主体较好的方法，因为它最符合政府会计反映政府受托责任履行的目标，但这种标准也需要一个前提，就是必须对政府受托责任有清晰的界定。

国际会计师联合会公共部门委员会提出的这四种标准不是互相排斥的，实践中常常结合起来使用。比如由于公共基金的核准分配通常由法律法规作出规定，因此，在这种情况下，可以通过参考相关法律法规来确定政府财务报告的主体。以公共基金授权分配标准确定的预算单位主体，通常也是以控制概念为标准确定出的政府财务报告主体的一部分内容，而且还可能是最重要的内容。此外，法律主体标准很可能与控制标准同时使用。

政府财务报告的主体具体包括哪些组织？美国政府会计准则委员会（GASB）对此作出了比较系统的规定。GASB 在 1991 年发布的《政府会计准则委员会第 14 号公告——财务报告的主体》中指出，政府财务报告的主体范围是由其目标决定的。由于受托责任是政府财务报告的最高目标或主要目标，因而政府财务报告的主体范围应以这一目标为基础。根据这一思想，GASB 将政府财务报告的主体范围界定如下：基本政府、基本政府负有财务责任的单位以及那些就其与基本政府的关系性质和重要性而言，如果将它们排除在外，将导致政府财务报表产生误导或不完整的组织。

(1)基本政府。基本政府是政府财务报告的核心,构成基本政府的组织要具备两个条件:一是具有独立的法律地位;二是具有独立的财政。一个国家的中央政府和所有地方政府都是基本政府。我国的中央、省(自治区、直辖市)、设区的市(自治州)、县(自治县、不设区的市、市辖区、旗)、乡(民族乡、镇)五级政府都是政府财务报告主体中的基本政府。

(2)基本政府负有财务责任的组织。根据GASB的界定,这类组织通常具有以下特征:该组织管理层中的大多数成员由基本政府任命,基本政府能够对该组织施加意志或者该组织有可能向基本政府提供特定的财务利益,又或是对基本政府形成特定的财务负担。

(3)对财务报表具有重要性的相关单位。即指那些不包括在上述两种组织中,但与基本政府利益密切相关的组织。

11.3.6 政府财务报告的内容

一份完整的政府财务报告通常包括财务报表、报表附注以及文字说明三部分内容。其中,财务报表在政府财务报告中占据核心地位,对主体财务状况和财务业绩进行结构性表述。《国际公共部门会计准则第1号》(1991)认为一套完整的财务报表应包括以下六个主要组成部分:

(1)财务状况表。财务状况表反映主体在报告日拥有的资源和承担的义务,类似于营利性主体的资产负债表。公共部门主体应当按照经营的性质,在财务状况表中将资产和负债区分为流动和非流动资产、流动和非流动负债单独进行列报。如果按流动性列报提供的信息是可靠的并且更为相关时,所有资产和负债可以按其流动性顺序列报,这种情况是相对特殊且并不常见的。

(2)财务业绩表。财务业绩表反映主体在报告期间的经营成果,类似于营利性主体的收益表。公共部门主体在财务业绩表中可以根据费用的性质或功能对费用进行合理的分析。

(3)净资产/权益变动表。净资产/权益变动表反映主体在两个报告日之间净资产/权益的变动情况,类似于营利性主体的所有者权益变动表或股东权益变动表。需要注意的是,国际公共部门会计准则要求提供的权益变动表,是反映报告期权益发生的所有变动的报表。

(4)现金流量表。现金流量表反映报告期内公共部门主体现金流入的来源、现金支出的项目以及报告日的现金余额。公共部门主体应当按经营活动、投资活动和筹资活动类别报告当期的现金流量,其中经营活动的现金流量可以使用直接法或间接法编制,最好使用直接法。

(5)当主体公布其获得批准的预算时，还应编制一份额外的关于预算与实际发生额相比较的单独的财务报表，或者在财务报表中列示预算栏。

(6)财务报表附注。附注包含除财务状况表、财务业绩表、净资产/权益变动表和现金流量表中列报的信息以外的信息。附注提供了报表中无法披露但相对重要的文字描述或明细资料。

不同国家或地区对上述财务报表的称呼存在差异，比如财务状况表也会被称为资产负债表或资产表、负债表，财务业绩表也可能被称为收入和费用表、收益表、经营表和损益表，但究其本质还是一样的。

报表附注对财务报表的内容提供进一步的解释信息，反映未在财务报表中出现的一些重要事项(如承诺事项等)，能够帮助信息使用者更好地理解财务报表。《国际公共部门会计准则第 1 号》(1991)认为，报表附注应当提供如下信息：

(1)关于财务报表的编制基础以及重要会计政策的概述。

(2)国际公共部门会计准则要求的，但未在财务状况表、财务业绩表、净资产/权益变动表或现金流量表内列报的信息。

(3)提供未在财务状况表、财务业绩表、净资产/权益变动表或现金流量表内列报的信息，但对于理解其内容具有相关性的附加信息。

文字说明主要是以书面文字的形式对政府在报告期内的整体财务状况及运营结果、宏观经济分析与展望、审计声明等所作的综合性说明。

截至目前，国际上并未形成统一的政府财务报告规范，不同国家政府财务报告内容的构成存在差异，财务报表、报表附注以及文字说明所覆盖的侧重点也有所不同。

11.4　我国政府财务报告

11.4.1　我国政府综合财务报告制度改革

我国政府的财政报告制度长期以来一直实行以收付实现制政府会计核算为基础的决算报告制度。这种报告制度简便、易操作，且能够准确反映政府预算的收支情况，有利于加强预算的管理和监督。但缺点是只对政府的预算收支情况进行报告，而没有将政府的资产负债纳入报告范围，因而无法全面反映政府财政运行的总体情况，难以担当全面反映政府受托责任履行情况的重任。随着我国开启建立现代财政预算制度的进程，建立全面反映政府财政财务信息的政府财务报告制度也被提上议事日程。

2013 年 11 月，党的十八届三中全会通过的《中共中央关于全面深化改革若干重大问题的决定》提出，要建立跨年度预算平衡机制，建立权责发生制的政府综合财务报告制度，建立规范合理的中央和地方政府债务管理及风险预警机制。这标志着我国正式开启了以建立权责发生制为会计基础的政府综合财务报告制度的改革进程。2014年8月，全国人大通过的新修订《预算法》第九十七条规定，各级政府财政部门应当按年度编制以权责发生制为基础的政府综合财务报告，报告政府的整体财务状况、运行情况和财政中长期可持续性，报本级人民代表大会常务委员会备案。政府综合财务报告制度的建设首次由法律予以规定。

2014年9月26日，《国务院关于深化预算管理制度改革的决定》(国发〔2014〕45号)发布，提出建立权责发生制的政府综合财务报告制度的具体要求。同年12月12日，《国务院关于批转财政部权责发生制政府综合财务报告制度改革方案的通知》(国发〔2014〕63号)发布，同意财政部的《权责发生制政府综合财务报告制度改革方案》。由此权责发生制政府综合财务报告制度改革进入按既定日程进行实质性改革的阶段。①

2015年底，财政部先后印发了《政府财务报告编制办法（试行)》《政府部门财务报告编制指南（试行)》以及《政府综合财务报告编制操作指南(试行)》，同时要求从2017年开始试点编制政府财务报告。按照《权责发生制政府综合财务报告制度改革方案》要求，2016年财政部印发了《关于开展2016年度政府财务报告编制试点工作的通知》，确定原国土资源部、原国家林业局2个中央部门和山西省、黑龙江省、上海市、浙江省、广东省、海南省和重庆市7个地方政府作为首批试点单位，于2017年着手编制上一年度政府财务报告。2018年，试点范围扩大到20个中央部门和20个地方政府，并选择4个地方政府试点编制上下级合并的行政区政府综合财务报告。2019年，试点范围进一步扩大到40个中央部门和36个地方政府，并选择12个地方政府试点编制上下级合并的行政区政府综合财务报告。

目前，我国政府综合财务报告的编制工作仍处于试点阶段。通过试点，我国积累了丰富的经验，为在全国范围内的推行打下了良好基础。

11.4.2 我国政府综合财务报告的内容

根据修订后的《政府财务报告编制办法(试行)》，我国政府的财务报告以权责发生制为编制基础，内容包括政府部门财务报告和政府综合财务报告。

政府部门财务报告包括部门财务报表、财务分析和财务管理情况等内容。财务报表包括会计报表和报表附注。会计报表主要包括资产负债表和收入费用表等。政府

---

① 马蔡琛，赵早早．新中国预算建设70年[M]．北京：中国财政经济出版社，2020：255.

部门财务报告由各政府部门编制，反映本部门的财务状况、运行情况和财务管理情况。

政府综合财务报告包括财务报表、报表附注、财政经济分析和财政财务管理情况等。

政府综合财务报告由政府财政部门编制，用以反映政府整体的财务状况、运行状况和财政中长期可持续性等。

就政府综合财务报告而言，其具体内容如下：

1. 财务报表

财务报表包括资产负债表、收入费用表及当期盈余与预算结余差异表等。资产负债表重点反映政府整体年末财务状况，按照资产、发债和净资产分类分项列示。其中，资产应按流动性分类列示为流动资产、非流动资产等；负债按流动性分类分项列示为流动负债和非流动负债等。

收入费用表反映政府年度运行情况，按收入、费用和盈余分类分项列示。

当期盈余与预算结余差额表反映的是在政府权责发生制基础上、当期盈余与现行预算会计制度下当期预算结余之间的差异。

2. 报表附注

报表附注是对财务报表作进一步解释说明，一般应按照下列顺序披露信息：(1)会计报表编制基础；(2)遵循政府会计准则和会计制度等相关制度的声明；(3)会计报表包含的主体范围；(4)重要会计政策与会计估计变更情况；(5)会计报表重要项目明细信息及说明，包括政府重要资产转让及其出售情况，重大投资、融资活动等；(6) 或有或承诺事项、资产负债表日后重大事项说明，包括政府储备资产、公共基础设施、保障性住房、政府持有的企业的出资人权益等；(7)与政府履职和财务情况密切相关的经济业务或事项的说明；(8)需要说明的其他事项。

3. 政府财政经济分析

政府财政经济分析包括财务状况分析、运行情况分析和财政中长期可持续性分析等。

(1)财务状况分析。一是资产分析，重点是分析货币资产、政府对外投资、政府储备资产、公共基础设施、保障性住房等资产比重的变化趋势及其对政府偿债能力和公共服务提供能力的影响。二是负债分析。重点分析政府债务规模和结构的状况及其变化趋势，通过政府资产负债率、债务率等指标，分析政府当期及未来中长期债务风险情况。

(2)运行情况分析。分析政府在报告期内的收支运行情况。一是对收入的分析，主要分析政府收入的规模、结构及收入来源分布情况；重点收入项目的比重及其变化趋势；宏观是经济运行、相关行业发展、税收政策、非税收入政策等对政府收入变动的影响。二是对费用的分析，按支出的经济分类分析政府费用的规模及其构成，分析政府投融资对政府费用变动的影响。通过政府收入费用率等指标分析政府的运行效率。

(3)财政中长期可持续性分析。基于当前政府财政财务状况和运行情况，结合本地区经济形势、重点产业发展趋势、财政体制、财税政策、社会保障政策等，全面分析政府未来财政收支的变化趋势，预测财政收支缺口以及债务占 GDP 的比重等。

4. 政府财政财务管理情况。主要反映政府财政财务管理的政策要求、主要措施和取得的成效等。

思考题

1. 什么是政府会计？我国政府会计有怎样的组成体系？
2. 政府会计基础有几种？分别有哪些主要特征？
3. 什么是政府决算？政府决算有哪些划分方法？
4. 政府决算有哪些程序？
5. 政府财务报告的目标是什么？
6. 政府财务报告的使用者主要有哪些？

第 12 章　政府预算绩效管理

资源的稀缺性以及预算控制导致的效率损失催生了政府预算的绩效管理。先有 20 世纪 40 年代的效率型绩效预算，后有 60 年代重视计划与目标的项目预算，到了 80 年代末则出现了至今不衰的将控制、效率和效果融于一体的新绩效预算，预算绩效已成为国内外预算管理关注的重点。

12.1　预算绩效管理的含义

12.1.1　政府绩效

绩效(performance)一词，源于企业管理，后被引入公共管理领域，最终成为一个政府与市场通用的概念。从单纯的语义角度看，绩效表示行为主体进行各种活动所造成的客观后果及影响。就公共部门而言，“绩效”可以理解为公共支出的产出和效果。效果即指社会公众的受益，例如，政府在公共安全领域支出取得的“效果”表现为对社区犯罪率的控制程度和社区治安水平的好坏，而“产出”则反映了政府向辖区的公众提供了多少服务和产品，如公安部门在一个年度内破获了多少刑事案件。实践中常常将“效果”与“产出”相混淆，从而导致公共支出中片面强调工作量，而忽略开展工作的最终目的。20 世纪 80 年代以来兴起的“新绩效预算”明确了预算支出过程中产出与效果的区别，并将关注重点放在了预算支出活动的“效果”上，以避免工作中的官僚主义和形式主义。

与私营部门以实现盈利为主要评判标准的“绩效”不同，当代政府绩效具有以下特点：

(1)绩效指公共部门的业绩，这种业绩的定义较为宽泛，可以是一般公共服务的提供，也可以是特定政治、经济、社会等目标的实现。

(2)绩效测度需要通过系统化的评价或评估活动来测定。由于公共部门目标具有多样性和抽象性的特点，难以使用类似私营部门“利润率”“资产负债率”等普适性指标进行简单有效的绩效评价。

(3)绩效往往与预算拨款数额相联系,当年的政府职能部门获得的预算拨款受到其当年制定的绩效目标和历史绩效情况的影响。

(4)绩效是一个时间概念,可以将一个预算年度作为绩效评价的周期,也可以将政府任期或政府规划的时间跨度作为绩效评价的周期。

如何衡量政府及其部门的绩效水平?“3E”是被现代公私部门所接受的绩效衡量标准,“3E”包括“经济性(Economy)”“效率性(Efficiency)”和“效果性(Effectiveness)”三部分内容。“经济性”可以通俗地理解为“花费多少钱办这件事”,即达到预想目标所需付出的成本,它的指向是手段与目标是否相称。“效率性”即投入产出比,它指向的是既定投入下的产出数量。“效果性”可被理解为“办这件事,是否达成了预期结果”。三者之中,“效果性”是现代绩效预算最为关注的标准,即政府的公共支出是否增进了公共福利。

12.1.2 预算绩效管理

预算绩效管理即对政府预算支出活动实施绩效管理,是以提高财政支出的经济、社会和政治效益为目标,将绩效理念融入预算编制、执行、监督、评价和问责的全过程,运用一系列绩效管理方法实施的管理活动。预算绩效管理系统一般包括五个构成要素:规划与绩效目标设定、绩效指标设计与信息收集、绩效评价、绩效报告、绩效评价结果应用。预算支出绩效评价是指财政部门和预算部门(单位)根据设定的绩效目标,运用科学、合理的绩效评价指标和评价方法,对预算支出的经济性、效率性和效果性进行客观、公正的评价。

预算支出绩效评价是预算绩效管理的中心环节。绩效评价是评价者依据设定好的绩效指标和目标值,通过收集相关预算活动的运作信息,说明预算单位选择的战略或者行动的结果是什么,评判它是否达到预设标准,为各种问责机制和未来预算分配活动提供依据。而预算绩效管理是一种由绩效评价手段支持的管理理念和管理机制,它为绩效评价提供了评价内容和对象,并在绩效评价的基础上利用绩效评价的结果对预算资金的分配进行决策和改进。

在预算绩效管理实践中,需要对绩效目标尽可能进行定量表述,设定绩效指标(performance indicators)。例如,地方政府可能将“构建安全稳定的社会环境”视为政府或具体公共部门的目标,而“本年度辖区犯罪率”就是对这一目标实现程度进行评判的重要指标,对绩效结果进行衡量,通常有前述的“3E”标准。“3E”标准涉及政府管理活动的四个方面:成本、投入、产出、成果。政府部门从事管理活动耗费的人力、物力、办公设施和设备等是投入;获得和维持这些人力、物力、设备所花的资金就是成本。产出既可以是公共管理的规章制度,也可以是具体的公共产品或服务,如基建项目的建成投产、新技术的推广等；成果则主要体现为社会经济等方面环境的改善，如企业和公众的满意度、人民生活水平的提升、科学技术水平的进步等。

12.2　预算绩效管理发展演变历程

12.2.1　第一代绩效预算

在第二次世界大战期间以及第二次世界大战之后的数年间，各国政府的支出规模大幅扩张，单纯强调资金使用合规性的预算管理模式显然不足以支撑政府的高效运转。由于当时联邦政府只注重对预算分配及资金使用的合规控制，关注资金的具体使用方式，而不关注预算资金使用的有效性和效率性，造成联邦各职能部门在使用预算资金时，浪费和低效使用公共资金的情况屡见不鲜，预算管理制度并不能保障政府部门足额向公众提供公共产品和服务。因此，1949 年美国联邦政府胡佛委员会第一次提出“绩效预算”(performance budget)的概念。当时的绩效预算，主要是对政府一些提供特定公共服务的支出活动设计量化绩效评价指标，并针对其产出和支出效率进行评价，如中小学教育、社区治安等。1950 年美国联邦政府颁布的《预算和会计程序法案》中要求各机构负责人与联邦政府预算局协调，在进行预算申请时，说明机构预算支出的绩效目标和成本信息。采用绩效预算模式的初衷是为了提升预算资金分配、使用的有效性。但是，此时的绩效预算存在制度性缺陷：关注投入、产出，忽视预算资金的使用结果，由此导致改革的预期目标难以实现。这一时期，对支出的绩效评价实际上主要是为了保证政府能够足额地提供公共服务实践中采用的绩效评价指标，主要是针对政府部门支出活动设计的产出和效率性指标，难以反映政府政策目标的实现情况。在这种评价机制下，政府部门主要关注的是自己提供公共服务和产品的数量，以及特定支出活动的资金使用效率，即投入产出比，却容易忽视公共服务的效果，也就是政府支出活动对社会经济状况的实际影响。例如，警察局可能会以抓捕的罪犯数作为衡量其预算支出绩效的指标。为了完成预设目标，他们将主要资源用于犯罪侦查活动，导致对日常治安巡逻活动的资金投入不足，甚至为了抓捕足够数量的罪犯，有意减少安排日常治安巡逻等活动，导致辖区的犯罪率激增。在这种情况下，虽然警察局达成了产出目标，但是却并未有效履行维护社区治安的职能。此外，传统的会计系统与绩效预算的编制要求不相符合，绩效预算需要进行全面的成本核算，而收付实现制会计难以胜任，无法正确反映政府运营的全部成本。由于存在上述弊端，在试行了数年之后，绩效预算模式在 20 世纪 50 年代末基本被放弃。

12.2.2　项目预算

1962年，另一项重大的预算改革——“规划项目预算系统”(PPBS)开始在美国联邦政府中开展。由于绩效衡量和评价属于PPBS的重要组成部分，绩效预算中的一些措施在美国联邦预算实践中被保留下来。PPBS强调围绕政府的职能和政策目标编制预算，要求所有的联邦政府部门把政府的规划、项目和预算融合为一体，以确保实现长期目标。PPBS的实施过程分为三个阶段：规划阶段、项目确定阶段和资金配置阶段。规划阶段试图确定当前和将来的目标，并对各种职能和政策目标按照优先级进行排序。项目确定阶段则依据规划阶段作出的决定，将政府的政策目标转化为政府部门具体的多年期项目。这一阶段，政府部门需要围绕每个项目设计多个实施方案，说明每个方案的实施计划、成本和收益，并通过比较，选出最优的项目实施方案。资金配置阶段是针对每个项目分配预算资金。主要是在项目涉及的机构间、活动间分配资金，并通过制定绩效指标对目标的实现情况进行评价。PPBS克服了传统年度预算缺乏长期预算收支预测的短视缺陷，强调对中长期发展规划、政府支出的社会经济效益的关注，使得预算和政策过程得以融合，并为在预算决策中使用绩效信息提供条件。但是，PPBS的改革构想过于宏大和复杂，实际实施过程中面临诸多困难。PPBS要求预算编制者在解决问题时有明确的目标，且掌握全面的信息和分析方法，从而能够列出所有可能达到目标的政策方案，并选择最有效的途径去完成预定目标。这需要大量的数据资料的支持和较高的预算管理水平，而在当时的技术条件下根本无法实现。总统预算办公室提供给各部门的操作指南较为笼统，各部门在采用新方法时无所适从，往往选择敷衍应付，甚至欺骗造假。此外，PPBS并未明确支出项目和政府组织架构间的关系。一个政府部门可以负责实施多个项目，也可能存在多个部门内的机构共同参与一个项目的情形。在后一种情况下，由于资金使用的受托责任主体不明确，对于项目支出进行有效管理是困难的。1971年时任总统尼克松宣布正式停用PPBS，其他采用PPBS的国家也大多放弃了这种预算管理模式。

12.2.3　项目预算的调整与新绩效预算的产生

尽管PPBS失败了，但在美国，项目预算模式却在联邦预算实践中被沿用下来。此后，跨部门的预算项目被取消，联邦政府各部门均选择按照部门职责将其预算支出划分为若干项目，制定绩效指标对预算资金的使用情况进行评价，从而保证联邦预算决策者能够获得有关项目支出绩效的数据。与此同时，“项目预算”模式也在世界范围内得到广泛应用。项目预算模式的发展和完善，为各国在政府预算过程中全面采用绩效预算模式奠定了基础。

20 世纪 90 年代，在克林顿政府开展的“重塑政府”运动中，“绩效预算”又一次被全面引入政府预算实践中。1993 年美国国会通过了具有里程碑意义的《政府绩效与成果法案》(GPRA)，不但明确要求联邦政府各机构制定旨在为美国人民提供高质量产品和服务的战略规划和绩效评估制度，而且要求所有联邦政府部门向民众定期报告自己的绩效状况与预算执行情况。同一时期，英国、新西兰等经济合作与发展组织成员国也开展了类似的实践。由于各国的绩效预算实践在方式方法上均有别于早期的绩效预算，因此被统称为“新绩效预算”。新绩效预算的核心是主张政府预算必须与政府的中长期战略计划相结合，强调以政府职能的整体目标为导向，用绩效目标作为约束手段，以绩效责任换管理自由。在强调高层机构对政策目标和支出总量进行控制的同时，将自由使用预算资金的权力赋予中、低层管理者。具体来说，新的绩效预算与既往的绩效预算的不同之处主要表现在三个方面：第一，新绩效预算更重视长期施政计划的制定和政府的整体效率，强调以结果为导向，考察政府机构对目标的完成情况。在对政府预算支出项目进行绩效评价时，新绩效预算试图通过设计量化绩效评价指标对政府工作的成果而非产出进行度量，说明政府支出带来的各种影响。第二，新绩效预算强调给予管理者更多的权限，以激励其积极实现绩效目标。经过授权的管理者在预算编制、预算执行过程中的支出安排调整等方面拥有了较大的自由裁量权，但是管理者必须对预算资金使用的效果负责。第三，更加注重政府成本会计改革。由于收付实现制会计并不能完全准确计量政府运营的成本，在推进新绩效预算改革的过程中，大部分国家进行了与之配套的政府会计改革，引入了权责发生制会计，从而构建起针对政府运营成本的核算机制。从经济合作与发展组织成员国近十多年推行新绩效预算的实践来看，新绩效预算在抑制财政资金浪费、实现财政收支平衡、提高预算透明度等方面的效果是相当明显的。

12.3　新绩效预算

12.3.1　新绩效预算的优点

1. 关注公共资金使用的目的

在新绩效预算中，政府的核心预算机构放弃了对预算拨款的使用进行控制的传统模式，给予了管理者优化使用预算资源的决断自由。但是，这种权力的下放是有条件的，它要求支出机构必须确保实现某种社会或公众所希望的预算结果。如果资金支出后没有实现预期的结果，支出机构的负责人就要承担管理上的责任。尽管传统的控制导向型预算模式也有它的绩效追求,但是,它所强调的是一种遵从绩效而不是结果绩效,也就是说,针对管理者表现的评估通常都是以其对预算管理规则的服从情况来进行的,而不是依据他们的最终结果或运作效率来进行的。在这种模式下,遵守各种财经纪律的支出机构通常就被视为有"绩效"机构。这种绩效模式最终导致手段替代目的,即预算管理者会将控制的重点集中到对于资金使用规则的遵守和资金使用的控制上。久而久之,无论是预算机构还是支出部门都会忘记或者忽略使用纳税人税收资金的真正目的,最后就会形成一种只重视控制投入而忽略支出的最终目的的官僚思维。新绩效预算将预算决策的重点从投入花了多少钱转向了最终提供了多少公共服务及公共服务的质量。由于新绩效预算强调预算资金的配置必须与某种明确的结果相关,这就使得预算资源的配置与公共支出的最终目的更加接近。

2. 改变支出机构的动机,达到控制支出总额的目的

过去两百年的预算实践表明,支出部门存在着一种扩张预算支出规模的动机。尼斯坎南将这种支出冲动概括为官僚预算最大化理论。在传统预算模式下,这种支出冲动是不可避免的。因为传统预算模式强调的是一种遵从绩效。资金的供给者——预算机构、政府首脑和议会并不要求支出部门提供某种"明确的"产出或结果作为回报。于是,支出部门就会倾向于向预算机构和议会申请更多的资金。对于支出部门来说,预算的传统规则使以自身利益为出发点的管理者们产生了强烈的花掉所有可以利用的财政资金的动机,因为如果他们不把今年的预算全都花光,明年他们得到的预算资源就会减少。所以,对于支出部门来说,就存在这样一种状况:使用资源或者失去资源。各国的议会和预算机构主要采取两种方式来制约支出部门的这种"预算最大化"的冲动。一是加强议会和核心预算机构信息收集上的能力来克服预算审查中的信息不对称,从而加强议会和核心预算机构在预算监督和审查上的能力。二是为各个部门或机构设置一个预算支出控制数。但是,这些办法都不是很成功。因为信息收集是需要成本的。而且由于支出部门控制了实际的信息"生产"过程,使得支出部门可能仍然拥有更多的信息,并且存在向预算机构输送虚假信息或者诱导信息的动机和途径。鉴于此,第一种方法至多只能减少信息不对称,而并不能消除信息不对称。同时,核心预算机构设置的预算支出定额也是可以被支出部门突破的,尤其是在缺乏财政总额约束,且核心预算机构无法抵制政治家的预算要求的环境下,突破支出上限的情形更易发生。正如委托-代理理论所阐述,克服代理成本的关键在于设计激励合同来改变代理人的动机。新绩效预算正是这样一种旨在改变支出部门动机的预算模式。在新绩效预算的资源配置过程中,支出部门编制绩效计划并上报给预算机构,核心预算机构在审核支出部门的绩效计划后与支出部门签订绩效合同,支出部门的预算要求必须与某种和政府目标相关的结果相联系。支出部门在使用了预算经费后必须实现该结果,

否则就要承担管理责任。

3. 鼓励政府部门管理者节约预算资金

在传统预算模式下，管理者在一个受到严格控制的环境中展开工作。在这个环境中，他们的支出行动受到外部人员的监视。在他们雇佣人员、购买物品和做出其他决策等活动之前必须征得外部监察人员的同意。而且支出单位通常都不能保留未使用的资金。在新绩效预算下，管理者则可以根据环境的变化以及部门的特点来选择最佳的投入组合方式来生产公共服务。他们可以将资金从一个科目转移到另一个科目，甚至从一个项目转移到另一个项目。核心预算机构放弃了传统预算中实行的那种严格的"外部控制"。因为效率的提高取决于愿意采取措施减少运营成本或提高产出数量或质量的管理者。外部控制虽然可以创造条件鼓励运营效率的提高，但是他们无法强求这种提高。而在条件允许的情况下，新绩效预算可以引导管理者采取高效率的行动，使支出部门有能力在管理上进行创新。绩效合同中确定的支出部门在结果上的责任也迫使管理者进行管理上的创新。所以，这种预算模式有助于鼓励管理者进行创新。同时，新绩效预算中实施的"利润分享"允许各个部门将一定比例的预算结余转到下一预算年度使用。这使得部门管理者不再像以前那样担心他们在这一预算年度没有用完的拨款会被核心预算机构没收，也使得他们不再担心预算结余的出现会导致核心预算机构在下一个预算年度削减本部门的预算拨款，因而有助于克服传统预算模式下各国政府都存在的支出部门"年底突击花钱的冲动"。而且"利润分享"机制允许将一部分预算结余用于奖励员工，这也有助于激励员工节约资金，减少浪费。

12.3.2　新绩效预算的实施流程

"新绩效预算"自 20 世纪 80 年代产生，经过长期的国际实践，逐渐形成规划制定、绩效目标和评价指标设置、预算编制和执行、绩效信息的收集和评估的开展、结果报告及绩效评价结果的应用五个实施阶段。

1. 规划制定

部门规划是开展预算绩效管理的起点。所谓部门规划，是指政府部门根据其服务职能和国家战略目标要求，编制一个三到五年的部门工作计划，确定部门履行职能和实施政策拟达成的目标。目标可分为中长期目标和阶段性目标。而后将较为抽象化的部门职能和政策目标转化为预算项目运作的具体目标。如政府公共安全部门的运营目标可以确定为较为抽象的"保证社区安全"和"提升交通安全"两个目标。为了实现这两个目标，可以将其分别设置为"打击有组织刑事犯罪项目"和"交通执法项目"这样两个预算支出项目，并以"控制辖区有组织刑事犯罪发生率"和"控制辖区交通事故发生率"作为各自项目的运营目标。

2. 绩效目标和评价指标设置

新绩效预算的关注重点是政府预算支出所取得的效果。在部门的战略规划和项目目录制定完毕后，需要针对部门目标和预算支出项目设定目标以及衡量目标实现情况的绩效评价指标。

绩效目标即公共部门主体在一个阶段内通过公共服务、政府规制和转移支付获得的政治、经济或社会成果，可分为部门绩效目标和项目绩效目标。根据公共部门委托代理理论，无论是部门绩效目标还是项目绩效目标，其设计都不应脱离公共部门应履行的具体公共服务或公共管理职能。例如，戒毒所的部门规划中的部门工作目标可以包括“保证接受强制戒毒人员彻底戒除毒瘾”。而戒毒所预算支出项目“毒瘾戒除”可以包含“通过完整治疗周期帮助吸毒人员顺利戒除毒瘾”和“保证戒毒人员不再出现重复吸毒情况”等项目绩效目标。而“保障强制戒毒人员的日常生活”“有效帮助戒毒人员顺利恢复心理健康”等仅属于服务于“毒瘾戒除”这一预算项目的工作活动内容，这些活动并不能提供完整的公共服务，不应被设为整个部门或预算项目的工作目标。当然，对于资金管理、人员管理等内部管理领域，或人员培训、信息设备管理等内部服务项目，可以设计内部管理目标。

绩效指标的设计是绩效预算顺利实施的基础，也是将抽象的部门、项目运营目标加以具体化的工具。新绩效预算所采用的指标主要包括投入(input) 指标、产出(output)指标、效率(efficiency) 指标、成果(outcome)指标等，具体如表 12.1 所示。在针对部门、项目设计绩效指标后，可以根据部门和项目的运营目标，针对每个指标设置年度目标值，以是否达到绩效目标值作为评价支出绩效是否达标的依据。预算审查过程中，行政机构的核心预算部门以及立法机构在预算审批时，会将资金使用部门的历史绩效和当年绩效目标作为提供拨款的参考信息，同时对指标的合理性进行评判。

表 12.1　　新绩效预算实践中使用的指标类型及定义

指标名称	定　义
客户服务	一种反映政府与其服务或管理对象互动的改善状况的指标
情境	为理解趋势或与目标(项目)相关的其他信息而提供情境信息的数据，如与项目有关的警告性信号、不必要的负面效应、政府可能影响的外部因素
效率	一种度量方法，具体是指项目活动投入(如员工的成本或工时)与其输出或结果的比率；对于相似的、重复的实践，测量每单位成果或产出的成本往往是合适的效率性指标
投入	一种衡量所用资源消耗的指标，特别是时间(人力)或金钱
中间性成果	表明有助于实现最终成果的中间性结果的进展的指标，如学校采用有效扫盲计划的百分比、有效的安全实践的采用率；如果中间性成果指标基于强有力的理论构建，并且已通过研究验证了其与最终成果具有显著的正相关性，则中间性成果指标是富有意义的

续表

指标名称	定　义
过程	一种衡量项目或运营情况的标准，如及时性、准确性、保真度或完整性
成果	一种衡量指标，表明实现项目预期成果的进展情况，这类指标可以随政府的政策目的而改变
产出	一种衡量标准，描述了将在一段时间内提供的产品或活动的“数量”水平；虽然产出指标可能有用，但在用作绩效指标的产出与期望的成果之间必须有一个合理的联系，最好存在显著的正相关

资料来源：Office of management and budget，2018，“Preparation Submission and Execution of the Budget”，OMB Circular A-11，https://www.whitehouse.gov/omb/information-for-agencies/circulars/，pp. 623－634.

例如，政府的公共安全部门运营中，维护辖区治安是其重要的职能目标，可以针对该部门支出预算中的“社区巡逻项目”，引入“辖区居民犯罪率”这一绩效评价指标，并设定0.1％的年度绩效目标值，用以衡量“社区巡逻项目”所取得的效果。

3. 预算编制和执行

在新绩效预算下，一个部门或项目能否得到预算拨款以及得到预算拨款的数额，取决于它是否有合理且可度量的结果(result)。由于公共部门施政或履职的结果、目标较为多样，而且在很多情况下较为抽象，因此预算资金分配决策需要围绕针对项目预设的成果、产出等绩效评价指标及其年度目标值进行。职能部门为实现某种目标或向公众提供某种服务的成本要按照支出的经济分类进行划分，作为向核心预算机构申请预算拨款的依据。而在预算执行过程中，部门或项目的管理者可以依据绩效指标的实际数据调整项目实施方案，在项目间、项目中的支出活动之间调剂资金，以保证预设的绩效指标目标值的实现。

4. 绩效信息的收集和评估的开展

在确定了绩效指标之后，就进入收集与各种指标对应的信息和数据的阶段。首先需要将问卷调查、统计核算以及其他信息管理系统与部门的预算系统有效连接起来，使得绩效数据的生成和汇总与预算执行同步，或者在预算执行完毕后，在规定的时间内即可完成相关数据的汇总。针对一些经济性和效率性指标，由于众多预算项目使用的资源不仅包括货币资金，还包括人力和专用设备，因此为准确衡量项目的运作成本，需要将部门的成本会计系统、人力资源管理系统纳入预算绩效管理体系中来，以保证在预算执行过程中及时完成相关绩效信息的收集及核对。

对于一些特殊的支出项目，由于项目本身与政府的特定重大政策存在密切关系，为了全面评价项目实施所取得的成效，在基本的量化评价之外，还可以由政府的核心预算机构、审计部门或其他部门开展专门的项目评估活动。通过问卷调查、项目运营数据搜集、实地调研、问询等多种方式，以发布评估报告的形式，综合评价项目实施所取得的效果。

5. 结果报告及绩效评价结果的应用

预算执行过程中或执行结束后，资金使用部门、核心预算机构应对部门和项目的支出绩效评价信息整理汇总为专门的绩效报告，通过文字和数据的方式，详细介绍该部门整体运营目标的实现情况以及项目执行的绩效，并及时向立法机构和社会公众公开。这一阶段，外部审计机关也会对政府部门和项目的支出绩效信息进行审计，确保绩效报告信息的真实性和公允性。

绩效评价的结果可以在以下方面对政府的运营产生影响：(1)对部门和特定项目的管理者施以影响；(2)允许项目结余资金结转用于部门或项目下一预算年度的运营活动，甚至可以部分用于奖励部门雇员；(3)历史绩效评价结果必须纳入未来的部门和项目支出预算申请报告中，用以佐证部门预算申请的合理性和项目计划的可行性，为核心预算机构和立法机构的预算审批提供必要的信息。

12.3.3　新绩效预算实施的难点

1. 绩效指标设计的困难

当前的政府预算实践中，一些预算支出项目产生的影响涉及多个政府的职能领域，对于政府辖区的社会经济状况的影响是多样的，需要全面设计绩效评价指标以度量这些影响，而这需要投入大量的人力物力，在预算实践中并不容易实现。例如，对于低收入人群的食品券发放项目能够改善辖区居民的生存和健康状况，但是却可能会降低此类人群的就业意愿，导致辖区的失业率提升，影响辖区经济的发展。考察政府“食品券发放项目”取得的成果，需要至少设计多个成果性指标以考察政府支出活动的影响。此外，一些预算支出项目的成果性指标难以设计，如图书馆、公园等基础设施的建设往往无法对辖区的社会经济状况产生立竿见影的影响。在此类项目竣工时，直接使用成果性绩效指标评价难以准确反映特定基础设施建成的积极性影响。

2. 绩效结果与预算资金分配挂钩的困难

新绩效预算强调将项目的历史绩效与项目拨款建立联系，以提升预算资金的分配效率。同时，对预算执行过程中未达到绩效目标的支出项目的管理者进行问责，以保障预算资金的使用效率。但是，根据绩效目标和历史绩效表现来进行预算分配决策，并非易事。实践中，很多预算支出项目的成果受到一些客观因素的影响，将历史绩效评价结果同预算项目拨款额度直接挂钩，并不一定能够达到激励职能部门、节约公共资金的目标。例如，农业新技术推广项目并不一定能够在短期取得预期的效果。如果项目实施周期内气候条件异常，则新技术并不能增加农作物的产量，从而导致预算支出项目无法达到预期的绩效目标。在这种情况下，盲目对项目管理者进行问责或削减项目拨款，并不是最优选择。

3. 全面成本核算的困难

新绩效预算强调对政府实现职能政策目标、提供公共服务和产品的成本进行全面、准确核算，以披露特定部门、项目的运营成本及提供公共服务及产品的效率，这就需要借助完善的成本核算机制来实现。由于政府部门雇员薪酬以及信息、后勤、人力资源管理、财务等内部服务活动支出，往往与多个职能、政策目标的实现相关，需要在各个目标间进行合理的成本分摊。在预算管理信息化程度不高的国家和地区，完成这一工作是相当困难的。

12.3.4　预算绩效管理的国际经验

预算绩效管理虽然在世界范围内广泛开展，但各国的制度设计不尽相同，主要可以概括为三种模式：以英国“公共服务协议”改革为代表的“成果绩效预算”模式、以新西兰“权责发生制产出预算”为代表的“产出绩效预算”模式和以美国“政府绩效和结果法案”(GPRA)为代表的“绩效告知预算”模式。“成果绩效预算”和“产出绩效预算”强调将预算拨款规模和部门的成果与产出绩效目标直接挂钩。“绩效告知预算”则可被视为“预算绩效管理”的一种典型形式，强调在预算决策中以部门历史绩效信息及未来目标信息作为参考，与中国当前的预算绩效管理实践模式较为相似。以下选取三个采用“绩效告知预算”模式的国家，即绩效预算发源地美国、预算过程带有较强行政色彩的议会制国家加拿大、预算模式与中国较为接近的单一制国家日本，对其中央政府预算绩效管理体系中的模块进行介绍和阐述。

1. 美国

(1)美国联邦政府预算绩效管理的基本框架。美国联邦政府全面绩效预算实践始于 1993 年，其框架由 2010 年《政府绩效和结果现代化法案》(GPRAMA)确定，核心预算机构——管理与预算办公室作为领导主体，通过《A-11 公告》为政府部门提供指南。联邦部门预算绩效管理的目的并不局限于“评价优劣”，还希望通过绩效管理，消除当前存在的支出项目的冗余及碎片化问题，以达到持续提升“预算运营效率”的目的。经过多次调整后，联邦预算体系趋于稳定，依照“部门—机构—预算账户—项目—经济分类”的级次进行管理，机构预算账户成为预算分配的基础单元，管理与预算办公室使用简明支出功能科目对其分类。对于项目而言，《A-11 公告》对其给出了符合成果导向预算模式的定义：一组有组织的活动，旨在使机构实现履行其职责的共同目标。

“GPRAMA 法案”重视预算绩效管理的全面完整性，将其定义为包含“规划—审查及评估—报告”的周期性活动，联邦政府部门制定四年期《战略规划》是预算绩效管理开展的基础。该规划包括“使命—目的—具体目标”三个层级：“使命”对部门核心职能进行概述；“目的”明确阐述该机构为履行使命和解决国家问题所希望实现的内容；“具体目标”则反映机构管理活动的影响，作为绩效评价的基本单位，通过具体指标衡量其实现情况。部门《年度绩效报告》不仅要列示关键指标当年实际值和目标值，而且要同之前年度的实绩进行比较，以反映部门在履职方面的进展。此外，相较于前身1993年的“GPRA法案”，“GRRAMA法案”给予“预算分配效率”额外关注，强调通过目标体系引导预算资源有重点地进行分配。部门须设置2—8个两年期“部门优先目标”(agency priority goal)，反映其短期运营重点并进行量化绩效管理。除使用产出和成果指标针对具体目标和机构优先目标进行绩效评价外，管理与预算办公室尊重机构间的制度差异，允许部分机构从过程、环境影响等维度综合评价目标的实现情况，如公共服务的及时性、准确性及部门特定活动带来的负面影响水平等。

《战略规划》在“目的”或“具体目标”级次上，同预算项目建立联系，如图12.1所示。一方面，“目的”或“具体目标”必须将部门未来重大采购、信息技术、战略人力资本规划、评估活动的支出需求等信息反映给决策层。另一方面，《A-11公告》要求，除部门直属办公室维持基本运营的项目外，所有预算项目必须服务于一个“目的”，并且必须在《年度绩效报告》中列示各“目的”的实现成本。

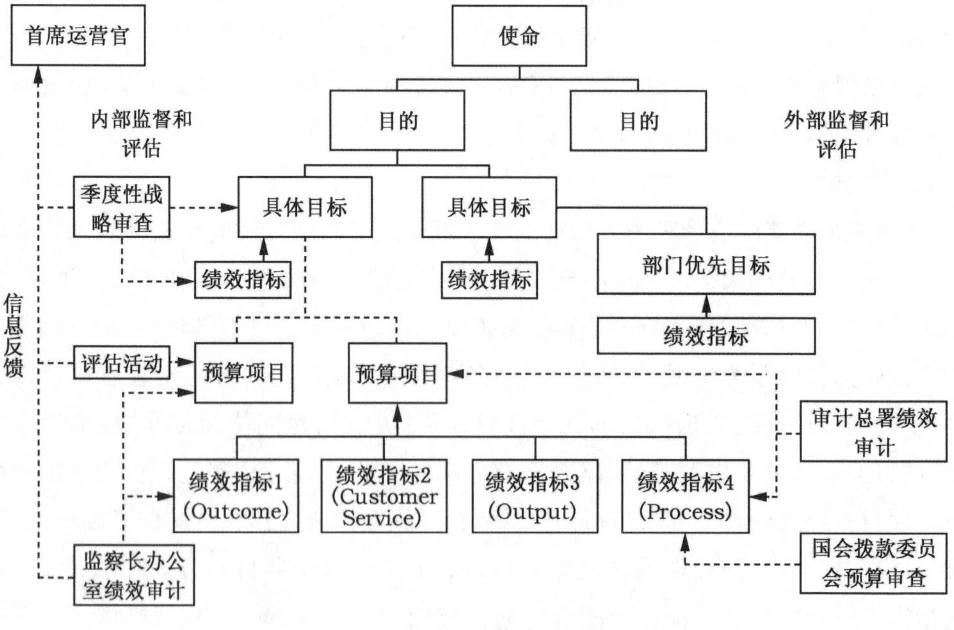

图12.1　美国联邦部门的预算绩效管理体系

所有部门均在项目级次进行绩效管理。数据驱动式(data-driven)绩效评价的范畴囊括机构所有职能性项目,其产出、成果需要被明确定义和量化,但基建、维修、采购等无法同目标体系直接挂钩的辅助性项目被排除在外。在反映部门预算编制内容的《预算申辩书》中,部门须向国会报告项目绩效指标的历史趋势、目标值和设定依据,部分部门则会针对指标信息的真实、合理性进行额外信息披露,包括绩效数据的来源和可靠性水平,以及审计总署(GAO)和部门监察长办公室(OIG)对这些项目的绩效审计结论和指标设计缺陷的纠正建议。

(2)预算分配与绩效的关联。《A-11 公告》中要求在部门进行预算申请的内部决策时要使用绩效信息,绩效不理想的预算活动理论上可以被废止。但联邦层面没有提及直接将部门目标绩效同未来年度的预算拨款直接挂钩的制度设计。这在一定程度上吸取了"项目评级工具"(PART)实践的经验教训,即导致绩效较差的原因是多样的,简单采取预算削减未必能改善此类项目绩效。此外,有研究指出,将绩效信息和预算分配直接挂钩会影响国会作为预算资金分配决策者的裁量权力,因此国会更愿意将部门绩效信息作为其进行预算审批时的参考。

(3)预算拨款和执行过程中的资金调剂。美国国会的预算审批,以总统签署所有拨款法案为结束点,拨款法案中最小拨款单位为"项目活动"。这一模式意味着部门项目内经济分类间的支出调剂不受立法和核心预算机构限制,但部门需要提交每季度各项目和各经济分类科目的资金使用信息并在"Spending. gov"网站上统一公开。预算执行过程中受监管的资金调剂被分为"转移"和"再规划"。"转移"即预算账户间的资金调剂,需要国会相关委员会的审核批准并授权。而预算账户内"项目活动"间的资金调剂被称为"再规划"。在"分项列支"时代,国会和管理与预算办公室利用经济分类科目对部门的预算执行进行严格控制。1993 年全面绩效预算开始实施后,国会赋予了部门一定的预算资金调剂自由裁量权。目前,对于"再规划"活动,没有统一规则,国会一些拨款委员会所管辖的部门"再规划"需要得到该委员会的事先批准。另一些部门的"再规划"活动只需征得管理与预算办公室同意即可发起,如果相关拨款委员会不进行否决,则"再规划"活动即可完成。

(4)报告要求。除《战略规划》外,"GPRAMA 法案"和《A-11 公告》还要求联邦政府部门发布《绩效结果和计划报告》。报告中一般按照"目的"和"具体目标"的顺序,分别描述每个具体目标的当年执行情况和实际进展情况以及未来预算年度针对该目标的工作计划,同时列示量化绩效指标的实际值及下年目标值。对于前一份《绩效结果和计划报告》中披露的未达到当年绩效目标的指标,一些部门(如能源部)会在当年报告中单独披露这些指标的目标实现情况,反映绩效不理想领域的实际改进效果。此外,由于预算项目均同对应的目的挂钩,一些部门(如司法部)会列示前一预算年度为推进每个目的而获取的预算资源、实际的支出成本。

(5)领导体系。联邦核心预算机构管理与预算办公室是预算绩效管理的领导核心,通过发布预算指南《A-11公告》领导联邦部门的预算绩效管理活动。为了保证预算绩效管理落到实处,管理与预算办公室为各联邦部门设计了较为完整的预算绩效管理领导体系。绩效管理的领导者为副部长级的部门首席运营官(COO),COO之下设置绩效提升官(PIO),协助其工作。针对部门的每个"目的"还需要分别指定一名"目标领导者"(Goal Leader),对该"目的"实现过程全程领导,并对COO和PIO负责。作为预算绩效管理的核心领导者,COO的主要工作内容包括:制定绩效管理框架,任命并授权高级问责官员领导各项目工作,以实现项目"目的";进行每季度一次的"经常性审查",以保证绩效工作的推进;确认并实施可改善结果、提高效率和减少预算资源浪费的行动;确保绩效信息的透明度,向部门传播能够提升效率的文化。

为了持续改进部门预算绩效管理制度,管理与预算办公室还专门设置了由各部门PIO参加的绩效提升理事会(PIC)。PIC在部门预算绩效管理方面的职能主要有:促进机构间的绩效管理经验交流;从私营部门、非营利部门和公共部门工会等吸取绩效管理和绩效提升的经验。

(6)审计监督。在美国的联邦预算监督体系中,外部审计机构——审计总署和内部审计机构——监察长办公室扮演着重要角色。作为部门预算绩效管理的监督方,GAO和OIG根据其审计计划和国会相关部门的要求,对部门的绩效管理框架要素和预算项目进行绩效审计,并根据审计结论就部门项目运作和绩效管理提出建议。其审计活动的重点包括绩效指标的合理性、有效性以及是否基于结果而设置;项目运作的有效性、效率性;绩效信息的真实性。

2. 加拿大

(1)加拿大联邦政府预算绩效管理的基本框架。加拿大在进行预算绩效管理方面有着悠久的历史,其项目量化绩效评价的实践可追溯至20世纪70年代。但直到1994年,联邦层面的全面预算绩效管理才在立法机构的推动下开展起来。当前,部门预算绩效管理由其内阁委员会之一的国库委员会(Treasury Board)领导,具体由其核心预算机构国库委员会秘书处(TBS)负责。核心规章性文件为国库委员会于2016年发布的《关于结果的政策》(Policy on Result)。作为"管理受托责任框架"(MAF)系统的一部分,加拿大联邦部门的预算绩效管理的目标如下:一是在部门内部决策、项目审批环节提升"预算分配效率",并通过绩效评价和评估活动,优化"预算运营效率";二是使得包括立法机构及公众在内的利益相关者能够充分了解公共资金的用途和效果。为此,联邦政府构建了基于"项目分类"的预算体系。部门支出分为核心职责项目(core responsibility)支出和内部服务项目(internal service)支出。前者包含能够将产出与部门职能直接联结的项目。预算草案中每个核心职责项目支出分为运营支出、资本支出、转移性支出和补偿性收入[①]四部分。核心职责项目下又包含若干预算项目，TBS 对预算项目的定义为：一组相关的资源投入和活动，可以满足特定需求并实现预期结果，并被视为预算单位。以财政部为例，其“经济和财政政策”的核心职责项目中包含“税收政策和立法”“经济和财政政策规划预测”等 9 个预算项目。

内部服务项目是指无法直接向政府外部公众提供服务和产品的支出项目，包括表 12.2 中所列示的项目活动。

类似于我国预算管理的项目库制度，对于部门所有的核心职责项目和内部服务项目，各部门每年需要以预算项目为单位向 TBS 进行预算申请。

加拿大联邦绩效评价体系依托其项目预算体系构建，由部门结果框架（departmental results framework）、预算项目目录（program inventory）、项目绩效信息概要（performance information profiles）构成，如图 12.2 所示。部门结果框架包括核心职责项目、部门结果及结果指标三部分。“部门结果”反映部门在履行核心职责方面的意图，需要与 TBS 规定的政府优先事项建立明确的联系。部门无法直接控制该结果，但可以通过实现预算项目层面上的成果对其施加影响。各部门结果的实现情况主要通过量化绩效指标进行评价。预算绩效管理核心规章性文件《关于结果的政策》要求各部门强制收集并公开指标描述、指标数据类型[②]及收集频率、数据源、阈值等信息。除此之外，部门需要编制五年期滚动评估计划，由部门评估官领导，对预算项目及项目活动的相关性、有效性、效率性进行独立评估，也可对部门结果和预算项目绩效评价体系的合理性、有效性进行评估，并说明该预算项目对相应部门结果的贡献情况。除鉴证信息外，报告内容须包括对当前项目或绩效评价体系的改进建议，这些建议在被部门副部长审查批准后，由绩效评价和评估委员会监督其落实情况。

预算体系同绩效管理框架通过核心职责项目进行衔接。针对各核心职责项目包含的各预算项目，部门必须说明这些预算项目与核心职责项目的关系以及项目运营如何影响“部门结果”。预算项目层级的量化绩效信息则被汇总为“项目绩效信息概要”。对于部门中的辅助性项目，加拿大采用另一种评价模式，考虑到各部门辅助性活动的近似性，TBS 统一设计了适用于各部门“内部服务项目”的绩效评价指标，具体如表 12.2 中所示。部门每年须收集并披露这些指标的实际数据。

---

① 补偿性收入是指部门通过提供特定服务获取的收入，该类型收入不计入政府预算收入总额，而用于抵减政府的预算支出。预算实践中，这部分收入用于补偿部门提供该种服务的成本，可由部门直接用于安排预算支出。

② 指标数据类型是指量化绩效评价指标中数据的具体形式。例如，指标值形式为绝对值或比例；指标值来自部门运营数据库或通过专门问卷调查得来。

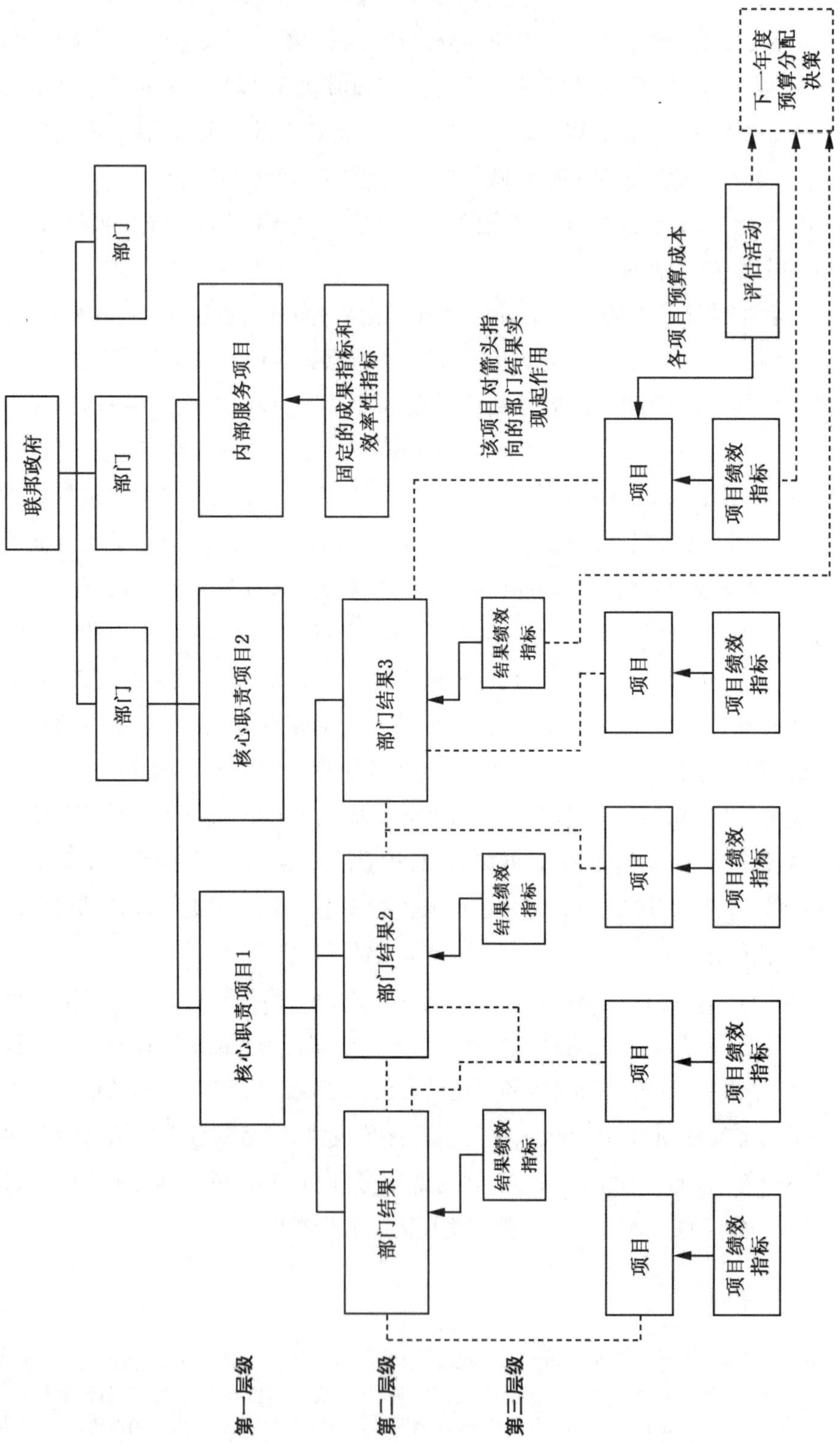

图12.2 加拿大联邦部门预算绩效管理体系

表 12.2　　加拿大联邦预算绩效管理中部门内部服务项目活动的强制性绩效指标

<table>
<tr><th>项目活动</th><th>成果指标</th><th>效率指标</th></tr>
<tr><td>财务管理</td><td>1. 部门全年未使用预算额度的预测值和实际值之差
2. 部门可使用立法审批的预算资源之日距离预算年度开始的时间跨度</td><td rowspan="7">部门该部分内部服务活动(如财务管理)预算资源和人力资源(FTE)使用量占部门内部服务项目预算资源和人力资源实际使用总量的百分比</td></tr>
<tr><td>信息管理</td><td>1. 实际完成纸质资料电子化储存量占计划完成量的百分比
2. 在指定存储库中维护的非结构化电子信息资源记录占非结构化电子信息资源记录总量的百分比,非结构化电子信息是指数据结构不规则或不完整、不方便用数据库二维逻辑表来表现的信息,包括所有格式的办公文档、文本、图片等</td></tr>
<tr><td>信息技术管理</td><td>1. 系统可用的关键任务应用软件占关键任务应用软件总量的百分比
2. 通过工作场所技术设备(WTD)“相关事件第一级支持系统”解决的异常事件占总异常事件百分比</td></tr>
<tr><td>不动产管理</td><td>1. 通用办公空间的利用率,按每“全职人力工时”平均可出租平方米数计算
2. 被评级为“不良”或“危急”状态的公共建筑物占部门公共建筑物总数量的百分比</td></tr>
<tr><td>物资管理</td><td>1. 处于可用状态的物资资产额占物资资产总额的百分比
2. 申报为“剩余物资”的资产额占物资总资产额的百分比(过多的“剩余物资”的资产会增加部门储存成本并产生安全风险)</td></tr>
<tr><td>采购管理</td><td>1. 部门使用“强制性常规报价”和“非强制性常规报价”的采购合同数量占采购合同总量的百分比
2. 部门通过“竞争性招标程序”达成的、单笔超过 2.5 万加元的合同数量占满足此标准合同总量的百分比</td></tr>
</table>

资料来源:Treasury Board of Canada,2016,Directive on Results,https://www.tbs-sct.gc.ca/pol/doc-eng.aspx? id=31306.

(2)预算分配与绩效的关联。具体如下:

①项目申请。如前所述,联邦政府部门须通过“国库委员会提交”(TB Submission)程序进行预算项目申请。在这一程序中,部门需要以 TBS 规定的格式提交申请依据(部门职能、政府政策或优先事项)、可行性陈述、实施计划和预期结果、每年拟安排资金和成本信息(包括人力资源)、拟针对项目安排的内部审计和评估活动等信息。TBS 的项目管理部(Program Sector)对信息进行审核,同时将审核意见反馈给部门,部门在和 TBS 协商的基础上,依据意见进行修改并再次提交申请。若修改后的申请通过 TBS 审核,则该申请将被送至国库委员会,进行委员表决。一旦获得“通过”,部门自动获得预算权限,每年度须依照被批准的计划支出额度编制预算草案。除“日落项目”(即规定了开始及结束的时间点以及项目周期内年度可使用预算资源的项目)外的项目的预算资金额度是固定且永续存在的,部门若寻求扩大或削减某项目的资金规

模，则均须重新通过“国库委员会提交”程序进行。

为了保证部门申请的项目服务于“部门结果”，部门进行“国库委员会提交”时要在申请文件中说明项目如何与部门结果框架保持一致，并编制“结果附录”(Results Appendices)，说明该项目实施可直接带来的短期、中期、长期的产出和结果，以及度量指标和目标值及达成目标的截止日期。

②绩效管理对预算资源分配的影响。加拿大联邦预算绩效管理规章性文件《关于结果的政策》明确要求绩效管理同预算分配建立有效联结。绩效管理的结果，应当对部门所有预算资源的分配决策产生影响，包括：内部分配决策(如部门为应对新情况进行预算项目内或项目间的年内或长期的资金重新分配)；向 TBS 进行新的资金申请(如根据已有的项目绩效结果进行新的项目活动申请)；向 TBS 提出更新现有的资金额度(如申请项目预算资金额度的增加或减少)。

为了使部门能够落实这些要求，加拿大内阁在每年的“管理和受托责任框架”(MAF)中设计了监督部门预算绩效管理实施的环节，由 TBS 通过问卷调查(量表式问卷)的方式评价各部门绩效管理与预算分配结合的程度。该问卷分为 A、B 两部分。前一部分由 TBS 项目管理部回答，后一部分由各部门副部长回答。回答者须给出证据佐证答案。各部分的问题如下：

一是预算资源分配过程中绩效信息的可用性。包括最初版本部门“国库委员会提交”申请文件“结果附录”中的信息质量状况；最终版本部门“国库委员会提交”申请文件“结果附录”中的信息质量状况；“结果附录”设计的指标最终被实际使用的比例。

二是资源分配决策中应用绩效信息的程度。包括绩效评价信息在多大程度上影响了部门的预算资源分配；评估的结论和建议在多大程度上影响了部门预算资源分配；拟针对项目安排的内部评估活动实际开展的比例。

(3)预算拨款和执行过程中的资金调剂。加拿大的预算拨款和预算执行过程对预算资金分配和使用的控制程度较低。立法审批的拨款法案中，拨款的单位为部门支出投票大类(vote)，即部门的运营支出、资本支出、转移和赠与支出。上述三类部门支出的拨款限额由立法审批决定。在预算执行中，支出投票大类间的资金调剂需要通过“国库委员会提交”程序进行申请，申请经国库委员会批准后方可执行。但对于同一类型的支出，如运营支出，部门可自行决定在项目内或项目间调剂。

(4)报告要求。为了反映部门的绩效目标和绩效结果，加拿大联邦政府要求各部门在每个预算年度都要发布《部门计划报告》和《部门结果报告》。《部门计划报告》中包含部门各核心职责项目的绩效目标、测度该目标的绩效指标的历史值和当年目标值、核心职责项目及内部服务项目的历史及当年拟安排的预算资源和人力资源的使用量等信息。《部门结果报告》则披露这些目标的实际实现情况、当年预算资金和人力资源的实际使用情况。

(5)领导体系。与美国相对简明的领导体系设置不同,加拿大部门预算管理领导体系较为复杂,呈现出“分层分块”的特点,且重视管理者间的监督制衡。在整个政府层面,由核心预算机构国库委员会秘书处负责制定预算绩效管理相关的规章制度,收集并监测各部委的绩效信息,并可在必要时候对特定部门的绩效表现进行专门评估。对于职能部门而言,预算绩效管理的核心规章制度《关于结果的政策》中明确规定,部门要指定专职副部长承担领导责任,负责创建、维持及调整部门绩效框架,依据绩效信息向部长提出预算资源分配方面的建议。执行层面的工作则由绩效评价官和评估官负责。前者负责创建并维护预算项目目录和领导项目量化绩效评价;后者则负责领导评估活动的执行以及审查项目绩效信息的充分性、过往评估信息的真实准确性。绩效评价和评估委员会则主要对预算绩效管理进行监督,其工作包括:审查预算绩效管理框架中的模块设计;审查部门评估职能的中立性、评估范围的合理性和评估所使用资源的充分性,并监督评估建议的后续落实。除上述专职官员外,首席财务官(CFO)也需要参与到部门预算绩效管理中,负责审核并就部门结果框架中涉及的预算、财务信息的真实和准确性作出保证。

3. 日本

(1)日本中央政府预算绩效管理框架。日本中央政府预算绩效管理始于 2001 年,由专门机构总务省及核心预算机构财务省共同领导,法律法规性文件包括《行政机关政策施行评估法》、总务省颁布的《行政机关政策施行评估法施行令》以及财务省颁布的《理解和披露特定政策的成本信息》等。不同于美国和加拿大侧重于优化机构运营,日本将预算绩效管理定位为提升外部受托责任的制度设计,试图通过不断审查和改进政府部门施政,更好地履行对国民的公共责任。

当前,日本中央政府预算采用典型的复式预算,包括“一般会计”和“特别会计”两本预算。两本预算的支出分类均为“一级部门—项—事项—目”四级。“一级部门”“项”级科目包含主要的职能性项目,但部门的人员工资、办公费等被归入“共通费”(基本运营支出)中,基础设施支出则被归入“设施费”中;“事项”即项目活动,依照功能分类划分;“目”则基于经济分类科目划分。在概算编制阶段,“事项”和“目”之间还会设置“事业”科目,反映预算中的具体活动,但该科目并非正式拨款单位。

《政策评估基本计划》是部门预算绩效评价体系的主干,该计划由部门依据政府内阁决议和规划、部门施政领域制定的“政策目标”和“施策目标” 自行拟定,有效期六年,每年可进行局部修改。“施策目标”是绩效评价的基本单位,每年部门需要对各“施策目标”制定“事前分析表”,披露量化评价指标设计、涉及“事业”的年度预算额等信息。

日本预算制度中没有类似"项目库"的独立项目管理流程，各"项目"(项、事项)的年度支出计划通过"预算草案"和"预算表"反映。因此，部门单独制定《政策、施策和预算对应表》和《各政策预算安排额度表》，以反映政策目标同当年的一般会计"事项"和特别会计"事项"的对应关系，并披露各"政策"和"施策"的当年预算额度。

强调支出成本核算的清晰性和详细性是日本预算绩效管理的显著特征之一。由于并未采用彻底的项目预算分类模式，部门主要通过"事后分摊"方式进行成本核算，从人员、物资、建筑物、事业费四个维度综合反映实现"政策目标"的直接成本。包含部门所有人员薪酬等条目的"共通费"支出通过两种方式分摊：一是根据工资等的支付结果分配；二是按服务于该"政策目标"的人员数占部门人员总数的比例分摊。此外，建筑物年度折旧额则需要按照服务于某一"政策目标"的建筑物使用面积占比进行分摊。对服务于多个"政策目标"的预算"事项"，财务省原则上要求部门按人工成本或业务规模进行分摊，实践中部门亦被允许采用平均分配等方法分摊成本。日本中央部门预算绩效管理体系如图 12.3 所示。

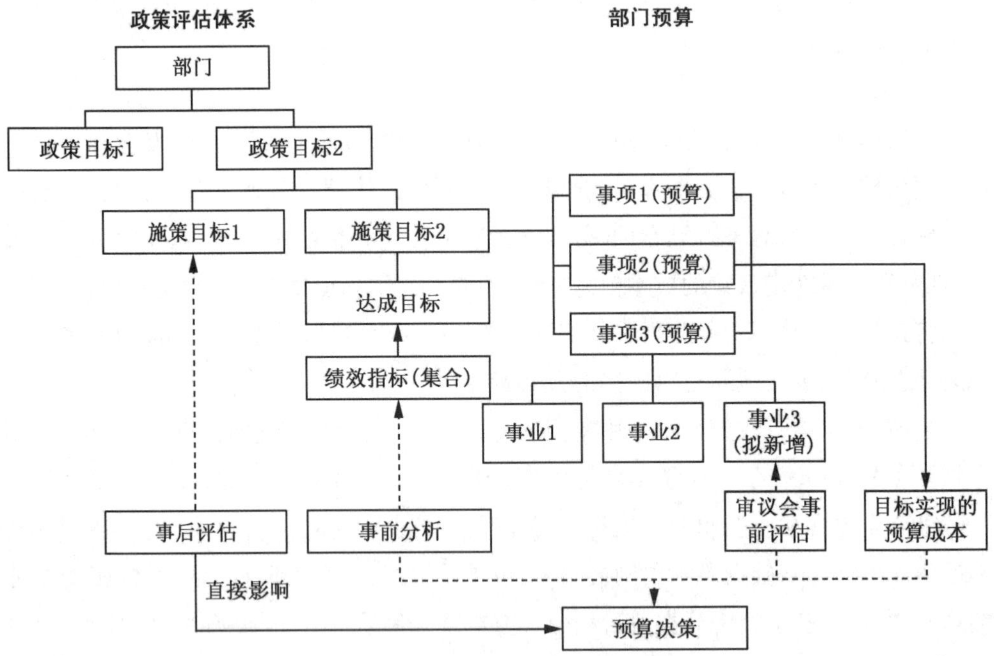

图 12.3 日本中央部门预算绩效管理体系

(2)预算分配和绩效的关联。在使用绩效管理优化预算资金分配决策方面，日本探索出自己独有的模式，即通过常态化的评估活动直接影响下一年度的预算分配。具体而言，评估活动包括"事前评估"和"事后评估"。

"事后评估"由职能部门编制的《政策评估实施计划》确定。每年选定部分"施策目标”进行，在五个预算年度时间内完成对所有“施策目标”的一轮评估，并保持滚动。“事后评估”实际上是针对该“施策”上一预算年度实施的必要性、效率性和有效性进行评价。评估报告需要分别对表 12.3 的问题进行说明性回答，同时对目标达成情况进行定性评判。在完成评价之后，主管机构需要根据评价结论调整下一阶段“达成目标”的内容，并在与会计课协商的基础上对该“施策”中的预算安排进行调整，可以“新增/扩展”或“缩小/废止”属于该“施策”范围内的预算活动。

表 12.3　日本预算绩效管理“事后评估”报告中必须回答的问题

问题分类	问题内容
必要性	1. 是否为普通大众所需要，这是一项有助于国民利益的措施吗？ 2. 如果国家没有实施，是否达不到措施的目的？能明确地将其定为政策目标的达成手段吗？
效率性	1. 该“施策”是否仅限于实现特定的目的？ 2. 是否需与其他部委、地方政府和私人组织进行必要的合作？ 3. 与其他“施策”有任何重叠吗？
有效性	1. 该项政策的施行有没有比现行方案更有效的其他方案？ 2. 绩效测评结果是否符合目标？

资料来源：总务省：与政策评价相关的基本方针，http://www.soumu.go.jp/main_sosiki/hyouka/seisaku_n/seisaku_hourei.html，2017。

对于政府各部门试图新开展的“事业”（项目活动），部门需要组织其审议委员会进行“事前评估”，即在部门下一年度概算编制阶段由负责该领域的审议委员会从必要性、有效性、效率性的角度进行定性评估，并出具评估意见，形成《事前评估书》①。

（3）预算拨款和执行过程中的资金调剂。日本对政府预算执行过程中的拨款和资金调剂控制较为严格。部门预算拨款按照“项—事项—目”的级次进行。每个“事项”（项目活动）中各经济分类科目的支出额度均在部门预算中有明确限定。预算执行过程中，“部门”或“项”级科目的资金调剂需要财务大臣批准，同时需要国会审议通过。“项”级科目中各“目”间资金调剂需要报财务大臣批准。这意味着部门在预算调剂方面的自由裁量权仅为同一“项”级科目内不同“事项”之间，例如将 A 事项的办公费调剂到 B 事项中。

（4）报告要求。日本的预算绩效管理体系中要求进行的信息披露和报告较多。部门除每年发布《政策评估基本计划》《政策评估实施计划》列示绩效管理框架和评估计划外，前述《事前分析表》《事前评估书》和《事后评估书》都需要负责该“施策目标”的机构编制发布，并由大臣官房政策课汇总评估信息，然后编制年度《评估信息概要》。《政

① 部门概算是指未经核心预算机构审查的部门预算资金申请计划。

策、施策和预算对应表》《各政策预算安排额度表》和《政策成本信息报告》则由大臣官方会计课负责编制并发布。

(5)领导体系。日本建立了多方参与的预算绩效管理领导体系。政府层面,总务省主要负责领导施政效果绩效评价工作;核心预算机构财务省则负责对政府部门进行施政成本核算事务的指导。

在政府职能部门内部,对预算绩效管理负有领导责任的部门和官员包括:政策制定监督审议官、政策课、会计课(负责预算编制和执行管理)、审议委员会(由部门官员和民间该领域专家组成,部门内部一般设多个)。具体的绩效评价和评估由各部局自行实施。上述各职位和机构的具体职责如下:政策制定监督审议官的职责为起草和制定、修订部门政策绩效评价计划,确保政策评价活动同预算、法律相协调;审查部门进行的政策绩效评价和评估活动;通过参与部门预算编制会议促进政策与预算的结合,通过听证会等对部门落实政策评估意见的情况进行审查。

大臣官房政策课的职责是实施与部门政策评估的基本事项规划和计划相关的事务。在大臣官房会计课的参与下,开展关于事后评估等的"政策评估听证会",促进政策评估和预算的协调;组织相关研究和研讨会,提高部门政策绩效评价的质量。

大臣官房会计课的职责是指导部门各机构将预算支出同部门政策评价框架中的条目相联结;在决算阶段编制各政策的成本信息报告;对政策事后评估中的下年度预算安排进行调整,并提出意见和建议。

部门审议委员会的职责是对年度预算中拟初次安排的预算项目活动,从相关性、有效性、效率性方面进行评估。

各机构政策评估部门的职责是制定涉及机构的政策评价目标和指标,收集指标的相关数据;执行涉及机构的政策评估活动,编制政策评估书。

12.4 我国预算绩效管理

12.4.1 我国预算绩效管理的发展演变

随着中国财政收支规模的增长,我国政府日益注重预算支出的效率问题,并将发达国家公共部门绩效管理经验逐步引入国内。自 2000 年开始,我国一些地方政府就开始试点预算绩效评价,以期改进政府管理。2003 年,党的十六届三中全会首次提出"建立预算绩效考评体系"。党的十七届二中、五中全会又分别提出"推行政府绩效管理和行政问责制度"与"完善政府绩效评估制度"。与此相应,中央政府部门开始正式引入政府绩效评价，建立相应的体系，由财政部部署开展具体工作。2005年，财政部颁布了《中央部门预算支出绩效考评管理办法(试行)》，率先在中央部门进行试点，后于2007年全面推行。与此同时，各地方政府也积极开展关于绩效预算改革的试点工作，探索绩效预算发展的可能路径。自2005年开始，河南焦作、上海浦东、广东广州市和佛山市南海区先后开展了长期系统的预算绩效管理试点，创造了"焦作模式"(河南省)、"闵行模式"(上海市)和"南海模式"(广东省)。2011年4月，国务院召开第一次政府绩效管理工作部际联席会议，决定在北京、吉林、福建、广西壮族自治区、杭州、深圳等地开展地方政府预算绩效管理试点，以为全面推行政府预算绩效管理积累经验。

此后，我国推行预算绩效管理的步伐明显加快。2011年4月，财政部在合并之前的指导性文件的基础上发布《财政支出绩效评价管理暂行办法》(以下简称《办法》)，将绩效评价的内涵进行扩展，形成全过程的绩效评价。《办法》对绩效评价的对象和内容、绩效目标、绩效评价指标、评价标准和方法、绩效评价的组织和工作程序、绩效评价报告的撰写、绩效评价的结果应用等都作出了明确的规定，并提出专家、中介机构等第三方可以根据需要承担政府绩效的评价工作。财政部同时还发布一系列附属文件，包括《财政支出绩效目标申报表》《财政支出绩效评价指标框架(参考)》《财政支出绩效评价报告(参考提纲)》《财政支出绩效评价指标体系(参考样表)》《财政支出绩效评价指标评分表(参考样表)》《财政支出绩效评价工作流程图》等，为各地区、各部门评价财政支出绩效提供了基本的行为规范。同年7月，财政部发布《关于推进预算绩效管理的指导意见》(以下简称《指导意见》)，明确提出要建立"覆盖所有财政性资金，贯穿预算编制、执行、监督全过程的具有中国特色的预算绩效管理体系"。《指导意见》还提出，要逐步建立起"预算编制有目标、预算执行有监控、预算完成有评价、预算结果有反馈、反馈结果有应用"的预算绩效管理新机制。在此基础上，财政部还发布了两份配套文件，分别为《县级财政支出管理绩效综合评价方案》和《部门支出管理绩效综合评价方案》，从而为县级财政绩效评价和部门支出绩效评价提供了基本行为规范。2013年4月，财政部又下发了《关于印发〈预算绩效评价共性指标体系框架〉的通知》，发布了《项目支出绩效评价共性指标体系框架》《部门整体支出绩效评价共性指标体系框架》和《财政预算绩效评价共性指标体系框架》，用以指导和引领各地区、各部门构建相对完善的绩效评价指标体系。

2014年8月31日，第十二届全国人大常委会第十次会议表决通过《中华人民共和国预算法(修正案)》。新修订的《预算法》从多个方面对预算绩效提出了要求，把预算绩效管理上升到了法律层面。2016年，财政部向全国人大常委会首次提交了《2015年部分重点项目绩效评价报告》，披露了中央五个部门委托第三方对其部门的重点项目进行绩效评价的情况。中央政府层面，到2016年底，中央财政已经初步构建起以项目支出为主的全过程预算绩效管理体系。在贯彻中央要求的过程中，各地区还结合自身的实际情况，在预算绩效管理领域进行了更为深入的探索和尝试。例如，广东省财政厅配合省人大开展预算绩效管理工作，在2014年率先尝试由省级人大作为评价主体，委托第三方对重要财政专项资金实施绩效评价。尤其是广东省还出现了国内首家独立于政府体制外的第三方评价，被称为“广东试验”。2017年党的十九大报告提出“建立全面规范透明、标准科学、约束有力的预算制度，全面实施绩效管理”后，我国的预算绩效管理进入了全面推进的新阶段。2018年，中共中央、国务院发布了《关于全面实施预算绩效管理的意见》，要求在各级政府部门建立“全方位、全过程、全覆盖”的预算绩效管理。自此，我国的预算绩效管理由试点和探索阶段转入全面推广深化阶段。

所谓“全方位”，就是全面开展政府、部门和单位、政策和项目三个层级的预算绩效管理。

实施政府预算绩效管理，即将各级政府的收支预算全面纳入绩效管理，内容包括：预算收入目标制定的合理性；税费收入和举债安排的科学性；预算支出支持国家重大发展战略和重点领域改革、提高保障和改善民生水平的力度；财政资源的配置效率。

实施部门和单位预算绩效管理，即将部门和单位预算收支全面纳入绩效管理，赋予部门和资金使用单位更多的管理自主权，围绕部门和单位职责、行业发展规划，以预算资金管理为主线，统筹考虑资产和业务活动，从运行成本、管理效率、履职效能、社会效应、可持续发展能力和服务对象满意度等方面，衡量部门和单位整体及核心业务实施效果。

实施政策和项目预算绩效管理，即将政策和项目全面纳入绩效管理，从数量、质量、时效、成本、效益等方面，综合衡量政策和项目预算资金的使用效果。对实施期超过一年的重大政策和项目实行全周期跟踪问效，建立动态评价调整机制。政策到期、绩效低下的政策和项目要及时清理退出。

所谓“全过程”，是指通过建立绩效评估机制，强化绩效目标管理，做好绩效运行监控，在预算编制、审批、执行、报告和问责等各个环节，建立服务于预算绩效管理的机制，使得预算绩效管理能够顺利开展，收到实效。

所谓“全覆盖”，就是将政府的一般公共预算、政府性基金预算、社会保险基金预算、国有资本经营预算都纳入预算绩效管理的范畴，并确保预算绩效管理机制在四本预算间的衔接。

为了推动预算绩效管理改革的开展，财政部围绕《指导意见》要求，迅速制定了《中央部门预算绩效运行监控管理暂行办法》等文件。同时，财政部对中央部门项目支出及整体支出的绩效评价力度进一步加大，并以政府重大的民生项目之一——扶贫项目资金绩效管理为重点进行示范性操作。此外，财政部还主动与全国人大预工委、审计署沟通，建立绩效管理工作三方协调机制，落实人大预算审查监督重点向支出和政策绩效拓展的相关要求；组织开展中央部门和地方 2018 年度预算绩效管理工作考核，对先进部门和单位公开通报表扬，并加强与中组部沟通，推动预算绩效管理工作考核结果纳入干部政绩考核体系。

在财政部的全力推进下，各地区、各部门将这一先进的管理理念推向深入，让改革落地生根。截至 2019 年底，中央和省级层面全过程预算绩效管理框架初步建立。中央政府层面，预算绩效管理取得了实质性进展。绩效管理范围已经覆盖一般公共预算、政府性基金预算和国有资本经营预算。所有中央本级项目、中央与地方共同财政事权转移支付项目以及专项转移支付项目都已实行绩效目标管理，并与预算同步申报、同步审核、同步批复下达，资金规模超 4 万亿元。在预算执行中，中央部门对所有本级项目预算执行情况和绩效目标实现程度实行“双监控”，及时纠正偏差，堵塞管理漏洞。

地方政府层面，当前，绝大多数省份的省本级预算绩效管理已经从事后绩效评价扩展到事前和事中绩效管理。有近 60%的省份基本实现了省本级一般公共预算项目绩效目标管理的全覆盖。北京、四川、广东等地探索实施事前绩效评估，严把预算编制关。河北、云南、浙江、广东、陕西、黑龙江等地组织开展绩效目标“面对面”集中审核，绩效目标质量逐步提升。

围绕党和国家的重大政策方针落实，2019 年市县层面扶贫资金绩效管理也取得了实质性突破。在各级财政和有关部门的共同努力下，基本摸清了全国扶贫项目支出的“底数”，首次实现了扶贫项目资金绩效目标和绩效自评全覆盖，涉及 11 万个项目、8 000 多亿元财政资金。通过扶贫资金动态监控平台，可以对每个扶贫项目绩效信息进行“一竿子插到底”的动态监控，基本实现了扶贫项目产出和效果的在线分析，为推动实现精准扶贫、精准脱贫提供了有效抓手。

经过十多年来的酝酿和探索，特别是 2011 年以来中央政府的大力推动，我国预算绩效管理工作取得了显著进展，全过程预算绩效管理的机制基本建立起来，预算管理规范化、科学化水平明显提高，资金使用部门的绩效意识显著增强。在财政部门的推动下，相关部门积极完善相关法律法规，健全评价指标体系，加强绩效管理信息系统和专家库、中介组织库等基础设施的建设，以重大民生支出项目为重点，不断扩大试点范围，创新评价模式，拓宽结果运用，强化绩效约束，初步建立起“预算编制有目标、预算执行有监控、预算完成有评价、评价结果有反馈、反馈结果有应用”的预算绩效管理新机制。中央层面，目前我国已实现中央部门项目支出绩效目标管理全覆盖，中央一级、二级项目全部编报绩效目标，并由财政部对中央本级一级项目、中央对地方的专项转移支付项目绩效目标和指标进行了逐一审核。在预算执行完成后，中央各部门则需要对所有项目支出进行绩效自评，并按照一定比例选取部分项目绩效自评结果报财政部审核。地方层面，一些起步较早的省份形成了具有自身特色的预算绩效管理模式，而绝大部分省份（直辖市、自治区）则按照中央的统一要求建立起预算绩效管理模式。市本级层面，各地已基本实现对特定规模以上（如 50 万元以上）项目的支出绩效评价全覆盖。此外，绩效管理还带来了资金分配方式的改变。以前，预算资金管理相对粗放，各支出部门和财政部门往往围绕预算分配展开激烈的讨价还价，最终的分配结果也往往带有主观随意性，预算拨款很难与实际需求相吻合。现在把项目绩效作为申请资金的重要依据，对各支出部门来说，申请到项目资金固然重要，但更重要的是把财政资金按预定方式花出去并取得预期的政策效果，这就推动各部门把工作重心从尽可能多地争取资金支持转向更高质量地做好工作，从而推动财政资金分配从“人为分钱”转向“靠制度分钱”。

12.4.2 我国政府预算绩效管理制度设计概述

与国际上典型的新绩效预算实践模式不同，中国政府预算绩效管理关注的目标较多，包括政府部门管理制度的健全性、支出活动和事项开展的效率、预算执行过程的合规性以及结果绩效。此外，由于中国政府的预算过程和政策制定、实施过程的衔接并不紧密，预算绩效管理主要由各级政府财政部门主导，对于开展量化绩效评价的形式方面，部门和项目支出预算绩效指标在设计上并不严格依据部门承担的职能和执行的政策进行。因此，与典型的新绩效预算流程不同，当前中国政府预算绩效管理的流程可分为绩效指标设计、绩效评价活动开展、绩效评价结果的报告及运用三个环节。

1. 绩效指标设计

(1)绩效指标的定义和形式。绩效评价指标是衡量绩效目标实现程度的工具。具体来说，它是预算支出绩效评价内容的直接反映，是政府预算支出绩效评价工作的载体，也是衡量、监测和评价财政支出的经济性、效率性和有效性的量化手段。设置科学合理、简便易行的评价指标对预算支出绩效评价工作至关重要。实践中，绩效指标的设计应细化、量化，不能以量化形式表述的，则应采用定性的分级分档形式表述。目前我国预算管理中的绩效评价指标主要包括以下类型：产出指标，即提供的公共产品和服务的数量；效果指标，即衡量经济效益和社会效益的指标；服务对象或项目受益人满意程度指标；环境效益和可持续影响指标；达到预期产出所需要的成本指标，包括资金成本和人力成本等。

此外，我国也将预算执行过程的合规性、管理制度的健全性纳入绩效评价的内容中。例如，项目层级上的绩效评价内容包括项目管理办法是否详尽，项目申报资料程序是否合法、合规，以及项目目标的完成情况和监督管理等内容。在部门预算支出层面上，评价内容包括资金拨付、使用情况，制度建设情况以及预算执行情况等。

(2)绩效指标分类。我国的预算绩效评价指标分为共性指标和个性指标。共性指标是指用于评估具有共同性的财政项目的绩效指标，主要包括绩效目标的完成程度、预算执行情况、财务管理状况、经济和社会效益以及资产的配置和使用情况等。个性指标是指在共性指标的基础上，各部门根据自身职能特点制定的评估指标。个性指标不是共性指标的简单细化，而是要突出部门、行业特点。共性指标由财政部门统一制定，个性指标则由财政部门会同各政府部门制定。

此外，按能否量化，绩效评估指标可分为定量指标和定性指标。定量指标是可量化的指标，有确定的数量属性，具有客观上的确定性。定性指标往往不能以确切的数量反映，具有一定的模糊性和非可比性。无论是定量指标还是定性指标，均包含在共性指标和个性指标中。

(3)绩效评价指标设置遵循的原则。绩效评价指标的设计是整个预算绩效管理流程中的重点。我国政府预算绩效评价指标的设置一般遵循相关性、重要性、可比性、系统性和经济性原则。

"相关性原则"要求评估指标要与政府部门的目标以及项目目标直接相关。不能采用那些容易收集，但与目标关联性不强的指标。例如，虽然投入或产出的衡量相对容易，但与项目效果目标的相关性较弱，单纯的投入指标或产出指标不能很好地反映项目的实际影响，因此衡量项目实际效果的指标就不能采用这类指标。"重要性原则"是指根据指标在整个体系中的地位和作用进行筛选，选择最具代表性、最能反映评价要求的指标。"可比性原则"是指对相同或类似的评价对象设置共同的绩效评价指标，以便于评价结果的相互比较与运用。"系统性原则"是指应将定量指标与定性指标相结合，系统地反映财政支出所产生的社会效益、经济效益和可持续性的影响。"经济性原则"是指指标设计应通俗易懂、简便易行，数据的获得应考虑现实条件和可操作性，符合成本效益原则。

2. 实施绩效评价

绩效评价的主体是各级财政部门和各预算部门(单位)。当前我国政府预算绩效评价主要采用两种形式，即由部门和单位组织的"自评价"和由财政部门组织的"重点评价"。绩效评价的客体或对象是各项财政资金，即纳入政府预算管理的资金和纳入部门预算管理的资金，包括转移支付资金。绩效评价的对象主要包括部门预算项目支出、部门整体预算支出情况以及政府预算支出中的转移支付资金。

常规性的部门"自评价"主要通过当年实际绩效指标数据同预设目标值、往年绩效值的比较进行。部门目标实现情况包括部门各类公共服务职能履行的效果、各种规制出台后的效果以及内部管理水平的提升程度等。实现这些效果性目标所耗费的资金、人力和其他资源亦应纳入评价范围。财政部门组织的“重点评价”主要是针对职能部门执行重要政策和实施重大项目的合规性和取得的成效进行的。“重点评价”往往采取问询、调查与绩效指标信息评估相结合的方式进行。

绩效评价的开展需要依据明确的绩效评价标准进行。绩效评价标准是衡量财政支出绩效目标完成程度的尺度。评价标准能够将评价对象的好坏、优劣等特征通过量化的方式进行度量，是评价工作的基本准绳和标尺。评价标准是否科学、合理决定着评价结果是否准确、公允。目前我国政府预算支出的评价标准一般有计划标准、行业标准、历史标准等。实际评价中选用哪种标准，主要根据评价的目的、评价对象的特点、评价的环境、信息采集、技术标准的适应范围等条件来确定。

项目成效是指实施和完成项目带来的短期或中期的直接效果及长期影响，包括项目的经济、社会和环境效益，即通过“花钱”和“做事”所体现出的各类效果、效益和效率。

3. 报告及绩效评价结果的应用

预算执行过程中或执行结束后，预算单位和财政部门应将对部门和项目的支出绩效评价信息整理汇总为专门的绩效报告，通过文字和数据的方式及时向社会公开。

我国目前的预算绩效报告包括“部门整体支出绩效评价报告”(见表 12.4)和“项目绩效评价报告”。项目绩效评价报告主要包括以下内容：项目实施情况概述；产出、效果、满意度三方面的一、二、三级指标实际值与目标值的信息披露；预算执行合规性和资金利用效率等信息的披露；项目综合评价得分和等级；专家评价结论和项目运营改进建议。部门整体绩效评价报告主要内容包括：单位职能和预算收支情况概述；绩效评价活动概述；投入、过程、产出、效果各级指标最高分值和实际得分；依据“3E”标准进行的部门整体绩效评价结论和绩效改进建议。

我国绩效评价结果的运用途径如下：

(1) 根据部门和项目绩效实绩和绩效评价建议，有针对性地改进部门管理和内部控制。

(2)根据绩效目标的完成情况和绩效评价的结论，对预算执行过程中的相关责任人予以奖惩。

(3)使用项目绩效信息，指导未来部门预算编制过程中各项目之间预算资金的分配。

(4)作为财政部门预算审查、支出项目评审和各级人大预算审批的参考依据。

表 12.4　　我国部门整体绩效评价报告示例

一级指标	二级指标	三级指标
投入（20 分）	目标设定（5 分）	绩效目标合理性（2 分）
		绩效指标明确性（3 分）
	预算配置（15 分）	在职人员控制率（5 分）
		“三公费”变动率（5 分）
		重点支出安排率（5 分）
过程（30 分）	预算执行（20 分）	预算完成率（4 分）
		预算调整率（2 分）
		支付进度率（2 分）
		结转结余控制率（4 分）
		公用经费控制率（2 分）
		“三公经费”控制率（2 分）
		政府采购执行率（4 分）
	预算管理（5 分）	管理制度健全性（2 分）
		资金使用合规性（1 分）
		预决算信息公开性（1 分）
		基础信息完善性（1 分）
	资产管理（5 分）	管理制度健全性（2 分）
		资产管理安全性（2 分）
		固定资产利用率（1 分）
产出（30 分）	职责（30 分）	实际完成率（8 分）
		完成及时率（4 分）
		质量达标率（8 分）
		重点工作办结率（10 分）
效果（20 分）	履职效益（20 分）	经济效益（5 分）
		社会效益（5 分）
		生态效益（5 分）
		社会公众或服务对象满意度（5 分）
总　计		

12.4.3 我国政府预算绩效管理存在的问题和改革建议

1. 我国政府预算绩效管理存在的问题

(1)预算绩效管理改革尚缺乏法律保障。预算支出绩效管理改革强调结果导向，这需要赋予各部门和单位更多的管理灵活性，以激励其积极履行职能和实现特定的政策目标。因此，客观上对公共部门活动的合规性有较高要求。构建明确的法律法规框架，对预算绩效管理中的资金使用者、监管者的权力和责任加以明确限定，才可能同时实现公共资金使用合规性和有效性目标。而在我国现行的预算法律体系中，有关预算绩效管理规定不够充分、细致，预算绩效管理过程中应当使用何种类型绩效指标以及如何设定绩效目标、披露绩效信息、运用绩效结果等，皆无明确的法律规定。这一方面会造成预算绩效管理因缺乏强有力的法律保障而推行力不足，另一方面，给予各级政府和各部门自行设置预算绩效管理规章制度的自由裁量权，可能会加剧预算执行过程中政府部门的机会主义行为风险，难以达到提升公共资金使用有效性的改革目标。

(2)政府预算支出绩效管理制度建设仍需优化。完善的预算支出绩效管理体系是由一套包括组织体系构成、绩效规划制定、工作流程设计、绩效信息收集、绩效评价实施、绩效报告撰写、绩效结果应用、绩效审计等机制构成的完整体系。总结近几年的改革实践，制度供给不到位是影响我国预算支出绩效管理改革有效实施的重要原因之一。目前，在我国的改革实践中，尚未完成从绩效评价向绩效管理制度建设的转变过程。在预算的编制过程中，决策者和管理者对于绩效信息的利用并不充分。事实上，各地区政府、政府职能部门在安排项目资金时，首先考虑的往往是非绩效因素，预算编制带有较重的经验决策色彩。在人大预算审批过程中，人大代表基本无法了解政府部门、项目支出的历史绩效情况，从而直接导致预算绩效评价对预算资金的分配、使用的约束力度较为有限。简而言之，以政府及其部门的战略目标和项目资金运行的历史绩效为依据的预算审查机制仍没有真正建立起来。绩效评价的对象主要是具体的预算支出活动和事项。此外，在绩效评价制度建设中，我国目前的实践大多停留在对预算支出的事后评价上，事前评审、事中抽查监控等环节上的制度设计仍较为薄弱。同时，由于对评价内容没有科学、严格的要求，在绩效考核指标体系中依然存在投入考评指标较多而产出考评指标较少，合规性指标较多而结果性指标较少等问题。

(3)绩效审计与监督还缺乏合理的制度安排。理论上，在预算绩效管理过程中，管理者有动机去操纵自己能够控制的数据，以最佳的方式展现本部门的绩效。因此，绩效审计与监督是预算支出绩效管理的必要环节，是保证绩效信息与评价结果真实、准确、有效的制度基础。我国各级人大和审计部门应当承担起部门预算支出绩效审计与监督的主要责任。然而，目前我国还未真正实现这一制度安排。当前，我国的预算绩效审计与监督多体现为部门预算单位自我绩效评价后由财政部门负责的备案和抽查。这种模式的审计与监督在范围和力度上远未达到有效绩效管理的要求，其形成的结果往往是寄期望于部门预算单位的自我监督，绩效管理很容易被异化为部门内部控制预算支出的工具，而忽视绩效管理提高公共服务效果、提升人民福祉的真正目的。作为政府机构的财政部门，对部门预算单位绩效自评的检查与监督，同样容易受到传统预算管理模式的惯性影响，走向单一加强支出控制的老路。

2. 完善中国政府预算绩效管理的改革建议

(1)提升预算绩效管理的法制化水平。尽管目前对预算绩效管理的文件规定众多，但大多属于法律位阶较低的行政规定，由立法机构通过的法律规定较少。因此，建议加强预算绩效管理立法，对"绩效""预算绩效管理"等概念，以及部门预算支出绩效管理的目标、程序、制度、管理主体及其具体权力和责任给出法律解释；明确限定政府各部门在预算绩效指标设计、目标设定、信息收集、事后评价等环节中的自由裁量权；明确规定各级政府及其部门预算支出绩效信息的披露内容、方式和时间，提升预算绩效管理的透明度，保证民众对预算绩效管理过程进行有效的监督，对政府使用公共资金的绩效进行评价。只有逐步建立起开展预算绩效管理改革的法律框架，预算绩效管理改革才能规范、有序地进行下去。

(2)强化预算绩效管理中成本核算的制度设计。完善的预算绩效管理体系，必须包含对政府运营活动所消耗的财务、人力和实物资源进行核算的机制。构建部门公共服务职能目标、实现成本的核算机制，需要对部门的预算分类、会计和信息管理机制进行系统性改革。这些改革包括但不限于：

第一，制定系统清晰的战略规划，将部门宏观层面上的职能性目标与年度预算项目建立起明确的对应关系，以便于通过项目支出加总计算实现某项公共服务的成本；

第二，将人员薪酬和辅助性活动支出尽可能纳入其服务的职能性预算项目支出中；

第三，使用公允、合理的方式将"管理性项目"的资金和人力成本分摊至各职能性项目中；

第四，进一步推广权责发生制的会计核算，对包括固定资产折旧、无形资产摊销、退休补贴分摊费用在内的各目标年度成本进行全口径核算，并通过部门财务报告予以及时披露。

(3)重视量化绩效评价中的"道德风险"和"逆向选择"的问题。构建合理、健全的量化绩效评价体系是预算绩效管理工作的重点，但量化绩效评价可能带来"道德风险"和"逆向选择"的问题。政府及其部门在针对职能性目标和预算项目设计产出数量指标、质量指标、效率性指标及成果性指标时的"道德风险"包括以下情形：实际数据收集过程中采取篡改手段，以达到满足绩效目标的目的；选取较容易获取的活动或投入性指标作为衡量项目执行和部门目标实现情况的指标；用自身在部门职能活动方面的信息优势，对绩效指标设置较低的目标值，避免发生“绩效不达标”的情形。“逆向选择”即在部门运营或项目执行过程中，单纯围绕达成绩效指标的目标值开展工作，导致公众服务实质上的无效或者对公共服务其他部分关注的缺失。例如，为了提高学生的识字和计算能力，达成相关政府补助项目的绩效目标，公立学校可能会减少对基础教育其他重要方面的关注，如外语教学或社会价值观的培养。

治理和缓解这类“道德风险”和“逆向选择”的问题的关键是整合核心预算机构和外部审计机构力量，建立公开透明的绩效信息披露机制。各级财政部门可通过发布“绩效管理规章”，要求部门在预算编制阶段对各指标的内容、数据来源、收集方式、采用该系列指标可能带来的“逆向选择”情形等内容进行必要的说明，并加以审查，推动部门持续提升其预算绩效管理体系设计。此外，有必要对目前我国审计机关自行开展的绩效审计、核心预算机构独立主导的预算绩效管理这一“各行其是”的管理模式加以调整，将外部审计整合为部门预算绩效管理的常态化模块，在预算执行过程中依据立法机构、核心预算机构的需求编制预算绩效管理的审计计划，针对部门绩效评价单元中指标信息的真实性、绩效评价结论的公允性以及项目支出的有效性和效率性开展绩效审计，并从第三方角度给被审计部门提供指标设计、绩效改进的建议。

(4)谨慎合理地将部门绩效与预算分配挂钩。首先，应当改变当前单纯依据绩效评价历史得分排名进行预算分配决策的绩效结果运用方式。在预算编制和审查阶段，每个项目或支出领域，宜选取关键性和代表性指标作为决策参考。我国当前一些地方政府使用大量指标对单一活动进行绩效评价的方式，这不利于清晰反映部门提供公共服务的效果和进展，同时会在信息收集工作上给资金使用部门造成沉重负担。财政部门可依托各级政府的财政监督体系，在政府层面构建针对部门预算编制流程中绩效信息使用情况的评价机制，督促各资金使用部门在预算编制过程中充分参考历史绩效信息。

其次，核心预算机构和立法机构在将部门的绩效表现(计划)同预算项目资助额度建立关系时，宜采取“量体裁衣”的方式，对各类预算活动采取不同的关联方式。我国政府职能范围较宽，提供公共服务的种类繁多，大量衡量部门职能履行的成果性指标易受各类外部性因素(自然、社会和国际因素)的影响，绩效指标信息在很多情况下，并不能真实反映部门职能履行的状况和实际进展。因此，对部门核心职责目标间的资金分配调整，不宜简单根据量化绩效指标的信息反馈“奖优罚劣”。否则，部门就会倾向于发生前述“道德风险”行为，选取容易达标的指标或订立偏低的目标值，使绩效评价丧失意义。正确的实践是依托评估活动，剥离外部性因素对成果性目标的影响后进行预算决策。具体到预算项目这一基本分配单位的层面，对于产出和服务同质化较高的项目，如小学教育等，可采用公式化资助模式，在确定每单位资助额度后，依据产出指标的历史绩效信息和年度绩效目标值确定其预算规模，并视其产出质量指标优劣给予一定的奖惩。对于产出和服务异质性较强的项目，如社区消防，以及主要依据成果性指标衡量其运营情况的项目，则不宜在产出或成果性指标与项目的拨款水平之间建立紧密的联系。

思考题

1. 什么是政府绩效？如何衡量政府的绩效水平？
2. 新绩效预算有什么优点？
3. 新绩效预算实施有何困难？
4. 我国政府预算绩效管理中存在的问题有哪些？如何改进？

第13章　政府预算审计

政府预算在执行阶段结束后，就进入预算过程的最后阶段，即审计阶段。政府预算在执行过程中，会通过会计收集、记录和准备与财务报告相关的各类信息和数据，在预算执行结束后，编制政府财务报告，向公众、立法机构以及其他政府财务报告的使用者详细报告和说明财政资金的使用情况，以履行受托责任，这是现代政府预算的必然要求。但未经独立审计的政府财务报告尚不具备履行公共受托责任的功能。因为未经审计的政府财务报告是作为公众代理人的政府自身对预算执行活动的记录、总结和报告，其可信度只有经独立的审计机构审查评估之后才能建立。政府预算审计是由独立于政府的审计机构对政府预算执行过程中产生的数据进行合法、合规与绩效审查和监督。公众及其代表以及政府财务报告的其他使用者只有通过审计过的政府财务报告，才能真正了解公共资金的运行是否安全，是否按照有关法律、法规或法令从事各类活动并保证活动被恰当记录和反映，人、财、物等资源的管理是否经济而有效。

13.1　政府预算审计及其内容

政府预算审计是指审计机关在政府预算执行结束后，对预算执行过程及其结果进行审查和监督。预算审计根据执行主体不同，可以划分为内部审计和外部审计。内部审计与外部审计同等重要，它们都使用同样的标准、同样的方法并进行同样内容的审查。但二者的不同在于，内部审计是由隶属于行政部门的审计机构进行的，其审查结果向行政部门的管理者报告，对行政部门负责，目的在于发现预算执行的问题，以提高预算管理水平。外部审计则是由独立于行政部门的审计机构进行，其报告的对象主要不是行政管理者，而是公众和政府财务报告的其他使用者。外部审计通过对公共资金运行的审查，发现并向公众报告公共资金运行中的问题，监督公共资金的运行，防止公共资金的滥用。内部审计与外部审计对于国家治理而言都很重要。内部审计是行政内部控制系统的关键，也是外部审计的基础和依据。外部审计则通过监督和检查公共支出管理系统的运行，发现并报告问题，改善公共管理，维护公共利益。

实践中，很多国家的内部审计更重视合规性审计，而外部审计的重点已由以往的合规性审计和财务性审计发展到目前的合规、财务和绩效审计并举。

合规性审计是指审计机构审查政府筹集和使用公共资金的行为是否符合相关的法律规定，与政府预算审计相关的法律文件和条款是合规性审计的依据。合规性审计是政府预算审计的首要任务。法律是行为规则，是防范和纠正不被社会接受的行为的制度保障。有关财政预算的法律是规范政府财政预算行为的制度规定，是立法机构代表公众通过的政府财政预算行为的规范，是社会关于公共资金如何运作所达成的共识，是政府在进行财政预算活动中必须遵守的规则。政府预算的合规性审计正是依据这些法律规定来检视政府在筹集和使用公共资金的过程中是否遵守了这些法律规定，公共资金运行过程中有无违法违规的行为发生。

财务审计是指审计机关对政府的财务声明或报告的真实性、合理性进行审查和报告。根据《美国政府审计准则》，财务审计包括：(1)财务报表审计，即审计被审计单位的财务报表是否符合公认的一般会计原则，是否公允地反映了财务状况，以及经营成果和现金流动是否有合理的保证。(2)相关财务事项审计，主要审查部门提交的财务信息是否符合既定的准则，部门是否遵循了各种财务合规性要求，部门是否为了实现控制目标而建立了有效的内部控制体制。财务审计的主要目的是为了维护相关利益方的根本利益。通过对财务数据真实性、完整性的评估和审查，查找被政府各部门有意或无意漏掉的重要财务信息，可以为相关利益者及时、准确地获得有关决策型或参与型的信息提供保障。

绩效审计是审计机关对政府部门筹集和使用财政资金的经济性、效率和效果进行审查和报告。传统的政府审计主要是合法性审计和财务审计。随着政府绩效管理的兴起，绩效审计亦被逐渐引入政府预算审计中。自此，预算审计不仅关注政府预算行为的合规性和经济性，而且开始关注公共资金运行的效率和效果。

与合规性审计和财务性审计不同，绩效审计依据的不是明确、客观、统一的法律规定和会计准则，而是权威机构，如最高审计机关国际组织的公告。其标准更为宽泛、包容，并在很大程度上具有主观性和不确定性，甚至存在争议。

最高审计机关国际组织在2004年颁布了适用于各国最高审计机关的《绩效审计执行标准》。该组织认为，绩效审计是对政府的工作及组织管理和项目管理进行经济性和有效性的评价，以推动政府改革，提高政府工作的效率和效果。“3E”是绩效审计的标准。最高审计机关国际组织对“3E”有明确定义：“3E”即“经济”“效率”和“效果”的简称。“经济”的含义是保证政府工作的成本最低；“效率”的含义是充分利用现有资源，以最少的投入获得最大的产出；“效果”的含义是既定的目标是否实现，或实现的程度。

绩效审计的目的是通过独立审计监督政府的行为，督促政府改善公共管理，提高公共资金的使用效率，以最小的成本实现既定的政策目标。

政府预算审计的结果以审计报告的形式向公众公布。审计报告主要由以下报告组成：

一是政府综合财务审计报告。它是审计机关根据公认的会计准则和审计标准，对政府预算执行情况、政府部门财务和政府综合财务情况进行审计之后形成的报告。只有经过独立审计的政府综合财务报告才具有公信力。

二是审计意见报告。它是由审计机构归纳总结的，对政府预算执行、财务情况的审计意见而形成的报告。内容包括存在的问题以及改进建议。

三是政府预算绩效审计报告。政府预算绩效审计报告是审计机关根据绩效审计标准对政府预算执行情况进行审计而形成的报告，是政府预算审计报告的重要组成部分，可以单独形成报告，也可以与政府综合财务审计报告合并在一起，构成政府综合财务审计报告的重要组成部分。

除此之外，审计机关还可以在政府预算执行过程中的任何时间，就重要的问题发布审计报告。

专栏 13.1　　美国联邦政府审计的发展演变

因为是联邦制国家，美国联邦政府、州政府和地方政府都拥有相对独立的立法、司法和行政权力。基于此，美国国家审计机关包括审计总署和各州政府、地方政府审计局。审计总署对国会负责，其主要职能是财政预算审计，负责对美国联邦政府的所有收入、支出及项目的效率、效果等进行审查监督。各州和地方审计局向州、地方政府负责，主要审查各州和地方政府的预算执行情况及经济效果等。审计总署与州、地方审计局不存在上下级关系。

为了方便与我国审计制度进行比较，本部分重点观察美国审计总署的发展历程。1921 年，美国国会通过了《预算与会计法案》，根据该法案设立了审计总署(General Accounting Office，简称 GAO)。作为隶属于国会的专职审计机构，GAO 是联邦政府的最高审计机关，并完全独立于行政机构。在此之前，美国的政府审计是作为财政系统的组成部分而存在的，受到行政机构的干扰和控制。随着绩效理念的推广和普及，2004 年美国国会颁布了《会计总署人力资本改革法》，其中规定将美国会计总署更名为美国政府问责署(Government Accountability Office，简称 GAO)。从审计内容的演变来看，GAO 的发展历程大致可以划分为凭证审核时期、综合审计时期、绩效审计时期和全面问责时期。

1. 凭证审核时期

1921年,政府会计总署成立后,作为独立于行政机关的联邦政府机构承担了过去由财政部担负的审计职能,其行政长官是审计长,由总统任命,任期15年,不得连任。会计总署成立后,其工作特点是以控制为导向,重点在于检查政府支出的合法合规性;其主要工作是审核会计凭证,审核方式以事后审计为主。各联邦政府机构的官员在相关资金支付后将凭证送至会计总署审核。虽然会计总署也试图建立事前审计方式,但由于工作量繁重而一直没有实现。

2. 综合审计时期

第二次世界大战之后,会计总署的审计监督职能由合法合规性审计向经济性、效果性延伸,《政府公司控制法》《立法机构重组法》《预算和会计程序法》等一系列法案的颁布使会计总署的职能得到进一步拓展。1945年颁布的《政府公司控制法》明确会计总署负责对联邦政府全资公司、合资公司的财务活动进行审计监督,主计长应当于下一财政年度的1月15日之前将审计报告提交国会,同时将报告副本抄送总统、财政部部长和相关联邦政府公司。《立法机构重组法》厘清了最高审计机构的隶属关系,明确了美国采取的是立法型的审计体制。由此开始,国会加强了对会计总署的控制,甚至直接介入会计总署内部机构的设置。1950年颁布的《预算和会计程序法》是对于政府预算、会计和审计而言非常重要的一部法律。其中,部分预算条款精简和优化了联邦预算的形式,为更好地开展绩效评价奠定了基础。除此之外,该法案还首次通过立法规定了联邦政府的会计、审计和财务报告职责。《预算和会计程序法》赋予了会计总署规定行政机关会计制度权,同时明确了会计总署开展内部控制审计的职责,促使审计模式从对逐笔账目的审核转为对政府机构的财务管理和内部控制的综合审计。

3. 绩效审计时期

20世纪60年代开始,会计总署进入了以计划审计为代表的绩效审计时期,通过评估联邦政府计划实施情况来考察其经济性、效率性和效果性。1967年颁布的《经济机会法》赋予了审计长对相关计划和活动进行审计的权力和向国会报告的职责,同时赋予了审计长召开听证会、获得证词、获取必要的信息、雇用人员等权限,为计划审计的开展奠定了法律基础。随后,联邦政府又颁布了一系列法律强化会计总署的绩效审计职能,包括1970年的《立法改组法》、1974年的《国会预算与扣留控制法》等。1993年颁布的《政府绩效和成果法》强调联邦政府有责任高效使用资源并实现项目目标,要求政府部门制订计划并自行考核计划的实施情况,并基于考核情况作出是否进一步拨款的决定,并把绩效情况通报国会和向公众公开。该法案的颁布明确了会计总署代表国会履行绩效监管的职责，且明确了包括绩效战略、年度绩效和项目绩效等多维度的绩效管理思路，为会计总署加强对联邦机构的绩效监管提供了具体指引。

4. 全面问责时期

2004 年，随着会计总署职能的不断扩展，原来的名称已经无法与其职能相匹配，因此会计总署正式更名为政府问责总署。这一阶段，国会先后颁布了一系列法案，进一步明确了政府问责总署对联邦机构全面问责的角色定位。政府问责总署的工作不再局限于审计联邦政府资金的使用情况，而是更多地关注联邦计划和政策是否实现，以及审查联邦政府的日常运行，并对可能出现的危机发出预警。2010 年，国会还赋予了政府问责署对联邦政府机构设置情况进行审查和评价的职责，旨在通过审计揭示联邦机构职能上的重叠和碎片化问题，为进一步优化联邦机构设置提出专业化的建议。目前，政府问责总署通过提供专业化的监督服务，促使联邦政府努力成为一个廉洁、负责任且公开透明的政府。

13.2 政府预算审计监督的理论依据

政府预算审计是对政府预算行为及其结果的审查监督。其理论依据可以从政治学、经济学和行政学三个角度进行分析。

13.2.1 政治学中的宪法分权学说

政治学中的宪法分权学说，又称为“三权分立”学说，是西方宪法理论的核心，其根本出发点是为了防止公共权力的滥用，保障公民权利。该学说认为，公共权力只有相互分立和相互制约才能实现有效的监督。其代表人物是 18 世纪法国的启蒙思想家——孟德斯鸠。他提出的三权分立与制衡学说，概括起来，其基本内核包括三点：一是公共权力应当分立；二是公共权力之间应当相互监督制衡；三是人民享有最高权力，并由代议制机构具体负责行使。就政府预算而言，预算决策权、编制权、执行权以及对上述权力的监督等都属于国家权力的核心内容，是预算相关利益者维护自身利益的核心所在。不论政府预算权力如何分配和行使，为了保障绝大多数人的公共利益，一个健全和完善的政府预算监督机制和制度安排都是必不可少的。为此，预算管理中的分权和制衡极为重要。这需要做到以下几点：首先，形成一种有效的政府预算分权结构。要在立法机关、司法机关和行政机关之间进行合理的权力分配，从而形成一个相互制约的权力运行结构体系,便于各权力机构之间相互制约形成有效的外部监督约束机制。其次,形成一种相互制衡与协调的预算运行机制。要在政府预算各体系之间、各体系内部及其体系内部各职能部门之间建立制衡机制,既便于实行外部监督控制,又有利于实行内部监督控制。最后,形成一套有效的预算监督制度。通过制度的建立和完善,使预算相关利益者都有表达各自意愿、参与公共选择的权力和行使监督政府预算的权力,从而提高政府预算管理的透明度,防止政府预算权力的滥用。

13.2.2 新制度经济学的委托代理理论

从经济学的角度而言,运用新制度经济学的委托代理理论框架分析预算审计监督具有特别重要的意义。委托代理理论首先起源于对私人企业的观察,现代企业制度的特点是所有权和经营权的分离,股东是企业的所有者,处于委托人的角色,企业的主要经营管理者处于代理人的角色,两者之间建立了委托代理关系。由于委托者和代理人之间的利益目标不一致、两者之间信息不对称等原因,容易产生委托代理问题,即"逆向选择"和"道德风险"问题。委托代理问题的实质是,处于信息劣势的一方即委托人不得不对处于信息优势一方的代理人的行为后果承担风险。解决委托代理问题的思路和路径有两个:一是设计和建立激励机制;二是设计和建立监督机制。这样就会形成代理成本,选择何种机制取决于代理成本是否小于两权分离给所有者带来的企业收益增加值。

按照"委托-代理理论"的观点,政府预算体现为一种委托代理关系。但是与市场中私人企业所表现出的委托代理关系相比,政府预算所表现出来的委托代理关系有其特殊性:第一,委托层次复杂,代理链条长,容易产生较为严重的委托代理问题。在现代民主制条件下,政府预算组织体系表现为多层次的委托代理关系。社会公众作为初始委托人首先通过其代议制立法机关将社会公共事务委托给各级政府来办理,各级政府又将公共事物委托给其所属各职能部门来具体实施,由此形成了社会公众对立法机关、立法机关对政府、政府对公共支出机构、上级对下级和各机构对所属人员等多层委托代理关系。政府预算委托层次越多,代理链条就越长,委托代理关系不确定性也越强,使得代理人偏离委托人目标的风险要远远大于市场中企业的委托代理风险,甚至出现代理人追求个人利益目标而损害社会公众利益的现象。第二,委托代理关系中存在"所有者虚位"和"激励不足"等问题。在私人企业委托代理关系中,股东是真正的所有者,不存在"所有者虚位"问题,股东追求利润最大化。有了明确单一的目标,股东就有办法、有能力通过"激励相容"机制约束和规范代理人的行为,使两者的目标保持一致。在政府预算运行中,由于社会公众利益的模糊性且利益目标的多元化,导致谁是委托者即所有者很难确定,因而出现了"所有者虚位"的问题。加之预算资源产权的非排他性、非可分割性和消费上的非竞争性，代理人追求自身利益的最大化，这就在很大程度上削弱了激励的内在动力，出现了“激励不足”的问题，容易导致公共资源在运行中被侵蚀而得不到有效的保护，具体表现为使用中的“公共悲剧”、消费中的“搭便车”，生产中的“偷懒”和“内部人控制”等问题。

综上所述，政府预算中委托代理关系的实质要求在尚未解决上述问题的情况下，应主要依靠建立和完善政府预算监督体系，通过有效的内、外部监督机制，使代理人政府对公共资源的来源、使用和结果承担起相应的公共受托责任，并接受其委托人，即社会公众及代表的授权和监督，保证公共资源使用的经济性、效率性和有效性。

13.2.3 公共管理学中的公共权力学说

公共管理学认为，公共权力来源于宪法和法律的明确规定和授权。从授权的角度讲，公共管理的主要任务是如何确保政府及其公共部门拥有管理政治、经济和社会必要的权力，使其维护国家、公众利益，从而确保回应、公正、灵活、诚实、负责和能力等目标的实现。从控制的角度讲，如何确保所授予的权力用于实现公共管理目标，而不是用于其他目标的实现，需要对公共权力进行必要的控制。这就是说，要在公共权力授权与控制之间找到一个平衡点。一方面，国家把公共管理作为社会变革的重要手段，力图通过政策和管理活动的变革来适应经济社会的发展，所以要给予政府及其公共部门充分的授权。另一方面，要在制度层面对公共权力在运行过程中可能出现导致公共部门偏离国家和公共利益的行为实施必要的监督和控制。传统的公共行政学继承了近代民主制和权力分立制的宪法学说和原理，对政府行政活动实施的监督是依照宪法结构而确立的制度性监督：其一是存在于政府行政外部的机关进行的监督，如立法机关、司法机关和独立于政府外部的审计机关实施的监督，称为制度性的外部监督；其二是存在于政府行政机关内部的监督，如上级机关对下级机关的监督或职能部门对支出部门的监督等，称为制度性的内部监督。

政府预算与公共管理之间存在着密切的关系。公共管理通过政府预算编制作为公共受托责任的起点；政府预算执行是公共管理活动获取和使用公共资源，实现公共管理目标的过程，也是履行公共受托责任，实现财经纪律与总量控制、资源分配与配置效率和营运管理与营运效率等政府预算管理关键目标的过程；最后以实现政府预算和公共管理的绩效目标，提供政府决算报告和财务报告，完成公共受托责任并接受审计和绩效评估作为终点。两者的关系清楚地表明，政府预算管理的核心是公共资源的“获取和使用”的问题，这种公共权力源于宪法和法律的明确规定和授权。公共管理的核心是依照法律授权而行政，切实维护国家和社会公众的最根本利益，换句话讲，就是依法行政，执政为民，维护社会公众的根本利益。如何使两者目标一致，加强对政府预算监督尤为必要，它是实现公共管理目标的有力保证。

13.3　政府预算审计的良好标准

13.3.1　政府预算审计的国际公告和标准

从国际上看，政府预算审计的标准主要有两个来源：一是两个专业国际组织，即国际最高审计机关组织（International Organization of Supreme Audit Institutions，简称INTOSAI）和国际会计师联合会（International Federation of Accountants，简称 IF-AC）；另一个是捐助组织和非政府组织等。二者的标准在内容上是一致的，区别主要存在于标准设置的方法上。前者的标准是基于理论设计，后者的标准则是基于规则设计。

1. 国际最高审计机关组织

作为一个专业性的国际组织，INTOSAI 目前已拥有 190 个成员国。虽然它并不是一个正式的权力组织，但它通过发布宣言、标准、指南和最佳实践声明来管理和强化各成员国最高审计机构（SAIs）的运作。最重要的两个宣言分别是 1977 年发布的有关审计规则指南的《利马宣言》和 2007 年发布的有关最高审计机构独立性的《墨西哥宣言》。《利马宣言》包括以下主要内容：最高审计机构的独立性；最高审计机构与立法机构以及政府之间的关系；最高审计机构的指令和权力；审计方法、审计人员和审计经验的国际交流；审计报告的公开。《墨西哥宣言》确定了最高审计机构独立性的八大原则。2010 年，INTOSAI 代表会通过了最高审计机构的国际标准（ISSAI）。此外，INTOSAI 还发布了《良好治理指南》。

INTOSAI 的宣言和声明在国际上具有很高的权威性和广泛的接受度，不仅各国发最高审计机关，而且各国负责公共财政管理的政府部门和合作伙伴，都认可并遵从INTOSAI 的声明。作为专业性的国际机构，INTOSAI 还关注和研究新出现的各种问题，如最高审计机构在项目评估中的作用、反洗钱活动以及制定旨在衡量国家福祉的各种国家指标等，并提出改进建议。

2. 最高审计机构关于公共支出和财政问责的评估指标

最高审计机构关于公共支出和财政问责评估指标已被国际上广泛接受并采用。这些评估指标共有二十八个大类指标，其中有两个外部审计指标和一个与审计有关的指标，这个相关指标是针对编制财务报告时间节点的评估指标。

第一个审计指标涵盖了外部审计报告的范围、性质以及一个良好运作的外部审计系统的审计报告及注释。具体指标如下：

(1)中央政府的所有单位每年都要进行审计，审计内容包括收入、支出、资产、负债，需要执行全面的财务审计和某些方面的绩效审计，遵守审计标准，重点关注重大的系统性问题。

(2)审计报告将在预算执行结束后四个月内提交给立法机关。

(3)确保审计报告的准确性和及时性。

第二个指标是对外部审计报告的立法审查。该指标下的一个健全的立法审查体系包括：

(1)立法机构要在收到审计报告后的三个月内完成对审计报告的审查。

(2)对一直收到审计意见，特别是不利审计意见的单位，审计机构要就审计的关键发现与其所有或大多数责任官员举行深度听证会。

(3)立法机构应对行政部门提出行动建议，而这些建议是否得以贯彻落实应有确切的证据。

3. 国际货币基金组织的财政透明度准则

国际货币基金组织发布的财政透明度手册指出，独立于行政部门的国家最高审计机构应及时向立法机构和公众提供完整的有关政府账户的财务报告。最高审计机构必须直接向立法机构提交报告，报告一旦提交给立法机构就可以对外公开。该手册还强调了对不利审计结果采取补救行动的重要性，执行部门不能通过拒绝提供充足的资金、控制其人员配备或推迟审议其报告而使最高审计机构无法有效发挥作用。它认为外部审计实践标准应符合国际标准，如INTOSAI颁布的国际标准。

4. 国际会计师联合会

国际会计师联合会是一个国际专业机构，汇集了129个国家的会计和审计组织，包括发达国家和发展中国家，以实现国际协调，改善各国会计和审计行为。国际会计师联合会没有权力强制各国执行其标准，许多国家都有自己的国家标准，这些国家标准可能不完全符合国际标准。但是，成员国必须尽最大努力遵守国际标准。IFAC的主要工作是制定良好实践国际标准和指南。其中涉及两个附属机构：国际审计和担保标准委员会(IAASB)与国际公共部门会计准则委员会(IPASB)。

国际审计和担保标准委员会发布了大约36项相关的国际审计标准(ISA)和1项关于质量控制的国际标准(ISQC)。这些审计标准涵盖了审计规划、质量控制、重要性和风险评估、证据评估、分析工作和审计抽样等问题。

国际公共部门会计准则委员会发布了50多个专业标准和声明，以及管理政府及其组成机构的财务报告，这些报告对最高审计机构在审计政府财务报表中的作用具有重要意义。

5. 预算公开倡议

一个非政府组织——国际预算伙伴关系(IBP)对财政透明度进行了两年一次的调查和评估,强调了预算过程和预算信息的透明度。调查问卷的 123 个问题中,有 12 个与外部审计有关。其中包括:关于年度审计报告的及时性和用户友好性的问题;年度财务报表认证报告(审计意见)的及时性;最高审计机构资金和管理的独立性;对罢免最高审计机构负责人的限制;对审计覆盖范围的限制;最高审计机构的人员配备是否充足;与立法机关的互动;最高审计机关审计意见的跟进程度和公众参与制定审计日程的程度。

13.3.2　良好审计的条件

良好的政府预算审计是良好国家治理的重要条件。国际上公认的良好审计具有以下五个特征。

1. 最高审计机构的独立性

独立性是良好审计的首要条件。审计的独立性是指审计机构独立于行政部门而存在,审计工作不受外来因素的干扰,以保证审计结果的客观性和公正性。最高审计机构的独立性主要体现在以下方面。

(1)成员任命的独立性。成员任命的独立性是指审计机构的成员由立法机构任命,或者由行政部门建议,由立法机构批准,以确保审计机构能够脱离行政部门的控制。

(2)成员任期保护。一般而言,审计机构成员有固定任期的任期担保,成员只有在违反某些法律的情况下才能被免职。

(3)预算的独立性。审计机构有权编制自己的预算或确保部分必要的预算收入和支出不被控制,或者是立法机关有权修改行政部门对于审计机构的预算安排。这一规定是为了保护审计机构不受行政机构的控制,审计工作不会因为资金问题受到限制。

(4)合法获得所有信息。以法律规定审计机构有权合法获得审计所必需的政府文件,所有政府官员都有义务配合审计机构的合法请求。

(5)审计计划的独立性。审计机构应独立制订自己的审计计划。在一些国家,审计机构制订的年度审计计划需要和立法机构进行讨论,甚至需要得到立法机构的批准,这在一定程度上破坏了审计机构的独立性。为了保持审计机构的独立性,它应该与立法机关建立密切的合作关系,而不是表现出对立法机关的依赖。

(6)公开审计报告的自主性。审计机构根据政府年度财务报告的审计结果编制年度审计报告,并有权根据其重要性随时向立法机构报告,并向公众公开。

2. 审计范围

原则上,审计机构应该对所有政府实体进行审计,这也是国际上普遍认可的审计范围。关于审计范围,一直存在的争议是审计可以在多大程度上涉及“敏感”支出领域以及关于这些领域的审计报告能够在多大程度上公开。这些领域包括军事或安全支出以及国家元首的支出。如果此类支出未包含在预算中或仅在预算信息中粗略一提,那么,即使审计机构有权访问信息,也会限制审计机构的工作。

同时开展合规审计、财务审计和绩效审计是良好审计的要求。一些国家专注于合规审计而很少强调财务审计,并没有基于政府财务报表进行审计并编制审计报告。绩效审计是政府现代绩效管理系统的一个重要组成部分,可以与对组织、项目和活动的内部评估结合起来进行。

3. 审计机构的审计能力及质量控制

审计机构的审计能力取决于审计的范围。一个运行良好的会计系统和报告系统是财务审计的先决条件,这需要审计机构拥有先进的信息和通信技术系统以及完备的人力资源能力。这就要求:

(1)审计机构尽可能使用审计行业和 INTOSAI 制定的国际审计标准。

(2)审计机构的人力资源能力与 IT 系统的数量和质量。良好的审计能力、审计质量取决于审计机构的人力资源能力与 IT 系统的数量和质量。OECD 发达国家和中低收入国家的审计能力差异较大,其中一个重要原因是审计机构的人力资源能力和 IT 系统的水平。在低收入国家,合格的会计师很少,会计系统和报告系统的信息化程度较低。发达国家的审计机构除了拥有高水平的审计能力外,它们还使用各种质量控制机制,包括审计机构之间的同行审查,以及被审计组织就审计机构提供的审计报告进行抗辩等。

4. 审计工作的影响

良好的外部审计应成为促进公共财政管理系统良好运作的催化剂。

(1)审计报告应该侧重于促进公共财政管理系统的改进,而不仅仅是发现错误。如果审计机构根据合理的专业分析发现重大系统性问题,那么审计工作产生的影响更大。现代审计标准要求审计工作以明确的风险评估为基础,追求对公共财政管理系统的建设性影响。

(2)审计报告的及时性是确保其产生有利影响的一个重要因素。在某些国家,总财务报表和审计报告可能要到年度结束后相当长一段时间才能获得,这可能是由于行政部门延迟提交有关预算执行情况的报告或财务报表造成的。在这种情况下,它们的有利影响就会受到限制。财务审计的影响还取决于年度财务报表的形式和内容。

(3)审计报告提出的建议得到回应,会增强审计的影响力。许多国家对此都有明确规定,要求行政部门对审计报告的结果和建议作出回应。在立法不够完善的国家,审计机构本身可以控制流程并进行报告。近年来,审计机构越来越多地利用媒体和民间组织来加强其报告的影响。

5. 审计机构的问责机制

与其他公共部门一样，审计机构也要对其绩效负责。INTOSAI 强调审计机构需要展示其工作的价值和效益，但无论是从数量上还是从质量上看，评估审计机构对公共财政管理系统的改进程度都是很困难的。在某些国家，审计机构试图证明审计工作节约了财政成本，但行政部门认为财政节省究竟是谁的功劳有待商榷。还有一部分国家的审计机构试图量化他们的工作以表明他们正在有效地发挥审计的作用。

许多国家都会对其审计机构进行独立审查。例如澳大利亚的立法机构任命了一名独立审计师，专门对审计机构进行审计，并向立法机构提供审计报告。此外，INTOSAI 制定了同行评审制度，根据该制度，某一审计机构的工作质量要由其他审计机构进行审查。作为审计机构问责机制的一部分，此类审查的结果应对外公开。

最后，审计报告应该发布在相关机构的网站上，并确保提供的信息是有用的，这一规定有利于督促审计机构提高自己的工作质量。

13.4　政府预算审计的基本模式

由于国家政治、经济体制和治理模式的差异，各国国家审计监督模式也各具特色。世界各国最高审计机关可以与国家机构中的议会、行政或司法系统的关系较为密切，也可以是独立于立法、行政、司法的权力机构。根据审计机构的隶属关系，审计模式大致可分为四大类型：立法型审计模式、司法型审计模式、独立型审计模式和行政型审计模式。

13.4.1　以美国为代表的立法型审计模式

立法型审计模式是指国家最高审计机关隶属于立法机构，并根据法律所赋予的权力进行审计，对立法机构负责，向其报告审计结果的审计模式。立法型审计模式下，审计机关一般只有调查权、建议权，而没有处置权。审计机关相对于行政部门而言具有很高的独立性。这种模式最早由英国确立。目前，美国、加拿大、澳大利亚等国都采用这一模式。

美国将国家审计机构分为审计总署以及监察长办公室。地方的政府审计组织则为州、地方审计局。美国审计总署在国会的辅助机关中居于首要地位，拥有十分广泛的职责范围。美国政府审计机构对各州审计监督的范围和程序通过《联邦审计法》予以法制化。虽然地方审计机构不受审计总署的直接领导，但一定要遵守审计总署制定的相关标准并接受其监督。

审计总署将美国的审计工作任务划分为四部分:财务审计、绩效审计、鉴证业务以及对国会的特别事项进行的项目审计。审计总署对联邦所属各政府部门、企业和其他组织的财政、财务情况进行核查。审计总长及其他审计人员对被审计对象可以进行实地核查和审计调查。审计总长向国会和总统提交审计报告,并同时提交审计中发现的问题和改进建议。

审计总署赋予其主要责任人即审计总长稳定的审计地位,具体表现为:审计长是由总统任命,且具有十五年任期(不可连任),除参、众两院可对审计长联合弹劾外,其他机构或人员均无权罢免其职务或者停止其工作。审计长及副审计长的薪资由法律规定。审计总署中的一般审计工作人员在不违法的情况下,可以作为公务员终身任职,其资格的任免以及工资薪金由审计长参照相关规定予以裁定。审计长具有国会议员和作为政府行政系统内主管会计事务的成员的双重身份。他不仅承担向总统递交审计报告的责任,而且每次国会例会时,都要将工作总结向国会及专门委员会和议员提交书面报告。审计工作者稳定、独立的审计地位和规范化的管理制度对其独立自主地开展工作提供了有效的保障。

美国审计总署的预算经费由国会的预算机构直接核实、批准,由参、众两院的拨款部门照实拨付。其经费使用情况由独立的外部审计组织进行审核查证,并将审计的最终结果向社会公众披露,以便更好地接受社会公众的监督。

13.4.2 以法国为代表的司法型审计模式

司法型审计是指国家最高审计机关独立于立法和行政机关,以审计法院的形式存在,具有司法权的审计模式。这种审计模式起源于法国。目前,采用这种审计模式的国家有意大利、西班牙等。

法国审计法院有着悠久的历史。早在拿破仑一世时就创立的审计法院是法国最高的政府审计机构。法国采取同其他联邦制国家类似的分级分权的审计机构模式。中央审计法院负责对中央政府机构的财政收付情况进行审计,并评估其财务管理行为,而分别设在不同地区的24个审计院则掌管本片区的审计工作,并协助中央审计机构进行工作。中央与地方审计法院并不存在直接的领导关系,但它们之间的关系带有显著的司法特性,即地方审计法院的审计对象有权针对有异议的审计裁定进行上诉,中央审计法院可以就此作出终审判决。

审计法院以审计内容为标准可将其职责划分为传统的财务审计、效益审计以及管理审计三类。它的权限也带有明显的司法特征,即不仅具有一般的审计检查、调查、报告和建议权,而且具有审计裁决权和处罚权。审计法院对违法行为具有裁决权和强制执行权，对违法的行为责任人可以给予直接的经济制裁，这是其他审计模式所不具备的。

法国政府审计机构的最高负责人是院长首席法官，掌管法院的一切工作。他是由总统任命的，实行终身制。法国审计法院的负责人不仅享有极其稳定的工作地位，且其本身享有一定的司法权力。法国审计机构的大多数人员具有公法、经济、财政、金融等学科的学习或研究背景。

在法国，从事司法性审计活动的审计工作者必须是审计法官，他们按照严格的资历和业绩标准，通过内征外聘的方式进行选拔。审计工作者分为国家级的审计法官和地方上的审计法官，除高级法官的职务晋升是由内阁议会审议通过外，其他审计官的任职资格是通过财政部部长等提名，由总统直接进行工作任命。除审计员和行政人员外，其他审计工作者一旦被录用将一直都是公务员。所有审计工作人员的地位均受国家庇护，独立行使一定的司法特权，履行工作职责。

法国政府审计组织作为法律机构，其审计费用由政府财政部门单独进行预算。该部分预算经费由议会审核，整个过程不会受到来自行政部门的干预。

13.4.3　以德国为代表的独立型审计模式

独立型审计模式是指国家最高审计机关独立于立法、行政、司法三权之外，根据法律赋予的权限和职责独立行使审计权的审计模式。独立型审计模式一般采取会计检查院或审计院的组织模式。目前实行这种审计模式的国家有德国、日本等。

德国审计院正式创立于 1950 年。20 世纪 80 年代中期德国《联邦审计院法》的出台，标志着审计法院获得了完全独立的地位。联邦德国审计院作为欧共体审计组织的联络委员会成员，积极参与国际和超国家组织的财政监督工作，并且参与国际讲习班，为第三世界国家培训审计人员。德国的审计机关分为中央审计院和地方(州)审计院。审计院由审计局、审计处和审计保障处组成，政府以及州审计院根据资金来源划分工作范围，在各自行使职权的范围内进行审计事务，完成工作任务。

联邦审计院除对中央财政资金的收支及预算管理进行财务审计和绩效审计外，还为议会、政府及其他相关部门提供咨询业务，为联邦议会及政府决策提供建议。联邦审计机构在执行任务期间除了具有审计的一般职权，如检查权、调查权、报告权、建议权外，还可以实行间接的经济处罚权。

联邦德国的审计人员拥有较高的社会和经济地位。《联邦审计院法》规定，德国政府从事审计工作的职员中至少三分之一为法学家，具有担任法官职务的能力。担任审计院的正、副院长为公务员，任期为十二年。一般审计工作者通过选举提名，由总统进行正式职务任命。审计局以及审计处的主要负责人，根据联邦审计院委员会提名，同样由总统任命。审计院的审计工作者均为终身制的公务员,在任职期间享有相对于政府部门的其他同类人员更优渥的酬金和福利待遇。审计工作人员在工作中享有独立的审计权,审计院最高责任人不能对工作过程中的职员进行限制,以免影响其履行职责。

联邦审计署独立编制自己的预算,并与联邦财政部进行协商,达成一致意见后,最终交由议会进行最后的审核批准。

13.4.4 行政型审计模式

行政型审计模式是指国家的最高审计机关隶属于行政部门,并根据政府赋予的权限进行审计并对政府负责的审计模式。在行政型审计模式下,审计机构是政府的一个职能部门,如我国审计署,是党和国家监督体系的重要组成部分,又是国务院总理领导下的行政机关,并受政府委托向人大报告工作。

无论是哪种审计模式,都是建立在该国的政治制度、治理方式、历史传承基础之上的,与它服务的国家治理体系和问责模式高度契合。

13.5 我国政府预算审计

13.5.1 政府预算审计的内容和报告

1. 我国政府审计的内容

我国政府预算审计是审计机关对各级政府财政预算编制及执行情况的审核、稽查,包括对财政预算编制的事前监督和对财政预算执行情况的事中、事后审计。预算审计的主要内容有:第一,预算编制内容是否符合国家的有关方针、政策、指令。第二,编制预算的资料来源是否可靠,预算指标是否符合当前财政制度以及综合平衡的要求。第三,各项指标的计算有无错讹。第四,预算收入是否及时上缴,预算支出是否及时拨款,收入数额是否正确,有无隐匿收入、私设小金库的现象。支出的用途、范围是否符合规定,有无巧立名目、虚报开支、铺张浪费、弄虚作假等行为。第五,预算会计的处理是否正确、及时、合法等等。通过对财政预算的编制及其执行情况的审计,可以促使政府按照人民代表大会批准的预算执行,及时组织收入,合理、节约地安排支出,保证国家预算收支的平衡。具体来说,审计的重点内容如下:

(1)政府预算编制依据的审计。政府预算编制依据的审计,是指对编制收支预算所适用的上年财政经济执行结果、当年经济事业计划和工作目标、政策因素以及支出定额标准等是否科学、合理、准确、真实,进行的专门审计监督,必须要有科学、合理、准确的依据。主要包括:编制收入预算有无层层加码,难以为继;编制支出预算有无生产性、非生产性配套项目过多,计划难以适应;对财政支出定额或标准是否符合客观实际,有无标准过低、过高,造成预算依据难以适用等问题。通过对上述内容进行认真审核,有针对性的提出建议,为上级决策部门修订合理标准或定额提供可靠的依据。

(2)政府预算财力安排顺序的审计。政府预算财力安排顺序的审计,是指对一定的预算财力,先安排什么,后安排什么,是否体现预算的性质和作用,反映政府活动的范围和任务进行的专门审计监督。预算财力安排顺序的问题,是一个政策性较强的问题,实践经验告诉我们,如果财力安排顺序不当,则不仅会挫伤民众的积极性,而且还会妨碍国民经济和社会发展。因此,对预算财力安排顺序的问题必须进行认真审查。

(3)政府预算财力安排重点的审计。预算财力安排重点的审计,是指对预算财力安排顺序确定以后,预算资金的具体项目安排是否突出重点,兼顾一般,体现党和国家的方针、政策,反映经济和发展规模的方向等进行的专门审计监督。审计时应着重看预算安排:第一,是否符合现行紧缩财政的措施,有无预算安排重点不突出的问题。第二,是否从实际出发,注重效果,预算切实可行,有无该压的不压,不该压的硬压的问题。第三,是否做到从既要保证各项行政事业工作的顺利进行,又要有利于促进中央和地方经济发展的需要来考虑;既要突出整体利益,又要对整体内部做具体分析,区别对待,有无一刀切的简单做法的问题。

(4)政府预算财力安排结构的审计。预算财力安排结构的审计,指对各项预算收支计划安排组成是否符合经济和社会发展现状,是否符合应占各经济成分的比重(比例)等进行专门的审计监督。随着复式预算制度的推行,今后对预算财力安排结构是否合理的审查,应注意两方面:第一,审查各预算之间的结构是否合理。包括公共预算、政府性基金预算、国有资产经营预算、社会保险基金预算有无相互挤占或比重(比例)关系不协调的问题。第二,审查每项预算的内部结构是否合理,有无安排不恰当、收支畸轻畸重的问题。

(5)政府预算执行的审计。预算执行审计是指各级审计机关依据本级人大审查和批准的年度财政预算,对本级财政及各预算执行部门和单位,在预算执行过程中筹集、分配和使用财政资金的情况以及组织政府预算收支任务的完成情况和其他财政收支的真实、合法、效益性所进行的审计监督。

政府预算审计结束后,审计部门要出具政府预算执行情况的审计报告。我国的审计报告包括政府预算执行情况的审计报告,以及政府具体部门的预算执行情况的审计报告。政府预算执行情况的审计报告,主要披露当年审计的覆盖范围、查出的主要问题以及审计建议。针对部门预算执行情况的审计报告,则主要披露审计实施情况、查出的主要问题、审计处理和整改情况。

13.5.2 我国政府预算审计制度的发展演变

我国政府预算审计制度的发展演变大致经历了以下三个发展阶段。

1. 起步并曲折前行时期(1949—1982 年)

1949 年 9 月 29 日,刚成立的新中国通过了临时宪法——《共同纲领》。《共同纲领》第 39 条和第 40 条对财政金融的管理和监督作了明确的规定。在《共同纲领》的指导下,1949 年至 1950 年,围绕财政预算的审计问题,中央与地方多次出台文件,如 1949 年 8 月出台《中央财政经济委员会关于明年财政体制初步意见》,1950 年初出台《中华人民共和国暂行审计条例(草案)》,1950 年 10 月出台《中央人民政府财政部设置财政检查机构办法》等,为政府财政预算审计工作的开展提供了制度保障。

1952 年前后,原先在各大行政区、各省及省以下政府设立的审计机构相继撤并,而在财政部门内部建立了统一的财政监察机构。此后,财政审计转向财政监察。1954 年 9 月,监察体制再次发生改革,中央层级的人民监察委员会改为监察部,受国务院领导;地方各级监察机构则实行地方人民政府和监察部双重领导,负责对各级行政机关、国企事业等单位的检查和经济监督。1958 年,财政部撤销了设在内部的财政监察司,地方各级监察部门也被相继撤销。1959 年 4 月,因国家管理体制调整,国家监察部被撤销。1962 年 4 月,国务院出台《关于严格控制财政管理的决定》,明确要求加强对中央和地方财政的监督。1962—1963 年,全国财政监察机构又陆续恢复。1969 年 4 月,党章取消了党的监察机关条款,撤销了中央监察委员会。审计机构的撤并以及财政监察体制的反复变化,监察机构多次被撤销,是这一时期财政预算审计监督的特点。

1978 年 12 月,财政部重新整合财政系统职责,在财政部恢复设立财政监察司,并在地方财政部门设立财政监察处(科),建立监察与审计合二为一的监审制度。1979 年初,《国务院关于进一步贯彻执行中共中央〔1978〕44 号文件的通知》提出:“要建立和健全各级财政部门的监察机构,认真履行职责,同一切违反财经纪律的行为作斗争。”1980 年 7 月,国务院同意并批转了财政部《关于财政监察工作的几项规定的通知》,规定在财政部设立财政监察司,并对各省、市、县级相应设置财政监察机构及其任务、监察程序等作了规定。1981 年 6 月 13 日,财政部向全国人大常委会提交了在人大常委会下设派出审计机构的建议。国务院则于同年 7 月 10 日召开常务会议,提出在财政部门设立审计机构的设想。此后不久,财政部向国务院提交了《关于建立全国审计机构的意见》。同年 10 月,财政部再次向国务院提交了该意见的讨论稿。1982 年 1 月,时任全国人大宪法修改委员会秘书长胡乔木致函时任财政部部长王丙乾,建议在国务院下设审计机构,且将这一机构及其职权列入宪法。之后,财政部于 1982 年 4 月成立审计机关筹备组,并根据国务院决定和机构改革方针,于 7 月 23 日撤销了财政监察司，为成立国家审计机构做准备。

2. 顺利发展时期(1982—2010 年)

1982 年 12 月 4 日，第五届全国人大第五次会议通过了新中国的第四部宪法——1982 年《宪法》。1982 年《宪法》明确规定在国务院和县级以上地方各级人民政府设立审计机关，依照法律规定独立行使审计监督权，并对审计机关的管理体制及职责权限作了原则规定。自 1982 年《宪法》颁布后，我国审计机构的设置、审计法律法规的制定皆步入了正规化轨道。

(1)全国设立审计机构。依据 1982 年《宪法》第 91 条和第 109 条规定，设置审计机构作为审计监督制度的执行者。为此，国务院于 1983 年 2 月 25 日召开常务会议，确定了审计机构的名称及编制。同年 6 月 20 日，第六届全国人大第一次会议决定了审计署首任审计长人选；9 月 1 日，审计署对外正式办公；9 月 15 日，随着成立大会的举行，新中国最高审计机关——审计署正式诞生。1983 年 3 月 8 日，国务院下发《关于地方各级审计机关设置和人员编制问题的通知》，收到该通知之后，全国各地陆续组建地方审计机关。

(2)颁布和实施审计法规。继审计入宪之后，审计法规的颁布实施被列入议事日程。1983—1985 年，国务院批转审计署《关于开展审计工作几个问题的请示》，发布《关于对金融保险机构进行审计监督的通知》《审计工作试行程序》《关于审计工作的暂行规定》等法规文件。从 1985 年开始，审计机关的工作重心由机构筹建转向审计工作规范。1988 年 10 月 21 日，国务院第二十一次常务会议通过了《中华人民共和国审计条例》，并于同年 11 月 30 日颁布施行。

《中华人民共和国审计条例》虽然推进了审计工作的规范化和法治化进程，但仍属于行政条例，位阶较低，在实施过程中，与其他法律法规不易协调，不利于审计工作的进一步开展。1989 年 11 月，党的十三届五中全会通过《中共中央关于进一步治理整顿和深化改革的决定》，指出："大力加强对各项经济活动的审计和监督，严格财经纪律。"审计法律的出台已刻不容缓。自 1990 年下半年开始，审计署受国务院委托着手草拟审计法的前期准备工作。1991 年 1 月，全国人大将审计法正式列入国家立法的"八五"计划。在当年年底颁布实施的《审计工作发展纲要》(1991—1995 年)里，审计署强调了加强审计法制建设。该纲要无疑加速了审计法立法步伐。国务院在 1988 年审计条例的基础上草拟审计法，并于 1993 年 10 月向国务院提交了审计法草案。1994 年 8 月 31 日，第八届全国人大常务委员会第九次会议审议通过了《中华人民共和国审计法》(简称《审计法》)，并自 1995 年 1 月 1 日起实施。

根据《审计法》，审计署于 1996 年着手开展审计工作规范化建设，起草了《审计工作规范化建设规划方案》和《审计工作规范化项目分工实施计划》以及各类审计工作规范,向全国审计机关审定发布了《国家审计基本准则》等 38 个审计规范文件。此外,根据《审计法》有关审计机关对本级预算执行进行审计的规定,从 1995 年 10 月至 1996 年 4 月,审计署首次对 1995 年中央预算执行情况进行了审计。

1997 年 9 月,党的十五大提出了“依法治国,建设社会主义法治国家”的基本方略,国务院于 1997 年 10 月 21 日出台并实行《审计法实施条例》。1998 年 3 月,以李金华为审计总长的审计署新一届领导班子提出“依法审计、求真务实”等 20 字方针,这是审计工作贯彻依法治国方略的集中体现。1998 年 5 月,审计署制定了《1999—2003 年审计工作发展纲要》。1999 年 5 月,国家审计的范围又增加了对领导干部的经济责任审计,为依法治官发挥了监督作用。自 2003 年开始,我国实行审计公告制度,同时《审计法》修订被列入第十届人大立法规划。

2006 年 2 月 28 日,第十届全国人大常委会第二十次会议审议通过了修改后的《审计法》,并于 2006 年 6 月 1 日起施行。《审计法》在实施 11 年后修订,这是新中国审计法治发展史上的大事件。随着 2006 年《审计法》的修订,原 1997 年的《审计法实施条例》也作出相应的修订,并于 2010 年 5 月 1 日起施行。

3. 稳步发展时期(2010 年以来)

2010 年以来,我国审计事业走上了稳步发展的轨道。伴随着国家全面深化改革的进程,政府审计管理体制改革和审计职能拓展均进入新阶段。2014 年,党的十八届四中全会审议通过的《关于全面推进依法治国若干重大问题的决定》提出,要完善审计制度,保障依法独立行使审计监督权,并明确了一系列改革要求。2017 年党的十九大则提出要“改革审计管理体制”。

在党的十八届四中全会和十九届三中全会的部署下,审计管理体制共进行了两轮改革。按照党的十八届四中全会精神,2015 年公布的《关于完善审计制度若干重大问题的框架意见》部署了第一轮审计管理体制改革。一是强化上级审计机关对下级机关的领导,将任免省级审计机关正职的要求,由原来的须事先征得审计署党组的“意见”改为“同意”,并增加任免省级审计机关副职须事先征求审计署党组意见的要求,同时明确,加强审计项目计划的统筹与管理,省级审计机关年度审计项目计划要报审计署备案,审计机关的重大事项和审计结果必须向上级审计机关报告,上级审计机关要加强对下级审计机关的考核等。二是部署在广东、江苏、浙江、山东等 7 个省份,启动省以下地方审计机关人、财、物改革试点,进一步提升审计机关整合审计资源的能力,同时增强地方审计机关的独立性和权威性,减少少数地区存在的其他部门或地方政府干扰审计机关依法独立审计的情况。

2018 年 3 月,党的十九届三中全会审议通过的《深化党和国家机构改革方案》提出,为加强党中央对审计工作的领导,构建集中统一、全面覆盖、权威高效的审计监督体系，更好地发挥审计监督作用，组建中央审计委员会，作为党中央决策议事协调机构。中央审计委员会的主要职责是审议与审计监督相关的重大政策和改革方案，审议年度中央预算执行和其他财政支出情况审计报告等。地方各级党委也同步组建了本级审计委员会。

这一时期，政府审计的职能也有一定的拓展。按照党中央、国务院的部署，政府审计陆续推进审计全覆盖、重大政策跟踪审计等多项改革。在全国人大常委会的支持下，审计查出问题的整改机制也发生了实质性变化。2014年颁布的《国务院关于加强审计工作的意见》首次提出"审计全覆盖"的概念，要求对"稳增长、促改革、调结构、惠民生、防风险等政策措施的落实情况，以及公共资金、国有资产、国有资源、领导干部经济责任履行情况进行审计，实现审计全覆盖"。2015年12月，中共中央办公厅颁布《关于改进审计查出突出问题整改情况向全国人大常委会报告机制的意见》，要求审计署每年12月代表国务院向全国人大常委会报告审计查出突出问题的整改情况，这标志着审计查出问题整改机制的深化。

总体而言，经过多年改革，特别是党的十八大以来政府审计职能的拓展，与中国国情相适应的政府审计监督范围和业务布局已基本确立，政府审计成为党和国家监督体系中的重要组成部分。

13.5.3　政府预算审计的组织体系

我国政府预算的审计主体包括国务院设立的审计署、审计署派驻各地的特派员办事处和派出机构、县级以上地方各级人民政府设立的审计机关三类，由此形成我国政府审计的组织体系。

我国在中央设置审计署，在各省、自治区、市设置审计厅，在省辖市、自治州、县以及县级市设立审计局。中华人民共和国审计署是我国最高审计机构。审计署可以根据重点审计项目及地区分别派遣审计人员进行审计工作，通过这种方式我国形成了独具特色的统一领导、分级审计的管理体制。派出机构主要分两种：一是审计署驻地方特派员办事处；二是派出审计局。目前我国有18个驻地方特派员办事处和30个派出审计局。在审计工作中地方审计机构接受审计署的政策以及业务指导，同时也要接受本级政府的行政领导。

1. 审计署

审计署主管全国的审计工作，负责对国家财政收支和法律法规规定的，属于审计监督范围内的财务收支的真实性、合法性和效益进行审计监督；对公共资金、国有资产、国有资源和领导干部履行经济责任的情况实行审计全覆盖；对领导干部实行自然资源资产离任审计；对国家有关重大政策措施的贯彻落实情况进行跟踪审计；对审计、专项审计、调查和核查社会审计机构相关审计报告的结果承担责任，并负有督促被审计单位整改的责任。其主要职责如下：

(1)制定和监督执行审计制度和审计规划。具体包括：起草审计法律法规草案，拟订审计政策，制定审计规章、国家审计准则和指南并监督执行；制定并组织实施专业领域里的审计工作规划；参与起草财政经济及其相关法律法规草案；对直接审计、调查和核查的事项依法进行审计评价，作出审计决定或提出审计建议。

(2)向中央审计委员会提出年度中央预算执行和其他财政支出情况的审计报告。具体为：向国务院总理提出年度中央预算执行和其他财政收支情况的审计结果报告；受国务院委托向全国人大常委会提出中央预算执行和其他财政收支情况的审计工作报告、审计查出问题整改情况报告；向党中央、国务院报告对其他事项的审计和专项审计调查情况及结果；向中央和国家机关有关部门、省级党委和政府通报审计情况和审计结果；依法向社会公布审计结果。

(3)直接审计下列事项，出具审计报告，在法定职权范围内作出审计决定。这些事项包括：国家有关重大政策措施的贯彻落实情况；中央预算执行情况和其他财政收支；中央和国家机关各部门(含直属单位)预算执行情况、决算草案和其他财政收支；省级政府预算执行情况、决算草案和其他财政收支；中央财政转移支付资金的使用情况；使用中央财政资金的事业单位和社会团体的财务收支；中央投资和以中央投资为主的建设项目的预算执行情况和决算，国家重大公共工程项目的资金管理使用和建设运营情况；自然资源管理、污染防治和生态保护与修复情况；中国人民银行、国家外汇局的财务收支；中央国有企业和金融机构、国务院规定的中央国有资本占控股或主导地位的企业和金融机构境内外资产、负债和损益；国家驻外非经营性机构的财务收支；有关社会保障基金、社会捐赠资金和其他基金、资金的财务收支；国际组织和外国政府援助、贷款项目；法律法规规定的其他事项。

(4)按规定对省部级党政主要领导干部及其他单位主要负责人实施的经济责任审计和自然资源资产离任审计。

(5)组织实施对国家财经法律法规、规章、政策和宏观调控措施执行情况、财政预算管理及国有资产管理使用等与国家财政收支有关的特定事项进行专项审计调查。

(6)依法检查、审计决算的执行情况，督促整改审计查出的问题，依法办理被审计单位对审计决定提请的行政复议、行政诉讼或国务院裁决中的有关事项，协助配合有关部门查处相关重大案件。

(7)指导和监督内部审计工作，核查社会审计机构对依法属于审计监督对象的单位出具的相关审计报告。

(8)与省级党委和政府共同领导省级审计机关。依法领导和监督地方审计机关的业务，组织地方审计机关实施特定项目的专项审计或审计调查，纠正或责成纠正地方审计机关违反国家规定作出的审计决定；按照干部管理权限协管省级审计机关负责人。

(9)组织开展审计领域里的国际交流与合作，指导和推广信息技术在审计领域里的应用。

2. 审计署驻地方特派员办事处和派出审计局

审计署派驻各地的审计办事处的主要职责包括：审计省级人民政府的预算执行情况、决算和其他财政收支以及中央财政转移支付资金；审计海关总署、国家税务总局等中央单位驻地方分支机构或派出机构的预算执行情况和其他财政收支情况；审计中国人民银行、国家外汇管理局驻地方分支机构的财务收支；审计中央所属驻地方的事业单位和社会团体的财务收支；审计中央投资和以中央投资为主的建设项目的预算执行情况和决算；审计中央国有企业、中央国有资本占控股地位或主导地位的企业的资产、负债和损益；审计中央金融机构、中央国有资本占控股地位或主导地位的金融机构驻地方分支机构的资产、负债和损益；审计省级人民政府管理和其他单位受国务院及其部门委托管理的社会保障基金、社会捐赠资金及其他有关基金、资金的财务收支；审计国际组织和外国政府援助、贷款项目的财务收支；对国家财经法律、法规、规章、政策和宏观调控措施的执行情况、财政预算管理或国有资产管理使用等与国家财政收支有关的特定事项进行专项审计调查；承办审计署交办的其他事项。

派出审计局的职责与其派出部门或事业单位的性质有关，具体包括：按照审计署统一部署开展工作；负责审计相关部门贯彻落实国家有关重大政策措施的情况，以及预算执行、决算和其他财政、财务收支；开展相关专项审计调查；承办审计署交办的其他事项。这里的相关部门指与派出部门或事业单位有关的部门，例如，对于审计署的宣传审计局而言，相关部门指中央宣传部、中央网络安全和信息化委员会办公室(国家互联网信息办公室)、人民日报社、求是杂志社、光明日报社、中国日报社、经济日报社、全国哲学社会科学工作办公室、国家保密局。

3. 县级以上地方各级人民政府设立的审计机关

省级、市级、县级地方各级人民政府设立的审计机关的主要职责包括：

(1)组织实施国家的审计法律法规和方针政策；受委托研究起草有关审计行政管理的地方性法规、规章草案，经审议通过后组织实施；指导、协调和监督各级审计机关的业务。

(2)向本级政府以及相关部门通报审计情况，提出制定和完善有关政策法规的建议。

(3)根据《审计法》的规定，直接进行下列审计：本级财政预算执行情况和其他财政收支；本级各部门、事业单位及下属单位的财政、财务收支及资金使用效益；本级各部门(含直属单位)和下级政府预算外财政资金的收支管理和使用效益；下级政府的财政收支；本级政府所属金融机构及分支机构的资产、负债、损益情况和信贷计划及执行结果；本级政府所属企业的财务收支及其经济效益和国有资产的保值增值；本级政府固定资产投资项目的资金来源和投资效益，本级政府重点建设项目的执行情况和决算；本级政府部门管理的和社会团体受政府委托管理的社会保障基金、环境资金、社会捐赠资金以及其他有关基金、资金的财政财务收支；国际组织和外国政府援助、贷款项目的财务收支；法律、行政法规规定应当由本级审计局进行审计的其他事项。

(4)根据上级审计部门的授权对有关金融、保险企业、非银行金融机构和在辖的中央、省属企事业单位进行审计。

(5)向本级人民政府提交本级预算执行情况的审计结果报告。

(6)根据需要，对下级审计机关管辖范围内的重大审计事项进行审计；必要时，对下级审计机关审计的单位进行抽审。

(7)处理下级政府被审计单位对下级审计机关审计决定的申诉和复议。

(8)负责本级政府的经济责任审计；组织、指导下级审计机关进行经济责任审计。

(9)与下级人民政府共同领导下级审计机关，对下级审计机关负责人的任免事项及时提出意见。

(10)对审计中发现的宏观管理方面的问题进行专题审计，对国家财政收支有关的特定事项，向有关地方、部门、单位进行专项审计调查，报告审计调查结果，并向本级政府和上级审计机关反映情况，提出建议。

(11)对内部审计机构进行业务指导和监督；监督社会审计组织的审计业务质量。

(12)对下级审计机关进行业务领导。

(13)承办本级政府和上级审计机关交办的其他审计事项，承办纪检监察部门和司法机关要求协助的经济案件审计事项。

13.5.4 政府预算审计工作流程

我国政府预算审计流程如下：

(1)政府审计项目计划阶段。审计项目计划是指审计机关每年对审计项目(包括专项审计调查项目)做出的统一安排，也称年度审计项目计划。实行审计项目计划管理是世界各国通行的做法。我国的审计项目计划一般包括上级审计机关统一组织的项目、上级审计机关授权的项目、领导交办的项目和审计机关自行安排的项目四类。1996年根据《审计法》的规定和审计工作规范化建设的统一部署，制定了《审计机关审计项目计划管理的规定》。

政府审计项目计划下达后，审计机关应及时编制审计工作方案。审计方案的内容包括：编制审计方案的依据；被审计单位的名称和基本情况；审计的范围、内容、目标、重点、方式、方法、实施步骤和预定时间；审计组长、审计组成员名单及其分工；编制审计方案的日期。

(2)准备阶段。审计机关根据审计项目计划确定审计事项，组成审计组，并应在实施审计前三日，向被审计单位送达审计通知书；遇有特殊情况，经本级人民政府批准，审计机关可以直接持审计通知书实施审计。

(3)实施阶段。审计人员通过审查会计凭证、会计账簿、财务会计报告，查阅与审计事项有关的文件、资料，检查现金、实物、有价证券，向有关单位和个人调查等方式进行审计，并取得证明材料。审计人员向有关单位和个人进行调查时，应当出示审计人员的工作证件和审计通知书副本。

(4)终结阶段。审计组对审计事项实施审计后，应当向审计机关提交审计组的审计报告。审计组的审计报告报送审计机关前，应当征求被审计对象的意见。被审计对象应自接到审计组的审计报告之日起十日内，将其书面意见送交审计组。审计组应当将被审计对象的书面意见一并报送审计机关。

审计机关按照审计署规定的程序对审计组的审计报告进行审议，并对被审计对象对审计组的审计报告提出的意见一并研究后，提出审计机关的审计报告；对违反国家规定的财政收支行为和财务活动，依法应给予处理、处罚的，在法定职权范围内作出审计决定或者向有关主管机关提出处理、处罚的意见。审计机关应当将审计机关的审计报告和审计决定送达被审计单位和有关主管机关、单位。审计决定自送达之日起生效。

(5)整改检查阶段。上级审计机关认为下级审计机关作出的审计决定违反国家有关规定的，可以责成下级审计机关予以变更或者撤销，必要时也可以直接作出变更或者撤销的决定。

被审计单位对地方审计机关作出的具体行政行为不服，可以向其上一级审计机关或本级人民政府申请复议；对审计署作出的具体行政行为不服，可以向审计署申请复议。被审计单位对复议决定仍不服时，可以依法向人民法院起诉。

思考题

1. 良好政府预算审计的标准是什么？
2. 政府预算审计的模式有哪些？各有什么特点？
3. 政府预算审计的内容应包括哪些？
4. 我国政府预算审计的组织体系是如何构成的？

第14章　资本预算

政府提供的公共产品从时效性上看，可以分为年度公共产品和多年度公共产品，由此政府支出也相应划分为经常性支出（年度支出）和资本性支出（多年度支出）。

由于经常性支出和资本性支出存在较大差别，因而有人主张在预算管理上将二者区分开，分别编制运营预算和资本预算，有不少国家采用这一观点，单独编制资本预算。另有一种观点认为没有必要在预算上对两种支出进行区分，践行这一观点的国家也不在少数。

无论是否赞成或采用资本预算，对于资本性支出而言，资本预算的理念、规划和管理方法都值得学习和借鉴。本章介绍了资本预算与运营预算的区别、资本预算的做法以及围绕资本预算的一些争论。

14.1　资本预算及其发展历程

14.1.1　资本预算的含义

资本预算是指用于提供多年公共产品，且形成大规模固定资产的公共支出预算。根据定义，纳入资本预算的政府资本性支出一般具备以下特点：

（1）投资的周期较长，且形成固定资产。即政府的资本投资项目具有持久性特点，政府投资形成可以多年使用、多年受益的固定资产。

（2）投资额巨大。由于资本投资主要用于大型公共物品的供给，因此与运营支出相比，资本支出的金额相对巨大。

（3）非经常性。政府的资本支出并非经常发生，在周期性地更新设施之间存在着时间间隔。

政府的资本性支出一般包括以下几种类型：

（1）土地，即政府部门购买土地的支出和准备土地的成本等。

（2）建筑，即修建或维修某一建筑的成本，以及购置和维修各种与建筑附设在一起的设施和设备的成本。

(3)非建筑的资本改进,即修建或维修街道、桥梁、供水管、污水管等的成本。

(4)与建筑无关的设施和设备,即购买和维修各种与建筑无关的设施和设备的成本,例如汽车、家具等。

而以下支出由于不符合资本预算的含义,因而不能纳入资本预算。

(1)非大规模的资本性支出。政府支出中有一些支出,如不是与某一建筑附设在一起的设施与家具、小块土地、小型建设项目等固定资产的支出,这些支出虽然属于资本性支出,但由于规模较小,可以归入运营预算中的"资本性支出"或者是"永久性财产"来处理。

(2)每年都发生的资本性支出。由于这种资本性支出每年都会发生,一般的运行预算也能够很好地处理,所以一般也不放进资本预算,即使它的支出规模符合资本性支出的规模要求。

(3)规模极大但并非每年都发生的非固定资产性的额外支出。如额外的、数额巨大的医疗补助支出,这类支出虽然数额巨大,但没有形成固定资产,应放入运营预算处理。如果因为数额巨大而纳入资本预算,而资本预算又主要通过债务融资,这将打通这类支出与债务之间的通道,累积债务风险。

14.1.2　资本预算与运营预算的区别

资本预算与运营预算的区别如下:

(1)资本预算与运营预算的风险程度不同。资本预算项目需要多年规划和实施,一般需要一次性投入大量资金,一旦决策失误,或出现错误,则难以纠正,或纠正成本很高。而运营预算往往发生在一个财政年度内,依托于平稳增长的经常性收入。运营预算如果出现问题,则可以在预算年度中,甚至在来年的预算中进行纠正,因而风险相对较低。

(2)资本预算与运营预算的决策过程不同。在资本预算决策中,需要列出全部资本项目及其实施方案并进行比较,排出优先顺序,并对每个项目的实施方案进行选择。当一个资本项目完成后,必须加入新的项目,然后再一次重复比较和进行排序。资本项目预算决策是跨年度滚动进行的。运营预算则无须如此烦琐,绝大部分经常性支出是年复一年重复发生的,因此,除非采用零基预算模式,一般不需要将它们进行比较并根据重要性排序。

(3)资本预算与运营预算的资金来源不同。资本预算资金主要来源于债务收入;运营预算则以经常性收入,主要是税收作为资金来源。

(4)资本预算与运营预算的财政支出频率不同,资本支出常常是由一次性的、专款专用的资金(例如债务收入或者专项补助)来支付的,而绝大部分运营预算的支付是年复一年重复发生的。

(5)资本预算与运营预算的政治经济学不同。资本预算涉及的是新建项目,而运营预算主要是维持性费用。二者相比,新建资本项目更容易彰显官员的绩效,因而更容易得到官员的关注,从而在财政资金配置上处于优势地位。鉴于此,实践中,官员热衷于上新项目而忽视维护运营的现象国内外都不少见。

资本项目投资大、风险高、周期长、容错率低的特点,决定了资本预算需要更科学的、长远的规划,更严格的监管,以降低债务风险,实现高效的政府资源管理。

14.1.3 资本预算的发展历程和实践

资本预算起源于20世纪30年代的大萧条时期。为了缓解经济压力,瑞典政府决定在政府预算中引入一项资本预算,通过公共借贷,为持久的、可自负盈亏的投资项目筹集资金。随后几年,资本预算推广到北欧其他国家。

20世纪40年代后期,在苏联中央计划模式的影响下,很多发展中国家开始大规模制定五年规划(计划),将资本预算作为其经济发展计划的重要组成部分。但此时资本预算并没有获得很多人的支持。在美国,一个总统委员会调查了美国预算后得出的结论是,资本预算可能会导致更多的实际支出,从而使得当前的支出受到影响,因此委员会拒绝了资本预算。20世纪90年代初,美国将权责发生制会计引入到政府的财务管理中,这意味着会计账户将划分为普通账户和投资账户。权责发生制会计的倡导者们认为,不区分资本性支出与经常性支出会导致对基础设施或累积资产的无意疏忽。作为日常预算管理的一部分,资产维护与资产创建同样重要,因此需要将资本性支出单独列支。

在一些发展中国家,尤其是低收入国家,资本预算的影响较大。这些国家在殖民政府时期就有过将资本预算和日常预算分开的复式预算过程。当时实施这一模式主要有两方面的原因。一方面受欧洲复式预算的影响,另一方面由于这些政府的收入汲取能力有限,而资本性支出的资金量大,所以需要一个特别的预算审批程序。这些国家独立后,复式预算继续留存下来,并在20世纪60年代大行其道。这主要基于两个原因:第一,独立后的这些国家都有一个非常强烈的赶超西方发达国家的愿望,于是它们纷纷效仿苏联的经济发展计划和法国、西班牙等国至今仍在使用的国家发展计划来制定本国的五年发展规划(计划)。当时流行的观念认为,运营支出是消费性的,只有投资性的资本支出才能够促进经济发展。因此,采用复式预算将资本预算独立出来,能够确保一定数量的资金用于资本支出,实现五年发展计划目标。由于传统的财政部门在制定中期计划上缺乏经验,许多国家都建立了专门的计划部门来专司资本性支出计划及其预算，财政部门主要负责运营预算，将资本预算与运营预算的分离制度化，并在这些国家形成强大的支持资本预算的利益群体——即各计划部门。第二，国际组织也倾向于认为经常性支出是消费性的，它们对发展中国家的资金援助最初也主要集中在资本性支出领域，因此，发展中国家的资本预算与运营预算的分离被进一步强化了。

但资本预算并未因此被所有国家、所有政府所接受，围绕资本预算，人们从未达成共识，支持与反对者并存。实践中，有些政府采用了独立的资本预算模式，最典型的当属美国的州和地方政府，而也有相当多的国家没有采用。

14.2　资本预算的编制

资本预算的编制一般分为以下步骤：总体规划→资本发展计划（CIP）→项目评估→长期融资评估→融资计划→债务负担的可行性分析→形成资本预算。

14.2.1　地区总体规划

资本总体规划是地区规划的组成部分，地区总体规划是资本预算编制的起点。由于基础设施、建筑物等资本类项目耗资巨大，且依托地区而建，一旦建成，就会长期存在，并对地区的财政和经济产生影响，因而资本项目首先必须进行地区规划。地区规划的步骤如下：

（1）预测未来的公共服务需求。根据人口和社区增长以及经济发展情况预测本地区与资本支出有关的公共服务需求，并确定公共需求对基础设施和新资本投资的影响。地区规划通过对以往经济发展情况的分析，预测和确定未来经济发展的目标，并根据目标预测公共服务水平和公共服务需求，从而对满足未来公共服务需求所需要的资本设施进行估测。

（2）评估现有资本资产的状况。一般而言，政府应该建立资本管理系统，通过这一系统，可以实现以下目的：

①查询所有资本资产记录表；

②估测使所有资本资产达到良好运营状态的成本；

③提供资本资产运营维护费用的相关信息。

（3）预测未来管理规则的变化。由于资本项目的生命期较长，而管理规则会随着人类社会的发展而改变，未来管理规则的变化会对资本项目的成本产生影响，如空气质量和水质的管理规则变化、建筑物的抗震能力要求变化，健康、安全和环保要求提高等因素都会增加资本项目的成本。因此，资本预算编制之初就需要预测未来管理规则的变化，以便对资本项目的成本做出准确预测。

通过以上步骤，可以预测未来几年（一般是三到五年）对资本项目的新增需求，为资本预算的编制提供依据。以污水处理服务为例，在对污水处理项目进行投资规划时，要考虑以下方面：

一是评估该地区现有污水处理设施的现状，并判断它们需要大修或重置的时间；

二是通过预测该地区新增居民和商业用户的数量、居住和坐落地点以及产生的污水种类来预测该地区居民和商业用户的污水处理需求；

三是预测政府有关水质量管理规则的变化，这些变化与污水处理服务直接相关；

四是对满足这些需求（包括增加新设施、对现有设施进行升级换代以及维护计划）的最经济方式进行预测。

14.2.2　资本发展计划

在对地区未来的公共产品需求进行了预测和对现有资本资产状况了解的情况下，接下来就进入资本发展计划的编制阶段。资本发展计划是有关未来 5—6 年新增资本项目的计划，在此计划中，要列出所有备选资本项目以及对项目的描述和选择项目的理由。这个计划是动态的、滚动变化的，每年都要新增一年，并对原计划进行修订。一个完整良好的资本发展计划包括总表（其中包括对资本项目主要变化和排序的讨论）、对资本项目筛选和评估过程的描述、术语表，以及对各项目的描述和说明（包括图片）。

一般对政府资本投资项目进行筛选和评估的主要标准如下：

（1）财政因素，包括资本成本、运营维护成本、收入效应等；

（2）对普通公民和政府雇员健康及安全的影响；

（3）社区经济对税基、就业、居民和企业收入及社区本身的影响；

（4）环境因素和社会因素对社区中人们生活质量的影响；

（5）项目施工过程造成的影响；

（6）收入分配的影响；

（7）涉及公众支持、利益集团反对、上级政府审批、法律等问题的可能性；

（8）项目推迟的影响；

（9）有关成本和预测、技术等问题的不确定性和风险程度；

（10）对于在同一领域内提供服务的其他政府和准政府组织之间关系的影响；

（11）对其他资本项目造成的成本负担和影响。

资本发展计划通常采用自下而上的方式编制。首先，政府各部门提出本部门 5—6 年的资本发展计划，包括资本项目清单、对各项目的描述、项目资金来源以及项目完成的预期时间。此外，各部门还需要准备资本发展计划的支持性资料，包括根据成本-效益分析法进行的项目评估选择结果。其次,各政府部门将其资本发展计划提交到一个核心管理机构,要么是预算办公室,要么是计划办公室。核心管理机构对各部门的资本发展计划的审核与对运营预算的审核类似。核心管理机构根据每年资本支出总体规划以及行政总裁对资本项目的优先排序对政府部门的资本发展计划进行审核,通常会迫使政府部门缩减资本支出规模,或者延迟某些资本项目支出。审核通过后,核心管理机构最终会形成一个资本发展总计划,其中包括的主要内容有政府部门提出的资本支出总额、主要资本项目的详细情况、主要资本项目的融资机制。

14.2.3　制定资本预算融资规划

1. 进行长期财务预测

一般而言,由于资本支出数额巨大,在编制资本预算时,需要对政府的长期财务状况进行预测。

首先,需要根据经济发展情况、现有税率、税基等因素预测政府全部的财政收入。

其次,预测运营预算支出,或经常性支出。可以区分两种情况:一是在不考虑资本预算的情况下对运营支出的预测,二是在考虑资本预算的情况下对运营支出的预测。

最后,计算资本发展计划对预算的影响。一个政府的财政总收入减掉运营预算支出、还本付息数额、经常性资本支出(通常数额较小,且经常发生,因而不包括在资本发展计划之中)之后,就是与资本发展计划相联系的部分了。据此,可以计算出资本预算对现有预算的影响,即计算出新增资金需求的数额。

2. 制定资本预算融资规划

一旦确定资本预算需要的资金数额,下一步要考虑的就是如何筹集这些资金以及从哪些渠道筹集资金的问题。一般而言,资金来源包括以下四种途径:

(1)经常性收入。即主要来自税收的收入。使用这种收入为资本支出融资的好处是无须为资金使用支付利息,但其弊端也是十分明显的。

一是大幅度增加了税收负担。由于资本发展计划中的资本项目投资数额巨大,如果以经常性收入筹资,则会在某个时期大幅度增加税收负担,否则将不能保证所需要的资本投资规模。而税收负担在某个时期的大幅度增加不符合税收稳定原则,且容易引起社会的不稳定。

二是不符合受益原则和代际公平原则。以经常性收入为资本项目筹资,还会违背受益原则和代际公平原则。由于资本项目提供的是跨年度公共产品,不仅提供税收的现代人可以受益,而且没有承担资本项目成本的后代人也会受益,由此造成代际间的不公平。

(2)资本补助金。对地方政府而言,上级补助是一种资金来源。但这种资金的获得不仅需要地方政府准备各种申请资料，而且通常附带条件，如需要地方政府配套一定比例的资金，即地方政府获得资金的同时，也需承担一定的义务。

(3)租赁资产。向某些机构(主要是私人公司)租赁而非购买资产也是政府资本支出的一种方式。资产租赁一般有两种方式：一种是真实租赁，即出租者在整个资产生命期中都拥有资产所有权；另一种是融资租赁，即资产租用者在一定时期里，分期支付租赁费，期满后，资产所有权归租用者所有。大部分政府采用的是真实租赁方式。采用这种租赁方式的好处是可以避免拥有资产所有权的风险，尤其对那些技术变化很快的资产，如电脑以及维修成本较高的资产，如复印机、打印机等。

(4)发债。对于大型资本项目而言，最适合的融资方式是发行长期债务。债务融资方式是一种使用者付费融资机制。通过设计合理的债务融资模式，加之良好的债务管理，使得资本项目成本合理分摊于资本资产的生命周期，项目受益者通过分期还本付息而承担项目成本，这不仅不会造成税率和税收的大幅度变动，而且符合受益原则，亦不会造成代际间的不公平问题。

3. 评估和检查债务负担的可行性

在确定了融资计划后，紧接着就要对政府的债务负担能力进行评估。评估的方法是看未到期债务占政府所有可出售总资产价值的比重和债务还本付息额占全部政府现有收入的比重是否符合债务风险控制的标准。一般而言，两个比重应分别控制在10%和20%以下(为安全可行范围)。

美国州和地方政府保障债务系统运行良好的主要手段是将债务限制为长期投资融资，其一般规则是借款不应用于支付当前的运营费用。此外，债务的支付期应与所资助的设施或基础设施的使用寿命相对应，20世纪70年代发生的纽约市金融危机产生的主要原因就是涉及以短期借款来为当前支出提供资金。

为约束政府官员的自由裁量权，美国资本预算全过程都遵循预算透明原则，在资本项目决策和评估流程、债务融资模式选择、项目建设和运营等涉及政府资本预算的过程中，都严格执行信息的公开原则。此外，重大资本项目和重大预算支出的审议过程都需要召开听证会，公民、社团和委员会等利益主体都可以通过听证会发表看法，其意见和建议将为政策决策者提供重要的参考依据。

14.2.4 资本预算与运营预算融合

虽然资本预算与运营预算的内容不同，但二者都是政府预算的重要组成部分，运营支出主要用于维持公共部门的日常运行，为公众提供年度公共产品；而资本支出主要用于固定资产投资，为公众提供跨年度公共产品。但二者不是完全独立的，而是紧密联系在一起的。每年的政府预算包括两部分内容，即运营预算(包括资本的运营和维护费用)和当年的资本投资预算,不包括资本发展计划中非本年度的资本投资预算部分。

思考题

1. 什么是资本预算?
2. 为什么要编制资本预算?
3. 资本预算与运营预算有什么区别?
4. 资本预算的编制都有哪些步骤?
5. 以债务为资本预算融资有哪些优点?

第 15 章　政府预算公开

政府预算公开是指国家行政机关和由法律、法规以及相关规章授权和委托的公共组织，在行使国家行政管理权和经济管理权的过程中，通过法定形式和程序，主动将财政预算及其有关的公共信息，包括政府的结构与职能、财政政策的取向、公共部门的账目以及财政计划等主动向社会公众公开，或依申请而向特定的个人或组织公开。

建立责任政府是现代公共治理的主要目标。责任政府的建立与政府信息公开密不可分。与私人事务由私人根据市场规则决策不同，公共事务的决策只能通过公共选择。而公共选择的前提是公共信息的获得。不仅如此，由于经济人假设的普遍存在，即使公共事务由公众决策，如果公共事务执行的过程及结果信息不公开，公众则无法监督政府是否按公众意愿行事，而没有监督的政府必然是不负责任的政府。

财政预算信息是所有政府信息中最为重要的，抑或是核心信息。责任政府的建立没有财政预算信息的公开是不可能实现的。

财政信息公开、透明，以保证公民的知情权，是政府的义务，同时也是公众基本的政治权利。从世界各国的情况来看，加快政府信息公开建设，打造阳光政府，对促进公众有效的政治参与，加强对政府的监督，提升政府的治理水平具有十分重要的价值和意义，也是政治现代化的基本前提和保证。不断推进政府的信息公开建设进程，已成为世界性的、不可遏制的历史潮流。

15.1　建立透明财政预算的必要性

15.1.1　财政预算透明是公众基本权利的保证

1. 保证公众的知情权

在政治学理论中，政府是人们为了解决自然状态下个体冲突而产生的一种契约，社会的价值基础是个人，而不是国家或者其他超个人的单位组织。

根据经济学理论，政府与公众之间是一种委托-代理关系。人们为满足自己的公共需求而组成政府，并将自己的一部分私权力和私有财产让渡给政府，委托政府为自己提供公共产品。

既然个人是社会的价值基础，政府的一切权力来源于公众和公意，那么在权力的行使上，政府只有在征得公民的同意后才能课税和使用税款。同时，既然公众作为政府财政资金的终极提供者，是政府的委托人，自然有权利了解公共资金使用的整个过程，了解自己的钱是被怎么花的。相应地，政府有义务向公众主动公开一切可以公开的信息。从这个意义上讲，信息公开，对于政府，是其在现代社会中必需履行的义务；而对于公众，则是他们应该享有的基本权利。

2. 保证公众的话语权

保证公众的话语权是现代政治制度建立的前提。建立现代政治制度是现代国家政治发展的基本价值趋向和目标。根据政治学理论，人类社会的政治演进路径是按照传统政治（即封建主义官僚政治）、过渡的政治（介于传统政治与现代政治之间）、现代政治的方向行进的。现代政治制度不同于其他政治的重要内容之一就是决策的民主化，即促进更广泛的政治参与制度的建立。这意味着，在政治权力安排上，要革除各种独裁与暴政，将公众吸纳到政治决策过程中来。就政治现代化所要求的民主决策而言，做到信息公开、打造“阳光政府”是其逻辑起点。公众首先需要了解政府运作的基本信息，然后才有可能发表自己的见解，做出自己的决策。

15.1.2　财政预算公开透明是良好治理的保证

现代公共管理的目标是通过良好治理，促进经济和社会健康发展，实现民众的最大福祉。所谓良好治理是将社会中各种偏好不同、目标各异、利益相互冲突的个人和组织协调起来，融入社会发展的主流中，形成共同决策、共同发展、共享利益的良好秩序。信息公开，包括财政预算信息的公开，是良好治理的前提条件，这不仅已成为理论共识，而且也成为实践潮流。自 20 世纪 80 年代国际货币基金组织发布《财政透明度手册》以来，越来越多的国家加入信息公开的潮流中来，世界政府信息公开的深度与广度不断扩展，影响力也在不断加强。

我国政府的信息公开以 2008 年《中华人民共和国政府信息公开条例》（以下简称《条例》）的正式施行拉开大幕，2014 年新《预算法》的通过则标志着我国财政预算信息公开有了法律保障，进入了一个崭新的阶段，这对我国建设公开透明的财政预算，打造“阳光政府”有着重大的意义。

1. 政府信息公开是责任政府建立的基本前提

根据源自法国的自然权利和社会契约论，政府是人们为解决自然状态下个体冲突而产生的一种超个人的契约组织。单个人而非政府是社会的价值基础。政府因公众的同意而具有存在的合法性，依众多的个人而生存，提供民众需要的、单凭个人力量无法提供的公共产品。政府作为主权者的执行人，其权力源于公意，受制和服务于公意。所谓的责任政府是指能够按照公众意愿，有效率地使用公共资金，提供公共产品和服务的政府。但责任政府不是与生俱来的，它的建立需要公众的参与、约束与监督。为避免政府借公共幸福的名义篡夺主权权威，主权者必须能够有效地约束政府的力量。

与私人事务由私人根据市场规则决策不同，公共事务的决策只能通过政治机制即公共选择做出。公共选择是公共利益得以保证的首要条件。一个责任政府，首先是体现民意的政府，而民意只有通过公共选择才能得以有效表达。公共选择的前提是公共信息的获得。没有政府信息的公开，就没有公共选择，没有公众同意，从而也就不应该有政府活动。

不仅如此，根据现代经济学理论，在现代国家，公众与政府之间是一种委托代理关系，即公众让渡自己的一部分私权和收入，形成公权和公共收入，并委托政府使用这种公权力和公共资金为公众提供公共产品和服务。委托代理关系中的严重问题是信息不对称。由于经济人假设的普遍存在，政府及其官员作为代理人将不可避免地发生利用信息优势违背委托人利益而谋取自身利益的机会主义行为，从而违反了责任政府的理念和目的。因此，即使公共事务由公众决策，但如果公共事务执行的过程及结果信息不公开，那么公众也无法监督政府行为，而没有监督的权力必然导致腐败。

2. 预算公开是提升政府治理水平的重要方式

(1)透明政府有利于提升公信力，更容易实现管理目标。信息公开有利于增强公众对政府的信任。一般而言，公众掌握的信息越多，对政府越了解，就越能理解政府的政策和行为。正如哈佛大学的詹姆斯·E. 阿尔特和哥本哈根大学经济学院的戴维·卓叶·拉森所指出，预算透明度的增加使选民对政治家更具有信心，从而更愿意将更多的资源交由政治家掌握使用。而另有研究表明，实行民主制度的国家比实行专制制度的国家更有利于财政收入的取得，原因就在于，与专制国家相比，民主国家公开了更多的财政预算信息，以利于人们参政议政。在了解政府的情况下，人们相信政府，因此更愿意依法纳税、缴费、购债。

(2)透明政府符合现代公共管理需求。随着人类社会的发展，公共产品在人们的生活中发挥着越来越重要的作用。当人们将提供公共产品的责任以及为提供公共产品而需要的资源(资金)都委托给政府时，人们的关注点就变成了如何控制和监督政府按照公众的要求使用公共资源，满足公共需求。由于信息不对称问题以及政府经济人问题的存在，责任政府建立的首要条件是政府必须向公众公开公共产品提供的信息，这些信息不仅包括都提供了哪些公共产品，提供了多少，质量如何，提供公共产品的成本是多少等结果性信息，而且要包括公共决策是如何做出的，公共产品是如何提供的等过程信息。公众通过掌握这些信息,了解政府的行为,监督公共产品提供过程中的每一个环节,控制着政府按照公共利益行事。保证公众的知情权,让公众参与到公共事务中来,是现代社会公共管理的重要特征。

(3)财政预算透明将减少治理中的不确定性。人类具有减少不确定性的偏好。确定性越高,人类的活动就越有计划性,治理的成本就越低,效果就越好。公共财政管理中的不确定性可分为两种:一是由信息不对称引起的不确定性;二是由宏观经济的周期波动引起的不确定性。预算的公开透明是减少公共治理中不确定性,特别是第一种不确定性的重要工具,从而能够以更低的治理成本实现治理的目标。

财政预算信息是所有政府信息中最为重要的信息。这是因为预算是政府未来年度的收支计划。政府提供公共服务的任何活动都有成本,都体现为公共支出,都需要花费公共资金。也就是说,政府的任何活动都要以收支的形式体现在政府预算中。政府预算必然地反映了政府的全部活动种类和规模以及进行这些活动所需要的资金数额。正因如此,预算被视为政府的生命线。没有预算,也就没有政府,控制了预算也就控制了政府。因此,在现代以民为本的国家中,不仅政府代理公众使用公共资金的预算信息必须向公共资金的提供者和所有者——公众公开,而且所有的预算决策,包括公共支出的规模、结构以及为公共支出筹资的形式选择等都应该由公众或公众的代表——立法机构做出。这是公共预算的本质要求,也是良好治理、强国富民和社会长治久安的必要条件。

15.2 财政预算透明度的衡量标准

怎样判断一个政府财政预算透明度是高还是低?换句话说,财政预算透明度的衡量标准是什么?应该从哪些方面考量?对于这个问题,虽然还未形成定论,但已就下述标准形成共识。

15.2.1 政府财政信息公开的完全性

完全性是公共预算编制的重要原则,也是财政透明的基本要求。财政信息公开的完全性是指政府公布的财政信息应包括政府在财政年度内的全部收支信息,不应有任何隐瞒和遗漏。通过这些信息,立法部门和公众能够了解政府的一切活动,并在不同的活动之间进行权衡比较,分析利弊得失,评价政府绩效。国际货币基金组织特别强调政府提供财政信息的完全性,认为政府应向公众提供关于过去、现在和未来政府财政活动的一切信息。

政府财政信息披露的完全性包括以下具体内容：

1. 政府全部的财政活动

一般而言，政府的财政活动可以分为一般管理活动、信托活动和公共投资活动。相应地，政府的财政资金也划分为政府基金、信托基金和经营性基金。

政府基金是指政府用来为公众提供公共产品和服务的资金，包括使用一般税收提供公共产品和服务的一般公共基金和专款专用的特别基金。

政府信托基金是指政府受托管理的福利基金，包括所有的社会保障资金。社会保障资金一般由政府和社会共同筹集，由政府受托管理，或者由政府出面委托其他机构管理，但政府负有最后的支付责任。在一些国家，很多福利项目是由社会保障资金提供的。如果社会保障资金信息不为公众知晓，公众则不能了解政府执行财政政策的全貌。

经营性基金也被称为公共企业基金，包括各种形式的国有资本。

完全性原则要求财政信息的披露应覆盖这三块资金。国际货币基金组织指出，政府向公众公开的预算文件、决算账户和其他财政报告中应包含政府预算内和预算外的全部活动，并公布政府合并的财政状况以及所有预算外资金的明细报表。如果忽略对其中任何一块资金信息的披露，信息的使用者就无从了解政府公共资金运作的全貌。不仅如此，对透明度有制度要求的资金还会通过对没有透明要求的资金的转移而逃避监督。

2. 财政信息披露应包括政府收支的全部内容

披露财政信息，不仅要考虑政府活动的范围和领域，而且也要考虑披露的具体内容。政府究竟应该披露哪些信息呢？对这个问题的考虑有两个标准：一方面，财政信息的披露要满足公共需要，理论上，公众需要的信息政府都有义务披露；但另一方面，在满足公众需要的同时要权衡政府披露信息的成本（外部成本）和收益（公共利益）。信息披露的公共收益应大于政府为此而承担的成本，政府不能为了满足公众某些猎奇心理而提供有可能损害公共利益的信息。因此，有些情况下的保密事实上是政府保护公共利益的一种方式。但如果把握不好这也可能成为政府拒绝提供信息的最主要理由。根据公共预算的原则和经济合作与发展组织成员国的经验和实践，涉及影响国家安全、国际关系、商业秘密等信息是不宜公开的信息，除此之外的其他财政信息都应该向公众公布。具体包括：

（1）预算据以制定的经济假设。政府预算的制定首先必须建立在对未来，特别是对财政年度经济形势预测的基础上，这种预测包括对所有关键经济指标的估计。这些指标包括 GDP 增长率和 GDP 增长结构、就业率和失业率、通货膨胀率和利率等。不仅如此，还要就这些关键经济指标的变化对预算的影响进行敏感度分析。

(2)收支信息。预算是政府的收支计划。收支信息是政府预算中最主要的内容，是一国公共选择在财政方面的反映。整个政府活动就是围绕着收支两个方面展开的。通过收入和支出的信息反馈，公众可以了解到政府的基本财政运行情况。

收入信息的披露不仅包括各种税收收入，而且要包括政府其他来源的收入，如拨款、各种收费、出售资产收入、捐助收入等。不仅要列明收入总数和各项收入数，而且要对各种收入情况进行详细说明。例如，税收收入总数、税收构成、各种税收收入与上年相比的变化情况、原因分析以及这种变化对预算的影响等。

支出信息的披露包括以下内容：首先，预算应按照部门、功能、经济性对全部政府支出进行分类，其目的是使公众通过预算能够了解政府在某个项目上花了多少钱，政府的每一部门花了多少钱，这些钱是如何被花出去的。其次，明确和公布各项支出、各部门支出的目标，为实现目标而配置的资源。列出的支出要详细到项目水平上。最后，政府的各项支出都要包括在预算及与预算直接相关的文件中，不应有预算文件之外的政府支出。

(3)全部资产负债信息。为使公众能够了解政府筹集资金和偿还债务的能力，评估政府履行现有的全部承诺所需要的未来收入，披露有关负债和资产的充分信息至关重要。私人公司通过资产负债表反映其在一个经营年度内的收入水平与资产负债构成状况，其目的是向股东提供更多的信息，让股东能够评价公司的资产管理状况(工作与效率)和偿付能力(满足现在与未来支付的能力)。公众作为政府的委托人，也应该得到政府资产负债的所有信息，以判断政府对公共资金的使用是否符合公共利益。这也是公众与政府这种委托代理关系的要求。

政府应该披露以下资产负债信息：预算年度内发行的债务额以及累积债务额、债务结构、利率及其结构等；政府的外债种类、数额、期限、利率；政府的金融资产信息，包括现金、可出售债券、对企业的投资和贷款、对其他组织的贷款等；政府的非金融资产信息，包括资产种类、资产名称、借贷会计方法下的资产价值和折旧表等内容。国际货币基金组织认为，政府应发布关于其债务和金融资产规模及构成的全面信息，这是财政透明度的基本要求。其目的在于使信息使用者能够评估政府筹集资金并偿还债务的能力，并有能力预测政府履行现有义务所需要的未来收入。这些信息还为评估财政的可持续性提供了依据。政府负债和金融资产的充分信息至关重要。最佳做法是将政府资产负债表作为预算文件的一部分予以公开。

(4)绩效信息。传统的财政管理强调的是预算的控制职能，即控制政府按照立法部门的要求执行预算，控制公共资金的取得和使用是否符合立法规定。因此，预算只要提供和披露与资金投入有关的详细信息也就可以了。然而，仅仅对公共资金的投入进行控制是不够的。公共资金的使用目的是如何以较少的投入满足公共需求，如何最大限度地促进公共利益。为此,预算还必须反映和披露政府使用公共资源的效果,即绩效信息。对绩效信息的反映和披露是公共预算的管理职能和计划职能的要求。

绩效信息提供了提高公共资金使用效率和效果的诱导机制和动力机制。对绩效信息的关注反映了公众对项目有效性的要求,从而能够提升公共责任,改善决策,提高管理效率。通过部门绩效考评,判断项目计划执行的效果,评价部门领导人政绩。如果一项支出计划执行情况达到了预算目标,则表明预算计划的制订是准确的,预算执行单位的工作是有效的。如果执行结果与预算目标相差甚远,就要分析是预算制定部门的责任还是预算执行单位的责任,抑或由不可控因素引起。抛开不可控因素,如果预算执行结果远远超过了预算目标,则表明预算编制水平过低,同时,对部门领导人的专业能力应提出质疑;如果预算执行结果落后于预算目标,就要分析是预算编制的问题还是预算执行的问题,并对相关责任人进行追究。

(5)风险信息。政府承担的风险是指政府决策层次的风险,与政府职能及其政策目标紧密联系在一起,如政府发行公债的风险、给企业融资提供担保的风险,以及金融机构不良资产在一定条件下转移到政府头上的风险等等,诸如此类的风险都是与政府作为公共主体的职能及其具体政策目标有关。由于所有这些风险都可能导致未来财政资源的流出,因而政府应披露与这些风险有关的政府贷款担保、政府保险项目等或有债务信息。

(6)税式支出信息。政府在活动中,为实现一定的政策目标,会背离基准税制规定,给予纳税人税收优惠待遇,包括提高起征点、税收扣除、税额减免、退税、优惠税率、盈亏互抵、税收抵免、税收饶让、税收递延和加速折旧等形式。虽然从表面看,政府的税收优惠政策属于财政收入的范畴,但由于这些特殊条款使得政府收入减少,最终使政府财政支出规模受到限制,对政府活动产生影响,因此在本质上有与财政支出相同的功能。政府对税式支出信息的披露应包括税收优惠的政策目标、受益者和受益程度等。国际货币基金组织认为,描述政府或有负债、税式支出以及准财政活动的性质和财政重要性的声明是预算文件的一部分。

15.2.2 政府财政信息公布的多维性

政府信息公开的多维性是指政府应从不同角度公布财政信息,它考察的是政府提供财政信息的类别是否全面,公布的信息能否让公众从多角度去观察、了解政府。政府财政信息从多维性看,可以分为以下几类:收支信息、资产负债信息和其他信息。收支信息提供的是政府在财政年度内财政活动的流量信息,通过这些信息,公众可以了解政府在财政年度内用了多少钱,干了多少事。财产负债信息提供的是政府截至某一时点财政活动的存量信息,公众通过这些信息可以了解政府的家底和财务状况,判断政府的资金运用是否合理、财务状况是否健康，对政府财政管理提供改进建议。只公布收支信息，不提供资产负债信息，公众不可能真正了解公共资金的活动全貌。不仅如此，为使公众更好地了解进而监督政府，政府还必须公布以下财政信息：

(1)与财政年度预算信息可比的前两年的预算执行结果信息和对后两年的预算预测信息。其作用在于为信息使用者，特别是立法者和监督者提供判断政府预算发展趋势和年度预算是否真实可靠的依据。国际货币基金组织认为："为了提供有关目前财政状况的更全面的信息，应在年度预算或预算文件的其他地方提供有关过去财政业绩的信息。年度预算中应包括预算前两年的原始预算估计或经修改的预算估计以及实际执行结果。该信息应包括主要预算总量信息和有关次级总量的更详细的信息……还应该提供对预算后两年的主要预算总量的预测。最佳的做法是在预算文件中提供今后 5—10 年的财政总量预测。"

(2)部门预算的其他信息。在部门预算中，应提供并公布部门预算的立法依据，部门预算要达到的目标，部门主要业务种类及业务量，人员编制数、实有数及人员的职务结构，预算总量和各项具体支出变动的信息及原因，部门业绩评估指标信息等。

(3)固定资产信息。包括固定资产名称、数量(如建筑物面积、港口个数及吨位、里程数等)、所属管理者(部门)等信息。

15.2.3　政府财政信息的具体性

政府预算信息的披露应覆盖政府活动的全部范围和内容。但即使是这样，如果政府披露的信息过于笼统，没有具体到每个项目的每项支出上，那么立法部门和公众仍然不能获得公共资金筹集和使用的有效信息，因而无法判断和监督公共收入的来源是否合理，使用是否有效率和效果。由于只提供公共资金收支的笼统信息，政府在各类收支范围内还是可以自由安排收入和支出的，因此具体化原则是预算信息披露的关键原则。

具体化原则的意义就在于，随着财政收支不断细化，政府的自由裁量权被不断地缩小。当支出被细化到技术边界的时候，信息披露则达到了最优值。

具体化要求对财政透明度是如此重要，以至于信息披露的范围、内容等因素的要求最后都要落实到具体化上来。因为范围、内容只是提出了信息披露的框架，具体化才涉及信息的内容。在一定条件下(如信息的有用性、可靠性得到保障)，披露的信息越具体，信息量越大，透明程度也就越高。

15.2.4　政府财政信息提供的规范性

政府财政信息提供的规范性是指使用公共资金的各政府部门应按统一、公开的标准和方法预测、记录和公布所产生的财政信息，以保证财政信息的统一、真实、可靠，并具有可比性。财政信息的规范性原则包括两方面内容：一是应由专业人员根据统一、公开的方法进行各种经济预测和收支估计，使预测的数据尽可能贴近实际情况；二是根据统一公开的会计准则记录和公布预算执行情况；三是要由公开独立的审计机构对政府提供的财政信息按照公开统一的标准进行审核，以保证数据的真实可靠。国际货币基金组织指出，政府报告的财政数据的真实可靠对财政透明度而言至关重要。为此，首先必须保证各种预算数据能够真实反映最近的收入和支出趋势、潜在的宏观经济发展情况以及明确界定的政策承诺。其次要在年度预算和决算账户中说明所使用的会计基础（收付实现制或权责发生制）以及用于编制和表述预算数据的标准。在预算报告和财务报告中，政府应明确告知所采用的会计准则以及会计政策。此外，还应明确和公开政府的哪个部门负责制定会计标准和政策，哪些部门负责监督和核实标准的执行情况。会计方法和标准上的任何最新修改、修改的原因及其对财政总量的影响也都必须及时向公众公开。最佳做法是以制度规定政府会计核算和财务报告的标准，确保制定过程的公开性和独立性。再次，要保证财政数据的内部一致性和外部协调性，这是财政透明度对数据质量的基本要求。内部一致性是指政府所有财政信息报告（包括预算文件、年内预算报告、决算账户、财务报告和《政府财政统计》）中的数字必须协调一致，不能矛盾冲突。财政透明度的一项基本要求是，决算账户应与预算拨款完全协调，并且二者都应与《政府财政统计》报告协调；债务与金融资产存量的变化应与预算平衡状况相协调。外部协调是指财政数据与非财政数据（主要是指货币数据，也包括国际收支和国民账户数据）之间的协调一致。各政府分类账户应与银行账户完全协调。最后，要由独立于行政机关的国家审计机构或类似的组织对政府提供的财政信息进行审计，以向立法机构和公众提供真实的政府财政信息报告。

15.2.5 政府财政信息的易懂性和获得上的便利性

政府财政信息的易懂性是财政透明度的重要度量标准。所谓易懂性是指政府公布的财政信息能够让立法机构和公众明了公共资金的来龙去脉，清楚资金由谁在使用，用在了什么地方，提供了哪些公共产品，使用的效果如何，由此判断政府的规模是否适当，公共支出结构是否合理，公共资金的使用是否违背公共利益，是否遵循经济、效益和效果的使用原则。为此，财政信息的公开不仅应有法律保障，遵循完整性、具体性原则，而且要以易懂的形式公开。具体来说，财政信息公开的易懂性包括以下内容：

(1)政府支出是否按部门、功能和经济三方面进行分类？

(2)财政数字信息的公布是否有相应的文字说明？财政数字信息确实可以表明政府的收支情况以及政府的活动范围和规模等，但数字不能说明其中的理由。而理由是人们判断数字是否适当的重要依据。理由的说明包括预算制定的基础，即预算指南；每项预算的立法依据；政策重点及政策变化；对经济形势的预测及修正；主要财政风险；每项预算的目的和衡量指标；预算数字变动的原因等。凡是财政透明度高的政府预算和财务报告，均有良好的文字说明信息。

(3)每年的预算报告要公布 3—5 年的预算信息，如 2006 年预算文件要公布 2004 年政府支出实际数、2005 年预算数和修正数以及 2006 年预算数。这样做的目的是让信息使用者了解和掌握政府近年预算支出的变动趋势，以判断报告年度的预算数是否适当。

(4)对专业术语进行解释。政府财政信息获得上的便利性是指公众可以方便地获得有关政府收支方面的任何信息。便利性是财政透明度又一个重要的度量指标。不具备这一点，即使一个政府的财政信息全部公开，内容也很具体，形式也易懂，这个政府的财政透明度也是不高的。便利性包括两方面内容：

第一，政府的财政信息是否集中在一个或几个公开的文件中，如集中在政府的预算报告和财政报告中，而不是分散在多个文件里。

第二，这些文件是否能以低成本、方便的方式获得。首先成本最低、最为方便的方式是网上获得。如果政府所有的财政信息都能从一个网址上获得，这个政府财政信息的易获得性最高。其次是集中的书面文件。如果一个政府的财政信息分散在多个互联网网址上、多份书面文件中，这个政府的财政透明度就很低，因为公众要获得它的信息需要花费大量时间成本或经济成本，而这个成本有时高到足可让人放弃获得信息的程度。

15.2.6　政府财政信息公布的及时性

政府财政信息公布的及时性有两层含义：一是指政府财政信息提供要在时间上满足信息使用者的需求；二是政府要及时公布财政活动每个阶段产生的信息。

(1)政府财政信息的提供要在时间上满足信息使用者的需求。政府财政信息的使用者包括立法者、政府官员和公众。立法者作为公共资金筹集和使用的决策者，需要政府的财政信息以判断政府的资金需求是否合理，及时代表选民做出决策；政府官员作为公共财政和公共事务的管理者，需要及时掌握财政信息以满足管理效率要求；公众作为信息需求者，及时掌握政府的财政信息，一方面有利于自己做出经济决策，另一方面有利于对政府使用公共资金的活动进行监督。而这些信息使用者对财政信息的需求都有时间要求。例如，立法者在批准政府预算之前，至少需要 3—6 个月的时间了解和掌握政府的财政信息，并对信息进行调查、证实，确保预算决策建立在真实可靠的信息之上。如果政府财政信息公开不能满足立法者对信息需求的及时性要求，立法者就没有足够的时间了解和掌握政府的财政的真实情况，即使政府提供了全部具体的信息,立法者也无法做出合理的决策。

(2)政府要及时公布财政活动每个阶段产生的信息。公共资金的活动不会完全发生在同一个时间点上,事实上,公共资金活动是分阶段、分时期进行的。公共资金活动的每一阶段都会产生信息。财政透明度要求每一阶段、每一时期产生的信息都要及时公开。具体来说,首先,在预算编制之前至少一个月,应该公布预算前报告,向公众说明政府预算得以编制的宏观经济假设和各种参数。其次,要及时公布立法通过的预算,使公众了解政府在未来财政年度内的各种活动和资金供给情况,了解政府的政策重点和资金安排的优先顺序。再次,要及时公布政府预算执行信息,包括预算执行的月报、季报、半年报告和年终报告。最后,在财政年度结束后要及时公布由独立审计机构对政府预算执行过程的审计报告,使信息使用者了解预算与实际执行情况的差别和存在的问题。

国际货币基金组织将财政信息提供的及时性作为政府的一项基本义务,主张要以法律形式加以确定:“在决定是否、何时、按何种详细程度、向谁公布财政信息的过程中,运用斟酌的决定权可能损害政府的信誉……,(政府)长期不遵守全面、及时披露(信息)这一政策,可能导致真实财政状况的高度不确定性。”国际货币基金组织强调财政信息公布日期的预告,认为所有财政信息报告的发布日期都应提前一年预告。各国政府还应该公开负责在规定的时间内提供最新信息的机构和个人的名字和地址,让公众直接监督财政信息公布及时性原则的执行。政府对所有信息使用者公布信息的时间应该是一致的,在信息提供的及时性方面不能有任何歧视。

15.3　我国政府财政预算信息公开实践

新中国成立以来,我国政府财政预算信息公开大致经历了四个阶段:保密时期、萌芽时期、发展时期和制度化时期。

15.3.1　保密时期(1949—1980年初)

新中国成立后,国际、国内严峻复杂的形势对新建政权构成严重威胁。为巩固新政权,维护党和国家的安全和利益,新政府仍然沿用新中国成立之前的革命时期所建立的严格的保密制度和做法:只通过官方媒体传播和官方党组织机构传达概括性的、简略的公共信息,包括公布一些政令、政府报告和政府机构的高层级人员的任命情况等。除此之外的公共信息,包括财政信息,从中央到地方都属于保密内容。1951年6月8日,原国家政务院发布的《保守国家机密暂行条例》,框定国家机密共17个方面,但实际工作中范围甚广,“凡未公开的信息都被视为国家秘密,公开交流的信息比较少”。这一时期不存在政府信息对外公开的法定要求。政府的信息,包括财政信息主要用于内部的计划和管理。

15.3.2 萌芽时期(1980—1993 年)

中国的政府信息公开始于 1978 年的改革开放,且首发于地方政府。改革之初,放松集中的经济管理体制、下放经营管理权是改革的主要内容之一。体现在财政管理制度上,是改变了由中央统收统支的做法,实行了鼓励地方政府发展经济并积极创收的“包干制”。权力下放调动了地方政府及政府各部门发展经济的积极性。但由于在下放权力的同时,并没有建立起对权力的制约监督机制,经济不久就出现了严重的问题。

首先,财政供养人口迅速膨胀,行政管理费猛增。从 1980 年到 1990 年 10 年间,仅预算内行政管理费总量就增长了约 4.5 倍,占整个财政支出的比重也由 6.1%增长到 13.4%。

其次,一些地方政府和地方政府部门利用不受制约的权力乱收费、乱罚款、乱摊派,即所谓“三乱”盛行。一方面,导致预算外资金迅猛增长,自 1981 年以来,全国地方财政预算外资金以年均约 17%的速度递增,1989 年预算外收入达 1 586.55 亿元,相当于当年预算内财政收入的 86%。由此滋生腐败寻租问题。另一方面,一些企业和农民负担沉重,不仅严重影响了生产经营积极性,降低了市场效率,而且引发了社会矛盾。

面对如此现状,政府首先试图通过加强内部管理加以矫正。例如,1983 年中央要求统一进行旨在削减财政供养人口、降低行政管理费的机构精简改革,但不仅没有达到目的,机构、编制和干部数量反而大幅度膨胀。再如,中央三番五次要求治理“三乱”,控制预算外资金的增长,但越治越乱,越控越增。在这种严峻的形势下,政府最终诉诸外部力量即民众。1988 年河北省石家庄地区藁城市(县级市)首创了“两公开一监督”施政措施,即办事制度公开、办事结果公开、群众监督行政。其中心内容是将村务、政务活动中所依据的政策法规、方法渠道等程序及承办时间和办理结果及时向群众公开,接受群众监督。制度创新的威力是巨大的。1988 年之后,藁城未再发生截留、倒卖农资以及干群矛盾激化事件,市场秩序得以恢复,经济运行成本大大降低,经济发展速度明显超越其他地方。1990 年藁城成为河北省最大的粮食贡献县,进入全省综合经济指标十强县行列。藁城经验具有良好的示范效应,其他地方纷纷仿效。最终获得中央的欣赏和肯定。第七届全国人大第二次会议的政府工作报告和党的十三届六中全会,将办事公开、增强政府透明度推向全国。中国政府信息公开由此拉开了序幕。

这一时期,政府信息,包括预算信息的公开呈现出以下特点:

(1)公开的目的是为了强化监督机制,推进廉政建设,保障社会主义商品经济新秩序。这一时期的信息公开更多体现的是一种工作制度,是一种源自政府部门加强自身管理的需要,而非出于对公民权利的认知。

(2)公开的义务主体基本上是最低层级的政府及其基层部门,主要是县、乡镇一级政府。

(3)公开的内容主要是同民众利益直接相关、民众意见最大、最关心的热点问题的办事制度、程序和结果。如招工、招生、招干、户口农转非、下乡农村青年转城市青年、民办教师转国家正式职工、职工住房分配;资金、信贷及主要生产资料、紧俏商品的分配和供应问题;企业承包、基建招标、土地征用、税收征管、收费罚款和各种摊派等问题。

(4)公开没有强有力的制度保障。体现在政府对公开的内容具有较大的自由裁量权和随意性。公众是公开制度改革的被动者。

15.3.3　发展时期(1994—2006 年)

这一时期,中国政府信息在初步公开的基础上又进一步发展,其主要原因如下:

(1)加强财政集中控制与解决社会矛盾的需要。1994 年,中国进行了旨在增加中央财力和调控能力的分税制改革。分税制改革的结果是各级政府财权与事权不匹配。中央政府掌握了 70%多的财力,但却承担了不到 30%左右的支出职责;地方政府承担了 70%多的支出职责,但却只有 30%左右的财力。而且越是下层的政府,财力越少,事权越多,财权与事权不匹配的情况越严重。地方政府在以 GDP 为核心指标的严厉考核压力下,不断寻求预算之外的财源,由此导致农民负担加重,社会矛盾激化。与此同时,预算之外的资金大量增长,并被大量滥用,不仅影响经济稳定,而且导致贪污腐败。中央政府于 1993 年连续四次发文要求各地规范预算外资金的管理,但均告无果。在政府内部加强财政管理的举措无果的情况下,解决问题的根本之道又诉诸外部监督。

(2)发展经济,创造良好投资环境之必须。中国各级政府的首要任务是发展经济。这一时期,各级地方政府发展经济的重点是招商引资。为此,地方政府在打造投资环境上进行竞争,而政府信息公开是良好投资环境最重要的内容。

在这种形势下,各级政府都在探索通过信息公开加强财政管理、抑制腐败并创造适于经济发展的环境的路径。浙江省金华市和天津市蓟州区(原蓟县)是最早推行政务公开的地区。在地方政务公开试点成功的情况下,中央要求在全国范围内推广。2000 年 7 月,中央纪委、监察部召开了全国乡镇政务公开经验交流电视电话会议,对乡(镇)政务公开作出全面部署,提出了具体要求。2000 年 8 月和 12 月,财政部和中共中央办公厅、国务院办公厅又分别下发了《财政部关于在全国乡镇财政所建立和推行政务公开制度的通知》(财预〔2000〕125 号)、《中共中央办公厅、国务院办公厅关于在全国乡镇政权机关全面推行政务公开制度的通知》(中办发〔2000〕25 号),提出更为明确的要求。自此"政务公开"一词逐渐取代"两公开一监督"或"办事公开"而开始流行。根据中央要求,全国乡镇政权机关和派驻乡镇的站所必须全面推行政务公开制度,而县、市级以上政权机关也被要求积极探索实行政务公开的有效途径,逐步推行政务公开制度,政府信息公开进入一个新的发展阶段。

与前一时期比较,这一时期政府信息的公开进展如下:

(1)信息公开的范围扩大,公开内容细化。以财政信息公开为例,地方各级政府除公开有关财政方面的办事程序和办事结果外,开始向社会公开地方人大审查批准后执行的预算报告(尽管内容极为简单)及其执行情况的报告摘要内容;向社会公布各项收费项目、标准和依据;公开政府设备采购内容。部分与民众利益联系密切的重要事项,在最终决策之前,公开征询公众意见。

(2)信息以更为方便有效的方式通达民众。例如,在农村和城乡基层政权机关,设立固定的、便于民众观看的村务(政务)公开栏。广播、电视、"明白纸"、听证会也是被通常采用的公开方式。随着政府上网工程和电子政务的起步,网站也成为政府信息的传播平台。

(3)出现了依申请公开的雏形,如回音壁、点题公开等形式,这与以往政府只采取主动公开的单一公开类型相比,是一个进步。

(4)公开的目的则从过去的促进廉政建设到廉政、勤政(尽职尽责)并重,既通过公开加强外部监督,以抑制和减少政府内部的滥政和腐败现象,又通过公开让公众了解政府及其工作人员的职责,促使政府及其职员认真履行公共责任。

尽管这一时期的政府信息公开较之初期有了较大发展,但仍然存在一些问题。例如,政府公开信息仍然属于提供服务而非法定义务;信息公开的监督保障制度虽有所建设,但属于政府内部的工作制度,仍然没有建立外部的法律保障。

15.3.4　制度化时期(2007 年至今)

随着中国经济的快速发展,转型时期社会矛盾的加剧,公共管理理念的更新,中国民众的公共意识逐渐苏醒并迅速成长,人们对公共资金的使用效率和公平问题越来越关注。人们要求政府合法合理地取得公共收入并纳入统一预算管理,按效率与公平原则分配财政资源以提高资金使用效率,平衡各方利益诉求。这无疑对政府信息公开提出了更高的要求。不仅如此,中国加入世界贸易组织(WTO)后,世贸规则对政府信息公开也起到了推进作用。在此形势下,广州市率先在总结过去经验的基础上于 2002

年11月颁布了《广州市政府信息公开规定》，由此带动其他各地的政府信息公开制度建设。上海市于2004年1月颁布了《上海市政府信息公开规定》。截至2007年2月，全国31个省制定了政府信息公开规定。在地方政府制度先行的推动下，2007年4月，《中华人民共和国政府信息公开条例》（以下简称《条例》）终于颁布，并于2008年5月正式实施。《条例》的颁布和实施标志着中国政府信息公开进入一个有规则可依的空前发展时期。具体表现在：

（1）信息公开的理念更新。《条例》的出台标志着中国在政府信息公开的原则、形式、程序和救济等各方面都较前期发生了巨大的变化。公民知情权，一个从未出现在我国任何宪法性文件中的词汇，却在《条例》和众多地方政府规章中频频出现。"建立公正透明的行政管理体制，保障公民、法人和其他组织的知情权，维护其自身的合法权益，监督政府机关依法履行职责"几乎成为所有地方政府制定的政府信息公开规定中有关立法目的的通用表述。

（2）信息公开的范围和内容从"普遍不公开，公开有依据""法无准许即保密"转变为"法无禁止即公开"。一些地方政府直接将"公开为原则，不公开为例外"写进政府信息公开规定中。不仅如此，在各地规定中，均以否定式列举方式明确了豁免公开范围，以一般性要求与肯定式列举相结合的方式规定主动公开的范围及内容。

（3）公开方式由单向的政府主动公开转变为政府主动公开与民众向政府申请公开相结合。与以往不同，依申请公开成为法定的公开方式。对一般的政府信息，包括一般财政信息，公众申请时无须说明理由和意图，政府机关若拒绝提供，则必须说明法定理由和救济途径，且需为拒绝公开承担举证责任。

（4）公开的时间也有了更为具体的规定。例如，主动公开的政府信息，其公开期限不再是"及时"或"经常性工作定期公开、阶段性工作逐段公开、临时性工作随时公开"这样笼统含糊的表述，而变成"信息产生之日起×个工作日内必须公开"。对于依申请公开的答复，《条例》则明确规定为15个工作日。

（5）信息公开的正式救济制度产生。《条例》和各地规章中都规定，如果公民、法人或其他组织认为行政机关在政府信息公开工作的具体行政行为侵犯了其合法权益，则可依法申请行政复议或提起行政诉讼；同时根据情形严重程度，相关责任人员将被追究行政责任和刑事责任。

2014年8月新修订的《预算法》获人大通过。新《预算法》首次将财政预算信息公开写进法律。这标志着我国政府财政预算信息公开的依据在《条例》的基础上更进一步，有了由立法机关——人大通过的法律保障。自此，我国的财政信息公开进入一个崭新的阶段。

首先，财政信息公开的制度规定越来越具体和细化。2016年，中共中央办公厅发布《关于进一步推进预算公开工作的意见》，要求扩大预算公开范围，公开预决算信息，细化公开内容，加快公开进度，规范公开方式，明确各部门、各单位应自本级财政部门批复预决算及相关信息形成或变更之日起 20 日内主动公开。同年，财政部发布《地方预决算公开操作规程》，对地方政府的预决算公开提供规范、准确和详细的指导。

其次，财政预决算信息公开的范围越来越大，公开的内容越来越规范和丰富。就中央政府而言，2010 年，公开部门预算的中央部门为 75 个，2017 年增加到 105 个；公开的内容由最初的《财政拨款收支预算表》和《部门预算收支总表》增加到包括收支总表、“三公经费”支出表等在内的 8 张报表。自 2016 年起，部门预算公开中增加了部门绩效评价信息，2017 年又增加了部门项目绩效信息公开内容，且公开绩效信息的部门项目数量正逐渐增多。

地方政府预决算公开的部门和单位数量也越来越多。在 26.1 万个地方预算部门和单位中，未公开预算的部门和单位由 2015 年的 3.7 万个减少到 2016 年的 737 个；未公开决算的部门和单位由 2015 年的 5.6 万个减少到 2016 年的 778 个，平均降幅均在 98%以上。不仅如此，各地方政府还按照财政部的统一部署公开预决算信息，公开的信息更加完整、规范和及时。

最后，预决算公开的方式更为便利。在 2017 年之前，无论是中央还是地方，政府的财政预算信息基本都处于由各政府部门和单位分散公开的状态。在这种情况下，要全面了解一级政府的财政预算信息，需要到上百个部门和单位网站上搜索、整合，耗时耗力。2017 年，中央预决算公开平台正式开通，中央预算及各部门预算在通过原渠道公开的同时，首次在该平台上集中公开。地方各级政府预决算随后也通过统一的政府门户网站或财政部门的官方网站向社会公开。公开方式由分散转为集中，极大提高了公众信息获取的便利性和效率，从而有利于提高财政预算透明度。

展望未来，我国财政预算透明度今后的工作重点应围绕信息公开的全面性和详细性展开。一是将政府的财政专户资金以及资产、负债等信息纳入公开范围；二是细化各种基金和项目预算，在公开基金和项目预算总额的基础上，公开每个基金、每个项目的经济分类信息，从而进一步提高我国的财政预算透明度。

思考题

1. 财政预算信息为什么要公开？
2. 财政公开与财政透明有什么区别？
3. 我国财政信息公开都经历了哪些阶段？取得了哪些进展？

附录1　2021年全国收支预算表

附表1.1　　2021年中央一般公共预算收入预算表　　单位:亿元

项　　目	2020年执行数	2021年预算数	预算数为上年执行数的%
一、税收收入			
国内增值税			
国内消费税			
进口货物增值税、消费税			
进口货物增值税			
进口消费品消费税			
出口货物退增值税、消费税			
出口货物退增值税			
出口消费品退消费税			
企业所得税			
个人所得税			
资源税			
城市维护建设税			
印花税			
其中:证券交易印花税			
船舶吨税			
车辆购置税			
关税			
其他税收收入			
二、非税收入			
专项收入			
行政事业性收费收入			
罚没收入			

续表

项 目	2020年执行数	2021年预算数	预算数为上年执行数的%
国有资本经营收入			
国有资源(资产)有偿使用收入			
其他收入			
中央一般公共预算收入			
中央财政调入资金			
从预算稳定调节基金调入			
从政府性基金预算调入			
从国有资本经营预算调入			
支出大于收入的差额			

注:中央一般公共预算支出大于收入的差额=支出总量(中央一般公共预算支出+补充中央预算稳定调节基金)-收入总量(中央一般公共预算收入+中央财政调入资金)。

附表 1.2 **2021年中央一般公共预算支出预算表** 单位:亿元

项　目	2020年执行数	2021年预算数	预算数为上年执行数的%
一、中央本级支出			
一般公共服务支出			
外交支出			
国防支出			
公共安全支出			
教育支出			
科学技术支出			
文化旅游体育与传媒支出			
社会保障和就业支出			
卫生健康支出			
节能环保支出			
城乡社区支出			
农林水支出			
交通运输支出			
资源勘探工业信息等支出			
商业服务业等支出			
金融支出			
自然资源海洋气象等支出			
住房保障支出			
粮油物资储备支出			
灾害防治及应急管理支出			
其他支出			
债务付息支出			
债务发行费用支出			
二、中央对地方转移支付			
一般性转移支付			
专项转移支付			
特殊转移支付			
三、中央预备费			
中央一般公共预算支出			
补充中央预算稳定调节基金			

附表1.3　**2021年中央本级支出预算表**　单位:亿元

项　　目	2020年执行数	2021年预算数	预算数为上年执行数的%
一、一般公共服务支出			
其中:人大事务			
其中:行政运行			
一般行政管理事务			
机关服务			
人大会议			
人大立法			
人大监督			
人大代表履职能力提升			
代表工作			
人大信访工作			
事业运行			
其他人大事务支出			
政协事务			
其中:行政运行			
一般行政管理事务			
机关服务			
政协会议			
委员视察			
参政议政			
事业运行			
其他政协事务支出			
政府办公厅(室)及相关机构事务			
其中:行政运行			
一般行政管理事务			
机关服务			
专项服务			
专项业务及机关事务管理			
政务公开审批			
信访事务			

续表

项目	2020年执行数	2021年预算数	预算数为上年执行数的%
参事事务			
事业运行			
其他政府办公厅(室)及相关机构事务支出			
发展与改革事务			
其中:行政运行			
一般行政管理事务			
机关服务			
战略规划与实施			
社会事业发展规划			
物价管理			
事业运行			
其他发展与改革事务支出			
统计信息事务			
其中:行政运行			
一般行政管理事务			
机关服务			
信息事务			
专项统计业务			
统计管理			
专项普查活动			
统计抽样调查			
事业运行			
其他统计信息事务支出			
财政事务			
其中:行政运行			
一般行政管理事务			
机关服务			
预算改革业务			
财政国库业务			
财政监察			

续表

项　　目	2020年执行数	2021年预算数	预算数为上年执行数的%
信息化建设			
财政委托业务支出			
事业运行			
其他财政事务支出			
税收事务			
其中:行政运行			
一般行政管理事务			
机关服务			
信息化建设			
税收业务			
事业运行			
其他税收事务支出			
审计事务			
其中:行政运行			
一般行政管理事务			
机关服务			
审计业务			
审计管理			
事业运行			
其他审计事务支出			
海关事务			
其中:行政运行			
一般行政管理事务			
机关服务			
缉私办案			
口岸管理			
信息化建设			
海关关务			
关税征管			
海关监管			

续表

项　　目	2020年执行数	2021年预算数	预算数为上年执行数的%
检验检疫			
事业运行			
其他海关事务支出			
商贸事务			
其中:行政运行			
一般行政管理事务			
机关服务			
对外贸易管理			
国际经济合作			
国内贸易管理			
事业运行			
知识产权事务			
其中:行政运行			
一般行政管理事务			
专利审批			
知识产权战略和规划			
国际合作与交流			
知识产权宏观管理			
商标管理			
事业运行			
其他知识产权事务支出			
民族事务			
其中:行政运行			
一般行政管理事务			
机关服务			
民族工作专项			
事业运行			
其他民族事务支出			
档案事务			
其中:行政运行			

续表

项　目	2020年执行数	2021年预算数	预算数为上年执行数的%
一般行政管理事务			
档案馆			
其他档案事务支出			
群众团体事务			
其中：行政运行			
一般行政管理事务			
机关服务			
工会事务			
事业运行			
其他群众团体事务支出			
市场监督管理事务			
其中：行政运行			
一般行政管理事务			
机关服务			
市场主体管理			
市场秩序执法			
信息化建设			
质量基础			
药品事务			
医疗器械事务			
化妆品事务			
质量安全监管			
食品安全监管			
事业运行			
其他市场监督管理事务			
二、外交支出			
其中：外交管理事务			
驻外机构			
对外援助			
国际组织			

续表

项　目	2020 年执行数	2021 年预算数	预算数为上年执行数的%
对外合作与交流			
国际发展合作			
三、国防支出			
四、公共安全支出			
其中:武装警察部队			
公安			
检察			
法院			
司法			
缉私警察			
五、教育支出			
其中:教育管理事务			
其中:行政运行			
一般行政管理事务			
其他教育管理事务支出			
普通教育			
其中:学前教育			
小学教育			
初中教育			
高中教育			
高等教育			
其他普通教育支出			
职业教育			
其中:中等职业教育			
技校教育			
高等职业教育			
其他职业教育支出			
成人教育			
广播电视教育			
其中:广播电视学校			

续表

项　　目	2020年执行数	2021年预算数	预算数为上年执行数的%
教育电视台			
留学教育			
其中:出国留学教育			
来华留学教育			
特殊教育			
进修及培训			
其中:教师进修			
干部教育			
培训支出			
其他进修及培训			
其他教育支出			
其中:其他教育支出			
六、科学技术支出			
其中:科学技术管理事务			
其中:行政运行			
一般行政管理事务			
机关服务			
其他科学技术管理事务支出			
基础研究			
其中:机构运行			
自然科学基金			
实验室及相关设施			
重大科学工程			
专项基础科研			
其他基础研究支出			
应用研究			
技术研究与开发			
其中:机构运行			
科技成果转化与扩散			
其他技术研究与开发支出			

续表

项　　目	2020年执行数	2021年预算数	预算数为上年执行数的%
科技条件与服务			
其中:机构运行			
技术创新服务体系			
科技条件专项			
其他科技条件与服务支出			
社会科学			
其中:社会科学研究机构			
社会科学研究			
社科基金支出			
其他社会科学支出			
科学技术普及			
其中:机构运行			
科普活动			
青少年科技活动			
学术交流活动			
科技馆站			
其他科学技术普及支出			
科技交流与合作			
其中:国际交流与合作			
重大科技合作项目			
其他科技交流与合作支出			
七、文化旅游体育与传媒支出			
其中:文化和旅游			
其中:行政运行			
一般行政管理事务			
机关服务			
图书馆			
文化展示及纪念机构			
艺术表演场所			
艺术表演团体			

续表

项　目	2020年执行数	2021年预算数	预算数为上年执行数的%
文化活动			
群众文化			
文化和旅游交流与合作			
文化创作与保护			
文化和旅游市场管理			
文化和旅游管理事务			
其他文化和旅游支出			
文物			
其中:行政运行			
一般行政管理事务			
机关服务			
文物保护			
博物馆			
其他文物支出			
体育			
其中:行政运行			
一般行政管理事务			
机关服务			
运动项目管理			
体育竞赛			
体育训练			
体育场馆			
群众体育			
体育交流与合作			
其他体育支出			
新闻出版电影			
其中:行政运行			
一般行政管理事务			
机关服务			
新闻通讯			

续表

项　　目	2020年执行数	2021年预算数	预算数为上年执行数的%
出版发行			
版权管理			
电影			
其他新闻出版电影支出			
广播电视			
其中:行政运行			
一般行政管理事务			
机关服务			
监测监管			
传输发射			
广播电视事务			
其他广播电视支出			
其他文化旅游体育与传媒支出			
其中:宣传文化发展专项支出			
文化产业发展专项支出			
其他文化旅游体育与传媒支出			
八、社会保障和就业支出			
其中:人力资源和社会保障管理事务			
其中:行政运行			
一般行政管理事务			
机关服务			
综合业务管理			
劳动保障监察			
就业管理事务			
社会保险业务管理事务			
信息化建设			
社会保险经办机构			
劳动关系和维权			
公共就业服务和职业技能鉴定机构			
劳动人事争议调解仲裁			

续表

项　　目	2020 年执行数	2021 年预算数	预算数为上年执行数的%
政府特殊津贴			
资助留学回国人员			
博士后日常经费			
引进人才费用			
事业运行			
其他人力资源和社会保障管理事务支出			
民政管理事务			
其中:行政运行			
一般行政管理事务			
机关服务			
社会组织管理			
行政区划和地名管理			
基层政权建设和社区治理			
其他民政管理事务支出			
补充全国社会保障基金			
其中:用一般公共预算补充基金			
行政事业单位养老支出			
其中:行政单位离退休			
事业单位离退休			
离退休人员管理机构			
机关事业单位基本养老保险缴费支出			
机关事业单位职业年金缴费支出			
对机关事业单位基本养老保险基金的补助			
其他行政事业单位养老支出			
就业补助			
其中:就业创业服务补贴			
职业培训补贴			
社会保险补贴			
公益性岗位补贴			

续表

项　　目	2020 年执行数	2021 年预算数	预算数为上年执行数的%
就业见习补贴			
高技能人才培养补助			
其他就业补助支出			
抚恤			
其中:死亡抚恤			
伤残抚恤			
在乡复员、退伍军人生活补助			
优抚事业单位支出			
义务兵优待			
农村籍退役士兵老年生活补助			
其他优抚支出			
退役安置			
其中:退役士兵安置			
军队移交政府的离退休人员安置			
退役士兵管理教育			
军队转业干部安置			
其他退役安置支出			
社会福利			
其中:儿童福利			
老年福利			
殡葬			
社会福利事业单位			
其他社会福利支出			
残疾人事业			
其中:行政运行			
一般行政管理事务			
机关服务			
残疾人康复			
残疾人就业和扶贫			
残疾人体育			

续表

项　　目	2020 年执行数	2021 年预算数	预算数为上年执行数的%
残疾人生活和护理补贴			
其他残疾人事业支出			
红十字事业			
其中:行政运行			
一般行政管理事务			
机关服务			
其他红十字事业支出			
最低生活保障			
其中:城市最低生活保障金支出			
临时救助			
其中:临时救助支出			
流浪乞讨人员救助支出			
特困人员救助供养			
其中:城市特困人员救助供养支出			
其他生活救助			
其中:其他城市生活救助			
财政对基本养老保险基金的补助			
其中:财政对企业职工基本养老保险基金的补助			
财政对城乡居民基本养老保险基金的补助			
退役军人管理事务			
其中:行政运行			
一般行政管理事务			
拥军优属			
事业运行			
其他退役军人事务管理支出			
其他社会保障和就业支出			
其中:其他社会保障和就业支出			
九、卫生健康支出			
其中:卫生健康管理事务			

续表

项　　目	2020 年执行数	2021 年预算数	预算数为上年执行数的%
其中：行政运行			
一般行政管理事务			
机关服务			
其他卫生健康管理事务支出			
公立医院			
其中：综合医院			
中医（民族）医院			
传染病医院			
职业病防治医院			
精神病医院			
妇幼保健医院			
儿童医院			
其他专科医院			
行业医院			
其他公立医院支出			
基层医疗卫生机构			
其中：城市社区卫生机构			
乡镇卫生院			
其他基层医疗卫生机构支出			
公共卫生			
其中：疾病预防控制机构			
卫生监督机构			
妇幼保健机构			
精神卫生机构			
采供血机构			
其他专业公共卫生机构			
基本公共卫生服务			
重大公共卫生服务			
突发公共卫生事件应急处理			
其他公共卫生支出			

续表

项　　目	2020年执行数	2021年预算数	预算数为上年执行数的%
中医药			
其中：中医(民族医)药专项			
其他中医药支出			
计划生育事务			
其中：计划生育机构			
计划生育服务			
其他计划生育事务支出			
行政事业单位医疗			
其中：行政单位医疗			
事业单位医疗			
公务员医疗补助			
其他行政事业单位医疗支出			
财政对基本医疗保险基金的补助			
其中：财政对职工基本医疗保险基金的补助			
财政对城乡居民基本医疗保险基金的补助			
财政对其他基本医疗保险基金的补助			
医疗救助			
其中：城乡医疗救助			
疾病应急救助			
优抚对象医疗			
其中：优抚对象医疗补助			
医疗保障管理事务			
其中：行政运行			
一般行政管理事务			
信息化建设			
医疗保障政策管理			
医疗保障经办事务			
事业运行			
其他医疗保障管理事务支出			
老龄卫生健康事务			

续表

项　　目	2020 年执行数	2021 年预算数	预算数为上年执行数的%
其中:老龄卫生健康事务			
其他卫生健康支出			
其中:其他卫生健康支出			
十、节能环保支出			
其中:环境保护管理事务			
其中:行政运行			
一般行政管理事务			
机关服务			
生态环境保护宣传			
环境保护法规、规划及标准			
生态环境国际合作及履约			
生态环境保护行政许可			
应对气候变化管理事务			
其他环境保护管理事务支出			
环境监测与监察			
其中:建设项目环评审查与监督			
核与辐射安全监督			
其他环境监测与监察支出			
污染防治			
其中:大气			
水体			
噪声			
固体废弃物与化学品			
其他污染防治支出			
自然生态保护			
其中:生态保护			
农村环境保护			
生物及物种资源保护			
其他自然生态保护支出			
天然林保护			

续表

项　　目	2020年执行数	2021年预算数	预算数为上年执行数的%
其中:森林管护			
社会保险补助			
政策性社会性支出补助			
停伐补助			
退耕还林还草			
其中:退耕现金			
其他退耕还林还草支出			
能源节约利用			
其中:能源节约利用			
污染减排			
其中:生态环境监测与信息			
生态环境执法监察			
减排专项支出			
其他污染减排支出			
可再生能源			
其中:可再生能源			
循环经济			
其中:循环经济			
能源管理事务			
其中:行政运行			
一般行政管理事务			
机关服务			
能源战略规划与实施			
能源科技装备			
能源行业管理			
能源管理			
石油储备发展管理			
事业运行			
其他能源管理事务支出			
其他节能环保支出			

续表

项　　目	2020年执行数	2021年预算数	预算数为上年执行数的%
其中:其他节能环保支出			
十一、城乡社区支出			
其中:城乡社区管理事务			
其中:行政运行			
一般行政管理事务			
机关服务			
城管执法			
工程建设标准规范编制与监管			
工程建设管理			
市政公用行业市场监管			
住宅建设与房地产市场监管			
执业资格注册、资质审查			
其他城乡社区管理事务支出			
城乡社区规划与管理			
其中:城乡社区规划与管理			
城乡社区公共设施			
其中:小城镇基础设施建设			
其他城乡社区公共设施支出			
城乡社区环境卫生			
建设市场管理与监督			
其他城乡社区支出			
其中:其他城乡社区支出			
十二、农林水支出			
其中:农业农村			
其中:行政运行			
一般行政管理事务			
机关服务			
事业运行			
农垦运行			
科技转化与推广服务			

续表

项　　目	2020年执行数	2021年预算数	预算数为上年执行数的%
病虫害控制			
农产品质量安全			
执法监管			
统计监测与信息服务			
行业业务管理			
对外交流与合作			
防灾救灾			
农业结构调整补贴			
农业生产发展			
农村合作经济			
农村社会事业			
农业资源保护修复与利用			
成品油价格改革对渔业的补贴			
对高校毕业生到基层任职补助			
农田建设			
其他农业农村支出			
林业和草原			
其中:行政运行			
一般行政管理事务			
机关服务			
事业机构			
森林资源培育			
技术推广与转化			
森林资源管理			
森林生态效益补偿			
自然保护区等管理			
动植物保护			
湿地保护			
执法与监督			
防沙治沙			

续表

项　　目	2020年执行数	2021年预算数	预算数为上年执行数的%
对外合作与交流			
信息管理			
林区公共支出			
林业草原防灾减灾			
国家公园			
草原管理			
行业业务管理			
其他林业和草原支出			
水利			
其中:行政运行			
一般行政管理事务			
机关服务			
水利行业业务管理			
水利工程建设			
水利工程运行与维护			
水利前期工作			
水利执法监督			
水土保持			
水资源节约管理与保护			
水质监测			
水文测报			
防汛			
抗旱			
农村水利			
水利技术推广			
信息管理			
农村人畜饮水			
南水北调工程建设			
南水北调工程管理			
扶贫			

续表

项　　目	2020年执行数	2021年预算数	预算数为上年执行数的%
其中:行政运行			
一般行政管理事务			
农村基础设施建设			
生产发展			
扶贫贷款奖补和贴息			
扶贫事业机构			
其他扶贫支出			
农村综合改革			
其中:对村级公益事业建设的补助			
对村民委员会和村党支部的补助			
对村集体经济组织的补助			
其他农村综合改革支出			
普惠金融发展支出			
其中:农业保险保费补贴			
创业担保贷款贴息			
其他普惠金融发展支出			
目标价格补贴			
其他农林水支出			
其中:其他农林水支出			
十三、交通运输支出			
其中:公路水路运输			
其中:行政运行			
一般行政管理事务			
机关服务			
公路建设			
公路养护			
公路运输管理			
航道维护			
船舶检验			
救助打捞			

续表

项　　目	2020年执行数	2021年预算数	预算数为上年执行数的%
海事管理			
航标事业发展支出			
水路运输管理支出			
其他公路水路运输支出			
铁路运输			
其中:行政运行			
一般行政管理事务			
铁路路网建设			
铁路安全			
其他铁路运输支出			
民用航空运输			
其中:行政运行			
一般行政管理事务			
机关服务			
空管系统建设			
民用航空安全			
其他民用航空运输支出			
成品油价格改革对交通运输的补贴			
其中:对城市公交的补贴			
对农村道路客运的补贴			
对出租车的补贴			
成品油价格改革补贴其他支出			
邮政业支出			
其中:行政运行			
一般行政管理事务			
行业监管			
邮政普遍服务与特殊服务			
其他邮政业支出			
车辆购置税支出			
其中:车辆购置税用于公路等基础设施建设支出			

续表

项　　目	2020 年执行数	2021 年预算数	预算数为上年执行数的%
车辆购置税用于农村公路建设支出			
车辆购置税其他支出			
十四、资源勘探工业信息等支出			
其中:资源勘探开发			
其中:一般行政管理事务			
煤炭勘探开采和洗选			
石油和天然气勘探开采			
黑色金属矿勘探和采选			
有色金属矿勘探和采选			
非金属矿勘探和采选			
其他资源勘探业支出			
制造业			
其中:纺织业			
通信设备、计算机及其他电子设备制造业			
交通运输设备制造业			
建筑业			
其中:其他建筑业支出			
工业和信息产业监管			
其中:行政运行			
一般行政管理事务			
机关服务			
战备应急			
专用通信			
无线电及信息通信监管			
工程建设及运行维护			
产业发展			
国有资产监管			
其中:行政运行			
一般行政管理事务			
机关服务			

续表

项　　目	2020 年执行数	2021 年预算数	预算数为上年执行数的%
中央企业专项管理			
其他国有资产监管支出			
支持中小企业发展和管理支出			
其中：机关服务			
科技型中小企业技术创新基金			
中小企业发展专项			
其他支持中小企业发展和管理支出			
其他资源勘探工业信息等支出			
其中：黄金事务			
其他资源勘探工业信息等支出			
十五、商业服务业等支出			
其中：商业流通事务			
其中：行政运行			
一般行政管理事务			
市场监测及信息管理			
民贸民品贷款贴息			
事业运行			
其他商业流通事务支出			
涉外发展服务支出			
其中：其他涉外发展服务支出			
其他商业服务业等支出			
其中：服务业基础设施建设			
其他商业服务业等支出			
十六、金融支出			
其中：金融部门行政支出			
其中：行政运行			
一般行政管理事务			
事业运行			
金融部门其他行政支出			
金融部门监管支出			

续表

项　　目	2020 年执行数	2021 年预算数	预算数为上年执行数的%
其中:重点金融机构监管			
金融稽查与案件处理			
金融行业电子化建设			
从业人员资格考试			
金融部门其他监管支出			
金融发展支出			
其他金融支出			
十七、自然资源海洋气象等支出			
其中:自然资源事务			
其中:行政运行			
一般行政管理事务			
机关服务			
自然资源规划及管理			
自然资源利用与保护			
自然资源社会公益服务			
自然资源行业业务管理			
自然资源调查与确权登记			
地质矿产资源与环境调查			
地质勘查与矿产资源管理			
海域与海岛管理			
自然资源国际合作与海洋权益维护			
自然资源卫星			
极地考察			
深海调查与资源开发			
海洋战略规划与预警监测			
基础测绘与地理信息监管			
事业运行			
其他自然资源事务支出			
气象事务			
其中:行政运行			

续表

项　　目	2020 年执行数	2021 年预算数	预算数为上年执行数的%
一般行政管理事务			
机关服务			
气象事业机构			
气象探测			
气象信息传输及管理			
气象预报预测			
气象服务			
气象装备保障维护			
气象基础设施建设与维修			
气象卫星			
气象法规与标准			
气象资金审计稽查			
其他气象事务支出			
其他自然资源海洋气象等支出			
十八、住房保障支出			
其中:保障性安居工程支出			
其中:棚户区改造			
农村危房改造			
公共租赁住房			
其他保障性安居工程支出			
住房改革支出			
其中:住房公积金			
提租补贴			
购房补贴			
城乡社区住宅			
十九、粮油物资储备支出			
其中:粮油物资事务			
其中:行政运行			
一般行政管理事务			
机关服务			

续表

项　　目	2020 年执行数	2021 年预算数	预算数为上年执行数的%
财务与审计支出			
信息统计			
专项业务活动			
设施建设			
设施安全			
物资保管保养			
事业运行			
粮油储备			
二十、灾害防治及应急管理支出			
其中:应急管理事务			
消防事务			
森林消防事务			
煤矿安全			
地震事务			
自然灾害救灾及恢复重建支出			
其他灾害防治及应急管理支出			
廿一、其他支出			
廿二、债务付息支出			
其中:中央政府国内债务付息支出			
中央政府国外债务付息支出			
廿三、债务发行费用支出			
其中:中央政府国内债务发行费用支出			
中央政府国外债务发行费用支出			
中央本级支出			

附表 1.4　　2021 年中央政府性基金收入预算表　　单位：亿元

项　　目	2020 年执行数	2021 年预算数	预算数为上年执行数的%	2020 年结转收入	2021 年可安排资金数
一、中央农网还贷资金收入					
二、铁路建设基金收入					
三、民航发展基金收入					
四、旅游发展基金收入					
五、国家电影事业发展专项资金收入					
六、中央水库移民扶持基金收入					
七、中央特别国债经营基金财务收入					
八、彩票公益金收入					
九、国家重大水利工程建设基金收入					
十、核电站乏燃料处理处置基金收入					
十一、可再生能源电价附加收入					
十二、船舶油污损害赔偿基金收入					
十三、废弃电器电子产品处理基金收入					
十四、彩票发行和销售机构业务费收入					
十五、国有土地使用权出让金收入					
十六、国有土地收益基金收入					
十七、农业土地开发资金收入					
十八、城市基础设施配套费收入					
十九、污水处理费收入					
二十、抗疫特别国债财务基金收入					
廿一、其他政府性基金收入					
中央政府性基金收入					
抗疫特别国债收入					
上年结转收入					

附表 1.5　　2021 年中央政府性基金支出预算表　　单位:亿元

项　　目	2020 年执行数	2021 年预算数	预算数为上年执行数的%
一、中央农网还贷资金支出			
中央本级支出			
二、铁路建设基金支出			
中央本级支出			
三、民航发展基金支出			
中央本级支出			
对地方转移支付			
四、旅游发展基金支出			
中央本级支出			
对地方转移支付			
五、国家电影事业发展专项资金安排的支出			
中央本级支出			
对地方转移支付			
六、国有土地使用权出让金收入安排的支出			
中央本级支出			
七、国有土地收益基金安排的支出			
中央本级支出			
八、农业土地开发资金安排的支出			
中央本级支出			
九、中央水库移民扶持基金支出			
中央本级支出			
对地方转移支付			
十、中央特别国债经营基金财务支出			
中央本级支出			
十一、彩票公益金安排的支出			
中央本级支出			
对地方转移支付			
十二、城市基础设施配套费安排的支出			
中央本级支出			
十三、国家重大水利工程建设基金安排的支出			

续表

项　　目	2020年执行数	2021年预算数	预算数为上年执行数的%
中央本级支出			
对地方转移支付			
十四、核电站乏燃料处理处置基金支出			
中央本级支出			
对地方转移支付			
十五、可再生能源电价附加收入安排的支出			
中央本级支出			
对地方转移支付			
十六、船舶油污损害赔偿基金支出			
中央本级支出			
十七、废弃电器电子产品处理基金支出			
中央本级支出			
十八、彩票发行和销售机构业务费安排的支出			
中央本级支出			
对地方转移支付			
十九、污水处理费安排的支出			
中央本级支出			
二十、抗疫特别国债支出			
中央本级支出			
对地方转移支付			
廿一、抗疫特别国债财务基金支出			
中央本级支出			
廿二、其他政府性基金支出			
中央本级支出			
对地方转移支付			

续表

项 目	2020年执行数	2021年预算数	预算数为上年执行数的%
中央政府性基金支出			
政府性基金预算调出资金			
抗疫特别国债收入调入一般公共预算			
新疆兵团政府性基金调入一般公共预算			
收入大于支出			

附表 1.6　　2021 年中央国有资本经营收入预算表　　单位:亿元

项　　目	2020 年执行数	2021 年预算数	预算数为上年执行数的%
一、利润收入			
烟草企业利润收入			
石油石化企业利润收入			
电力企业利润收入			
电信企业利润收入			
煤炭企业利润收入			
钢铁企业利润收入			
运输企业利润收入			
电子企业利润收入			
机械企业利润收入			
投资服务企业利润收入			
贸易企业利润收入			
建筑施工企业利润收入			
建材企业利润收入			
境外企业利润收入			
对外合作企业利润收入			
农林牧渔企业利润收入			
邮政企业利润收入			
转制科研院所利润收入			
地质勘查企业利润收入			
教育文化广播企业利润收入			
机关社团所属企业利润收入			
其他国有资本经营预算企业利润收入			
新疆生产建设兵团所属企业利润收入			
二、股利、股息收入			
国有控股公司股利、股息收入			
金融企业股利、股息收入			
新疆生产建设兵团所属企业股利、股息收入			
三、产权转让收入			
国有股减持收入			

续表

项　目	2020年执行数	2021年预算数	预算数为上年执行数的%
新疆生产建设兵团所属企业产权转让收入			
四、清算收入			
国有独资企业清算收入			
新疆生产建设兵团所属企业清算收入			
五、其他国有资本经营预算收入			
中央国有资本经营收入			
上年结转收入			

附表 1.7　　2021 年中央国有资本经营支出预算表　　单位:亿元

项　　目	2020 年执行数	2021 年预算数	预算数为上年执行数的%
一、国有资本经营预算补充社保基金支出			
中央本级支出			
二、解决历史遗留问题及改革成本支出			
中央本级支出			
对地方转移支付			
三、国有企业资本金注入			
中央本级支出			
四、国有企业政策性补贴			
中央本级支出			
五、其他国有资本经营预算支出			
中央本级支出			

附表1.8 **2021年中央社会保险基金收入预算表** 单位:亿元

项　　目	2020年执行数	2021年预算数	预算数为上年执行数的%
一、企业职工基本养老保险基金收入			
其中:保险费收入			
财政补贴收入			
利息收入			
委托投资收益			
二、城乡居民基本养老保险基金收入			
其中:缴费收入			
财政补贴收入			
利息收入			
委托投资收益			
集体补助收入			
三、机关事业单位基本养老保险基金收入			
其中:保险费收入			
财政补贴收入			
利息收入			
委托投资收益			
四、职工基本医疗保险基金收入			
其中:保险费收入			
财政补贴收入			
利息收入			
五、城乡居民基本医疗保险基金收入			
其中:缴费收入			
财政补贴收入			
利息收入			
六、工伤保险基金收入			
其中:保险费收入			
财政补贴收入			
利息收入			
七、失业保险基金收入			
其中:保险费收入			

续表

项　　目	2020年执行数	2021年预算数	预算数为上年执行数的%
财政补贴收入			
利息收入			
中央社会保险基金收入小计			
其中:保险费收入			
财政补贴收入			
利息收入			
委托投资收益			
中央调剂基金收入			
扣除中央单位上缴的中央调剂基金			
地方上缴的中央调剂基金收入			
调入资金			
中央社会保险基金收入合计			

注:1.企业职工基本养老保险纳入编制范围的单位包括人力资源社会保障部社保中心、新疆生产建设兵团、中国人民银行、中国农业发展银行,其中社保中心编制中央调剂基金预算,中国人民银行、中国农业发展银行由于历史原因目前仍实行行业统筹,参加企业职工基本养老保险。机关事业单位基本养老保险纳入编制范围的单位包括人力资源社会保障部央保中心、新疆生产建设兵团,其中央保中心负责编制在京中央国家机关事业单位基本养老保险基金预算,其他险种纳入编制范围的统筹单位均为新疆生产建设兵团。

2."中央社会保险基金收入合计"等于"中央社会保险基金收入小计"加上"地方上缴的中央调剂基金收入"再加上"调入资金"。

附表1.9 **2021年中央社会保险基金支出预算表** 单位:亿元

项 目	2020年执行数	2021年预算数	预算数为上年执行数的%
一、企业职工基本养老保险基金支出			
其中:基本养老金支出			
医疗补助金支出			
丧葬抚恤补助支出			
二、城乡居民基本养老保险基金支出			
其中:基础养老金支出			
个人账户养老金支出			
丧葬抚恤补助支出			
三、机关事业单位基本养老保险基金支出			
其中:基本养老金支出			
四、职工基本医疗保险基金支出			
其中:职工基本医疗保险统筹基金支出			
职工基本医疗保险个人账户基金支出			
五、城乡居民基本医疗保险基金支出			
其中:基本医疗待遇支出			
大病保险支出			
六、工伤保险基金支出			
其中:工伤保险待遇支出			
劳动能力鉴定支出			
工伤预防费用支出			
七、失业保险基金支出			
其中:失业保险金支出			
医疗保险费支出			
丧葬抚恤补助支出			
职业培训和职业介绍补贴支出			
技能提升补贴支出			
稳定岗位补贴支出			

续表

项　　目	2020年执行数	2021年预算数	预算数为上年执行数的%
中央社会保险基金支出小计			
其中:社会保险待遇支出			
中央调剂基金支出			
扣除安排给中央单位的中央调剂基金			
安排给地方的中央调剂基金支出			
补助下级支出			
中央社会保险基金支出合计			

注:“中央社会保险基金支出合计”等于“中央社会保险基金支出小计”加上“安排给地方的中央调剂基金支出”再加上“补助下级支出”。

附表1.10　　2021年中央社会保险基金结余预算表　　单位：亿元

项　　目	2020年执行数	2021年预算数	预算数为上年执行数的%
一、企业职工基本养老保险基金本年收支结余			
企业职工基本养老保险基金年末滚存结余			
二、城乡居民基本养老保险基金本年收支结余			
城乡居民基本养老保险基金年末滚存结余			
三、机关事业单位基本养老保险基金本年收支结余			
机关事业单位基本养老保险基金年末滚存结余			
四、职工基本医疗保险基金本年收支结余			
职工基本医疗保险基金年末滚存结余			
五、城乡居民基本医疗保险基金本年收支结余			
城乡居民基本医疗保险基金年末滚存结余			
六、工伤保险基金本年收支结余			
工伤保险基金年末滚存结余			
七、失业保险基金本年收支结余			
失业保险基金年末滚存结余			
中央社会保险基金本年收支结余			
中央社会保险基金年末滚存结余			

附录 2　2021 年中央部门预算表

附表 2.1　　**部门收支总表**　　单位:万元

收　入		支　出	
项　目	预算数	项　目	预算数
一、一般公共预算拨款收入		一、一般公共服务支出	
二、政府性基金预算拨款收入		二、外交支出	
三、国有资本经营预算拨款收入		三、教育支出	
四、事业收入		四、文化旅游体育与传媒支出	
五、事业单位经营收入		五、社会保障和就业支出	
六、其他收入		六、住房保障支出	
		……	
本年收入合计		本年支出合计	
使用非财政拨款结余		结转下年	
上年结转			
收入总计		支出总计	

附表 2.2　　**部门收入总表**　　单位:万元

科目		合计	上年结转	一般公共预算拨款收入	政府性基金预算拨款收入	国有资本经营预算财政拨款收入	事业收入		事业单位经营收入	上级补助收入	下级单位上缴收入	其他收入	使用非财政拨款结余
科目编码	科目名称						金额	其中：教育收费					
201	一般公共服务支出												
20129	群众团体事务												
2012901	行政运行												
2012902	一般行政管理事务												
202	外交支出												
20203	对外援助												
2020306	对外援助												
205	教育支出												
20508	进修及培训												
2050803	培训支出												
208	社会保障和就业支出												
20805	行政事业单位养老支出												
2080501	行政单位离退休												
……	……												
	合　计												

附表 2.3 **部门支出总表** 单位:万元

科目编码	科目名称	合计	基本支出	项目支出	上缴上级支出	事业单位经营支出	对下级单位补助支出
201	一般公共服务支出						
20129	群众团体事务						
2012901	行政运行						
2012950	事业运行						
202	外交支出						
20203	对外援助						
2020306	对外援助						
205	教育支出						
20508	进修及培训						
2050803	培训支出						
221	住房保障支出						
22102	住房改革支出						
2210201	住房公积金						
2210202	提租补贴						
2210203	购房补贴						
……	……						
	合　计						

附表 2.4 **财政拨款收支总表** 单位:万元

收 入		支 出	
项 目	预算数	项 目	预算数
一、本年收入		一、本年支出	
(一)一般公共预算拨款		(一)一般公共服务支出	
(二)政府性基金预算拨款		(二)外交支出	
(三)国有资本经营预算拨款		(三)教育支出	
		(四)文化旅游体育与传媒支出	
二、上年结转		(五)社会保障和就业支出	
(一)一般公共预算拨款		(六)住房保障支出	
(二)政府性基金预算拨款		……	
(三)国有资本经营预算拨款			
		二、结转下年	
收入总计		支出总计	

附表 2.5 **一般公共预算支出表** 单位:万元

功能分类科目		2020 年执行数		2021 年预算数				2021 年预算数比 2020 年执行数		2020 年预算数比 2020 年执行数(扣除发改委基建)	
科目编码	科目名称	执行数	扣除发改委基建后执行数	年初预算数			扣除发改委基建后执行数	增减额	增减%	增减额	增减%
				小计	基本支出	项目支出					
201	一般公共服务支出										
20129	群众团体事务										
2012901	行政运行										
2012950	事业运行										
202	外交支出										
20203	对外援助										
2020306	对外援助										
205	教育支出										
20508	进修及培训										
2050803	培训支出										
221	住房保障支出										
22102	住房改革支出										
2210201	住房公积金										
2210202	提租补贴										
2210203	购房补贴										
……	……										
	合 计										

附表 2.6 **一般公共预算基本支出表** 单位:万元

经济分类科目		2021 年基本支出		
科目编码	科目名称	合 计	人员经费	公用经费
301	工资福利支出			
30101	基本工资			
30102	津贴补贴			
30103	奖金			
30106	伙食补助费			
30107	绩效工资			
30108	机关事业单位基本养老保险缴费			
30109	职工年金缴费			
30112	其他社会保障缴费			
30113	住房公积金			
30199	其他工资福利支出			
302	商品和服务支出			
30201	办公费			
30202	印刷费			
30203	咨询费			
30204	手续费			
30205	水费			
30206	电费			
30207	邮电费			
30208	取暖费			
30209	物业管理费			
30211	差旅费			
30213	维修(护)费			
30214	租赁费			
30226	劳务费			
30227	委托业务费			
30228	工会经费			
30229	福利费			
302331	公务用车运行维护费			

续表

经济分类科目		2021年基本支出		
科目编码	科目名称	合 计	人员经费	公用经费
30239	其他交通费用			
30240	税金及附加费用			
30299	其他商品和服务支出			
303	对个人和家庭的补助			
30301	离休费			
30302	退休费			
30304	抚恤金			
30305	生活补助			
30306	救济费			
30309	奖励金			
310	其他资本性支出			
31002	办公设备购置			
31099	其他资本性支出			
合 计				

附表 2.7　　一般公共预算“三公”经费支出表　　单位:万元

2020年预算数						2021年预算数					
合计	因公出国(境)费	公务用车购置及运行费			公务接待费	合计	因公出国(境)费	公务用车购置及运行费			公务接待费
		小计	公务用车购置费	公务用车运行费				小计	公务用车购置费	公务用车运行费	

附表 2.8　　**政府性基金预算支出表**　　单位:万元

科目编码	科目名称	政府性基金支出		
		合　计	基本支出	项目支出
	合　计			

附表 2.9　　**国有资本经营预算支出表**　　单位:万元

科目编码	科目名称	国有资本经营预算支出		
		合　计	基本支出	项目支出
	合　计			

附录3　2020年中央部门决算表

附表3.1　　　　　　　　　　　　　**收入支出决算总表**

部门：　　　　　　　　　　　　　　　　　　　　　　　　　金额单位：万元

收　入			支　出		
项　目	行次	金额	项　目	行次	金额
栏　次	1		栏　次	2	
一、一般公共预算财政拨款收入	1		一、一般公共服务支出	14	
二、事业收入	2		二、外交支出	15	
三、经营收入	3		三、教育支出	16	
四、其他收入	4		四、科学技术支出	17	
	5		五、文化旅游体育与传媒支出	18	
	6		六、社会保障和就业支出	19	
	7		七、卫生健康支出	20	
	8		八、住房保障支出	21	
本年收入合计	9		本年支出合计	22	
使用非财政拨款结余	10		结余分配	23	
年初结转和结余	11		年末结转和结余	24	
	12			25	
总　计	13		总　计	26	

注：本表反映部门本年度的总收支和年末结转结余情况。本套报表金额单位转换时可能存在尾数误差。

附表 3.2

收入决算表

部门: 单位:万元

项目		本年收入合计	财政拨款收入	上级补助收入	事业收入	经营收入	附属单位上缴收入	其他收入
功能分类科目编码	科目名称							
栏次		1	2	3	4	5	6	7
合计								
201	一般公共服务支出							
20106	财政事务							
2010601	行政运行							
2010602	一般行政管理事务							
2010603	机关服务							
202	外交支出							
20203	对外援助							
2020306	对外援助							
20204	国际组织							
2020401	国际组织会费							
2020402	国际组织捐赠							
205	教育支出							
20508	进修及培训							
2050802	干部教育							
2050803	培训支出							
……	……							

注:本表反映部门本年度取得的各项收入情况。

附表 3.3 **支出决算表**

部门： 单位：万元

项目		本年支出合计	基本支出	项目支出	上缴上级支出	经营支出	对附属单位补助支出
功能分类科目编码	科目名称						
栏次		1	2	3	4	5	6
合计							
201	一般公共服务支出						
20106	财政事务						
2010601	行政运行						
2010602	一般行政管理事务						
2010603	机关服务						
20111	纪检监察事务						
2011105	派驻派出机构						
202	外交支出						
20203	对外援助						
2020306	对外援助						
20204	国际组织						
2020401	国际组织会费						
205	教育支出						
20508	进修及培训						
2050802	干部教育						
2050803	培训支出						
……	……						

注：本表反映部门本年度各项支出情况。

附表 3.4 **财政拨款收入支出决算总表**

部门: 单位:万元

收入			支出					
项目	行次	金额	项目	行次	合计	一般公共预算财政拨款	政府性基金预算财政拨款	国有资本经营预算财政拨款
栏次		1	栏次		2	3	4	5
一、一般公共预算财政拨款	1		一、一般公共服务支出	15				
二、政府性基金预算财政拨款	2		二、外交支出	16				
三、国有资本经营财政拨款	3		三、教育支出	17				
	4		四、科学技术支出	18				
	5		五、文化旅游体育与传媒支出	19				
	6		六、社会保障和就业支出	20				
	7		七、卫生健康支出	21				
	8		八、住房保障支出	22				
本年收入合计	9		本年支出合计	23				
年初财政拨款结转和结余	10		年末财政拨款结转和结余	24				
一般公共预算财政拨款	11			25				
政府性基金预算财政拨款	12			26				
国有资本经营预算财政拨款	13			27				
总计	14		总计	28				

注:本表反映部门本年度一般公共预算财政拨款和政府性基金预算财政拨款的总收支和年末结转结余情况。

附表 3.5　　**一般公共预算财政拨款支出决算表**

部门：　　　　单位:万元

项　目		本年支出		
功能分类科目编码	科目名称	小　计	基本支出	项目支出
栏　次		1	2	3
合　计				
201	一般公共服务支出			
20106	财政事务			
2010601	行政运行			
2010602	一般行政管理事务			
2010603	机关服务			
2010604	预算改革业务			
2010605	财政国库业务			
2010606	财政监察			
2010607	信息化建设			
2010650	事业运行			
2010699	其他财政事务支出			
20111	纪检监察事务			
2011105	派驻派出机构			
202	外交支出			
20203	对外援助			
2020306	对外援助			
20204	国际组织			
2020401	国际组织会费			
……	……			

注:本表反映部门本年度一般公共预算财政拨款支出情况。

附表 3.6　　　　**一般公共预算财政拨款基本支出决算表**

部门：　　　　　　　　　　　　　　　　　　　　　　　　　　单位:万元

人员经费			公用经费		
经济分类科目编码	科目名称	决算数	经济分类科目编码	科目名称	决算数
301	工资福利支出		302	商品和服务支出	
30101	基本工资		30201	办公费	
30102	津贴补贴		30202	印刷费	
30103	奖金		30203	咨询费	
30107	绩效工资		30204	手续费	
30108	机关事业单位基本养老保险缴费		30205	水费	
30109	职业年金缴费		30206	电费	
30110	职工基本医疗保险缴费		30207	邮电费	
30111	公务员医疗补助缴费		30208	取暖费	
30112	其他社会保障缴费		30209	物业管理费	
30113	住房公积金		30211	差旅费	
30114	医疗费		30213	维修(护)费	
30199	其他工资福利支出		30214	租赁费	
303	对个人和家庭的补助		30215	会议费	
30301	离休费		30216	培训费	
30302	退休费		30217	公务接待费	
30304	抚恤金		30218	专用材料费	
30305	生活补助		30226	劳务费	
30307	医疗费补助		30227	委托业务费	
30309	奖励金		30228	工会经费	
30399	其他对个人和家庭的补助		30229	福利费	
			30231	公务用车运行维护费	
			30239	其他交通费用	
			30240	税金及附加费用	
			30299	其他商品和服务支出	
			310	资本性支出	
			31002	办公设备购置	

续表

人员经费			公用经费		
经济分类科目编码	科目名称	决算数	经济分类科目编码	科目名称	决算数
			31003	专用设备购置	
			31007	信息网络及软件购置更新	
			31013	公务用车购置	
			31019	其他交通工具购置	
			31021	文物和陈列品购置	
			31022	无形资产购置	
			31099	其他资本性支出	
			399	其他支出	
			39906	赠与	
人员经费合计			公用经费合计		

注:本表反映部门本年度一般公共预算财政拨款基本支出明细情况。

附表 3.7 **一般公共预算财政拨款“三公”经费支出决算表**

部门： 单位：万元

预算数						决算数					
合计	因公出国（境）费	公务用车购置及运行费			公务接待费	合计	因公出国（境）费	公务用车购置及运行费			公务接待费
		小计	公务用车购置费	公务用车运行费				小计	公务用车购置费	公务用车运行费	
1	2	3	4	5	6	7	8	9	10	11	12

注：本表反映部门本年度“三公”经费支出预决算情况。其中，预算数为“三公”经费全年预算数，反映按规定程序调整后的预算数；决算数是包括当年一般公共预算财政拨款和以前年度结转资金安排的实际支出。

附表 3.8　　政府性基金预算财政拨款收入支出决算表

部门：　　单位：万元

项目		年初结转和结余	本年收入	本年支出			年末结转和结余
功能分类科目编码	科目名称			小计	基本支出	项目支出	
栏次		1	2	3	4	5	6
合计							

注：本表反映部门本年度政府性基金预算财政拨款收入、支出及结转和结余情况。

附表 3.9　　国有资本经营预算财政拨款支出决算表

部门：　　单位：万元

项目		本年支出		
功能分类科目编码	科目名称	小计	基本支出	项目支出
栏次		1	2	3
合计				

附录 4　政府财务报表样式

附 4.1　政府综合财务报表

附表 4.1　　　　　　　　　　　　**资产负债表**

编制单位：　　　　　　　　　　　　年　月　日　　　　　　　　　　　　单位：万元

项　目	附　注	年末数	年初数
流动资产			
货币资金	附表 1		
短期投资			
应收及预付款项	附表 2		
应收股利			
应收利息			
存货			
一年内到期的非流动资产	附表 3		
其他流动资产			
非流动资产			
长期投资	附表 4		
应收转贷款	附表 5		
固定资产净值	附表 6		
在建工程	附表 7		
无形资产净值	附表 8		
研发支出			
公共基础设施净值	附表 9		
政府储备物资	附表 10		

续表

项目	附注	年末数	年初数
文物文化资产			
保障性住房净值	附表 11		
其他非流动资产			
受托代理资产			
资产合计			
流动负债			
应付短期政府债券			
短期借款			
应付职工薪酬			
应付及预收款项	附表 12		
应付政府补贴款			
应付利息			
一年内到期的非流动负债	附表 13		
其他流动负债			
非流动负债			
应付长期政府债券	附表 14		
应付转贷款	附表 15		
长期借款	附表 16		
长期应付款			
其他非流动负债			
受托代理负债			
负债合计			
净资产			
负债及净资产合计			

附表 4.2　　**收入费用表**

编制单位：　　年　月　日　　单位：万元

项　目	附　注	年末数	年初数
税收收入			
非税收入			
事业收入			
经营收入			
投资收益			
政府间转移性收入	附表 17		
其他收入			
收入合计			
工资福利费用			
商品和服务费用			
对个人和家庭的补助			
对企业补助费用			
对社会保障基金补助费用			
政府间转移性支出	附表 18		
固定资产折旧费用			
无形资产摊销费用			
公共基础设施折旧(摊销)费用			
保障性住房折旧费用			
资产处置费用			
财务费用			
其他费用			
费用合计			
本年盈余			

附 4.2　政府部门财务报表

附表 4.3　　　　　　　　　　　　**资产负债表**

编制单位：　　　　　　　　　　　年　月　日　　　　　　　　　　单位：万元

项　目	附　注	年末数	年初数
流动资产：			
货币资金	附表 1		
短期投资			
财政应返还额度			
应收票据			
应收账款净额	附表 2		
预付账款	附表 3		
应收股利			
应收利息			
其他应收款净额	附表 4		
存货			
待摊费用			
一年内到期的非流动资产			
其他流动资产			
流动资产合计			
非流动资产：			
长期股权投资	附表 5		
长期债券投资	附表 5		
固定资产原值			
减：固定资产累计折旧			
固定资产净值	附表 6		
工程物资			
在建工程	附表 7		
无形资产原值			
减：无形资产累计摊销			

续表

项 目	附 注	年末数	年初数
无形资产净值	附表 8		
研发支出			
公共基础设施原值			
减:公共基础设施累计折旧(摊销)			
公共基础设施净值	附表 9		
政府储备物资	附表 10		
文物文化资产			
保障性住房原值			
减:保障性住房累计折旧			
保障性住房净值	附表 11		
长期待摊费用			
待处理财产损溢			
其他非流动资产			
非流动资产合计			
受托代理资产			
资产总计			
流动负债:			
短期借款			
应交增值税			
其他应交税费			
应缴财政款			
应付职工薪酬			
应付票据			
应付账款	附表 12		
应付政府补贴款			
应付利息			
预收账款	附表 13		
其他应付款	附表 14		
预提费用			
一年内到期的非流动负债			
其他流动负债			

续表

项　目	附　注	年末数	年初数
流动负债合计			
非流动负债：			
长期借款	附表 15		
长期应付款	附表 16		
预计负债			
其他非流动负债			
非流动负债合计			
受托代理负债			
负债合计			
净资产			
累计盈余			
专用基金			
权益法调整			
净资产合计			
负债及净资产总计			

附表 4.4　　收入费用表 I

编制单位：　　年　月　日　　单位:万元

项　目	附　注	本年数	上年数
财政拨款收入			
事业收入	附表 17		
上级补助收入			
附属单位上缴收入			
经营收入	附表 18		
非同级财政拨款收入	附表 19		
投资收益	附表 5		
捐赠收入			
利息收入			
租金收入			
其他收入	附表 20		
收入合计			
业务活动费用	附表 21		
单位管理费用	附表 22		
经营费用	附表 23		
资产处置费用			
上缴上级费用			
对附属单位补助费用			
所得税费用			
其他费用			
费用合计			
本年盈余			

附表 4.5　　**收入费用表Ⅱ**

编制单位：　　年　月　日　　单位：万元

项　目	附　注	本年数	上年数
财政拨款收入			
事业收入	附表 17		
上级补助收入			
附属单位上缴收入			
经营收入	附表 18		
非同级财政拨款收入	附表 19		
投资收益	附表 5		
捐赠收入			
利息收入			
租金收入			
其他收入	附表 20		
收入合计			
工资福利费用			
商品和服务费用	附表 24		
对个人和家庭的补助费用			
对企业补助费用			
固定资产折旧费用			
无形资产摊销费用			
公共基础设施折旧(摊销)费用			
保障性住房折旧费用			
计提专用基金			
资产处置费用			
上缴上级费用			
对附属单位补助费用			
所得税费用			
其他费用			
费用合计			
本年盈余			

参考文献

[1]Barry H. Potter and Jack Diamond. *Guidelines for Public Expenditure Management*[M]. Washington D. C: IMF, 1999.

[2]International Federation of Accountants (IFAC) Public Sector Committee. Governmental Financial Reporting. Accounting Issues and Practices (May),2000.

[3]International Public Sector Accounting Standards Board. Conceptual Framework for General Purpose Financial Reporting by Public Sector Entities: Measurement of Assets and Liabilities in Financial Statements. New York: IFAC,2011c.

[4]James E. Alt and David Dreyer Lassen. Fiscal Transparency, Gubernatorial Popularity, and the Scale of Government: Evidence from the States. EPRU Working Paper Series 01—16. Economic Policy Research Unit (EPRU), University of Copenhagen,Department of Economics,2001.

[5]Niskanen W A. *Bureaucracy and Representative Government*[M]. Chicago: Aldine Atherton,1971.

[6]Richard Allen,Richard Hemming and Barry H. Potter. *The International Handbook of Public Financial Management*[M]. London:Palgrave Macmillan, 2013.

[7]Robb A and Newberry S. Globalization: Governmental Accounting and International Financial Reporting Standards[J]. *Socio-Economic Review*,2007(10).

[8]Robinson M. and Last D. A Basic Model of Performance-Based Budgeting. IMF Technial Notes,2009.

[9]Robinson M, H V Eden. *Program Classification*[M]. London: Palgrave Macmillan ,2007.

[10]Robinson M. *Performance-Based Budgeting*[M]. Washington D. C:World Bank Publications,2011.

[11]Rubin I S. *Public Budgeting*[M]. Armonk: Policy, Process, and Politics, 2007.

[12]Shah A. *Budgeting and Budgetary Institutions*[M]. Washington D. C:World Bank Publications,2007.

[13]Shaw T. Performance Budgeting Practices and Procedures[J]. *OECD Journal on Budgeting*, 2016,15(3).

[14]Sutcliffe P. The Standards Program of the IFAC Public Sector Committee. Public Money and Management (January),2003.

[15]Webber C and Wildavsky A. *A History of Taxation and Expenditure in the Western World*[M]. New York:Simon and Schuster,1986.

[16]Xiaonan Liu. *Public Budgeting Reform in China*:*Theory and Practice*[M]. Social Sciences Academic Press (China) and Springer-Verlag Berlin Heidelberg,2015.

[17]IMF. Guidelines for Public Expenditure Management[EB/OL]. https://www. imf. org/external/pubs/ft/expend/guide4. htm.

[18]财政部. 财政部政府信息公开工作年度报告[R]. 2010—2013.

[19]财政部. 政府部门财务报告编制操作指南(试行)[M]. 北京:中国财政经济出版社,2020.

[20]财政部. 政府财务报告编制办法(试行)[M]. 北京:中国财政经济出版社,2020.

[21]财政部. 政府收支分类改革问题解答[M]. 北京:中国财政经济出版社,2006。

[22]财政部. 政府综合财务报告编制操作指南(试行)[M]. 北京:中国财政经济出版社,2020.

[23]财政部. 中国财政情况[M]. 北京:经济科学出版社,2010—2013.

[24]财政部. 中华人民共和国预算法[M]. 北京:中国法制出版社,2014.

[25]财政部. 中央部门预算编制指南(2020 年) [M]. 北京:中国财政经济出版社,2019.

[26]财政部. 中央部门预算编制指南[M]. 北京:中国财政经济出版社,2010.

[27]陈治. 推进国家治理现代化背景下财政法治热点问题研究[M]. 厦门:厦门大学出版社,2015.

[28]储德银,左芯. 财政公开的经济社会效应研究新进展[J]. 经济学动态,2019(5).

[29]崔惠玉,周伟. 中期视野下预算绩效管理改革的思考[J]. 财政研究,2020(1).

[30]邓淑莲. 责任政府建立的预算透明视角[J]. 财政监督,2011(4).

[31]高培勇,蒋震. 新常态下的中国财政:若干趋势性变化[J]. 财政研究,2016(6).

[32]国际货币基金组织. 财政透明度守则[M]. 北京:人民出版社,2001.

[33]贾康,赵全厚. 中国财税体制改革 30 年回顾与展望[M]. 北京:人民出版社,2008.

[34]荆新,高扬. 政府会计基础模式:比较与选择[J]. 财务与会计,2003(9).

[35]李炳鉴. 政府预算管理学[M]. 北京:经济科学出版社,2003.

[36]李明辉,刘笑霞. 国家治理现代化视阈下的国家审计——分析与建议[M]. 北京:经济科学出版社,2016.

[37]李笑学,郑石桥. 政府审计独立性、审计体制和审计权能配置[J]. 会计之友,2015(20).

[38]李燕,张晓蕾,彭超,李海波. 基于国际评价标准的我国预算透明度问题研究[J]. 中国行政管理,2018(6).

[39]李燕. 政府预算管理[M]. 北京:北京大学出版社,2016.

[40]李燕. 中国政府预算改革:从理论到实践的探索创新[J]. 中央财经大学学报,2008(10).

[41]梁毕明,张月娥. 政府会计:改革历程梳理与战略思考[J]. 财会通讯,2021(9).

[42]刘克崮,贾康. 中国财税改革三十年亲历与回顾[M]. 北京:经济科学出版社,2008.

[43]楼继伟. 中国政府预算:制度、管理与案例[M]. 北京:中国财政经济出版社,2002.

[44]洛克. 政府论(下) [M]. 叶启芳,瞿菊农,译. 上海:商务印书馆,1964.

[45]马蔡琛,苗珊.全球公共预算改革的最新演化趋势:基于21世纪以来的考察[J].财政研究,2018(1).

[46]马蔡琛,苗珊.中国政府预算改革四十年回顾与前瞻——从“国家预算”到“预算国家”的探索[J].经济纵横,2018(6).

[47]马蔡琛,赵笛,苗珊.共和国预算70年的探索与演进[J].财政研究,2019(7).

[48]马蔡琛,朱旭阳.从传统绩效预算走向新绩效预算的路径选择[J].经济与管理研究,2019 (1).

[49]马蔡琛.政府预算[M].大连:东北财经大学出版社,2018.

[50]马国贤,任晓辉.全面实施绩效管理:理论、制度与顶层设计[J].中国行政管理,2018(4).

[51]马骏,谭君久,王浦劬.走向“预算国家”:治理、民主和改革[M].北京:中央编译出版社,2011.

[52]马骏,赵早早.公共预算:比较研究[M].北京:中央编译出版社,2011.

[53]孟德斯鸠.论法的精神(上册)[M].张雁深,译.上海:商务印书馆,2002.

[54]彭健.政府预算理论演进与制度创新[D].大连:东北财经大学,2005.

[55]沙安文.预算编制与预算制度[M].北京:中国财政经济出版社,2018.

[56]世界银行.超越年度预算 中期支出框架的全球经验[M].北京:中国财政经济出版社,2013.

[57]托马斯·D.林奇.美国公共预算[M].北京:中国财政经济出版社,2002.

[58]汪德华,侯思捷,张彬斌.中国共产党领导的国家审计:百年历程与发展启示[J].财贸经济,2021(7).

[59]王超.国外政府绩效审计的经验与启示:以美国为例[J].科技广场,2014(12).

[60]王朝才,张晓云,马洪范等.部分国家中期预算制度[M].北京:中国财政经济出版社,2016.

[61]王金秀,陈志勇.国家预算管理[M].北京:中国人民大学出版社,2007.

[62]王绍光.美国进步时代的启示[M].北京:中国财经出版社,2002.

[63]王雍君.公共预算管理[M].北京:经济科学出版社,2010.

[64]肖鹏.美国政府预算制度[M].北京:经济科学出版社,2014.

[65]熊伟.专款专用的政府性基金及其预算特质[J].交大法学,2012(1).

[66]徐曙娜.2015中国财政发展报告——中国政府综合财务报告制度研究[M].北京:北京大学出版社,2015.

[67]亚洲开发银行.政府支出管理[M].北京:人民出版社,2001.

[68]张德江.在第十二届全国人民代表大会常务委员会第三十一次会议上的讲话[J].中华人民共和国全国人民代表大会常务委员会公报,2018(1).

[69]张军.改变中国——经济学家的改革记述[M].上海:上海人民出版社,2019.

[70]张颖.浅谈政府审计的主要模式[J].中国乡镇企业会计,2015(7).

[71]张玉周.中期财政规划编制的国际经验及启示[J].财政研究,2015(6).

[72]赵建勇.政府会计[M].上海:上海财经大学出版社,2018.

[73]赵云旗. 论公共财政与现代财政制度之关系[J]. 经济研究参考,2016(44).

[74]郑石桥,安杰,高文强. 建设性审计论纲——兼论中国特色社会主义政府审计[J]. 审计与经济研究,2013(4).

[75]中国财政年鉴编辑委员会. 中国财政年鉴 1993[M]. 北京:中国财政杂志社,1993.

[76]周劲松. 公共预算权力配置问题研究[D]. 北京:财政部财政科学研究所,2012.

[77]周维培. 德国联邦审计院的司法特征及样本意[J]. 审计研究,2016(3).

[78]朱芳芳. 西方发达国家公共预算管理改革及其趋势[J]. 经济社会体制比较(双月刊),2008(3).

[79]朱殿骅. 美国国家审计制度研究:概况和启示[J]. 湖南财政经济学院学报,2020,36(3).